汽车技术精品著作系列

汽车悬架构件的设计计算

第3版

彭 莫 党潇正 周冬生 孙九龙 著

机 械 工 业 出 版 社

本书根据读者反馈以及作者对整个知识体系的思考，新增了模型设计要点等内容，并对悬架计算进行了更新和补充说明。本书的核心内容是汽车悬架构件（导向机构、弹性元件、梯形机构、阻尼元件和稳定装置等）的设计计算，同时也概述了汽车悬架的现状和发展，介绍了汽车悬架的相关基础理论和有关悬架系统的部分知识，理论体系完整，逻辑结构清晰，计算步骤清楚。本书适合汽车工程技术人员进行汽车悬架设计计算之用，也可供相关专业师生和技术人员参考。

图书在版编目（CIP）数据

汽车悬架构件的设计计算/彭莫等著. —3 版. —北京：机械工业出版社，2023. 3（2024.4 重印）

（汽车技术精品著作系列）

ISBN 978- 7- 111- 72587- 9

Ⅰ. ①汽⋯　Ⅱ. ①彭⋯　Ⅲ. ①汽车–车悬架–车体构件–设计计算　Ⅳ. ①U463. 330. 2

中国国家版本馆 CIP 数据核字（2023）第 024351 号

机械工业出版社（北京市百万庄大街 22 号　邮政编码 100037）
策划编辑：何士娟　　　　　　责任编辑：何士娟
责任校对：樊钟英　李　杉　　封面设计：马精明
责任印制：常天培
北京机工印刷厂有限公司印刷
2024 年 4 月第 3 版第 2 次印刷
184mm×260mm · 22 印张 · 451 千字
标准书号：ISBN 978- 7- 111- 72587- 9
定价：138.00 元

电话服务　　　　　　　　　　网络服务
客服电话：010- 88361066　　机 工 官 网：www. cmpbook. com
　　　　　010- 88379833　　机 工 官 博：weibo. com/cmp1952
　　　　　010- 68326294　　金 书 网：www. golden- book. com
封底无防伪标均为盗版　　机工教育服务网：www. cmpedu. com

前　言

本书适合汽车工程技术人员进行汽车悬架设计计算之用，也可供相关专业师生和技术人员参考。

本书第 1 版、第 2 版自出版以来，深受广大读者和汽车科技人员喜爱。为满足市场需求，特在校正和增添部分内容后，编写第 3 版。

本书贯彻了理论与实际相结合的原则，既力争简明清晰，推证严密，又注重实际，以解决实用中的设计计算问题。全书力求结构严谨、层次鲜明、分析透彻、由浅入深、浅而不俗、深而不秘。特别注重实事求是，力避华而不实。

全书由汽车悬架的基础知识、汽车悬架的基础理论以及汽车悬架构件的设计计算和悬架系统等内容组成。汽车悬架构件包括导向机构、弹性元件、梯形机构、阻尼元件和稳定装置等部分。在具体内容和选材上，既突出了汽车悬架构件设计计算这个核心，又概述了汽车悬架的定义、内容、构成、要求、分类以及各种悬架的特点和发展演变过程，让读者对汽车悬架有一个全面的了解。同时，为了给读者深入研究汽车悬架构件打下基础，本书还着重介绍了汽车悬架的特定术语、多轴汽车特性参数以及汽车平顺性和操纵稳定性的评价指标等基础理论。

本书核心内容绝大部分取材于著者的学术论文，是他们多年设计实践的经验总结，其中有不少新的思维和新的方法，如悬架轴线、多轴汽车的特性参数、多轴汽车的负荷分配以及轮胎气压的选定和变丝径螺旋弹簧的计算方法等。然而，为了保持本书的系统性、完整性和读者使用的方便性，也收编了现有书刊中的部分相关内容，如油气弹簧等。

在书写本书的过程中，杨雪峰、卫晓军、曲学春、濮卉等做了不少工作，在此对他们表示真诚的感谢！

由于水平所限，加之汽车悬架的复杂性，书中难免有不妥和疏漏之处，敬请同行人士和广大读者批评指正。

著　者

目 录

第一章

汽车悬架的基本知识

所谓汽车悬架，就是把汽车悬挂质体悬置和架设起来的装置，也就是联系汽车悬挂质体和非悬挂质体的所有总成部件（传动轴除外）的总称。它具有承载、传力（矩）、缓冲、衰振、散能以及调节车身高度等功能。

汽车悬架的品质，不仅决定着汽车的平顺性、操纵稳定性和车身稳定性，而且还关系着汽车动力性的发挥、汽车平均速度的高低、客车和货车的运营成本以及军用车辆的使命任务周期，特别是还关系着承载系统和行驶系统的动载，以及影响相关零部件的使用寿命等。

汽车悬架主要包括悬架构件、悬架形式和悬架系统（包括总布置设计等）三个方面的内容，其具体设计十分复杂。悬架构件构成不同的悬架形式，各轮、轴的悬架形式又决定着整桥和整车的悬架系统。本章具体介绍悬架构件、悬架形式和悬架系统的发展。

第一节　汽车悬架构件

悬架构件，是构成悬架的总成部件，是悬架的基础。一个完整的悬架，其悬架构件应包括导向机构、弹性元件、梯形机构、阻尼元件、稳定装置和限位胶块等部分。值得注意的是，在某些特定条件下，某一零部件可兼起多种悬架构件的作用。例如钢板弹簧，它既是弹性元件，又是导向机构。又如麦弗逊悬架（Mepherson Strut Suspension）中的减振器柱，它既是阻尼元件，又是导向机构等。

一、导向机构

导向机构是导向和传力的机构，它关系着车轮相互间的位移特征并保证其间的力和力矩的可靠传递，是任何悬架都不可缺少的。此外，它不仅起着导向和传力的作用，而且还决定着悬架的独立与相关。悬架的名称也往往是由导向机构决定的，如单纵臂悬架、双横臂悬架、半拖臂悬架等。

导向机构控制着车辆的运动方向，决定着车轮的运动轨迹和定位参数的变化，决定着悬架的悬架中心和整车的侧倾中心和纵倾中心，影响着汽车的平顺性以及车身的稳定性和操纵稳定性。

二、弹性元件

弹性元件起着承载和缓冲的作用，它保证着悬挂质体和非悬挂质体之间的弹性联系，并把刚性传递转变为满足乘坐和运载需求的输出。弹性元件也是悬架代表性的构件，有时也独立地命名悬架，如扭杆弹簧悬架等。

弹性元件决定着悬架的垂直刚度、挠度及其振动频率，影响平顺性能及其动力性能的发挥；弹性元件还决定着角刚度，影响车身稳定性和转向特性。

弹性元件主要有钢板弹簧、螺旋弹簧、扭杆弹簧、橡胶弹簧、空气弹簧和油气弹簧等。

三、梯形机构

习惯上把梯形机构划入转向机构，但不可单纯地把它视作转向机构，还应把它纳入悬架之中来考虑。这样做不仅符合悬架的定义，更重要的是梯形机构与悬架问题以及稳态转向特性都紧密相关。

梯形机构参数决定着内、外车轮的转角关系，影响其转向特性；车身在侧向加速度的作用下侧倾时，梯形机构将牵动车轮转向，而牵动的数值又往往不可忽视。因此，孤立地把梯形机构划入转向机构，还不如也把它归入悬架之中，进而全面地来认识它的作用。

事实上，人们早就把梯形机构作为悬架构件在研究，如三段式梯形机构断开点的确定，内、外车轮转角关系如何影响转向特性等。

四、阻尼元件

阻尼元件是一个吸能和散能的装置。它除能衰减振动和耗散振动能量之外，还能抑制车身、车轮的共振，减小车身的垂直振动加速度，减小车轮的振幅和车轮着地压力的变化，保持良好的抓地性能。特别地，它还能抑制车身的角位移，降低角加速度，从而获得良好的平顺性和柔顺性。

一个悬架，如果完全没有阻尼，那么外界激励所造成的振动将无休无止地继续下去。悬架阻尼除来自所有运动件的摩擦和变形之外，主要来自减振器。目前减振器有液力摇臂式和液力筒式两种，而汽车主要用的是双向作用筒式减振器。

五、稳定装置

稳定装置是角刚度的调节器，它既能统一平顺性和车身稳定性这一矛盾，还能调节

汽车的转向特性和车身承受附加力矩的状况和大小。

平顺性和车身稳定性始终是一对矛盾，高平顺性要求具有低的垂直刚度，低垂直刚度必造成低角刚度，低角刚度又会使车身的角位移增大。然而，稳定装置却既能补偿角刚度，又不增大垂直线刚度。

轴间角刚度比影响整车的转向特性，调整角刚度就调整了角刚度比，从而调整了整车的转向特性。

车身在外力矩的作用下，不同的轴间角刚度将提供不同的反倾力矩，从而使车身承受不同的附加力矩。因此，调整不同车轴的角刚度就调整了车身的受力状况。

稳定装置有横向和纵向之分，横向稳定装置保证控制车身的侧倾角，纵向稳定装置负责控制车身的纵倾角。

第二节　汽车悬架形式

悬架形式就是悬架的类型和模式。悬架形式是五花八门、纷纭复杂的，但从总的角度来看，仍存在一些可循的规律。根据这些规律，不仅可以对悬架形式及其构成的悬架系统提出一些共性的要求，而且还可进行有序的分类。

一、悬架的基本要求

① 保证承载的稳定性以及力和力矩的稳定传递。

② 必须具有良好的平顺性和柔顺性，也就是要具有较低的振动频率（乘坐车应在 0.9~1.5Hz 范围内）和较小的振动加速度（乘用车不大于 $4m/s^2$，货车不大于 $7m/s^2$）。

③ 必须具有足够的动行程和动容量，保证悬架不被"击穿"。

④ 必须使车轮定位参数合理，在全程跳动范围内，车轮外倾角的变化不得大于 3°，轮距变化不得大于 40mm；必须具有良好的操纵稳定性能，在侧向加速度 $j=0.4g$ 时，前后轴轴偏角差应在 1°~3° 的范围内。

⑤ 必须合理布置导向杆系和转向杆系，既要避免运动干涉，防止车轮与转向盘摆振，更要避免过大地牵动车轮转向。

⑥ 选择合适的侧倾中心和纵倾中心，保证适度的车身角位移。

⑦ 选择合适的平均阻尼比（$\psi=0.25~0.35$），保证适度的减振能力和良好的抓地性能，并降低垂直振动和角振动的加速度。

⑧ 减少非悬挂质量，以降低动量，防止对车身的过大冲击。

⑨ 必须使悬架构件具有足够的强度和刚度，以提高使用寿命。

⑩ 合理设计，给总布置留出空间。

⑪ 降低成本。

⑫ 便于维修保养。

二、悬架的分类

悬架形式可以按其功能原理、导向机构或弹性元件的不同来进行分类。

（一）按功能原理划分

按功能原理的不同，悬架可分为主动悬架、被动悬架及半主动悬架。

主动悬架（Full-active Suspension System）是靠自身能源通过执行元件对振动进行"主动"干预的悬架。

被动悬架（Passive Suspension System）是弹性特性和阻尼特性受到外界激励时，只能被动地做出响应的悬架。

半主动悬架（Semi-active Suspension System）以及执行元件频带宽较窄的慢主动悬架（Slow-active Suspension）是介于上述二者之间的悬架。它虽无能源，但增加了自动调节装置，其阻尼是根据汽车行驶状态的动力系统要求进行无级调节的。

（二）按导向机构划分

按导向机构的不同，悬架可分为相关悬架、独立悬架和半独立悬架，如图 1-1 所示。

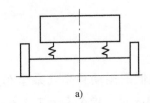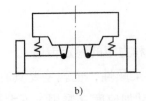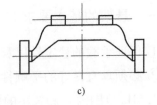

a)   b)   c)

图 1-1　三种不同导向机构的悬架

a）相关悬架　b）独立悬架　c）半独立悬架

1. 相关悬架

相关悬架（Interrelating Suspension）也叫非独立悬架，它是左、右车轮装在一根整体的刚性轴或非断开式驱动桥桥壳上的悬架，是左、右车轮相互关联的悬架。

（1）相关悬架的优点

① 结构简单、制造和维修方便、成本低廉。

② 工作可靠、寿命较长。

③ 悬架跳动时，轮距和前束不变，轮胎磨损较小。

④ 车身侧倾时，车轮外倾角不变，不影响侧向力的传递。

⑤ 侧倾中心较高，侧倾力臂较小，可减小车身侧倾角。

⑥ 板簧相关悬架，易于通过支架和摆耳的布置来获得不足转向趋势。

（2）相关悬架的缺点

① 车桥和车轮一起跳动，占用空间较大，影响发动机和行李箱的布置。

② 板簧相关前悬架，由于弹簧较短，故刚度较大，频率较高。

③ 驱动桥的非悬挂质量较大，影响平顺性，破坏接地性。

④ 当汽车行经不平路面，左、右车轮跳动高度不一致时，车身、车桥都将发生倾斜。

⑤ 当汽车直线行驶于不平路面时，由于左、右车轮跳动高度的不一导致轴转向，进而破坏直线行驶的稳定性。

⑥ 作为驱动桥，输入的驱动力矩将引起左、右车轮的负荷转移。

（3）相关悬架的部分悬架形式

① 纵置板簧相关悬架如图 1-2 所示。

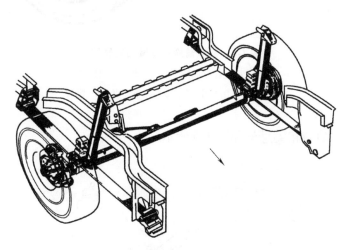

图 1-2 纵置板簧相关悬架

② 交错板簧相关悬架如图 1-3 所示。

图 1-3 交错板簧相关悬架

③ 单纵臂螺旋弹簧相关悬架如图1-4所示。

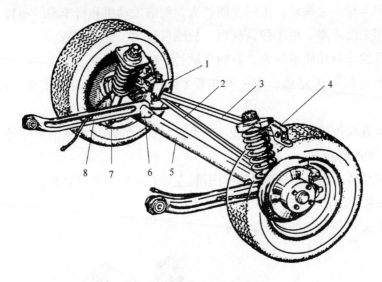

图1-4 单纵臂螺旋弹簧相关悬架

1、4—支架（固定在车厢两侧） 2、3—传力杆 5—横梁

6—加固焊接用蹄片 7—减振器下支点 8—纵臂

④ 双纵臂螺旋弹簧相关悬架如图1-5所示。

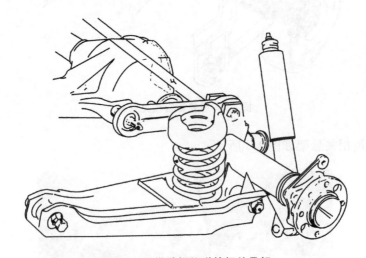

图1-5 双纵臂螺旋弹簧相关悬架

⑤ 三杆后悬架，如图1-6所示。

⑥ 四杆后悬架，如图1-7所示。

⑦ 导向杆式平衡悬架，如图1-8所示。

⑧ 摆臂式平衡悬架，如图1-9所示。

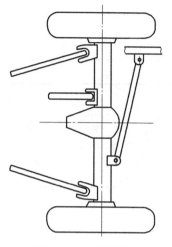

图 1-6 三杆后悬架

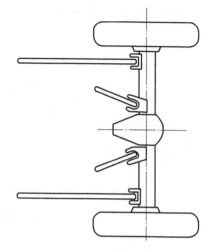

图 1-7 四杆后悬架

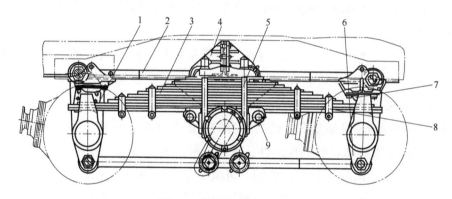

图 1-8 导向杆式平衡悬架

1—反作用杆上臂 2—反作用杆 3—钢板弹簧 4—支架 5—U 形螺栓

6—反作用杆下臂 7—限位块 8—弹簧夹 9—螺栓

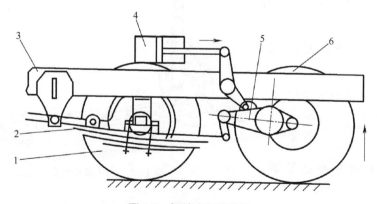

图 1-9 摆臂式平衡悬架

1—驱动轮 2—钢板弹簧 3—车架 4—液压缸 5—摆臂 6—从动轮

⑨ 挂车平衡悬架，如图 1-10 所示。

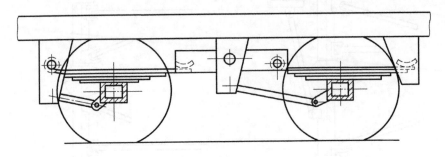

图 1-10　挂车平衡悬架

2. 独立悬架

独立悬架（Independent Suspension）是左、右车轮分别装于车身之上，且其运动互不相关的悬架。

独立悬架有哪些优缺点呢？一般说来，这是相对相关悬架而言的。相关悬架的优点往往是独立悬架的缺点；反之，相关悬架的缺点往往是独立悬架的优点。

（1）独立悬架的优点

① 非悬挂质量小，悬架受到并传给车身的冲击载荷小，有利于提高乘坐舒适性和货物安全性，同时还能提高轮胎的抓地性，保证行驶的安全性。

② 左、右车轮的跳动是相互独立的，可减少车身的倾斜和振动。

③ 占用空间小，便于总体布置，特别是可降低发动机的高度和整车质心的高度，有利于行驶稳定性。

④ 易于实现驱动轮转向。

（2）独立悬架的部分悬架形式

① 水平单纵臂独立悬架，如图 1-11 所示。

② 斜置单纵臂独立悬架。

③ 水平双纵臂独立悬架。

④ 斜交双纵臂独立悬架。

⑤ 水平单横臂独立悬架，如图 1-12 所示。

⑥ 斜置单横臂独立悬架。

⑦ 半拖臂独立悬架，如图 1-13 所示。

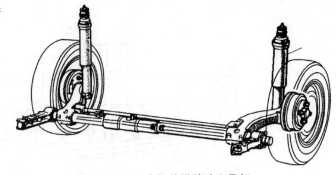

图 1-11　水平单纵臂独立悬架

⑧ 滑柱摆臂独立悬架，如图 1-14 所示。

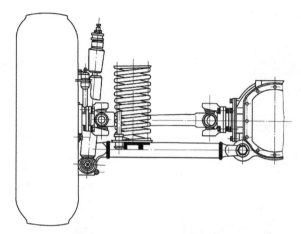

图 1-12 水平单横臂独立悬架

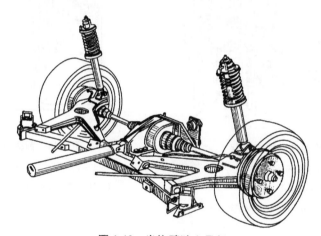

图 1-13 半拖臂独立悬架

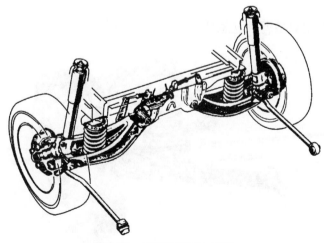

图 1-14 滑柱摆臂独立悬架

⑨ 典型麦弗逊独立悬架，如图1-15所示。

⑩ 前驱麦弗逊独立悬架，如图1-16所示。

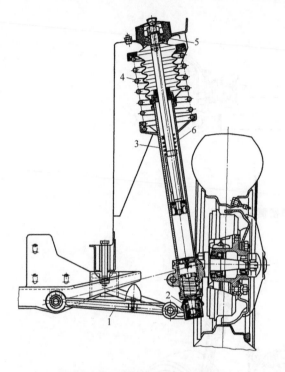

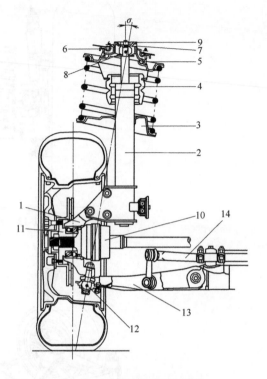

图1-15　典型麦弗逊独立悬架

1—横向摆臂　2—球形支承
3—减振器外筒　4—弹簧
5—上支承轴承　6—反跳缓冲弹簧

图1-16　前驱麦弗逊独立悬架

1—转向节　2—减振器　3—弹簧下支座
4—辅助弹簧及限位块　5—轴承　6—橡胶支座
7—缓冲块　8、9—限位块　10—等速万向节
11—轮毂　12—下球铰　13—下控制臂
14—横向稳定杆

⑪ 非驱动桥A型双横臂独立悬架，如图1-17所示。

图1-17　非驱动桥A型双横臂独立悬架

⑫ 驱动桥上置螺旋弹簧双横臂独立悬架，如图 1-18 所示。

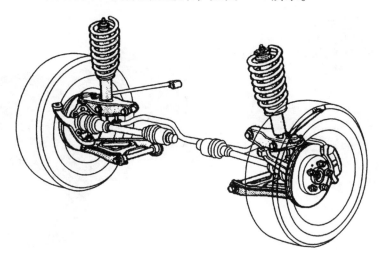

图 1-18　驱动桥上置螺旋弹簧双横臂独立悬架

⑬ 驱动桥下置螺旋弹簧双横臂独立悬架，如图 1-19 所示。

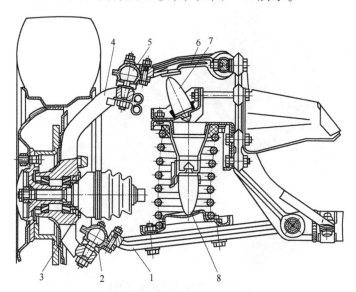

图 1-19　驱动桥下置螺旋弹簧双横臂独立悬架

1、6—下摆臂及上摆臂　2、5—球头销　3—半轴等速万向节　4—立柱　7、8—缓冲块

⑭ 驱动桥双螺旋弹簧双减振器双横臂独立悬架，如图 1-20 所示。

3. 半独立悬架

半独立悬架（Semi-independent Suspension），也称复合纵臂式后支持桥（Compound Crank Rear Axle）。它是在前置发动机前驱动的情况下的后支持桥，其特点是有一个与两纵臂构成一体的具有扭转弹性的冲压横梁，如图 1-21 所示。

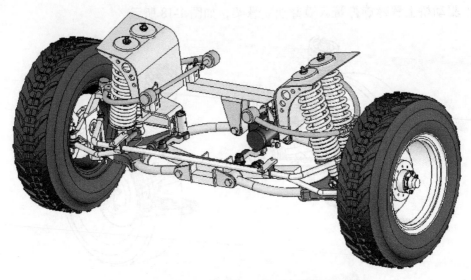

图 1-20 驱动桥双螺旋弹簧双减振器双横臂独立悬架

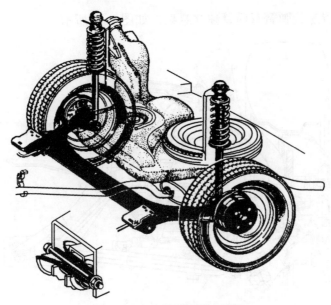

图 1-21 复合纵臂式后支持桥

该横梁具有扭转弹性，因此其悬架与非独立悬架完全不同，可近似看成半独立悬架或半相关悬架。这种悬架具有如下独特的优点：

① 质量小，结构简单，制造方便。

② 侧倾刚度较大，也可不装横向稳定杆。

③ 占用空间尺寸小，有利于整车总布置，行李箱下还可放置燃油箱和轮胎。

④ 左、右车轮同向跳动时，轮距和外倾角不变；反向跳动时，外倾角变化也不大。

⑤ 具有抵抗车身侧倾引起的轴转向效应的能力，扭转梁随动臂的两支撑点装有异形橡胶衬套，其纵向刚度小，侧向扭转刚度较大，既可缓和冲击振动，又能减轻侧向力作用下的过多轴转向效应，保证具有较好的操纵稳定性能。

（三）按弹性元件划分

按弹性元件的不同，悬架可分为钢板弹簧悬架、螺旋弹簧悬架、扭杆弹簧悬架、空气弹簧悬架、油气弹簧悬架以及橡胶弹簧悬架等。

不同弹性元件构成的悬架形式有着不同的用途和不同的优势。

钢板弹簧有纵置或横置、对称或非对称、多片或少片、等断面或变断面以及等刚度或变刚度之分，但其结构都较简单，成本较低，维修保养容易，寿命较长。纵置板簧还能用作导向机构，传递力和力矩，提供较大的纵、横向角刚度。

螺旋弹簧结构、工艺简单，维修方便，其丝径、圈径、节距和螺旋角四大参数可变，刚度的可设计性很大，特别是变丝径螺旋弹簧，其单位质量负荷较高，可充分发挥材料的潜能。缺点是不能传递侧向力和力矩。

扭杆弹簧有圆形或管形或片形、单杆或组合杆、并联或串联等多种形式，它可纵置、横置，占用空间极小，质量小，工作可靠，保修简易，特别是单位质量储能量较高，材料利用率较高。

空气和油气弹簧悬架重量轻，寿命长，能实现低频工作，能使车身的高度不随载荷的变化而变化，特别具有良好的接地性，适合货车、客车以及多轴汽车装用。

橡胶弹簧有其独特的优点，用其做成的橡胶悬架行程大，行驶安静、平滑，能耐受高强度冲击，具有良好的平顺性、柔顺性和自阻尼特性，可实现免维护和 20 年的长寿命，特别适于运送危险物品和行驶于越野路面。

部分弹性元件的悬架形式如下所述。

① 典型钢板弹簧悬架，如图 1-22 所示。

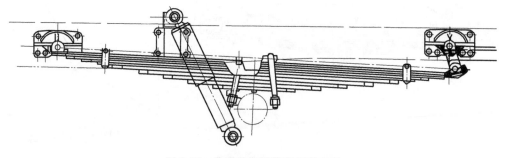

图 1-22　典型钢板弹簧悬架示意图

② 非对称钢板弹簧悬架，如图 1-23 所示。

③ 钢板弹簧独立悬架（运动状态），如图 1-24 所示。

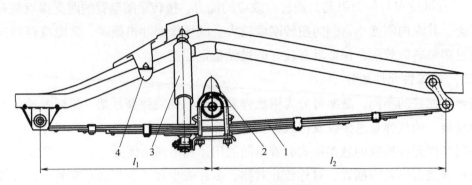

图 1-23　非对称钢板弹簧悬架

1—板簧　2—限位块　3—减振器　4—辅助缓冲块

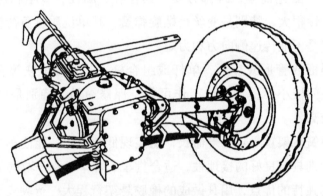

图 1-24　钢板弹簧独立悬架（运动状态）

④ 主副簧悬架及其特性曲线，如图 1-25 所示。

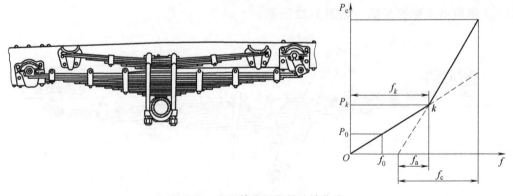

图 1-25　主副簧悬架及其特性曲线

⑤ 无主销扭杆弹簧独立悬架，如图 1-26 所示。

⑥ 斜臂螺旋弹簧前悬架，如图 1-27 所示。

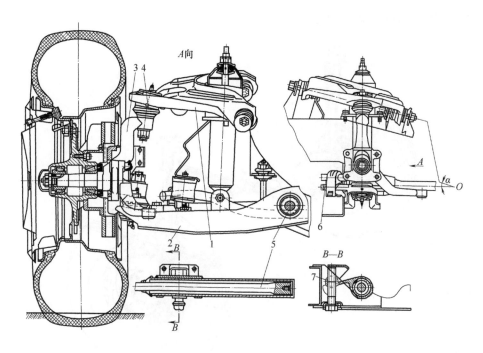

图 1-26　无主销扭杆弹簧独立悬架

1—上摆臂　2—下摆臂　3—立柱　4—球头销　5—扭杆弹簧

6—横向稳定杆　7—扭杆扭转装置

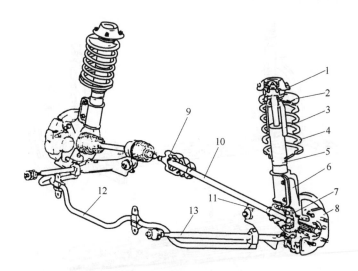

图 1-27　斜臂螺旋弹簧前悬架

1—绝缘材料　2—弹簧座　3—橡胶缓冲块　4—螺旋弹簧　5—导向杆　6—转向节

7—万向节　8—制动毂　9—双向补偿式万向节　10—驱动轴

11—下控制臂　12—稳定杆　13—横向导向杆

⑦ 纵置柱式扭杆悬架，如图 1-28 所示。

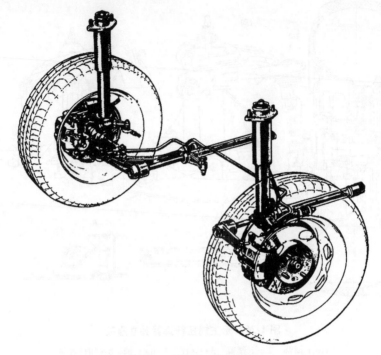

图 1-28 纵置柱式扭杆悬架

⑧ 横置半段式扭杆悬架，如图 1-29 所示。

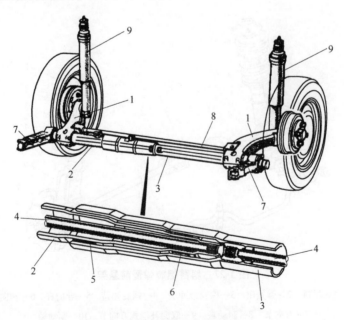

图 1-29 横置半段式扭杆悬架

1—纵臂 2、3—套管 4—扭杆 5、6—支座 7—固定支座 8—横向稳定杆 9—减振器

⑨ 横置交错式扭杆悬架，如图 1-30 所示。

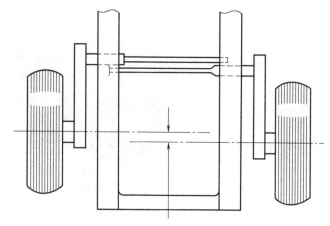

图 1-30　横置交错式扭杆悬架

⑩ 双臂扭杆悬架，如图 1-31 所示。

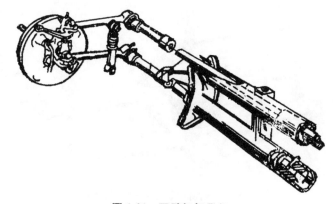

图 1-31　双臂扭杆悬架

⑪ 弹性导向臂空气悬架，如图 1-32 所示。

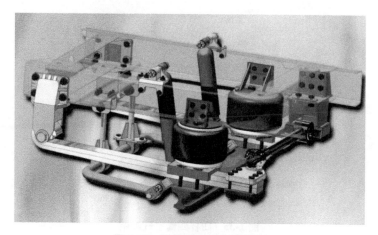

图 1-32　弹性导向臂空气悬架

⑫ Z字导向臂空气悬架，如图1-33所示。

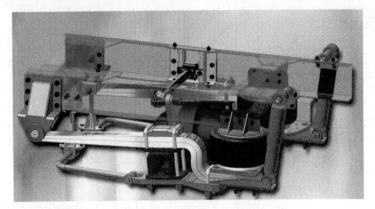

图1-33　Z字导向臂空气悬架

⑬ 对称板簧复合式空气悬架，如图1-34所示。

图1-34　对称板簧复合式空气悬架

⑭ 四杆四囊空气悬架，如图1-35所示。

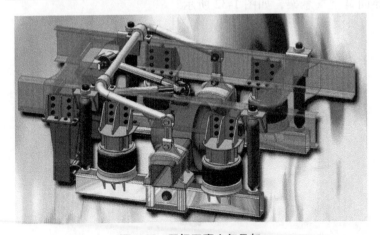

图1-35　四杆四囊空气悬架

⑮ 载货车空气悬架，如图 1-36 所示。

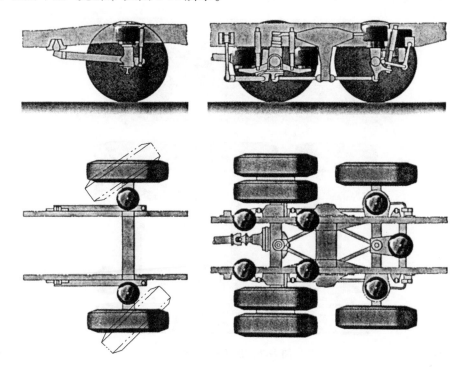

图 1-36　载货车空气悬架

⑯ 客车空气悬架，如图 1-37 所示。

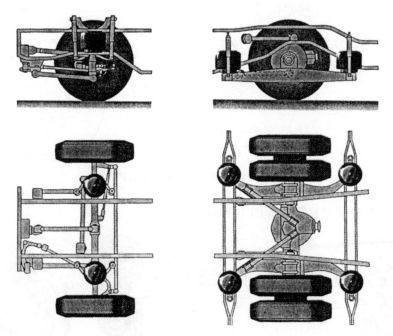

图 1-37　客车空气悬架

⑰ 挂车空气悬架，如图1-38所示。

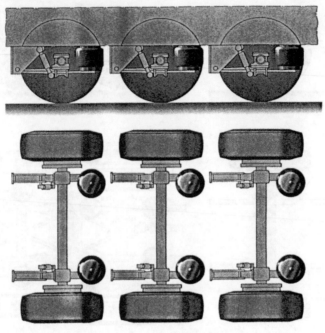

图1-38 挂车空气悬架

⑱ 多轴车空气悬架（运动状态），如图1-39所示。

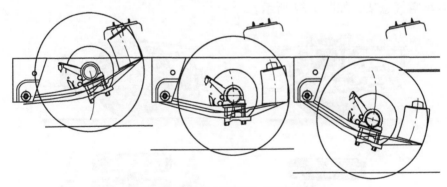

图1-39 多轴车空气悬架（运动状态）

⑲ 六边形橡胶独立悬架，如图1-40所示。

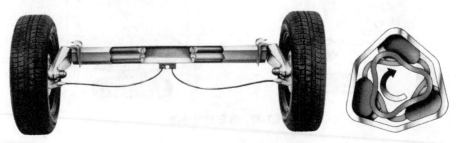

图1-40 六边形橡胶独立悬架

第三节　汽车悬架形式的发展

由悬架形式分类的介绍可知，悬架形式多种多样！这是汽车工作者的劳动成果，是设计实践的结晶。悬架形式的存在，真实地记录了汽车悬架的发展演变过程。悬架发展与汽车一道经历了从无到有、从低到高、从初步设想到走向完善的过程。

在这个过程中，客观需要始终是一个强大的推动力！事实正是如此，下面具体谈谈有关导向机构和弹性元件悬架形式的发展。

一、导向机构悬架形式的发展

从悬架分类的角度，前面已按导向机构将悬架分为相关悬架、独立悬架和半独立悬架。从导向机构的发展角度看，首先出现的应当是相关悬架，它结构简单，制造方便，成本低廉，左、右车轮装在一根轴上；紧随而来的是独立悬架，它质量小，性能优良，两轮分装于车身之上；最后才是介于相关悬架和独立悬架之间的半独立悬架。

下面具体介绍单臂悬架、双臂悬架以及相关悬架的发展概况。

（一）单臂悬架的发展

从导向机构悬架形式的发展来看，在独立悬架中，最初是单横臂悬架，它是具有启蒙性质的悬架，结构简单，铰点少，占用空间小，悬架中心和侧倾中心都较高，具有优良的抗侧倾能力，如图 1-12 所示。然而单横臂悬架结构欠稳定，而且当车轮跳动时，主销内倾角和车轮外倾角变化都较大，不适合用作前悬架，即使用作后悬架，轮距变化也较大。

单纵臂悬架也是一种启蒙性质的悬架，它结构简单，铰点少，占用空间小，便于布置行李箱，轮距、前束和车轮外倾角不随车轮跳动而变化，悬架中心较高，具有良好的抗纵倾能力，如图 1-4 和图 1-11 所示，然而，其结构依然欠稳定，特别是存在过多转向趋势。而且，当车轮跳动时，其车轮后倾角较大，也不适合用作前悬架，即使用作后悬架，其轴距变化也较大。

基于上述原因，为解决单臂悬架结构欠稳定的问题，自然地就出现了全摆轴（Pure Swing Axle）悬架和全拖臂（Pure Trailing Arm）悬架，如图 1-41 所示。不过这两种悬架，从运动特性上看，依然没有脱离单臂悬架的框架，没有本质上的区别。因此，先驱者又想出了一个完全折中的对角摆轴（Diagonal Swing Axle）悬架。对角摆轴悬架较为死板，它在横向上的悬架中心，正好落在车身的几何对称面上，横向角位移和轮距变化量依然较大，依然缺乏灵活性。然而，其功劳在于开阔了思路，把"纯横、纯纵"的思想解放了，让人们在此基础上发展了今天的斜置单臂（Single Link with angled Pivot Axls）悬架，也就是所谓的半拖臂（Semi-trailing Arm）悬架，如图 1-13 所示。

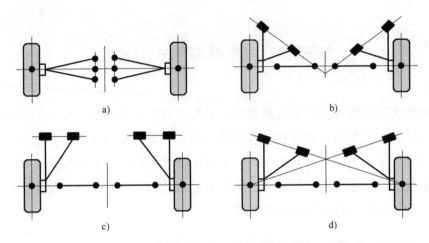

图 1-41　四种悬架的比较

a) 全摆轴悬架　b) 对角摆轴悬架　c) 全拖臂悬架　d) 半拖臂悬架

半拖臂悬架是介于全摆轴悬架和全拖臂悬架之间的且偏于横向效益的调和设计。它结构简单，占用空间小，既能克服全摆轴悬架轮距变化量大、抵抗纵向载荷能力低的弱点，又能防止全拖臂悬架轴距变化量大、抵抗横向载荷能力差的弊端。枢轴角的设计具有很大的灵活性。因为其轴距远大于轮距，所以横向悬架中心的 Y 坐标（在没有特别申明的情况下，本书的坐标系执行汽车制图标准）一般取在 $0.5\sim1.0$ 个轮距之间。半拖臂悬架特别适用于轻型货车以及轻型越野车的后悬架。

单纵臂悬架和全拖臂悬架抵抗横向载荷能力较弱，基于克服这一弊端考虑，于是又产生了把左、右纵臂连为一体的想法。这一想法产生了复合纵臂式后悬架（Compound Crank Rear Suspension），也称半独立悬架（Semi-independent Suspension），如图 1-21 所示。此种悬架的优点，参见前面介绍。

（二）从单臂到双臂

出于客观需要，还从另一个角度设计出了一个双臂悬架，即双横臂悬架和双纵臂悬架，如图 1-26 和图 1-5 所示。它们不仅结构稳定性较好，而且无论在横向上还是在纵向上，都具有很大的设计灵活性。

作为双横臂悬架，上、下臂的长度和倾角都是可选择、可调控的。

当双横臂上、下臂的长度相等时，车轮跳动带来的轮距变化最大，但车轮外倾角不发生变化。实际悬架的上、下臂的长度是不相等的，一般是上短下长，横向悬架中心的 Y 坐标从理论上说可在 $+\infty$ 和 $-\infty$ 之间变化，而 Z 坐标也可在很大的范围内进行调控。它可以和悬挂质体的质心重合，乃至可为负值。

双横臂悬架上、下臂的销轴，其长度和倾角也是可选择、可调控的。销轴的长度越大，结构稳定性越好。上、下臂销轴的倾角，决定着纵向悬架中心的位置（X 坐标）。从理论上说，X 坐标也可在 $+\infty$ 和 $-\infty$ 之间变化。

双横臂上、下横臂的长度和倾角，也都是可选择、可调控的。悬架中心的可设计性可令其轻易地获得理想的侧倾中心和纵倾中心，进而获得所需的侧倾力矩臂和纵倾力矩臂，控制车身稳定性。同时还可使悬架具有合适的运动特性，即当车轮跳动和车身倾斜时，车轮的定位参数、轮距、轴距的变化都尽可能地满足设计要求。

由双臂悬架的设计灵活性可知，它具有多种悬架形式，单就双横臂悬架而言，就有摆臂平行、摆臂内交、摆臂外交，臂销平行、臂销前交、臂销后交等多种悬架形式。

双臂悬架的用途较为广泛，一般可用作轻型货车的前悬架，以及轿车和轻型越野车的前、后悬架。当双臂悬架用作越野车驱动桥且采用螺旋弹簧时，传动轴在空间上就和螺旋弹簧产生了矛盾。为解决这一矛盾，设计者就把螺旋弹簧偏置于下摆臂的前方，如"悍马"等车，如图1-19所示。显然，这种螺旋弹簧偏置的方案，其受力是不太合理的，对导向臂的设计和材质的要求都是较高的。

于是又出现了把螺旋弹簧装于上摆臂之上的设计，如某轻型突击车的前悬架等（图1-18），其螺旋弹簧上置的设计，不仅有碍发动机的布置，还使螺旋弹簧太短，行程过小，悬架容量不够。

正因如此，悬架工作者又设计出了一种双螺旋弹簧双减振器（与螺旋弹簧同轴）的悬架，也就是让传动轴从两螺旋弹簧之间通过，如某二代轻型突击车悬架（图1-20）。

（三）麦弗逊悬架

麦弗逊悬架（Mepherson Strut Suspension），从导向机构看它也是单臂悬架。不过也可以理解它是从双臂悬架演变为单臂悬架的，如图1-15所示。如果把双横臂悬架的上臂取消，也就是让其上臂的长度缩小为零，便成了麦弗逊悬架。这种变化也是为了满足客观的需要，因为作为微型和轻型轿车，双臂悬架结构较为复杂，铰点太多，有简化的必要。

事实上，麦弗逊悬架有其独特的优点：一是它可将导向机构与减振器合二为一，减小了重量，降低了成本，节省了空间，有利于发动机的布置；二是铰点少，上、下铰点距离大，弹簧行程大。下铰点与车轮接地中心较近，受力合理，轮距和定位参数变化较小，轮胎磨损少，行驶稳定性好等。

然而，麦弗逊悬架也有其自身的弊端，如自由度少、可设计性差、易于传递地面冲击等。特别是减振器活塞与缸筒之间总存在一个附加的压力，致使活塞杆与导向座之间存在一个极为有害的摩擦力。这个摩擦力还使悬架的库仑摩擦较重，破坏了悬架的刚度特性。

（四）平衡悬架

平衡悬架（Equalizing Suspension）导向机构也是客观需要的产物。多轴汽车行驶于凹凸不平的路面时，各轴载荷将发生很大的变化，这可能造成单轴超载或使驱动力不能得以发挥，并使制动效能降低。因此，在一些多轴独立驱动的汽车中，往往采用平衡

悬架。

图 1-8 所示是一种导向杆式平衡悬架，是用于 6×6 和 6×4 的中后桥的平衡悬架。其导向机构是纵置双臂悬架的一个拓展。纵置板簧装在平衡桥上。当中桥和后桥载荷不一致时，板簧便绕平衡轴中心旋转，以起到平衡补偿的作用。板簧承受垂直载荷和侧向力，导向杆承受纵向力和力矩。各桥分别有一根上导向杆和两根下导向杆，这可使中、后桥的任一桥车轮高度发生变化时，车架高度变化量仅为车轮的 1/2。上、下导向杆的长度及铰点的位置是设计的关键，它必须控制板簧相对板簧座之间的滑移量在 2~4mm 之内，以减少磨损簧座，延长使用寿命；上、下导向杆的设计，还必须控制主传动器主动齿轮轴线在纵向平面内的转角不得变化过大，以保证传动轴和万向节的安全工作。

图 1-9 所示是一种摆臂式平衡悬架，这是一个有创见性的作品，它轻易地把一个 4×2 的货车变成了一个 6×2 的货车。这种结构的后轮是从动轮，左、右轮间没有整体梁，承载量较小。其优点是：非悬挂质量小，有利提高平顺性；便于将 4×2 汽车变型；悬架与车架之间由两点支撑，相对于导向杆式平衡轴悬架载荷分散，有利于强度设计；后轮可在空载时提起，以减少轮胎磨损，降低油耗。

平衡悬架还有挂车平衡悬架和空气弹簧平衡悬架等，在此不予详细介绍。

二、弹性元件悬架形式的发展

从悬架分类的角度，前面已按弹性元件将悬架分为钢板弹簧悬架、螺旋弹簧悬架、扭杆弹簧悬架、气体弹簧悬架以及橡胶扭杆悬架等。从弹性元件发展的角度看，在这些悬架中，首先出现的是钢板弹簧悬架，然后才是其他弹性元件的悬架，现具体介绍如下。

（一）钢板弹簧悬架

1. 普通钢板弹簧悬架

钢板弹簧悬架是开发得最早的悬架，在有汽车之前，马车上就已采用了"半椭圆"式钢板弹簧悬架。前面已经谈过，纵置对称式的普通钢板弹簧悬架是结构简单、成本低、维修方便、寿命较长的悬架。它不仅能够承载、导向，还能传递力和力矩，提供纵向、横向角刚度等。它是开发得最早、用得最为广泛、至今还在使用的一种基础悬架。

（1）悬架形式的发展

钢板弹簧悬架除纵置板簧外，还有横置板簧，如图 1-24 所示。除主簧外，还有主副簧结合的悬架，如图 1-25 所示；除对称簧外，还有非对称板簧悬架，如图 1-23 所示。

（2）板簧自身结构的发展

① 长度由短变长。板簧主片长度由原先的 1m 左右，发展到 1.45m 以上。弹簧变长能使在同等变形下降低应力，提高寿命；在同等应力下，能增大变形提高平顺性；在同等刚度下，增大自身纵向角刚度，抵抗车桥角位移，减少制动时的 S 形变形。须知，自

身角刚度 $C_\theta = CL^2/4$，显然，它是和主片长度的二次方成正比的。

② 宽度由窄变宽。板簧宽度由原先的 4cm 发展到了今天的 6~10cm。增加宽度，不仅使卷耳的刚度增加，而且使弹簧自身的横向角刚度和车辆的横向角度增大，并使惯性矩等比增大。

③ 厚度由薄变厚。随着淬火工艺的提高，板簧厚度也逐步加大。最初的板簧厚度只有 4mm，如今可以淬透 30mm。增加宽度和厚度不仅为减少片数打下了基础，且可大大提高总惯性矩 I_0。I_0 和板簧厚度 h 的三次方成正比，即

$$I_0 = nbh^3/12$$

④ 片数由多变少。我国 212 轻型指挥车的板簧最初是 14 片，而当今的轻型指挥车板簧一般为 1~3 片，如图 1-42 所示。

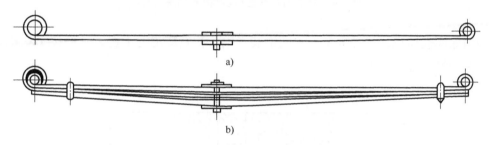

图 1-42 单片簧和少片簧

a）单片簧 b）少片簧

少片簧是在变宽、变厚的基础上，并将等断面改为变断面后实现的，如图 1-43 所示。

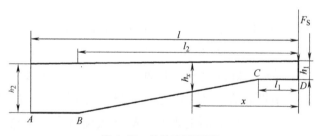

图 1-43 单片变断面簧

少片簧除了结构简单、维修方便之外，其最大优点就是减小了片间摩擦力，也就是减小了所谓的库仑摩擦力，提高了小幅振动的平顺性，如图 1-44 所示。

由图 1-44 可知，悬架在满载载荷 P_0 点作小幅振动时，也就是在良好路面行驶时，它所做的功是面积 $abcd$，对应的悬架刚度是 $\tan\alpha$，而 $\tan\alpha > \tan\alpha_0$。$\tan\alpha$ 的大小一是取决于振幅 Δf 的大小，这是客观使用条件；二是取决于示功图的"肥瘦"。"肥"就代表弹簧片多，摩擦功大；而"瘦"却代表弹簧片少，摩擦功小。单片弹簧的摩擦功为零，此

时 $\tan\alpha = \tan\alpha_0$。

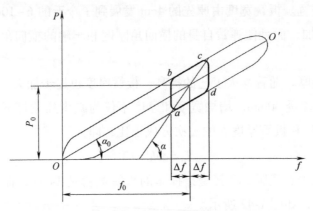

图1-44 板簧的变形量 f 与载荷 P 的关系曲线

为消除库仑摩擦，设计人员在片间增装青铜、塑料或尼龙卡垫，它们按120°的方位开设了三个槽，如图1-45所示。

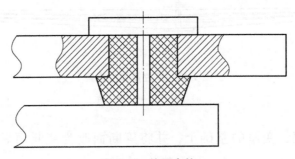

图1-45 片间卡垫

随着我国碳纤维材料技术的突破，单片簧的应用将更加广泛。

⑤ 各种截面形状。板簧有等截面和变截面之分。变截面簧主要是为了节约材料，同时尽可能向等应力梁靠近，除此之外，截面形状还有很多的变化。由于常用板材为扁钢，上下表面平坦，中性轴在其对称面上，四棱为圆角，半径 $r = (0.65 \sim 0.85)h$。因扁钢的疲劳破坏总是始于受拉伸的上表面，故下表面常采用抛物线侧边（图1-46b）或采用单面单槽（图1-46c）或采用单面双槽（图1-46d），从而使中性轴上移，以减少拉伸应力。一般认为许用压应力应为许用拉应力的 1.27～1.30 倍。采用图1-46b、c、d所示截面与采用传统的图1-46a所示的截面相比，材料可节约 10%～14%，疲劳寿命可提高30%。

⑥ 叶片的端部结构。叶片端部由矩形（图1-47a）发展为梯形（片端切角）、椭圆形（片端压延）和片端压延切断，分别如图1-47b、c、d所示。其中矩形成本最低，但效果最差，与椭圆形相比，在片端区域内传力较大，较集中，片端摩擦和磨损加剧，同时也离板簧的"等应力"机理相去甚远，导致板簧质量增大。

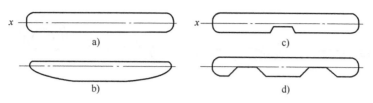

图 1-46 钢板弹簧的截面形状

a）标准型 b）抛物线侧边 c）单面单槽 d）单面双槽

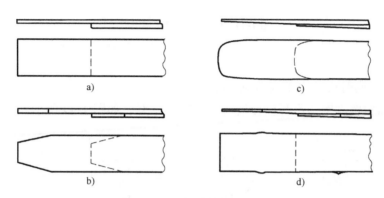

图 1-47 钢板弹簧片端形状

a）矩形 b）梯形 c）片端压延 d）片端压延切断

梯形结构较矩形有所改善，成本略有增加。椭圆形更接近于理想的"等应力"梁，且在接触区内压力分布得更为均匀，片间摩擦减少。压延切断型结构成本最高，但效果也最好。

⑦ 板簧端部支撑形式。板簧端部支撑形式有卷耳、滑板和橡胶包头三种类型。

卷耳型可分为上卷式、平卷式（柏林式）和下卷式三种，分别如图 1-48a、b、c 所示。上卷式是当前广泛采用的结构形式，制造工艺性好，但卷耳内应力较平卷式大。平卷式纵向力可直接传给主片，可减少附加给主片的卷耳力矩，但制造工艺性差。下卷式可用于对板簧安装位置有特殊要求的情况（如保证不足转向趋势），但无法实现加强的双主片，如图 1-48c 所示。加强片可保主片断裂后的支撑和在悬架反弹时吊载非簧载质体。加强片在卷耳外制作一个包耳，叶片变形时为不致发生干涉，卷耳和包耳之间留有一定的间隙，如图 1-48d、e 所示。长圆式卷耳孔内装有刚度方向异型胶块，以缓解悬架的水平冲击，如图 1-48f 所示。

滑板式多见于平衡悬架板簧的支撑和主副簧结构的副簧支撑，如图 1-48g 所示。这种形式结构、工艺简单，重量轻，拆卸方便，省去了润滑点，并减少了主片的附加应力，延长了弹簧寿命。

包头型采用橡胶块支撑的结构，两端装在橡胶座内，通过胶块将力传给支架。它改善了主片的受力状况，为提高强度采用了双主片结构。胶块具有较大的挠性，减少了主

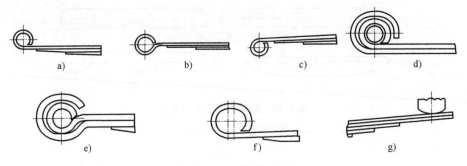

图 1-48　板簧两端的支撑形式

a）上卷式　b）平卷式　c）下卷式　d）上卷包耳式　e）平卷包耳式　f）长圆式　g）滑板式

片的扭曲应力，同时也减少了润滑点和噪声。

⑧ 吊耳的布置方案。吊耳已发展有 4 种布置方案，如图 1-49 所示。

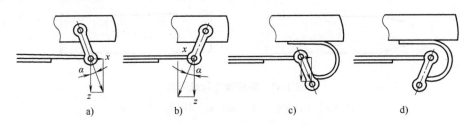

图 1-49　吊耳的布置方案

a）、b）常规布置　c）、d）非常规布置

　　4 种方案都无外是用铰链和吊耳将板簧两端固定在车架上。图 1-49a、b 所示为常规布置，图 1-49c、d 所示为出于位置需要的非常规布置。吊耳的倾角和长度都是有一定要求的，它们对悬架刚度和车架高度均有影响。

　　吊耳可与板簧成锐角布置（图 1-49a），也可以成钝角布置（图 1-49b）。成锐角布置的水平分力拉伸板簧，成钝角布置的水平分力压缩弹簧。弹簧受压缩力时，在大负荷下悬架频率剧增。吊耳倾角 α 无论是锐角还是钝角，随着 α 的增大，作用于板簧的水平分力 F_x 都将增大，致使板簧引起较大的附加应力。正因如此，希望 α 值越小越好。但又不能过小，否则在大负荷下将有可能出现"反耳"现象。一般将吊耳角 α 取为 30° 左右。

　　车辆在行驶过程中，吊耳将以车架上的支点为圆心，以其自身长度为半径作圆弧运动。这个圆弧运动将使板簧在垂直方向和纵向上产生位移。在同等悬架位移下，为减小吊耳转角，降低簧端纵向位移和垂直位移，现代汽车都加长了吊耳，相对于早期汽车，几乎加长了 50%～100%。

　　⑨ 吊耳及弹簧销的结构。钢板弹簧的固定，一般一端为固定卷耳，另一端为活动的吊耳（摆耳）。前面已经介绍了吊耳的布置方案，此处着重介绍吊耳及弹簧销的结构。当今吊耳结构已发展有 C 形、叉形以及分体式等，分别如图 1-50a、b、c 所示。

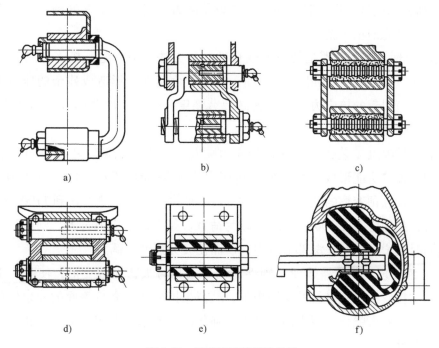

图 1-50　吊耳及弹簧销的结构

a）、b）螺纹式　c）自润滑式　d）滑动轴承式　e）橡胶支撑式　f）橡胶包头式

弹簧销的支撑、润滑则已发展如图 1-50a 和 b 所示的螺纹式、图 1-50c 所示的自润滑式、图 1-50d 所示的滑动轴承式、图 1-50e 所示的橡胶支撑式和图 1-50f 所示的橡胶包头式数种。

螺纹式的好处在于可同时承受垂向及侧向载荷，卷耳侧面不必加工。螺纹可起储存润滑剂和防尘的作用。螺纹表面渗碳具有一定硬度，其挤压应力约为 7MPa。

自润滑式多用于轿车及轻型载荷汽车，具有不必加注润滑脂及噪声小的优点。

滑动轴承式多用于重型载货车，一般采用铜合金或粉末冶金衬套。工作挤压应力为 3.5~7.0MPa。在这种结构中，卷耳两侧必须加工至规定宽度，以便于支架或吊耳配合传递侧向力。

在采用图 1-50e 所示的橡胶支撑式时，必须充分考虑它对悬架特性的影响。

图 1-50f 所示的橡胶包头式结构多用于重型车。该种结构允许的纵向移动量有限，因此，板簧必须具有足够的长度，且应工作在平直位置附近。

（3）提高寿命的措施

钢板弹簧工作条件极其恶劣，加之采用一般方法生产表面，难免留下裂痕、皱纹和凹痕等，因此在受载时易导致表面应力集中，从而急剧降低材料的疲劳极限引起早期损坏。为提高板簧使用寿命，逐步摸索出提高表面质量、改进热处理工艺和改进弹簧材料三个方面的措施。

　　1）提高表面质量。提高表面质量，采取了喷丸处理、预压缩处理、减少表面脱碳层深度和表面抛光四项措施。

　　① 喷丸处理。喷丸处理是使表面强化的一种方法。采用抛丸机将金属丸粒（直径为 0.4~1.2mm）高速地打向叶片的凹面，使之产生塑性变形造成残余的压应力。部分抵消因工作负荷引起的拉应力，从而提高疲劳强度；喷丸还使金属分子晶体排列改变，从而提高表面强度。

　　目前有两种喷丸工艺：一般喷丸和应力喷丸。一般喷丸是叶片在自由状态下的喷丸，它使钢板弹簧所能形成的最大残余压应力为 550~650MPa，约为屈服极限的一半。应力喷丸是叶片在预变形的状态下进行的，它可使最大残余压应力达到 1100~1300MPa。应力喷丸时，预加应力在 700~900MPa 较为适宜。如果预加应力过大，则虽强化了叶片表面，但同时也增加了叶片深部的应力，反而使疲劳强度降低。

　　② 预压缩处理。预压缩处理（塑性压缩）是指将板簧加载变形，使叶片正常工作时受拉表面的拉应力达到材料的屈服极限，载荷去掉后造成受拉表面的残余压应力，即通过材料的塑性变形强化金属表面。其表面强化的实质基本上与喷丸处理相同，从而提高弹簧的耐久性。

　　③ 减少表面脱碳层深度。由于表面脱碳，在金属表面易形成"软点"，这些"软点"可能成为疲劳损坏的起点。表面脱碳和淬火时间与钢材有关，一般淬火时间越长，脱碳层就越深。减少钢板在炉内停放的时间，不仅可大大减少脱碳深度，还可细化晶粒，改善塑性。在相同热处理条件下，$60Si_2Mn$ 脱碳较为严重，$60Si_2MnA$ 次之，如果在硅锰钢中加入硼元素，则大大减少脱碳，而且脱碳分散度也小。为了减少脱碳，还可采用渗碳方法补偿。

　　④ 表面抛光。表面抛光可以除去叶片表面的脱碳层及其他表面缺陷，能大大提高疲劳强度，但耗费工时多，产品成本高，所以一般只对高级轿车板簧进行抛光。

　　2）改进热处理工艺。目前在制造板簧时，采用了形变热处理和高温快速回火等热处理新工艺，大大提高了板簧的使用寿命。

　　① 形变热处理。形变热处理是在叶片加热之后，在辊压机上进行的一次热变形压轧，然后再在油中淬火。由于叶片在热变形中压轧，使金属组织细化，马氏体的长度和宽度都减小；同时因使用了保护气体，减少了脱碳，提高了表面质量。

　　② 高温快速回火。提高回火温度，缩短回火时间，可使淬火马氏体加速转变成回火屈氏体。由于回火时间短，碳化物的聚集和长大受到限制，将得到碳化物弥散度很大且均匀的回火屈氏体，提高了材料的强度、塑性和冲击韧性，从而提高了疲劳强度，当然也提高了生产率。

　　3）改进板簧材料。板簧材料直接影响弹簧强度和使用寿命。钢板弹簧材料一直采用硅锰钢，如 $60Si_2Mn$ 和 $55Si_2Mn$ 等。但经研究，在硅锰钢中加入硼（B）之后，就能

增加淬透性和减少表面脱碳，使疲劳寿命提高 15% ~ 40%。现已用 55Si$_2$MnB 代替 55Si$_2$Mn。特别在加入合金元素稀土、硼、钒、铬等之后，出现了 60Si$_2$MnBRe、60Si$_2$MnVB、60Si$_2$MnRe、55SiMnVB、50CrVA 及 38SiMnVB 等弹簧钢。据了解，50CrVA 的许用应力已达到 1500 ~ 1750MPa，38SiMnVB 已达到 1800 ~ 2000MPa，50CrMnSiVNb 的抗拉强度为 1880MPa，屈服强度为 1760MPa。

2. 非对称板簧悬架

非对称钢板弹簧悬架是对称钢板弹簧悬架的一个发展，它也是客观需要的产物。非对称板簧在一定的轴距下，可以调整汽车前、后悬架的长度，调整轴荷分配，可以改变接近角和离去角的大小，协调车桥和发动机的位置矛盾，躲过蓄电池、油箱和轮胎等。特别地，非对称板簧还有着许多如下所述的独特性能（详见第三章）。

（1）非对称度

非对称度 y 是长边 l_1 和短边 l_s 之比，即

$$y = l_1/l_s$$

一般取 $y = 1.2 ~ 1.5$。y 值过小，意义不大；过大亦不可取。非对称度决定着非对称簧的所有性能，而且影响悬架相关点的运动轨迹。

（2）两端变形比

非对称板簧长端变形 f_1 大于短端变形 f_s，其比值等于非对称度的平方，即

$$f_1/f_s = y^2$$

（3）两端线刚度比

非对称板簧长端线刚度 C_1 小于短端线刚度 C_s，其比值等于非对称度三次方的倒数，即

$$C_1/C_s = 1/y^3$$

当 $y = 1.5$ 时，长端线刚度约为短端的 30%。

（4）两簧线刚度比

在板簧尺寸相同的情况下，非对称板簧的线刚度 C_F 略大于对称板簧的线刚度 C_D，其比值可表示为

$$C_F/C_D = (1+y)^2/4y$$

当 $y = 1.5$ 时，比值约为 1.04。

（5）两簧横向角刚度比

在板簧尺寸相同的情况下，悬架横向角刚度非对称簧大于对称簧，其比值为

$$C_{\alpha F}/C_{\alpha D} = (1+y^3)(1+y)^3/16y^3$$

当 $y = 1.5$ 时，比值约为 1.27。

（6）两簧自身角刚度比

在板簧尺寸相同的情况下，抵抗车桥角位移的纵向的自身角刚度，非对称板簧略大

于对称簧，其比值为

$$C_{BF}/C_{BD}=(1+y)^2/4y$$

当 $y=1.5$ 时，比值约为 1.04。

（7）偏摆中心距

非对称簧车桥上所有相关点绕着一个偏摆中心作偏摆运动，这个中心到桥心的距离叫作偏摆中心距，其值为

$$D=yL/(y^2-1)$$

（8）相关点的轨迹半径

各相关点作偏摆运动，它们有着各自互不相等的轨迹半径。这就给总成部件的安装提供了较大的选择余地，也就是提供了较大的可设计性，如减振器下支点的选择可获得较大的阻尼力矩等。

（二）螺旋弹簧悬架

1. 螺旋弹簧悬架的优点

螺旋弹簧悬架是随螺旋弹簧的发展而发展的。螺旋弹簧是由钢丝卷制而成的，钢丝断面一般呈圆形，绕成螺旋状。

螺旋弹簧与钢板弹簧相比具有很多优点：重量轻，结构简单，制造方便，不需润滑，不怕尘土，占用空间小。螺旋弹簧没有库仑摩擦，可提高小幅振动的平顺性。特别是它的比能容量高，能够充分发挥材料的潜能。螺旋弹簧内可以安装减振器和行程限制器以及导向柱等，使悬架结构较为紧凑。然而，螺旋弹簧只能承受垂直载荷，不能承受侧向力，因此必须另设导向机构，以传递力和力矩。

螺旋弹簧悬架不仅在轻型车上得到了广泛应用，而且在中、重型车和越野车上也有应用，如装载质量为 10t 的德军 MAN280 重型越野车就使用了螺旋弹簧悬架。特别在轿车中，由于要求具有良好的舒适性，要求导向机构在大摆动量下仍具有保持合理的车轮定位参数的能力，因此螺旋弹簧悬架基本取代了钢板弹簧悬架。

螺旋弹簧不仅广泛应用于前悬架，而且也可用于后悬架；不仅广泛用于独立悬架，也可用于相关悬架，参见图 1-4 和图 1-5。

螺旋弹簧不仅广泛用于非驱动桥，也可用于驱动桥。例如，在双横臂驱动桥中，有螺旋弹簧上置式、下置式以及双螺旋弹簧悬架，如图 1-18~图 1-20 所示。

总之，不少的悬架形式，不同的导向机构，都可以装置螺旋弹簧，例如，麦弗逊悬架、半拖臂悬架等。

2. 变参数螺旋弹簧悬架

螺旋弹簧经由了普通螺旋弹簧到变参数螺旋弹簧的发展过程，即经由了等刚度螺旋弹簧到变刚度螺旋弹簧的发展过程。

任何螺旋弹簧都是由钢丝直径、簧圈中径、节距和螺旋角四大结构参数决定的。四

大结构参数中之一、之二、之三或全部随钢丝长度变化者称为变参数螺旋弹簧。

原先变参数螺旋弹簧多为变节距簧，相继是变中径簧，最后发展到变丝径簧，同时变更几种参数可组配出数十种元件簧，由元件簧还可组合成各种组件簧。图1-51是6类典型的变参数组件螺旋弹簧。

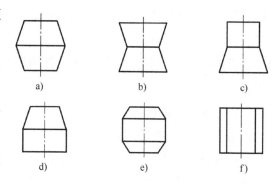

图1-51　6类典型的变参数组件螺旋弹簧
a) 中凸双锥（鼓肚形）　b) 中凹双锥（细腰形）
c) 上柱下锥（喇叭形）　d) 上锥下柱（铃铛形）
e) 端锥中柱（桶鼓形）　f) 内柱外柱（子母套）

变节距簧工艺简单，变丝径簧钢丝的拉制工艺较为复杂，但性能更加优越，例如，美军的悍马车，部分车型就是采用的变丝径、等内径变参数螺旋弹簧，其中部可以安装减振器。

变参数螺旋弹簧有着重量轻、便于发挥材料潜能、应力分布合理以及载荷特性优良四大优越性，详见第三章。

随着变参数螺旋弹簧的发展，已对其建立了六大评价指标，即比负荷、载荷幅度、刚度幅度、应力幅度、末圈比应力和质量参数。末圈压并载荷 F_{em} 是变参数螺旋弹簧的核心参数。F_{em}大者（在应力允许的范围内），各项评价指标都较优良。

3. 螺旋弹簧端部形状

螺旋弹簧的材料和工艺与板簧一样，均有着相应的发展。而端部形状根据需要已发展为两端碾细、直角切断或向内弯曲等形式，如图1-52所示。

图1-52a所示为两端碾细型，即在绕制弹簧之前先将钢丝两端碾细，碾细部分的长度在绕后约占240°，末端厚度约为钢丝直径的1/3，绕成后末端几乎紧贴相邻一圈弹簧，必要时两端都要磨平。这种结构的优点是节约材料，占用垂向空间小，特别是由于两端都平整，安装时可以任意转动，因而设计时弹簧的圈数可以取任意值，不必限于整数。缺点是碾细需要专门的设备和工艺，增加了制造成本。图1-52b所示为直角切断型，其中一端并紧形成与

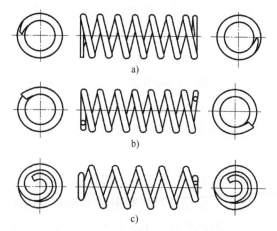

图1-52　螺旋弹簧的端部结构
a) 两端碾细型　b) 直角切断型　c) 向内弯曲型

弹簧轴线垂直的平面。这种结构的优点在于制造简单，成本低；缺点是增大了垂向尺寸

和材料消耗，安装时需对准一定的方向，并需要与之相配的弹簧座。若两端都未整平，则修改设计时，弹簧圈数必须按整数增减。图1-52c所示为端部向内弯曲并形成与弹簧轴线垂直的平面，这种结构常用于和弹簧座配合起定位作用，若两端都内弯，则需要专用设备。

（三）扭杆弹簧悬架

1. 扭杆弹簧悬架的优点

扭杆弹簧悬架早在20世纪30年代就已出现在欧洲的汽车上，50年代美国克莱斯勒公司相继装车使用，当前已广泛用于微型车、轻型车、轿车、客车和越野车等各类车型，在12×12的重型越野车上也有采用。俄国的玛斯、我国的万山等超重型越野车也早已采用。

扭杆的一端装于车架之上，另一端通过导向臂装于车轮之上。作为抵抗悬架运动，钢板弹簧是利用叶片的弯曲与反弹，螺旋弹簧是利用簧圈的压缩和伸展，而扭杆弹簧则是利用杆体的扭转和回复。扭杆弹簧有着如下优点：

① 单位质量的储能量高，其比能容量比钢板弹簧约大3倍。

② 既可节省优质钢材，还可降低车辆自重。

③ 扭杆固定在车架上，减少了非悬架质量，提高了平顺性。

④ 扭杆悬架的非线性特性，使其在等行程下的悬架容量提高，有利于坏路行驶。

⑤ 用于前驱动汽车时，扭杆可纵向布置，为摆动半轴腾出了空间。

⑥ 因为可任选零载荷角，所以可以方便地调整车身高度。

⑦ 结构紧凑，便于布置，维修保养方便。

然而，扭杆的制造成本较高，对材料及工艺要求较严，此外，扭杆仅能起弹性元件的作用，故必须另设导向机构。

2. 扭杆弹簧的结构

扭杆弹簧可以按其断面形状或弹性元件的数量来分类。

按断面形状，扭杆弹簧已发展有圆形、管形和片形几种；按元件数量，扭杆弹簧又可分为单杆式和组合式两种，其中组合式扭杆又有并联和串联之分，如图1-53所示。

圆形断面单杆式扭杆，端部做成花键，工艺性好，装配容易，因而得到了广泛应用。

管形断面扭杆材料利用最为合理，且可用来制造组合式扭杆，但工艺较为复杂。

片形断面扭杆，工艺性好，弹性好，扭角大，可靠性高，一片断了之后仍能工作，但材料利用不够合理。

组合式扭杆能缩短弹性元件的长度，有利于在汽车上的布置。圆形断面扭杆，可以用2、4或6根形成组合式扭杆。组合式扭杆是客观需要的产物，是横置式的要求推动发展起来的。

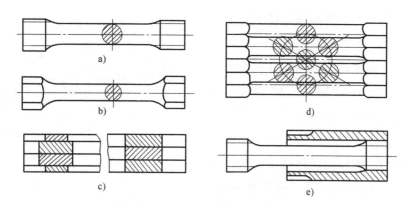

图 1-53　扭杆断面形状及端部结构

a）圆形断面单杆式扭杆，端部为花键　b）圆形断面单杆式扭杆，端部为六边形

c）片形断面组合式扭杆　d）圆形断面组合式扭杆　e）串联组合式扭杆

在扭杆悬架上，扭杆一般为纵置，也有横置。由于汽车横向尺寸有限，横置扭杆往往较短，扭杆应力较高，悬架容量不够。为解决这一问题，出现了组合式扭杆，也还是为解决这一问题，从另一思路出发，发展出了交错式扭杆悬架，如图 1-30 所示。

扭杆最主要的发展是杆越来越长，在纵向上不到万不得已不采用组合式扭杆。工艺上早已采用了预扭和喷丸处理。材料上现在常用的有 40Cr、45CrNiMoVA、42CrMo、50CrV 和 50CrMnSiVNb 等。

（四）空气弹簧悬架

1. 一般情况及工作原理

空气弹簧悬架是相对钢板弹簧等悬架的一种发展。早在 1947 年，美国首先在普尔曼汽车上使用空气弹簧，意大利、美国、法国以及日本也相继开展了研究工作。到了 1964 年，德国生产的 55 种大中型公共汽车上就有 38 种装有空气弹簧悬架。当前在国外客车上几乎全部使用了空气弹簧悬架。在中重型货车上，也有近 80% 采用空气弹簧悬架，如美国的福特、德国的奔驰、日本的尼桑等汽车。部分高级轿车也有采用空气弹簧悬架的，如美国的林肯、德国的奔驰 300SE 和 600 等。近年来，特别在一些 8×8、10×10、12×12 的重型牵引车及其半挂列车上，也相继采用空气弹簧悬架，如美军的 M1070＋M1000HETS（Heavy Equipment Transporter System）半挂列车，我国泰安特种车公司生产的 50T 军用半挂列车等，其主车和半挂车都采用了空气弹簧悬架。

我国的公共汽车及客车也普遍采用了空气弹簧悬架，外国公司的气囊及其相关技术也相继进入国内市场，如康迪泰克、格兰莱特以及塞夫等公司。

空气弹簧悬架除弹性元件、减振器、导向机构以及高度调节装置外，还装有压气机、压缩空气容器及其管路等，其车身高度调节装置如图 1-54 所示。

① 当车辆在平直良好的路面正常行驶时，高度调节阀和排气阀处于关闭状态，弹簧

既不充气也不排气，车辆高度保持不变。

②当车辆载荷增加时，弹簧被压缩，车身整体下降，高度调节阀的连杆相对于高度调节阀向上运动，并转动摇臂逆时针运动，使充气阀门打开，压缩空气经高度调节阀向气囊充气；车身在气压的作用下开始回升；高度调节阀的连杆也随之向下回落，摇臂顺时针运动，充气阀门的开度逐渐减小，直至重新关闭。此时，车身恢复到原先设置的高度，即气囊回伸到原先的位置。

③当车辆载荷减少时，气囊在腔内压缩空气的作用下伸长，连杆向下运动，摇臂顺时针转动，排气阀门打开，囊中空气排入大气，车身逐渐恢复到设定高度。

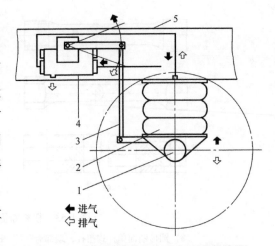

图 1-54　空气弹簧悬架车身高度调节装置

1—车轴　2—空气弹簧　3—连杆
4—车身高度调节阀　5—车架

空气弹簧由胶囊和充入其内的高压空气组成，囊壁内夹有帘线。空气弹簧分凸台包卷式（Rolling Lobe，也叫膜式）和涡旋式（Convoluted，也叫囊式），如图1-55所示。

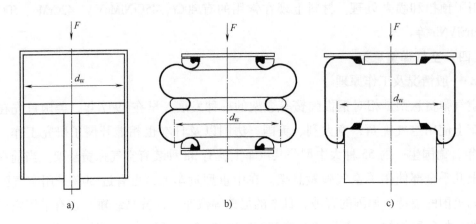

图 1-55　空气弹簧

a）活塞与气缸　b）涡旋式空气弹簧　c）凸台包卷式空气弹簧

凸台包卷式空气弹簧刚度小，在同等气压和尺寸下的承载能力较小，且动刚度较大，适用于轿车悬架；涡旋式空气弹簧结构简单，制造方便，寿命较长，按其囊数可分为单节式、双节式和三节式，按形状还可分为圆式和椭圆式，但刚度较高，为降低刚度常配有辅助装置，适合大客车及载货车使用。

2. 与钢板弹簧悬架的比较

汽车的空载和满载必然带来车轴负荷的变化，特别是挂车和客车的车轴以及载货车

的后轴，两种状况下的重量差是巨大的。正因如此，空载和满载的变形差也是巨大的，特别是低刚度的普通钢板弹簧悬架，必须给车桥和车身之间的相对运动留出一个巨大的空间。

如图 1-56a 所示，钢板弹簧悬架的总变形量 s_t 等于装载质量的静压缩量 s_s 加上空载动变形 s_{ed} 和满载动变形 s_{fd}，即

$$s_t = s_s + s_{ed} + s_{fd}$$

当采用空气弹簧时，车辆用控制臂保持水平，与载荷无关，这就意味着装载质量的静压缩量 $s_s = 0$。由图 1-56b 可知

$$s_t = s_{ed} + s_{fd}$$

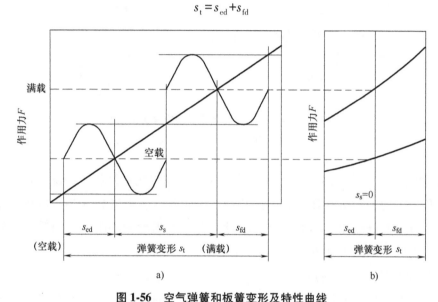

图 1-56 空气弹簧和板簧变形及特性曲线

因此，采用空气弹簧，轮罩空穴仅是动力振动量，也就可以采用低刚度簧来改善舒适性，或在公共汽车上获得低的整车高度（降低质心），或在载货车和挂车上增大载荷空间。

此外，频率尚有差别：空气弹簧内压随载荷改变，满载、空载频率基本不变；而线性的钢板弹簧悬架，频率随载荷变化，即空车跳动剧烈，满载跳动柔和。

图 1-57 所示为线性钢板弹簧与膜式空气弹簧的比较。钢板弹簧的频率随载荷降低而急剧增加，而空气弹簧的频率不仅低于钢板弹簧，而且在整个载荷范围内近似为常数。同时，钢板弹簧的刚度不随载荷变化，而空气弹簧则随载荷的变化而急剧变化。

3. 空气弹簧悬架的结构形式

从结构形式上看，空气弹簧悬架可分为相关式、独立式以及浮动轴式三种。

① 相关式空气弹簧悬架结构简单，便于车辆改装，可提高底盘的通用性。

② 独立式空气弹簧悬架可增加弹簧中心距，提高横向角刚度。

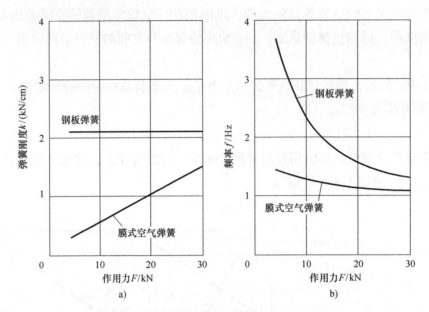

图1-57 膜式空气弹簧与线性钢板弹簧的比较

a) 刚度比较 b) 频率比较

③ 浮动轴式空气弹簧悬架是在轴荷较轻时，为减少轮胎磨损、消除错误导向等而进行整轴提升的机构。它由升降气囊、提升臂、导向机构、空气囊和相应的控制系统等组成。此外，当车辆行经冰雪和泥泞等坏路时，为增大驱动轴的附着，提升浮动轴以使载荷移入可用之处，如图1-58所示。

4. 空气弹簧悬架的优缺点

开发空气弹簧悬架的目的，是实现低而变化不大的自然频率，使车身高度与载荷无关。实践证明，当今的空气弹簧悬架完全实现了这个愿望，成功取代了钢板弹簧在公共汽车上的独霸地位，提供了载货车空载和满载状况下的相同性能，并大大方便了货物的装卸；在小轿车上，也证明了它作为调平车辆辅助元件的价值，它还成功用于轨道式客车、公路和铁路车辆等。

空气弹簧悬架具有低频、等频、等高三大基本优点。

（1）一个柔软的低频悬架

由于消除了空载和满载之间的静压缩量，有足够的空间实现低频，因此提高了乘坐舒适性；绝大部分的路面冲击被吸收，从而保护了车辆、人员、物资及道路的安全。空气弹簧悬架能使钢板弹簧悬架的频率下降约40%。

（2）一个恒定而与载荷无关的自然频率和舒适性

水平阀按载荷大小调节空气簧中的空气压力，这意味着弹簧刚度与载荷成比例地改变。这种容积不随载荷改变的"等容积空气弹簧"基本实现了"等频悬架"的要求。

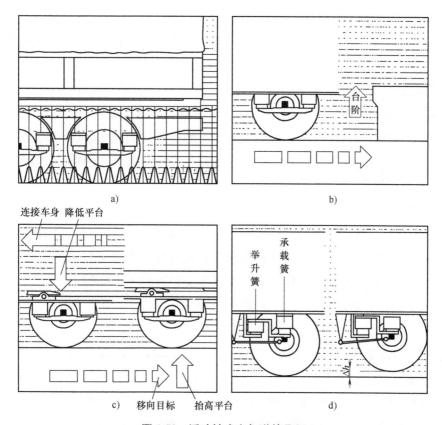

图 1-58　浮动轴式空气弹簧悬架

a）保护车辆和道路　b）利用调平系统对接平台　c）连接车身简易迅速　d）提起车轴简易安全可靠

（3）一个恒定的车辆高度

调平系统按设计位置保证了一个与载荷无关的不变的车辆静态高度。车辆总高、装载高度、离地间隙以及前照灯位置等均保持不变。相对于地面来说，车辆总是处于相同的高度，并与载荷无关。即使车辆装载不平，它也能保持水平。车辆在满载状态下，也不压至缓冲块。

此外，空气弹簧悬架还有如下辅助优点：

（1）可手动调整高度

在载货车和牵挂系统中采用空气弹簧悬架，车身能手动地升高或降低，不要求装备诸如千斤顶之类的附件。借助空气弹簧悬架，可设置一个合适的高度与装卸平台对齐，半挂车和挂车容易挂钩和卸钩，可拆式车身也易于更换。

在轿车日益轻便的设计要求下，更加需要空气弹簧悬架式的可调系统。通过集成电子控制仪器，能够提供适合于运行情况的车辆高度：

① 市区运行的标准高度。

② 高速公路高速运行时的低阻力高度。

③ 越野运行时的举升高度。

借助调平系统，车辆能随时与地面保持平行，因此能在各种道路条件下保持较低的阻力系数。

（2）寿命长，节约材料

空气弹簧的寿命为钢板弹簧的3~4倍，采用空气弹簧还可节约钢材。

空气弹簧的缺点：结构复杂，可能漏气，不能承受侧向载荷，需要装置专用导向机构；由于气囊尺寸较大，弹簧中心距较小，因此必须装设大尺寸的横向稳定装置。

（五）油气弹簧悬架

1. 油气弹簧悬架的工作原理

有了空气弹簧悬架，设计者还总想设计出一个体积小、重量轻、承载能力强且又具有类似于空气弹簧特性的悬架。油气弹簧悬架正是这样一个悬架！因此可以说，油气弹簧悬架是空气弹簧悬架的一个发展，也是空气弹簧悬架的一个特例。

油气弹簧实质上是以密封在工作室内的惰性气体（一般为氮）作为弹性介质，在气体与活塞之间用油液作为传力介质的气体弹簧。油气弹簧的工作缸由气室、油液和起减振作用的阻尼阀组成。它利用本身的油液，再内置一个减振阀，同时起着液力减振器的作用。其工作原理和结构如图1-59和图1-60所示。

气体与油液用橡胶膜隔开，故称为油气分隔式油气弹簧。即使在高温和高压条件下，气体也不会溶化在油液内，保证了性能的稳定。

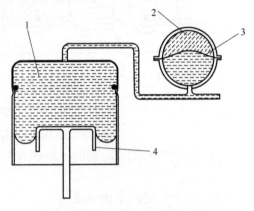

图1-59　油气弹簧的工作原理
1—油液　2—气体　3—橡胶膜　4—活塞

因为气体密封在工作室内，在不同载荷下其质量不变，所以又称为定质量空气弹簧。与此相比较，膜式和囊式空气弹簧在给定的工作温度下，其工作容积不受载荷影响，维持基本不变，因而称为定容积空气弹簧。

油气弹簧适装于重型汽车上，特别适装于重型自卸车上，也可装于导弹运载车和其他车型上。

2. 油气弹簧悬架的优缺点

① 油气弹簧体积小，质量轻，便于布置。它装于重型车上，比钢板弹簧悬架约轻50%。

② 气体工作压力高，因为油气弹簧的气室是钢制而成的，所以工作压力通常为5~7MPa，最高可达20MPa，一般是空气弹簧的10~20倍。

③ 油气弹簧用油液作为介质，不仅能起润滑作用，而且可以通过内置的节流孔阻尼油液流动，使油气弹簧兼起液力减振器的作用。

④ 如果油气弹簧配置一套车身高度调节阀，则和空气弹簧一样，可自如地调节车身高度。

⑤ 油气弹簧和空气弹簧一样，能获得较低的自然振动频率，能使汽车在空载和满载情况下都具有良好的行驶平顺性；改变充气压力和油液体积，均能改变其弹性特性。因此，同一型号的油气弹簧可以通用于不同型号的载货车。

油气弹簧的缺点是结构复杂，维修保养麻烦；工作介质为高压气体和油液，因而对相对运动部件的表面粗糙度、耐磨性、装配精度和密封环节的设计都提出了较高的要求，以确保其密封性。尽管如此，工作中气体仍会有缓慢泄漏，故需要装设专门的充气设备以及时补氮。

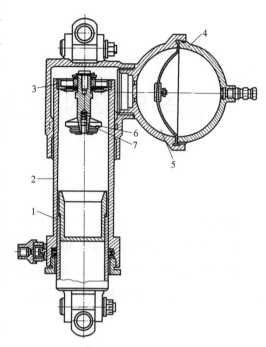

图 1-60 单气室油气弹簧结构

1—活塞　2—缸筒　3—阀座　4—球形气室
5—储液腔　6—阻尼器　7—旁通阀

41

第二章

汽车悬架的基础理论

汽车悬架的基础理论和悬架系统的知识紧密相关，牵涉范围很广，是相当复杂的问题。此处只着重介绍汽车悬架术语和力矩中心、多轴汽车的特性参数以及平顺性和操纵稳定性的评价指标（导向机构运动学等知识放入第三章介绍），以使读者能够掌握悬架的运动特性，为研究悬架构件打下基础。

第一节　汽车悬架术语和力矩中心

一、特定术语

1. 悬挂质量

悬挂质量是悬挂质体（车身、大梁等）的质量，它有整车悬挂质体质量 M' 和各轴悬挂质体质量 M'_i 之分。

2. 非悬挂质量

非悬挂质量是非悬挂质体的质量，它有整车非悬挂质体质量 M'' 和各轴非悬挂质体质量 M''_i 之分。所谓非悬挂质体，是指车轮、车桥等悬挂质体以外的质体。悬置于车身和车桥之间的钢板弹簧、减振器以及各种杆系的质量一般在悬挂和非悬挂之间各计一半。

3. 悬架瞬时轴线

悬架瞬时轴线的提法是一个新概念，它是车辆在满载状态下，车轮相对于车身（悬挂质体）做旋转运动的瞬时轴线。所谓瞬时，是指运动的瞬时，而运动来源于载荷的变化，因此瞬时是指载荷变化的瞬时。

4. 悬架瞬时中心

悬架瞬时中心是车辆在满载状态下，悬架相对于车身（悬挂质体）的运动瞬心。它有横向悬架瞬时中心和纵向悬架瞬时中心之分。

悬架瞬时中心只是悬架瞬时轴线上的一个点。悬架瞬时轴线上的任何点都可以叫作

悬架瞬时中心，一般关心的是横向悬架瞬时中心和纵向悬架瞬时中心。

横向悬架瞬时中心 C_c 是指悬架轴线在横向平面上的穿过点，而横向平面是指过车轮着地中心且垂直于 x 轴的平面。

纵向悬架瞬时中心 C_l 是指悬架瞬时轴线在纵向平面上的穿过点，而纵向平面是指过车轮着地中心且垂直于 y 轴的平面。

单横臂悬架的横向悬架瞬时中心 C_c 就是摆臂的枢轴中心，如图 2-1 所示。由于摆臂轴线（即悬架瞬时轴线）与纵向平面平行，故纵向悬架瞬时中心在无穷远处。

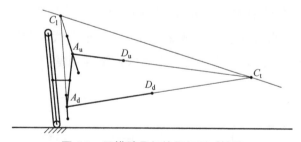

图 2-1　单横臂悬架瞬时中心

双横臂悬架的横向悬架瞬时中心 C_t 在上下摆臂轴线的延长线的交点上（参见本节力矩中心）。而纵向悬架瞬时中心就是上下摆臂枢轴线延长线的交点 C_l，点 C_l 与点 C_t 的连线 $\overline{C_tC_l}$ 就是瞬时悬架轴线，如图 2-2 所示。此处，认定上下摆臂轴线都在横向平面上，摆臂在车轮处的枢轴线也在一个平面上，这是理论所要求的。然而，实际上略有偏差，这正好可制造一个运动阻尼，保证悬架稳定。

图 2-2　双横臂悬架的悬架瞬时轴线

5. 力矩轴线

力矩轴线是车辆在满载状态下，车身（悬挂质体）相对于地面做旋转运动的瞬时轴线。力矩轴线有侧倾力矩轴线和纵倾力矩轴线之分。

二、力矩中心

（一）定义

力矩中心是车辆在满载状态下，车身（悬挂质体）与地面之间的相对运动瞬时中心。它有侧倾力矩中心和纵倾力矩中心（倾覆力矩中心）之分。在横向上，车身绕侧倾力矩轴线作相对于地面的旋转运动。轴线上所有的点都可以叫作侧倾力矩中心。然而，

我们所关心的仅是各车桥处的侧倾力矩中心和整车侧倾力矩中心。在纵向上，车身绕纵倾力矩轴线作相对于地面的旋转运动，此轴线在纵向平面上的投影点便是纵倾力矩中心。

> **注意：** 此处所说的力矩中心是和"摆动中心"的提法有区别的。首先认为存在力矩轴线，然后才进一步断定力矩中心只不过是轴线在车桥等断面处的一个点。

为了方便地寻找力矩中心，还必须熟悉以下一些相关的定理、原理和法则。

（二）相关定理

1. 虚位移原理

假定悬架系统是常定的理想约束系统（刚性连接、无摩擦、无滑动），该系统在主动力系作用下，平衡的充要条件是虚位移所生之元功和为零，即

$$\sum_{i=1}^{n} \Delta W_i = 0 \qquad (2\text{-}1)$$

例如，在图 2-3 所示的单横臂悬架中，主动力系的力仅有 ΔP 和 δP，轮胎和弹簧的变形分别为 Δf 和 δf，虚位移所生之元功和为

$$\sum \Delta W_i = \Delta P \Delta f - \delta P \delta f = 0$$

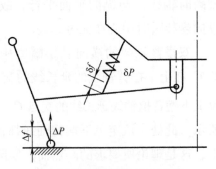

图 2-3　单横臂悬架受力情况

2. 等效法则

在图 2-4a 中，刚度为 c 的弹簧放在杠杆比 m/n 的地方，如果在车轮着地处，也就是杠杆比 $m/n=1$ 的地方放置一个刚度等于 k 的弹簧（图 2-4b）来取代原弹簧，其力学性质不变，效果不变。这个后放置上去的弹簧，就叫作等效弹簧（当量弹簧）。

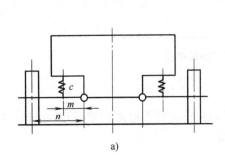

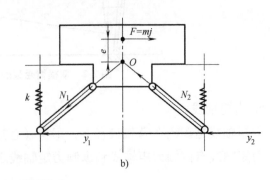

图 2-4　等效弹簧

3. 硬化公理

由数个可以相对运动的构件组成的系统，在平衡的瞬时，可以把它们看成是一个刚性的整体。所谓刚性整体，就是在此刻构件间不存在相对位移。这个公理对于寻求悬架中心和简化机构是很有用处的。下面举例说明。

【例1】　双纵臂导向机构

双纵臂导向机构在受到制动力或驱动力后，上、下杆对车身都有作用力，其方向必都沿着各自的杆向，如图2-5所示。悬架对车身作用力的合力，也就是上、下杆对车身作用力的合力，必通过两杆延长线的交点，也就是纵向悬架中心C。根据硬化公理，在平衡的时刻，可以把上下杆和车轮一起看成是一个刚性的整体。而点C和车轮着地中心E是这个刚体上仅有的两个受力点。显然，这两点处的合力大小相等、方向相反，作用线就是这两点的连线（即两个瞬时转动中心）。合力的大小可以由它在水平方向的投影等于该轮的制动力或驱动力求得。

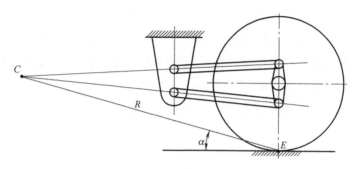

图2-5　双纵臂的悬架瞬时中心

E—车轮着地中心

由上述可知，此处的双纵臂悬架已被化为一个等价的单纵臂悬架了。在这里把CE（长度为R）称为"推杆"，把夹角α称为推杆角。

如果两杆平行，则悬架中心在无穷远处，"推杆"线与地面重合。

【例2】　双横臂导向机构

双横臂在车轮上的轴销线相交于前轮后方，制动力P_τ作用于车轮着地中心E，上、下臂的约束反力N_u、N_d的方向与轴销线相同，N_u、N_d的合力N必通过轴销线的交点——纵向悬架中心C，如图2-6所示。

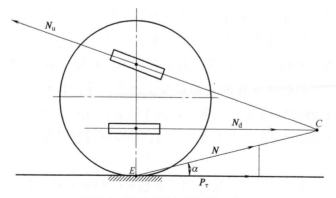

图2-6　双横臂纵向悬架瞬时中心

根据硬化公理，在平衡时刻可将轴销和车轮一起看成一个刚性的整体。而 C、E 两点是这个"刚体"上仅有的两个作用点，显然 C 和 E 两点处的合力 N 大小相等，方向相反，作用线就是 E 和 C 的连线，它在水平方向上的投影等于制动力 P_τ。由此可知，双横臂导向机构已被化为一个等价的单纵臂悬架了。

4. 力矩中心说

郭孔辉院士曾提出，任何形式的悬架系统，都有一个侧倾力矩中心，它就是导向杆系约束反力的合力与中性面（参见本章第二节）的交点。侧倾力矩臂就是侧倾力矩中心高度与悬挂质体质心高度的差。这个力矩臂可为正，可为负，还可为零。

整车总的侧倾力矩中心，应是前、后悬架导向杆系约束反力的总合力与中性面的交点。若将前、后悬架约束反力的总合力在此点分解为水平分力和垂直分力，则水平分力与整车惯性力大小相等，方向相反，构成侧倾力矩；而垂直分力通过悬挂质体质心，它只引起车身上下移动而与横向倾斜无关。

整车力矩中心应在前后悬架力矩中心 O_1 和 O_2 的连线上，如图 2-7 所示。

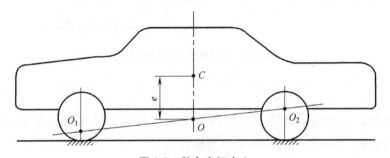

图 2-7　整车力矩中心

针对二轴汽车，这个结论是正确的，但针对多轴汽车，则需进一步研究。

多轴汽车似乎也应该有一个共同的侧倾瞬时轴线，但各悬架的侧倾力矩中心是否都落在这一条轴线上呢？显然值得研究！

对于三轴以上的汽车，它们之间就不是统一协调的，而是超静定的、矛盾的。车身侧倾时，只能以车身和弹性元件以及杆件等的变形来作为统一条件。在同一辆汽车上，由于各车轴悬架的侧倾力矩中心在其高度上很有可能不在一条直线上，这就意味着没有形成一条统一的侧倾瞬时轴线，似乎车身无法侧倾！然而，此时各悬架的负荷将发生改变，从而迫使弹性元件的变形量发生改变，导向机构的位置也将发生改变，进而调整了各悬架侧倾力矩中心的高度，以使矛盾获得统一。此外，车身为保持等角侧倾，车身整体以及相关元件也将产生变形，这正是车辆转弯时发出"吱吱呀呀"声响的原因。

多轴汽车的侧倾力矩臂可以利用作用于各悬架的侧倾力矩之和 $\sum m_i j e_i$（j 为侧向加速度）等于整车的侧倾力矩 mje 来求得一个当量力矩臂，即

$$e = \frac{\sum m_i e_i}{m} \tag{2-2}$$

式中　e、e_i——整车和各悬架的力矩臂；

　　　m、m_i——整车和各悬架的悬挂质体质量。

由于 e_i 值不便确定，故在已知整车悬挂质体质心高度 H' 的情况下，可用式 $e = H' - \sum h_i/n$ 进行近似计算。

对于二轴汽车，$e = \sum\limits_{i=1}^{2} m_i e_i / m$。若按几何关系，还可求得二轴汽车整车侧倾力矩臂的计算公式为

$$e = \frac{(h_1+e_1)m_1 + (h_2+e_2)m_2}{m} - \left(h_1 + \frac{|h_1-h_2|a'}{L} \right) \tag{2-3}$$

式中　h_1、h_2——前、后悬架力矩中心离地高度；

　　　a'——悬挂质体质心至前轴的距离；

　　　L——轴距。

式（2-2）和式（2-3）的计算结果是完全一致的。这也说明，侧倾瞬时轴线既通过悬架的力矩中心，也通过整车的力矩中心。

作为设计者，可以将多轴汽车各悬架的力矩中心设计到一条侧倾瞬时轴线上，或者近于一条轴线上，以使车身侧倾运动时，缓和矛盾，减少变形。

5."二心"一致性

"二心"是指瞬时转动中心和力矩中心，所谓"二心"一致性，就是指在单自由度下，如果悬挂质体具有一个绝对瞬时转动中心，而且位于中性面上，那么力矩中心必在绝对瞬时转动中心上。

假设悬架为理想约束，如果在某一瞬时悬挂质体绕瞬时转动中心 O 旋转一个微小位移 $\delta\theta$（图2-8），那么导向杆系约束反力所生之元功和为零，即

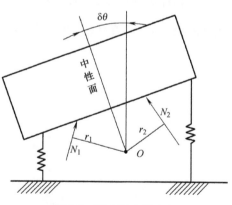

图 2-8　瞬心和力矩中心

$$\sum_{i=1}^{n} N_i r_i \delta\theta = \left(\sum_{i=1}^{n} N_i r_i \right) \delta\theta = 0$$

式中　N_i——某一约束反力；

　　　r_i——N_i 到瞬时转动中心的距离；

　　　$N_i r_i$——第 i 个约束反力对瞬时转动中心的力矩；

$\displaystyle\sum_{i=1}^{n} N_i r_i$——$n$ 个约束反力对瞬时转动中心的力矩和。

由力学可知，所有分力对某一点的力矩和，必等于其合力 N 对该点的力矩。设合力到瞬时转动中心的距离为 r，那么便有

$$\sum_{i=1}^{n} N_i r_i \delta\theta = Nr\delta\theta = 0$$

由于 N 和 $\delta\theta$ 不为零，故唯一能使虚功为零的条件就是 $r=0$，即约束反力的合力通过瞬时转动中心。

由前述可知，侧倾力矩中心就是导向杆系约束反力的合力与中性面的交点，若瞬时转动中心在中性面上，则这个瞬时转动中心就是导向杆系与中性面的交点，即侧倾力矩中心。假设自由度不为 1，瞬时转动中心就不止 1 个，那么只有位于中性面上的那个可能的瞬时转动中心才是侧倾力矩中心。

6. 三心定理

力学中的"三心定理"对于求解复杂导向机构的力矩中心是很有用处的。它是通过求瞬时转动中心的办法来求取力矩中心的。

三心定理——三个彼此做相对运动的构件，有三个瞬时转动中心，这三个瞬时转动中心必排列在一直线上。

这个定理对于研究车身运动极为有用，可用图 2-9 所示的四连杆机构来说明。

在图 2-9 中，由于杆 2 和杆 3 的运动瞬心是 O_{23}，杆 4 和杆 3 的运动瞬心是 O_{34}，加之，杆 2 和杆 1 的运动瞬心是 O_{12}，杆 4 和杆 1 的运动瞬心是 O_{14}，因此，杆 2 和杆 4 相对运动的瞬心 O_{24} 必在 $\overline{O_{23}O_{34}}$ 的延长线与 $\overline{O_{12}O_{14}}$ 的延长线的交点上。

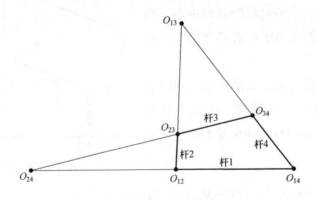

图 2-9　四连杆机构的运动瞬心

图 2-10 所示为一个单横臂悬架，由图可知，车轮 3 与地面 2 的"瞬心"是 P_{23}，车身 1 与车轮 3 的瞬心是 P_{13}，由"三心定理"便知，车身 1 与地面 2 的相对瞬心 P_{12} 必在 P_{23} 和 P_{13} 连线的延长线上。

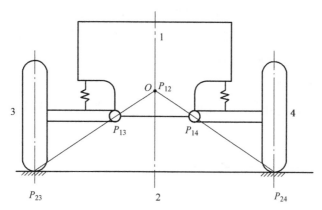

图 2-10　单横臂悬架

同理可知，P_{12} 又必在 P_{24} 和 P_{14} 连线的延长线上。也就是说，P_{12} 就是车身与地面的瞬时转动中心。根据"二心"一致性，P_{12} 就是力矩中心 O。

在图 2-10 中，P_{13}-P_{14}-P_{24}-P_{23}-P_{13} 也是一个四连杆机构，杆 $P_{13}P_{14}$ 代表的是车身，$P_{23}P_{24}$ 代表的是地面。两杆的相对运动瞬心，也就是车身相对于地面运动的瞬心点 P_{12}。

值得说明的有如下两点：

① 根据三心定理，在多数情况下可以较为容易地找到瞬心，而"二心"一致性则又可以判定它为力矩中心。然而这是有条件的，就是单自由度，是一个瞬心的假设，是瞬心必须在中性面上。然而严格地说，车身对称面及质心面往往不与中性面重合。因此，利用三心定理寻找力矩中心，虽然较为方便，但不一定准确。

"导向杆系约束反力的合力与中性面的交点就是力矩中心"的力矩中心说，有时虽较麻烦，但它较为准确，特别是有时它反而还简单。所以两种方法，均可酌情选用。此外，从设计者的角度出发，应尽可能在横向上使中性面落在质心面和几何对称面上。

② 图 2-10 中的 P_{12}、P_{13}、P_{14}、P_{23} 和 P_{24} 这些点，必须在同一平面上，也就是必须落在过车轮着地中心 P_{23} 和 P_{24}，且垂直于 x 轴的平面上，否则所谈理论是不成立的。

有了中性面理论以及相关的原理、法则和定理，便可以分别推求不同悬架的力矩中心了。

（三）悬架的侧倾力矩中心

单横臂悬架侧倾力矩中心的求法已在图 2-10 中介绍，下面介绍独立柱式悬架、钢板弹簧相关悬架、纵向斜置四杆相关悬架以及内收式双横臂独立悬架等的侧倾力矩中心的求法。

1. 独立柱式悬架

独立柱式悬架可以用瞬时转动中心法来求力矩中心，如图 2-11 所示。P_{23} 是地面 2 与左轮 3 的瞬时转动中心，而左轮 3 与车身 1 的相对运动方向是垂直的，故其相对运动瞬时转动中心 P_{13} 必在与相对运动方向相垂直的无穷远处。因此，P_{13} 和 P_{23} 的连线就是通

过 P_{23} 的水平线，它与地面完全重合。同理，P_{24} 和 P_{14} 的连线也与地面重合。因此，P_{23} 和 P_{24} 连线上的任何一点都可能是瞬时转动中心。O 点是位于中性面上且在 P_{23} 和 P_{24} 连线上的点，因此，它就是侧倾力矩中心。

2. 钢板弹簧相关悬架

图 2-12 所示为以自身作导向机构的钢板弹簧相关悬架，它与上述柱式相关悬架有着相似的特性。

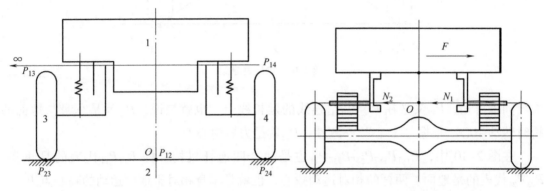

图 2-11　独立柱式悬架　　　　　图 2-12　钢板弹簧相关悬架

当离心力 F 作用于悬挂质体时，板簧铰链处便产生对车身的约束反力 N_1 和 N_2。假设板簧弧高为零，N_1 和 N_2 则水平作用于板簧，合力 $N=N_1+N_2$，它与中性面的交点 O 就是侧倾力矩中心。

若板簧主片呈弧形，铰链处除水平反力外，尚有一个力矩，这使约束反力作用线略为下移。主片若呈反弓形，作用线则略为上移。

3. 纵向斜置四杆相关悬架

图 2-13 所示的纵向斜置四杆相关悬架，其铰链都具球铰链效果。在离心力 F 的作用下，F 是靠四杆反作用力 N_1、N_2、N_3 和 N_4 来平衡的，这四个约束反力的合力作用点就是 O。注意它不是 O'，只不过是 O' 在过车轮着地中心且垂直于 x 轴的平面上的投影。因为 N_1 和 N_2 合力的横向分力 N' 以及两纵杆的约束反力 N_3 和 N_4 所构成的力矩化简的结果 $(b=aN_3/N')$，就使 N' 移至车轮正上方。

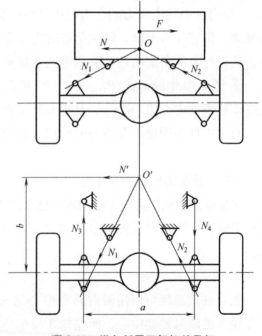

图 2-13　纵向斜置四杆相关悬架

由图 2-13 可知，车身、车桥与两个斜杆在横向平面上构成一个"单自由度的四杆机构"。该机构的两斜边是两斜杆在横向平面上的投影。

在车身高度不变时，斜杆长短不变，此时只有一个瞬时转动中心，利用三心定理就可迅速求得瞬心就是两斜边的交点。

若 N_3 和 N_4 在水平面和垂直面皆不平行，则须再用两次三心定理。

4. 内收式双横臂独立悬架

图 2-14 所示为内收式双横臂独立悬架，可采用三心定理来求侧倾瞬时转动中心。在左半部，车轮 3 与上杆 4 的相对瞬时转动中心是 P_{34}，而上杆 4 与车身 1 的相对瞬时转动中心是 P_{14}。根据三心定理，车轮 3 与车身 1 的瞬时转动中心必在 P_{34} 和 P_{14} 的连线上。

同样，下杆 5 与车轮 3 和车身 1 的相对瞬时转动中心分别为 P_{35} 和 P_{15}。根据三心定理，车身 1 与车轮 3 的相对瞬时转动中心又必在 P_{35} 和 P_{15} 的连线上。因此，两条连线的交点 P_{13} 就是车身对左轮的瞬时转动中心。

知道了左轮对车身的相对瞬时转动中心（悬架中心）P_{13}，而且可知道车轮 3 对地面 2 的相对瞬时转动中心就是 P_{23}，因而，根据三心定理，车身 1 对地面 2 的瞬时转动中心 P_{12} 必在 P_{23} 和 P_{13} 的连线上。

按同样的步骤可以求出，车身 1 对地面 2 的瞬时转动中心 P_{12} 又必在 P_{26} 和 P_{16} 的连线上。

由于横向侧倾瞬时转动中心与侧倾力矩中心的一致性，因此 P_{12} 就是侧倾力矩中心 O。

如果双横臂的上下臂是水平的，则力矩中心在地平线与中性面的交点处。

如果双横臂的上下臂是外交式的，则力矩中心将钻入地平面之下，使侧倾力臂增大。

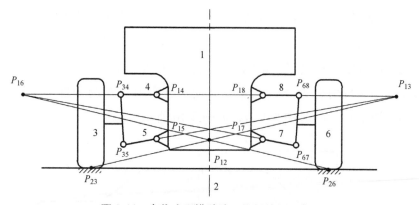

图 2-14　内收式双横臂独立悬架的侧倾中心

图 2-15 所示为摆臂外交式的瞬时侧倾中心，同内收式双横臂独立悬架的瞬时侧倾中心一样，仍可利用三心定理证明点 O 就是瞬时侧倾中心。e_r 就是瞬时侧倾力矩臂。值得注意的是，在图 2-15 中，在可动四杆机构 C_T-E-E-C_T 中，$\overline{C_T C_T}$ 就是车身（悬挂质体），

EE就是地面，由此亦可证明点 O 就是车身相对于地面的瞬时转动中心。由上文可知，点 O 的位置和 e_r 值的大小，均随摆臂的状态而定。内收式点 O 在地平面之上，平行式恰在地平线上，外交式却钻入了地平面之下，相应的 e_r 值则由小变大。

注意：e_r 小者有利于车身稳定性，不利于稳态转向特性，e_r 大者则与之相反。

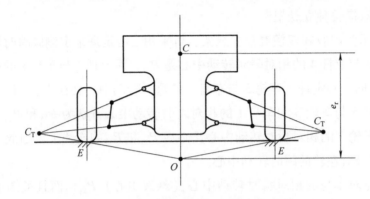

图 2-15　外交式双横臂独立悬架的侧倾中心

（四）多轴汽车的纵倾力矩中心（瞬时中心）

多轴汽车的纵倾力矩中心是车身绕地面回转的纵倾轴线的投影点。它关系着纵倾力矩臂的大小，关系着车身稳定性的问题。

确定多轴汽车纵向力矩中心的步骤如下：

1) 确定各车轴悬架的纵倾悬架瞬时中心。

2) 确定各车轴驱动力或制动力矩的分配系数。

3) 寻找各车轴约束反力合力 N_i 所构成的总合力 N 的作用线与中性面的交点。

由于各车轴悬架约束反力合力 N_i 的作用线必然通过车轮着地中心与纵向悬架瞬时中心，其大小比例由分配系数决定，特别是 N_i 的投影必等于驱动力 P_i 或制动力 $P_{\tau i}$，由此，便可找出整车的约束反力合力 N 的大小和方向，进而求得 N 与中性面的交点。这个交点，就是纵倾力矩中心（瞬时中心）O，如图 2-16 所示。

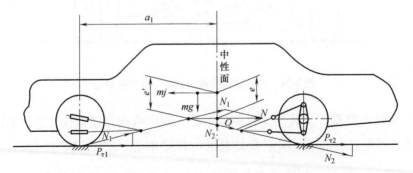

图 2-16　前双横臂、后双纵臂悬架在汽车制动时的纵倾力矩中心

【例3】　求前双横臂、后双纵臂悬架在汽车制动时的纵倾力矩中心（瞬时中心）

图 2-16 所示为二轴汽车前双横臂、后双纵臂悬架在汽车制动时的受力情况。当制动时，前、后轮着地中心处作用着制动力 $P_{\tau 1}$ 和 $P_{\tau 2}$，车身承受其已知大小和方向的作用力 N_1 和 N_2。当把 N_1 和 N_2 沿作用线移至其交点处后，便可合并成已知大小和方向的合力 N。N 与中性面的交点，便是其制动时的纵倾力矩中心。其位置高度与悬挂质体质心高度之差，就是制动时的纵倾力矩臂 e。

对于 4×2 的汽车，当其行驶时，前导向机构对车身没有作用力，合力作用线就是 N_2 的作用线。N_2 作用线与中性面的交点，就是驱动时的纵倾力矩中心。其位置高度与悬挂质体质心高度之差就是力矩臂 e'。

【例4】　求二轴汽车前、后单纵臂悬架制动时的纵倾力矩中心（瞬时中心）

图 2-17 所示的单纵臂悬架和图 2-16 所示的悬架不同之点在于悬架中心的位置不同，即前悬架的悬架中心在前，后悬架的悬架中心在后。它们带来的结果是制动时的纵倾力矩中心由地平面之上跑到地平面之下去了，纵倾力矩臂 e 值增大了，即在同样制动力矩下，车身倾角加大了，所以一般要避免这种布置方案。但值得注意的是，这也不是绝对的，因为车身稳定性往往是和稳态转向特性相矛盾的，所以应当全面衡量决定。

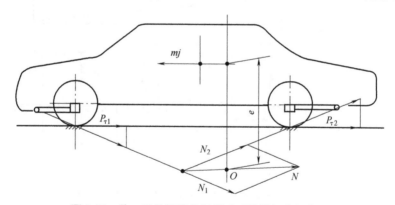

图 2-17　前、后单纵臂悬架制动时的纵倾力矩中心

第二节　多轴汽车的特性参数

汽车的特性参数是研究悬架必须要充分了解的知识，包括振动中心距、组合线刚度、中性面、转动中心距、换算线刚度、角刚度以及角刚度比等。

本书拟从多簧质量系统（多轴汽车）的广义概念出发来研究上述特性参数，并建立相应的计算方法。

研究多轴汽车特性参数的假定是汽车质体在纵向上绕振动中心（振动轴线，也叫摆

振轴线）作垂直振动和绕转动中心（转动轴线，也叫倾覆轴线）作角位移运动；在横向上，质体绕侧倾轴线作角位移运动。在此假设之下，可以获得一系列的特性参数，从而解决牵涉多轴汽车超静定的有关问题。例如，多轴汽车的负荷分配、各轴的变形及频率以及多轴汽车的越障问题等。同时，还可建立多轴汽车的角刚度和角刚度比的计算公式，为车身受力和汽车转向特性的分析打下基础。

一、特性参数

（一）摆振瞬时中心（轴线）距

所谓多簧质量系统，是由多个弹簧并联构成的弹簧质量系统，如图 2-18 所示。在多簧质量系统悬挂质体质心处作用一个垂直载荷 P，质体将绕着一个摆振瞬时中心 O（摆振轴线）振动。摆振瞬时中心到悬挂质体质心面的距离 R_0，便是所谓的摆振瞬时中心距。知道了 R_0，便为计算各簧（各悬架）的变形和负荷分配等打下了基础。

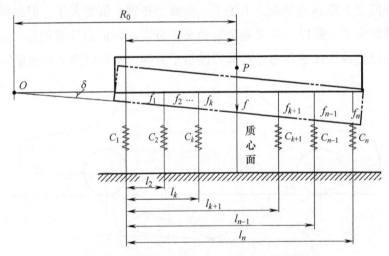

图 2-18 质体绕摆振瞬时中心（轴线）倾斜振动

为建立多簧质量系统振动中心距 R_0 的计算方法，假定系统由刚度为 c_i 的 n 个弹簧并联组成。悬挂质体为一刚体，其质心面在第 k 和 $k+1$ 个弹簧之间。k 为从 1 到 $(n-1)$ 之间的任意正整数。当在质心面处作用一个垂直载荷 P 时，悬挂质体便绕摆振瞬时中心（轴线）O 产生一个角位移 δ。此时各簧的垂直位移为 f_i，质心的垂直位移为 f。

由力矩平衡关系可得

$$\sum_{i=1}^{n} c_i f_i (l - l_i) = 0 \tag{2-4}$$

由图 2-18 的几何关系可得

$$\frac{f_i}{R_0 - (l - l_i)} = \frac{f}{R_0} \tag{2-5}$$

将式（2-5）变为 $f_i = \left(1 - \dfrac{l-l_i}{R_0}\right)f$，并代入式（2-4）后可得

$$R_0 = \frac{\displaystyle\sum_{i=1}^{n} c_i(l-l_i)^2}{\displaystyle\sum_{i=1}^{n} c_i(l-l_i)} \tag{2-6}$$

式中　R_0——摆振瞬时中心（轴线）距（mm）

　　　c_i——各簧线刚度（N/mm）；

　　　l——质心面至第 1 簧的距离（mm）；

　　　l_i——各簧至第 1 簧的距离（mm）。

摆振（瞬时）中心距是系统中的固有特性参数，除了变刚度簧外，一般不受外力影响。

如果式（2-6）中的分母为零，则 $R_0 \to \infty$，瞬心在无穷远处。$R_0 \to \infty$ 意味着质心面与中性面重合（见后文），此时，悬挂质体只产生平上平下的运动。

如果 R_0 为正值，说明振动中心在图 2-18 的左侧。

如果 R_0 为负值，说明振动中心在图 2-18 的右侧。

如果 $R_0 = 0$，说明振动中心就在质心之上，这是一种应尽力避免的情况。作为汽车的实际情况，摆振中心一般都在汽车右端车体的外侧，所以本书第 1 版把摆振中心距称为外心距。须注意车身载荷的变化，必将改变 R_0 的位置。

（二）组合线刚度

组合线刚度，是指多簧质量系统中各簧线刚度换算到系统悬挂质体质心面处的等效线刚度。当知道了组合线刚度和外心距后，便可计算确定各簧的变形量及负荷等参数了。

为推出组合线刚度 c 的计算公式，同样利用图 2-18 所示的关系。在图 2-18 中，由力平衡关系可得

$$cf = \sum_{i=1}^{n} c_i f_i \tag{2-7}$$

将式（2-5）的 f_i 代入后，$c = \displaystyle\sum_{i=1}^{n} c_i\left(1 - \dfrac{l-l_i}{R_0}\right)$。再将式（2-6）代入，便可解得

$$c = \sum_{i=1}^{n} c_i - \frac{\left[\displaystyle\sum_{i=1}^{n} c_i(l-l_i)\right]^2}{\displaystyle\sum_{i=1}^{n} c_i(l-l_i)^2} = \sum c_i - \frac{\sum (l-l_i)c_i}{R_0} \tag{2-8}$$

式中　c——系统组合线刚度（N/mm）。

由式（2-8）可知，组合线刚度一般小于各簧线刚度之和。

知道了组合线刚度 c，就可由式（2-9）求出质心处的静变形（mm）。

$$f = \frac{P}{c} \tag{2-9}$$

已知 c、f 和 R_0 后，便可由式（2-10）~式（2-12）计算各簧静变形量 $f_i(\text{mm})$、偏频 $n_i(\text{Hz})$ 和变形力（负荷分配）P_i（单位为 N）为

$$f_i = \left(1 - \frac{l - l_i}{R_0}\right) f \tag{2-10}$$

$$n_i = \sqrt{\frac{250}{f_i}} \tag{2-11}$$

$$P_i = \left(1 - \frac{l - l_i}{R_0}\right) \frac{c_i}{c} P \tag{2-12}$$

值得注意的是，假设 P 为整车负荷，l 为整车质心面至第 1 轴的距离，l_i 为各轴至第 1 轴的距离，c_i 为各轴的悬架刚度（轮胎和弹簧的组合刚度），则 P_i 便是分配于各车轴的负荷了。

（三）中性面

什么是中性面呢？可利用图 2-19 来说明这个问题。若在图 2-19 的左上端施加一个垂直于地面的载荷，右端必然翘起来；反之，若载荷施于右上端，则左端必然翘起来。若载荷沿着簧载质体上面移动，当质体只作平上平下运动之处，便是所求之中性面。因此，多簧质量系统的中性面，就是这样一个面，若沿此面作用一个垂直负荷，则系统各簧的变形量相等。对于汽车来说，中性面也就是侧倾力矩中心或纵倾力矩中心所在的平面。因此，只有知道了中性面的位置，才能确定侧倾力矩中心和纵倾力矩中心的位置以及侧倾力矩臂和纵倾力矩臂的大小。这对于研究车身稳定性和平顺性等均是十分重要的。

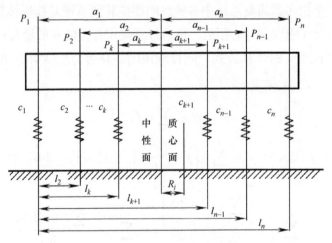

图 2-19 中性面的位置

1. 首先确定第 1 簧至中性面的距离 a_1

设中性面在第 k 和 $k+1$ 个弹簧之间。k 为 $1 \sim (n-1)$ 中的任意正整数。假设在中性面处作用一个垂直载荷 P 时，各簧的变形力为 P_i。由于系统在中性面处的组合线刚度 c_0（单位为 N/mm）等于各簧线刚度 c_i 之和，即

$$c_0 = \sum_{i=1}^{n} c_i \tag{2-13}$$

再根据此时各簧变形相等的特点，便有

$$\frac{P_i}{c_i} = \frac{P}{\sum_{i=1}^{n} c_i} \tag{2-14}$$

于是各簧变形力为

$$P_i = \frac{c_i}{\sum_{i=1}^{n} c_i} P \tag{2-15}$$

现假设各簧至中性面的距离为 a_i，则根据各簧对中性面所取力矩之和为零的关系可得

$$\sum_{i=1}^{n} P_i a_i = 0 \tag{2-16}$$

将式（2-15）代入式（2-16）便有

$$\sum_{i=1}^{n} c_i a_i = 0 \tag{2-17}$$

在图 2-19 中，假设各簧至第 1 簧的距离为 l_i，则按其几何关系有

$$a_i = a_1 - l_i \tag{2-18}$$

把式（2-18）代入式（2-17）后可解得第 1 簧至中性面的距离（mm）为

$$a_1 = \frac{\sum_{i=1}^{n} c_i l_i}{\sum_{i=1}^{n} c_i} \tag{2-19}$$

式中　a_1——第 1 簧至中性面的距离（mm）；

　　　c_i——各簧线刚度（N/mm）；

　　　l_i——各簧至第 1 簧的距离（mm）。

在 $n = 2$ 时有两种情况：一是在纵向上，即二轴汽车的情况，此时 $a_1 = \dfrac{c_2}{c_1 + c_2} L$；二是在横向上，若左、右簧刚度相等，即 $c_1 = c_2 = c$，令轮距为 B，则有

$$a_1 = \frac{1}{2} B$$

2. 再确定任一簧至中性面的距离 a_x

式（2-19）虽已完全确定了中性面的位置，然而这并非一般表达式，在某些情况下，尚需知道各簧至中性面的距离。由图 2-19 的几何关系可知

$$a_x = a_1 - l_x \tag{2-20}$$

将式（2-19）代入式（2-20）可解得

$$a_x = \frac{\sum\limits_{i=1}^{n} c_i(l_i - l_x)}{\sum\limits_{i=1}^{n} c_i} \tag{2-21}$$

式中　a_x——任一弹簧至中性面的距离（mm）；

　　　　l_x——任一弹簧至第1簧的距离（mm）。

式（2-19）和式（2-21）的物理概念是鲜明的。若将它们的分子分母同乘以各簧的变形量 f_i，均可转化为一个力矩平衡式。

式（2-21）的值可正可负，这是中性面位置的方位描述：当计算数值为正时，说明中性面在该（x）簧右侧；计算数值为负时，说明中性面在该（x）簧左侧。

（四）内心距（二面距）

大家知道，当多簧质量系统质体质心受到纵向加速度作用时，质体将绕着一个瞬心（角振动中心）作角位移运动。这个瞬心，就是位于中性面上的倾覆力矩中心。倾覆力矩中心至质心面的距离，便是所谓的内心距。

假设质心面至第1簧的距离为 l，那么内心距便可表示为

$$R_i = l - a_1 \tag{2-22}$$

式中　R_i——内心距（mm）；

　　　　l——质心面至第1簧的距离（mm）；

　　　　a_1——中性面至第1簧的距离（mm）。

在式（2-22）中，若 $l = a_1$，则 $R_i = 0$，此时外心距 $R_0 \to \infty$。这意味着中性面和悬挂质体质心面重合，各簧变形量及振动频率相等。

若 $l > a_1$，则中性面及外心面都在质心面的左侧，变形量 $f_1 < f_n$。

若 $l < a_1$，则中性面及外心面都在质心面的右侧，变形量 $f_1 > f_n$。

为保证汽车前部转向轮的良好附着，一般希望前悬架的偏频略低于后悬架。设第一轴和末轴的偏频为 N_1 和 N_n，建议按下式决定它们的关系

$$\xi = \frac{N_n}{N_1} = \sqrt{\frac{f_1}{f_n}} \tag{2-23}$$

对于二轴汽车，ξ 可在 1.05~1.10 取值；对于多轴汽车，ξ 可在 1.05~1.15 取值。

（五）换算线刚度

悬架换算线刚度是悬架计算的基础，它包括的范围很广，如弹簧和轮胎的串联组合线刚度为

$$c = \frac{c_{胎} c_{簧}}{c_{胎} + c_{簧}} \tag{2-24}$$

又如非对称钢板弹簧，若两端弹簧的线刚度为 c_1、c_2，那么它们的并联组合线刚度为

$$c = \frac{c_1 c_2}{c_1 l_1^2 + c_2 l_2^2} l^2 \qquad (2\text{-}25)$$

各种独立悬架的换算线刚度公式是最有用的，然而它的计算公式推证起来是比较复杂的。下面仅介绍通用公式的推证，至于具体悬架，仅举一个例子，其余公式此处不予推证。

所谓独立悬架的换算线刚度，就是在车轮处，也就是在所谓杠杆比等于 1 处的地面上，垂直地放置一个弹簧，这个弹簧与放置在杠杆比不为 1 处的实际弹簧的作用相当。有人把这个假设的弹簧命名为"等效弹簧"，它的线刚度即换算线刚度。

各种独立悬架的换算线刚度公式，一般采用虚位移原理来推证。假定悬架系统是常定的理想约束系统，该系统在主动力的作用下，平衡的充要条件是虚位移所生之元功和为零，即

$$\sum_{i=1}^{n} \Delta W_i = 0$$

系统在外力作用下，地面相对于车身的垂直位移 Δf 即是"等效弹簧"的垂直变形。换算线刚度 k 与 Δf 的乘积，就是在车轮着地点作用于系统的微元力 ΔP。在主动力系中，除力 ΔP 外，还仅有一个实际弹簧的变形力 $\delta P = c \delta f$。c 是实际弹簧的线刚度，δf 是弹簧轴线方向的变形量。这是因为导向杆系的约束反力的合力通过瞬心，其功为零。而且各铰接部位刚性无摩擦，地面无滑动摩擦。因此，由虚位移原理可得

$$\sum \Delta W = 2\Delta P \Delta f - 2\delta P \delta f = 2k\Delta f^2 - 2c\delta f^2 = 0$$

单边悬架的换算线刚度为

$$k = c \left(\frac{\delta f}{\Delta f} \right)^2 \qquad (2\text{-}26)$$

由式（2-26）可知，只要求出了 δf 及 Δf 与悬架结构和原簧刚度的关系，各种悬架的 k 值也就确定了。

例如，摆臂内交、臂销平行的双横臂独立悬架的 Δf 和 δf 结构表达式的推导如下所述（图 2-20）。

设车轮相对于车身绕瞬心 C 转过了一个微元角 $\delta \alpha$，那么由图 2-20 可知，车轮的垂直位移为

$$\Delta f = l_1 \delta \alpha$$

即

$$\delta \alpha = \frac{\Delta f}{l_1}$$

当下臂绕点 D 旋转时，点 B 的位移 δB 与点 E 的位移 δE 的关系为

$$\delta E = \frac{m}{n} \delta B$$

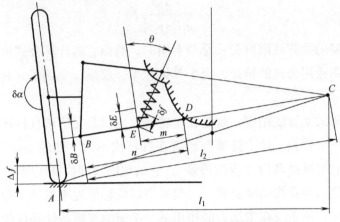

图 2-20　摆臂内交、臂销平行的双横臂独立悬架

又由于点 B 与车轮为一整体，点 C 也是点 B 的瞬心，因此有

$$\delta B = l_2 \delta \alpha$$

进而有

$$\delta E = \frac{m}{n} l_2 \delta \alpha = \frac{m l_2}{n l_1} \Delta f$$

弹簧沿轴线方向的变形量为

$$\delta f = \delta E \cos \theta = \frac{m l_2}{n l_1} \Delta f \cos \theta$$

式中　θ——弹簧轴线与下臂垂线间的夹角。

将 δf 代入式（2-26），便得

$$k = c \left(\frac{m l_2}{n l_1} \cos \theta \right)^2$$

对于整桥，换算刚度 $k_{整桥} = 2k$。

部分悬架的换算线刚度，详见第三章第一节。

二、角刚度与角刚度比

（一）角刚度

多簧质量系统的角刚度 c_θ，是指该系统在外力矩的作用下所产生的反抗力矩 M 对于角位移 θ 的变化率，即

$$c_\theta = \mathrm{d}M / \mathrm{d}\theta$$

汽车的角刚度是抵抗车身倾斜的重要因素。研究车身稳定性和车身受力状况时必须考虑这一因素。

图 2-21 所示为悬挂质体绕力矩中心倾斜的力学模型，可借助它来建立多簧质量系统

角刚度的计算公式。

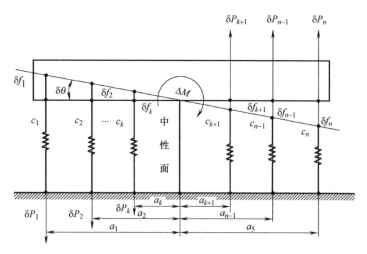

图 2-21　悬挂质体绕力矩中心倾斜的力学模型

在图 2-21 中，c_i 为各簧的垂直线刚度，a_i 为各簧至中性面的距离。假设悬挂质体在外力矩 ΔM 的作用下，绕中性面上的内心（倾覆力矩中心）转过了一个微元角 $\delta\theta$，各簧变形为 δf_i，变形力为 δP_i。此时各簧变形力所提供的反抗力矩 δM 与外力矩 ΔM 构成平衡，即

$$\Delta M = \delta M = \sum_{i=1}^{n} c_i \delta f_i a_i$$

加之各簧的变形

$$\delta f_i = a_i \delta\theta$$

故按定义便可得到系统角刚度的表达式为

$$c_\theta = \sum_{i=1}^{n} c_i a_i^2 \tag{2-27}$$

式中　c_θ——系统角刚度（$N \cdot mm/rad$）；

c_i——各簧线刚度（N/mm）；

a_i——各簧至中性面的距离（mm）。

将式（2-21）中的 i 和 x 进行适当变换，并代入式（2-27）且经整理后，可以得到多簧质量系统的角刚度与各簧线刚度及其位置参数的一般关系式为

$$c_\theta = \frac{\sum_{i=1}^{n} \sum_{j=1}^{n} c_i c_j (l_i - l_j)^2}{2 \sum_{i=1}^{n} c_i} \tag{2-28}$$

为了符合多轴汽车的实际，而且更便于分析，令 $l_n = L$，$l_i = k_i L$，$l_j = k_j L$，于是式（2-28）变为

$$c_\theta = \frac{\sum\limits_{i=1}^{n}\sum\limits_{j=1}^{n} c_i c_j (k_i - k_j)^2 L^2}{2\sum\limits_{i=1}^{n} c_i} \tag{2-29}$$

由式（2-29）可知，系统角刚度与各簧的线刚度成正比，与两端弹簧距的平方成正比。对于多轴汽车来说，当总轴距 L 确定之后，k_i、k_j 又是如何影响角刚度值的呢？一般说来，当 $k_i(k_j)=\dfrac{c_n}{c_1+c_n}$ 时，角刚度取得极小值。事实上，当把 $l_i=k_i L=\dfrac{c_n}{c_1+c_n}$ 代入式（2-28）后，便可得到第 i 簧至中性面的距离 $a_i=0$。这说明该中间簧的位置与中性面重合，不起抵抗车身倾斜的作用。

例如，当 $n=3$ 时，角刚度为

$$c_\theta = \frac{c_1 c_2 (l_1-l_2)^2 + c_1 c_3 (l_1-l_3)^2 + c_2 c_3 (l_2-l_3)^2}{c_1+c_2+c_3}$$

$$= \frac{L^2}{c_1+c_2+c_3} [\,(c_1 c_2 + c_2 c_3) k_2^2 - 2c_1 c_3 k_2 + (c_1 c_3 + c_2 c_3)\,]$$

c_θ 对 k_2 的一阶导数为

$$c_\theta' = \frac{2L^2}{c_1+c_2+c_3} [\,(c_1 c_2 + c_2 c_3) k_2 - c_2 c_3\,]$$

令 $c_\theta'=0$，可解得

$$k_2 = \frac{c_3}{c_1+c_3}$$

又由于其二阶导数

$$c_\theta'' = \frac{2L^2}{c_1+c_2+c_3} (c_1 c_2 + c_2 c_3) > 0$$

所以 c_θ 在 $k_2 = \dfrac{c_3}{c_1+c_3}$ 时有极小值。

由此可知，设计独立三轴汽车时，为使纵向角刚度值增大，当各簧线刚度和总轴距确定之后，中轴位置应适当离开此点。因此，此时的中性面位置为

$$a_1 = \frac{c_3}{c_1+c_3} L$$

若中轴落到了中性面上，则弹簧不起抵抗车身倾斜的作用。

式（2-28）既适合计算汽车的纵向角刚度，也适合计算一个车轴的横向角刚度，当把 c_θ 作为纵向角刚度时，c_i、c_j 代表各轴的组合线刚度。例如，当 $n=2$ 时，若 c_1、c_2 分别为前、后轴的组合线刚度，L 为轴距，则有

$$c_\theta = \frac{c_1 c_2}{c_1+c_2} L^2$$

当把 c_θ 作为横向角刚度时，n 只能是 2。c_i、c_j 即代表左、右悬架的换算组合线刚度。由于左、右悬架的刚度可以认为相等，于是有

$$c_\theta = \frac{1}{2}cB^2$$

式中，B 在相关悬架中是弹簧中心距，在独立悬架中则代表轮距，在横向稳定装置中，应为立柱中心距。

整车横向角刚度，应是各轴横向角刚度之和，即

$$c_\theta = \sum_{i=1}^{n} c_{\theta i}$$

在外力矩和力矩臂一定的情况下，要想减少车身的倾角，就得加大角刚度，但过分加大角刚度也是有害的，因为角振动的自然振动频率为

$$N_\theta = \sqrt{\frac{c_\theta}{J}}$$

当转动惯量 J 一定时，增大 c_θ 值，车身或车轴等的角振动频率就将增大，相关零部件的负荷也将增大。如果是以提高弹簧线刚度的办法来增大角刚度，则还将导致平顺性等整车性能变坏。过大的角刚度，甚至会造成转弯时内轮离地，并加速轮胎的磨损。

鉴于上述情况，建议汽车角刚度按式（2-30）和式（2-32）取值。

整车横向角刚度检验值 $c_{\theta T}$（单位为 N·mm/rad）为

$$c_{\theta T} \geq \left(1 + \frac{j}{\theta g}\right) P e_s \tag{2-30}$$

式中　j——侧向加速度（g）；

　　　g——重力加速度；

　　　θ——车身侧倾角（rad）；

　　　P——整车悬挂负荷（N）；

　　　e_s——侧倾力矩臂（mm）。

若按 $j = 0.4g$ 时，$\theta \leq 3.3°$ 计算，则有近似关系为

$$c_{\theta T} \geq 8 P e_s \tag{2-31}$$

整车纵向角刚度检验值 $c_{\theta T}$（单位为 N·mm/rad）为

$$c_{\theta T} \geq \left[\left(1 + \frac{j}{\theta g}\right) e_1 + R_i \frac{j}{g}\right] P \tag{2-32}$$

式中　j——纵向加速度（g）；

　　　θ——车身纵倾角（rad）；

　　　e_1——倾覆力矩臂（mm）；

　　　R_i——内心距（mm）。

若忽略内心距的影响并按 $j=0.4g$ 时 $\theta \leqslant 1.2°$ 计算，便可得近似关系为

$$c_{\theta T} \geqslant 20e_1P \qquad\qquad (2\text{-}33)$$

（二）角刚度比

角刚度比是一个说明各车轴间角刚度匹配关系的参数。二轴汽车的角刚度比，就是前、后车轴角刚度的比值，即

$$\lambda = c_{\theta 1}/c_{\theta 2}$$

然而，在多轴汽车中，角刚度比的表达式却不那么简单。各轴角刚度的匹配关系不仅与汽车的转向特性有关，而且与汽车车身的受力情况有关，加之多轴汽车轴间关系的复杂性，对于角刚度比只能用不同的定义去研究不同的问题。

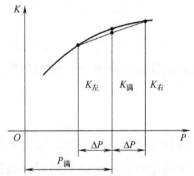

图 2-22　载荷 P 和偏离系数 K 的关系

1. 角刚度比与转向特性的关系

汽车在侧向加速度的作用下，将引起同一车轴内外车轮的负荷转移。负荷转移量的大小，是与该车轴的角刚度值成正比的。又由于弹性车轮的偏离系数与负荷的关系是一条上凸曲线，所以车轴偏离角的大小，也是与该车轴的角刚度值成正比的，如图 2-22 所示。

如果满载，轮胎的负荷为 $P_{满}$，相应的偏离系数为 $K_{满}$。而在侧向力 P_y 的作用下，左、右车轮负荷将发生变化。设左车轮为 $P_{左}=P_{满}-\Delta P$，则右车轮为 $P_{右}=P_{满}+\Delta P$。由于左、右车轮负荷的变化，偏离系数也随之变化。$K_{左}<K_{满}$，$K_{右}>K_{满}$，特别是 $\dfrac{K_{左}+K_{右}}{2}<K_{满}$。这就是说，平均 K 值下降了。

车轮的偏离角为

$$\delta = \frac{P_y}{K}$$

如果 K 值下降，则 δ 增大，也就是车桥偏离角 $\dfrac{\delta_{左}+\delta_{右}}{2}$ 加大了。

在二轴汽车中，如所讨论车桥是前桥，那就是 δ_1 增加了。而 $\delta_1>\delta_2$，便是不足转向趋势。

当前、后桥角刚度比 $\lambda = c_{\theta 1}/c_{\theta 2}>1$ 时，在侧倾力矩的作用下，分配于前桥的力矩就大，因而左右车轮负荷转移就较后桥大，平均 K 值就比后桥下降得多，偏离角前桥就大于后桥，从而增大了"不足转向"程度。

可见，在二轴汽车中：$\lambda>1$ 是不足转向趋势；

$\lambda=1$ 是中性转向趋势；

$\lambda<1$ 是过度转向趋势。

在多轴汽车的不同车轴上，由于角刚度不同，在同一侧向加速度的作用下，偏离角也就不一样。其中，任意两个不同偏离角的车轴，均可构成一个瞬心，构成一个新的转向趋势。也就是说，任意两轴间的角刚度比，均会对整车的转向特性造成影响：加强或削弱整车原始转向程度。所有的两两关系，其效果是有的加，有的减，有的严重，有的轻微。这是一个复杂的矛盾统一体，绝非一个简单的角刚度比所能描绘清楚的！

为了近似度量这一复杂事物，可在忽略轴间距影响的前提下，采用总角刚度比的概念来评价多轴汽车角刚度匹配所造成的转向特性趋势。

所谓总角刚度比，就是各低序号车轴的角刚度分别与各高序号车轴的角刚度，两两相比所得比值的和的均值。

假设车轴总数为 n，那么各低序号车轴角刚度与各高序号车轴角刚度的比值一共有 $\dfrac{n(n-1)}{2}$ 项，所以总角刚度比为

$$\lambda_n = \frac{2}{n(n-1)} \sum_{i=1}^{n-1} \sum_{j=1}^{n-i} \frac{c_{\theta i}}{c_{\theta(i+j)}} \qquad (2\text{-}34)$$

式中　　n——总轴数；

　　　i、j——轴序号；

　　　λ_n——转向特性总角刚度比；

　$c_{\theta i}$、$c_{\theta(i+j)}$——各轴角刚度（N·mm/rad）。

总角刚度比是多轴汽车整车由于轴间角刚度的分配关系所造成的转向特性趋势的综合描述，有下述三种趋势：$\lambda_n > 1$，为不足转向趋势；$\lambda_n = 1$，为中性转向趋势；$\lambda_n < 1$，为过度转向趋势。

2. 角刚度比与车身受力的关系（等角侧倾问题）

汽车角刚度的匹配与车身受力有着紧密的关系。从理论上说，可以选择这样一个匹配，使车身承受遭致损坏的附加力矩；也可选择另外一个匹配，让车身完全不承受附加力矩。

汽车在侧向加速度 j 的作用下，侧倾外力矩 M 在各轴上的分配是不一定相等的，即 $M_1 \neq M_2 \neq \cdots \neq M_n$，$P_{y1}e_1 \neq P_{y2}e_2 \neq \cdots \neq P_{yn}e_n$。这不仅是因为悬挂质量在各轴上的分配不一定相等，侧向力 P_{yi} 不等，而且由于各轴悬架机构的不同，悬挂质体质心高度不等，侧倾力矩臂 e_i 也就不一定相等。

同时，汽车在侧向加速度的作用下，各轴的角刚度将提供一个反抗力矩。这个反抗力矩与外力矩构成平衡，即 $c_{\theta i}\theta_i = P_{yi}e_i$。这就是说，车身在各轴处的倾角 $\theta_i = P_{yi}e_i/c_{\theta i}$，由于各轴角刚度等因素的匹配不见得相应，$\theta_i$ 值就不一定相等，于是车身将承受一系列的附加力矩。

如果各轴角刚度的匹配能与各轴的悬挂负荷 P_i 以及力矩臂 e_i 的大小相应，那么车身将保持等角侧倾而不承受这些额外的力矩。假设整车悬挂负荷为 P，横向角刚度为 c_θ，侧倾角为 θ，则有

$$\theta_i = \theta$$

$$\frac{M_i}{c_{\theta i}} = \frac{M}{c_\theta}$$

$$\frac{c_{\theta i}}{c_\theta} = \frac{M_i}{M}$$

根据外力矩等于侧向力与侧倾力矩臂之积的关系，可得

$$M = \frac{P}{g} j e_s$$

$$M_i = \frac{P_i}{g} j e_i$$

于是各相关车轴与整车的横向角刚度比为

$$\lambda_i = \frac{c_{\theta i}}{c_\theta} = \frac{P_i e_i}{P e_s} \tag{2-35}$$

当把式（2-12）的关系代入式（2-35）后，便可得到各相关车轴的**等角侧倾角刚度比** λ_i 的表达式为

$$\lambda_i = \left(1 - \frac{l - l_i}{R_0}\right) \frac{c_i e_i}{c e_s} \tag{2-36}$$

式中　l_i——相关车轴至质心面的距离（mm）；

　　　c_i——相关车轴的线刚度（N/mm）；

　　　e_i——相关悬架的侧倾力矩臂（mm）；

　　R_0——振动中心距（mm）；

　　　c——组合线刚度（N/mm）；

　　e_s——整车侧倾力矩臂（mm）。

由式（2-36）可知，等角侧倾角刚度比（相对角刚度）是和相对位置 $(l - l_i)/R_0$、相对线刚度 c_i/c 和相对侧倾力矩臂 e_i/e_s 有关的。

注意，各轴等角侧倾角刚度比之和等于 1，即

$$\sum_{i=1}^{n} \lambda_i = 1$$

在分配各轴角刚度时，应尽量按公式 $c_{\theta i} = \lambda_i c_\theta$ 取值。特别是相邻车轴的角刚度值不可相差太多。

等角侧倾角刚度比的取值范围是个较为复杂的问题，下面以二轴汽车为例进行一简单分析，如图 2-23 所示。

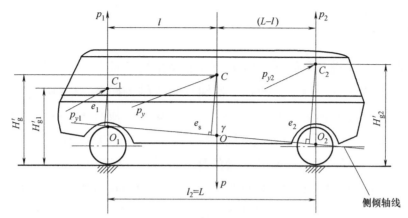

图 2-23 二轴汽车侧倾受力

二轴汽车等角侧倾角刚度比为

$$\lambda_1 = \cfrac{1}{1 + \cfrac{(l-l_1)e_2}{(l-l_2)e_1}} \tag{2-37}$$

$$\lambda_2 = \cfrac{1}{1 + \cfrac{(l-l_2)e_1}{(l-l_1)e_2}} \tag{2-38}$$

由式（2-37）可知，λ_1 的数值完全取决于质心面的位置和力矩臂的大小。

作为质心面：当 $(l-l_2)=0$ 时，质心落在后轴上，$\lambda_1=0$；当 $(l-l_2)$ 等于轴距的一半，即 $(l-l_2)=\dfrac{L}{2}$ 时，若 $e_1=e_2$，则 $\lambda_1=\dfrac{1}{2}$；当 $(l-l_2)$ 等于轴距，即 $(l-l_2)=L$ 时，质心落在前轴上，此时 $\lambda_1=1$。

作为侧倾力矩臂：当 $e_1=0$ 时，侧倾轴线通过前悬挂质体质心，$\lambda_1=0$；当 $e_1=e_2$ 且 $l_1=l_2$ 时，$\lambda_1=\dfrac{1}{2}$；当 $e_2=0$ 时，侧倾轴线通过后悬挂质体质心，$\lambda_1=1$。

特别值得指出的是，前后轴悬架的侧倾力矩中心完全可能设计在侧倾轴线的异侧。这就是说，e_1 或者 e_2 还可取得负值。当出现这种情况时，λ_1 值便可远大于 1 了。例如，当 $e_1=-e_2$ 时，若 $l_1=l_2$，则 $\lambda_1 \to \infty$。这种情况下的车身，好似一条扁担遭受扭转。

从上述二轴汽车的分析可知，λ_i 值一般以 $\dfrac{1}{n}$ 为中心左右波动，波动范围为 $0 \sim 1$。当力矩臂 e_i 取得负值时，λ_i 值则可大大超出这一范围。

在质心位置和侧倾力矩臂已定的情况下，使附加力矩为零的角刚度比值就已被确定，并可计算出来；反之，不管角刚度比数值有多大，在质心位置已定的情况下，仍可通过调整侧倾力矩臂的大小和方向来使车身不受附加力矩的影响。

总之，匹配角刚度，须把转向特性和车身受力两种因素综合考虑。

计算示例

独立三轴汽车，其悬挂负荷 $P=73500\text{N}$（质心面在1、2轴之间）；各轴弹簧线刚度：$c_1=255\text{N/mm}$，$c_2=275\text{N/mm}$，$c_3=265\text{N/mm}$；各轴至第1轴的距离：$l_1=0$，$l_2=2400\text{mm}$，$l_3=4500\text{mm}$；悬挂质体质心面至第1轴的距离：$l=2000\text{mm}$；横向簧心距：$B=1800\text{mm}$。

① 用式（2-8）计算系统组合线刚度，计算结果：$c=770\text{N/mm}$。

② 用式（2-9）计算悬挂质体质心处的静变形量，计算结果：$f=93\text{mm}$。

③ 用式（2-6）计算外心距，计算结果：$R_0=-10363\text{mm}$（瞬心在右侧）。

④ 用式（2-10）计算各簧静变形量，计算结果：$f_1=114\text{mm}$，$f_2=91.8\text{mm}$，$f_3=72.5\text{mm}$。

⑤ 用式（2-11）计算质心面和各轴处的振动频率，计算结果：$n_1=88.9$ 次/min，$n_2=99$ 次/min，$n_3=111.4$ 次/min，$n=97.1$ 次/min。

⑥ 用式（2-15）计算各簧变形力（负荷分配），计算结果：$P_1=29051\text{N}$，$P_2=25247.6\text{N}$，$P_3=19201.3\text{N}$。

⑦ 用式（2-19）计算中性面至第1簧的距离，计算结果：$a_1=2330\text{mm}$，与中轴至第1轴的距离 2400mm 相差 70mm，偏离值 $c_3l_3/(c_1+c_3)$ 为 107mm。

⑧ 用式（2-22）计算内心距，计算结果 $R_i=-330\text{mm}$，负值说明中性面在悬挂质体质心面的右侧。

⑨ 用式（2-23）计算末轴与首轴的偏频比，计算结果：$\xi=1.25$。

⑩ 用式（2-28）计算整车纵向角刚度，计算结果：$c_\theta=2633575472\text{N}\cdot\text{mm/rad}$。

⑪ 用式 $c_{\alpha i}=c_i B^2/2$ 计算各轴横向角刚度，计算结果：$c_{\alpha 1}=413100000\text{N}\cdot\text{mm/rad}$，$c_{\alpha 2}=445500000\text{N}\cdot\text{mm/rad}$，$c_{\alpha 3}=429300000\text{N}\cdot\text{mm/rad}$。

⑫ 用式 $c_\alpha=\sum c_{\alpha i}$ 计算整车横向角刚度，$c_\alpha=1287900000\text{N}\cdot\text{mm/rad}$。

⑬ 用式（2-31）计算横向角刚度的检验值，设侧倾力矩臂 $e_s=1000\text{mm}$，计算结果：$c_{\alpha T}=588000000\text{N}\cdot\text{mm/rad}$。显然，$c_\alpha>c_{\alpha T}$。

⑭ 用式（2-33）计算纵向角刚度的检验值，设倾覆力矩臂 $e_1=1500\text{mm}$，计算结果：$c_{\theta T}=2205000000\text{N}\cdot\text{mm/rad}$。显然，$c_\theta>c_{\theta T}$。

⑮ 用式（2-34）计算转向特性总角刚度比，计算结果：$\lambda_n=0.976$。此值小于1，故属过多转向趋势。

⑯ 用式（2-35）计算等角侧倾角刚度比，假设各轴侧倾力矩臂均等于1000mm，计算结果：$\lambda_1=0.35$，$\lambda_2=0.345$，$\lambda_3=0.305$。

⑰ 用式 $c'_{\alpha i}=\lambda_i c_\alpha$ 计算各轴等角侧倾角刚度，计算结果：$c'_{\alpha 1}=450765000\text{N}\cdot\text{mm/rad}$，$c'_{\alpha 2}=444325500\text{N}\cdot\text{mm/rad}$，$c'_{\alpha 3}=392809500\text{N}\cdot\text{mm/rad}$。

由第⑪条的数值可知，一轴数值偏低，三轴数值偏高，中轴数值接近。假如各轴线

刚度不能改变，那就应改变一、三轴的导向机构设计，使一轴的侧倾力矩臂相应缩短，使三轴的侧倾力矩臂相应加大。

第三节　汽车平顺性的评价指标

汽车的行驶平顺性（Ride）是指汽车在行驶振动的条件下，保持乘员舒适性和货物安全性的一种性能。它是汽车最重要的性能之一，是和汽车悬架特性紧密相关的一种性能。

汽车行驶所激起的振动，除发动机、传动系和车轮等旋转部件等因素外，主要来自路面的不平度。路面激起的动载还会缩短汽车行驶系的寿命。车轮的跳动还将影响附着效果，影响操纵稳定性能和安全性能。

一、ISO2631 标准

汽车平顺性讨论的对象是"路面-汽车-人"构成的系统，图 2-24 所示为这个系统的说明框图。

图 2-24　"路面-汽车-人"系统框图

路面不平度和车速信息输入振动系统，经过振动系统的传递，再作用于悬挂质体和乘员后输出振动加速度，并通过人体对舒适性的反应来评价平顺性的好坏。此外，还须综合考虑悬架动挠度和车轮动载，以评价行驶安全性和撞击率。

人体对于振动的反应是一个十分复杂的生理学和心理学的过程，故使乘坐舒适性的检测评价成为一个困难、复杂的问题。感觉评价是最为实际的，但它的明显不足是缺乏定量结果，因此出现了一系列检测评定方法。例如，采用数学统计分析法使感觉评价数据化，再如采用钢筛漏钢球的计量分等法等，但都难以给出一个很具说服力的结果。

国际标准化协会在综合大量资料的基础上，提出了 ISO2631—1978（E）《人体承受全身振动的评价指南》。后经修订补充，从 1985 年开始进行全面修订，于 1997 年公布了 ISO2631—1：1997（E）《人体承受全身振动评价　第一部分：一般要求》。此标准对于长时间作用的随机振动和多输入点多轴向振动环境对人体的影响时，能与主观感觉更好地符合，许多国家都参照它进行平顺性评价。我国对相应标准进行了修订，公布了 GB/T 4970—2009《汽车平顺性试验方法》，同年还制定了 GB/T 4971—2009《汽车平顺性术语》，2011 年又制定了汽车行业标准 QC/T 474—2011《客车平顺性评价指标及限制》。

ISO2631—1978E 用加速度的均方根值（rms）给出了 1 ~ 80Hz 振动范围内人体对振动反应的三种不同的感觉界限：

（1）暴露极限

当人体承受的振动强度在这个极限之内，将保持健康或安全。通常把此极限作为人体可以承受的振动量的上限。

（2）疲劳-降低工作效率界限

这个界限与保持工作效率有关。当驾驶人承受的振动在此界限内时，能保持正常的驾驶。

（3）舒适降低界限

此界限与保持舒适有关，它影响人在车上吃、读、写等动作。这三个界限只是容许的振动加速度不同，暴露极限的值为"疲劳-降低效率界限"的 2 倍（增加 6dB），"舒适降低界限"为"疲劳-降低效率界限"的 1/3. 15（降低 10dB）。

ISO2631 一般是测算加速度加权均方根值 a_w，或者是测量等效均值 L_{aw}（Leq），然后换算为较为直观的舒适降低界限 T_{CD}。其换算公式如下所述。

加权加速度均方根值（m/s^2）为

$$a_w = 10^{\left(\frac{L_{aw}-120}{20}\right)} = 10^{-0.15\left(1+\frac{\lg T_{CD}}{\lg 2}\right)} \tag{2-39}$$

等效均值（dB）为

$$L_{aw} = 120 + 20\lg a_w = 120 - 3\left(1 + \frac{\lg T_{CD}}{\lg 2}\right) \tag{2-40}$$

舒适降低界限（h）为

$$T_{CD} = 2^{\left(\frac{117-L_{aw}}{3}\right)} = 10^{-\left(1+\frac{20}{3}\lg a_w\right)\lg 2} \tag{2-41}$$

表 2-1 列出了三个参数数值与人主观感觉之间的关系。

表 2-1　a_w、L_{aw}、T_{CD} 值与人主观感觉之间的关系

$a_w/(m/s^2)$	L_{aw}/dB	T_{CD}/h	人主观感觉
0. 315	110	5. 04	舒服
0. 315 ~ 0. 63	110 ~ 116	5. 04 ~ 1. 26	有点不舒服
0. 50 ~ 1. 00	114 ~ 120	2. 00 ~ 0. 50	相当不舒服
0. 80 ~ 1. 60	118 ~ 124	0. 80 ~ 0. 20	不舒服
1. 25 ~ 2. 50	122 ~ 128	0. 32 ~ 0. 08	很不舒服
>2. 00	126	0. 13	极不舒服

舒适性限值标准有汽车行业标准 QC/T 474—2011《客车平顺性指标及限值》，相关数值见表 2-2。

表 2-2 客车平顺性限值

指标	轻型客车		大中型客车			
	高级	普通	旅游客车		团体长途客车	城市通勤客车
			空气悬架	普通悬架		
$a_w/(m/s^2)$ 不大于	0.683	0.812	0.459	0.708	1.027	1.122
L_{aw}/dB 不大于	116.5	118.0	113.0	117.0	120.0	121.0
T_{CD}/h 不小于	1.2	0.8	2.5	1.0	0.5	0.4

下面再介绍一些基本情况数据：

① 人体感受振动极限的国际标准是 ISO/TC 108/DIS 2631。

② 人体对垂直振动 4~8Hz 频带宽的振动加速度最敏感。在 ISO 标准中，这一频带疲劳-降低工效界限的加速度均方根值，在连续 8h 振动工况下为 0.315m/s²。

③ 暴露极限为 2×（疲劳-降低效率界限），即增加 6dB。

④ 舒适降低界限为 0.3175×（疲劳-降低效率界限），即降低 10dB。

⑤ 路面不平引起的振动频率为 0.5~25Hz，椅面垂直轴向最敏感频率范围为 4~12.5Hz，4~8Hz 人体器官产生共振，8~12.5Hz 对脊椎系统影响很大，座椅水平面最敏感频率为 0.5~2Hz。

⑥ 悬架偏频小于 0.7Hz，一般人就有晕车感觉。

⑦ 人体习惯的频率是 50~90 次/min（0.8~1.5Hz）。

⑧ 振动加速度的极限容许值为 3~4m/s²。

⑨ 保持货物完整性的限值为 $0.6g~0.7g$，未固定货物离开车厢底板的加速度为 $1g$。

二、常用评价指标

ISO2631 虽能较好反映客观实际，但三大指标不仅不太直观，更难用以指导设计。因此，下面介绍几个简明易控的评价指标。

1. 质量比

质量比也叫传递比，它是悬挂质量 M 与非悬挂质量 m 之比。根据动量守恒（$MV = mw$）定律，m 相对 M 小者，悬架冲击较小。质量比的公式为

$$\mu = \frac{M}{m} \tag{2-42}$$

μ 的数值范围一般为 3.5~7.0。

2. 刚度比

刚度比是指轮胎径向刚度 c_t 与弹簧悬架刚度 c 之比，即

$$\gamma = \frac{c_t}{c} \tag{2-43}$$

3. 静挠度

静挠度 f（cm）是悬架负荷 P 与悬架刚度 c 之比，即

$$f = \frac{P}{c} \tag{2-44}$$

静挠度的数值范围：轻型客车为 6~14cm；轿车为 14~30cm。

4. 阻尼比（相对阻尼系数）

阻尼比 ψ 是衡量减振器的阻尼是否匹配得当的参数，其表达式为

$$\psi = \frac{1}{\sqrt{1+\left(\dfrac{2\pi}{\ln\tau}\right)^2}} \tag{2-45}$$

式中　　τ——周期振幅比，$\tau = A_i/A_{i+1}$；

　A_i、A_{i+1}——相邻周期的振幅（图 2-25）。

　一般取 $\psi = 0.25 \sim 0.35$。

5. 偏频

单自由度车身偏频 n_0 可用式（2-46）和
式（2-47）计算为

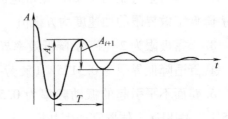

图 2-25　振幅与时间的关系

（1）　　　　$n_0 = \dfrac{300}{\sqrt{f}}$　　　　（2-46）

式中　f——静挠度（cm）。n_0 单位为 次/min。

（2）　　　　　　　　　　$n_0 = \sqrt{\dfrac{250}{f}}$ 　　　　　　　（2-47）

式中　f——静挠度（mm）。n_0 单位为 Hz。

n_0 的数值范围：客车 80~120 次/min；轿车 55~80 次/min。

（3）将轮胎刚度 c_t 与弹簧悬架刚度 c 进行串联组合后的单自由度车身主频（次/min）算法为

$$n_1 = \frac{300}{\sqrt{f_1}} \tag{2-48}$$

其中，$f_1 = P/c_1$，$c_1 = \dfrac{cc_t}{c+c_t}$，$c$、$c_t$ 单位均为 N/cm。

（4）按二自由度算法的车身主频（次/min）为

$$n_1 = \lambda_1 n_0 \tag{2-49}$$

式中，车身固有频率 $n_0 = \dfrac{300}{\sqrt{f}}$；$\lambda_1 = \dfrac{1}{\sqrt{2}}\sqrt{1+\mu+\mu\gamma-\sqrt{(1+\mu+\mu\gamma)^2-4\mu\gamma}}$。

（5）考虑悬架阻尼影响的算法为

$$n = n_0 \sqrt{1 - \psi^2} \qquad (2\text{-}50)$$

式中　ψ——阻尼比。

6. 偏频比

$$\lambda_n = n_2 / n_1 \qquad (2\text{-}51)$$

式中　n_1、n_2——前、后悬架的偏频。

λ_n 的适宜范围为 $1.05 \sim 1.10$。

第四节　汽车操纵稳定性的评价指标

一、定义及研究对象

操纵稳定性就是汽车"听话"的程度和抵抗外界干扰的能力，也就是指在驾驶人不感到过分紧张和疲劳的条件下，汽车能遵循其意志通过转向系给定的方向行驶，且当遭到外界干扰时，汽车能抵抗干扰保持稳定行驶的能力。具体来说，操纵性就是驾驶人以最少的修正而能维持汽车按给定路线行驶，以及按驾驶人的愿望操纵转向机构以改变汽车行驶方向的能力；稳定性就是驾驶人固定转向盘给定一个行驶方向，这时汽车抵抗力图改变其行驶方向的外力（或力矩）的能力。

操纵稳定性的研究对象，是把驾驶人和汽车作为统一整体的人-车闭路系统。它既是汽车固有特性的反映，也不忽略驾驶人的反馈作用。在人-车系统中，通过驾驶人把系统的输出参数反馈到输入控制中。图 2-26 所示为人-车系统的作用过程。

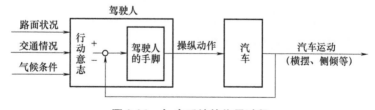

图 2-26　人-车系统的作用过程

二、评价指标

操纵稳定性是和汽车悬架特性紧密相关的一种性能，它不仅影响驾驶操纵的方便程度，而且决定着高速行驶的安全。操纵稳定性涉及的问题非常广泛，与平顺性不同，它需要采用较多的物理参量，根据标准 QC/T 480—1999《汽车操纵稳定性指标限值与评价方法》从五个方面来进行评价，即要从稳态回转、转向回正、转向轻便性、转向瞬态响应和蛇行等方面进行评价。有关汽车操纵稳定性的术语及其定义请参见标准 GB/T 12549—2013《汽车操纵稳定性术语及其定义》。

三、车身稳定性

车身稳定性从广义角度看也属操纵稳定性，故在此列出车身倾角这一评价指标的计算公式。

1. 车身侧倾角

车身侧倾角 α 的计算公式为

$$\alpha = \frac{180}{\pi} \frac{a/g}{c_\alpha/G'_a e_r - 1} \tag{2-52}$$

当侧向加速度 $a = 0.4g$ 时，α 应不大于 $3.5°$。

式中　g——重力加速度（m/s^2）；

　　　c_α——横向角刚度（$N \cdot m/rad$）；

　　　G'_a——悬挂负荷（N）；

　　　e_r——侧倾力矩臂（m）。

2. 车身纵倾角

车身纵倾角 β 的计算公式为

$$\beta = \frac{180}{\pi} \frac{a/g}{(c_\beta/G'_a e_p - 1) + (a_1 - a')a/(e_p g)} \tag{2-53}$$

当制动减速度 $a = 0.4g$ 时，β 应不大于 $1.5°$。

式中　c_β——纵向角刚度（$N \cdot m/rad$）；

　　　e_p——倾覆力矩臂（m）；

　　　a_1——中性面至前轴的距离（m）；

　　　a'——悬挂质体质心至前轴的距离（m）。

第三章

汽车悬架构件的设计计算

如前所述，汽车悬架构件是悬架的基础，没有悬架构件就没有悬架形式和悬架系统。下面按导向机构、弹性元件、稳定装置、梯形机构以及阻尼元件的顺序逐一讨论研究。

第一节　汽车导向机构

导向机构就是导向传力机构。汽车悬架之所以会用导向机构的形式来命名，是因为导向机构十分重要且具代表性。导向机构不仅承受所有的力（重力除外）和力矩，而且决定着车轮定位参数，决定着悬架的运动特性。研究导向机构除必须把握机构的运动学规律外，还需具体解决下述问题：确定车轮定位参数，并保证其随车轮跳动的变化能够满足客观需要；确定悬架轴线、悬架中心、力矩轴线和力矩中心；确定悬架的换算线刚度和角刚度，并把悬架载荷转化为悬架所受的力或力矩等。

因为导向机构形式繁多，难以面面俱到，所以本书仅着重讨论麦弗逊悬架、半拖臂悬架、双横臂悬架、单纵杆悬架、钢板弹簧悬架和空气簧悬架等的导向机构。在具体讨论这些悬架机构之前，首先讨论一下轮距、外倾角和前束等车轮定位参数的变化对整车行驶性能的影响。

一、车轮定位参数

车轮定位参数的变化对整车行驶性能影响极大，下面分别研究轮距、外倾角和前束变化带来的影响。

（一）轮距

当车轮上下跳动时，会不可避免地导致轮距的变化，如图 3-1 所示。汽车行驶过程中轮距的变化相当于车轮有一个侧偏角 α，从而引起相应的侧向力并导致汽车的直行能力下降，同时还造成滚动阻力增大并影响转向系的工作。典型轿车轮距变化所引起的侧向力的变化如图 3-2所示。

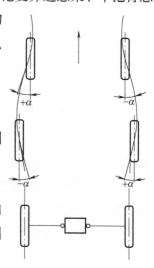

图 3-1　轮距变化等价
于车轮侧偏

75

为了获得良好的行驶性能，希望车轮跳动时，轮距的变化尽量减小。在满载状态下，悬架中心的位置是影响轮距变化量的主要因素。显然，在车轮同等跳动量下，悬架中心越接近地平面，轮距变化越小，且压缩行程与反弹行程变化量等同。这是因为悬架中心在地面上时，车轮接地点的运动速度没有水平分量。此时，悬架中心离车轮着地中心的 y 坐标值越大，轮距变化量越小。对于双横臂悬架，只要合理选择满载点上下臂倾角 φ_1、φ_2 的数值，便能满足设计要求，如图 3-3 所示。

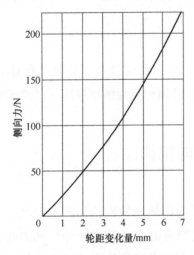

图 3-2 轮距变化引起的侧向力变化

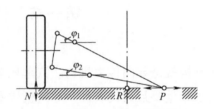

图 3-3 悬架中心位于地面的优点

注意：悬架中心过低容易使侧倾力矩中心过低，进而使侧倾力臂增大，致使侧倾力矩增大，侧倾角增大，因此务必综合权衡。

图 3-4 所示为三种悬架的轮距变化量，其中曲线 A 是双横臂悬架，其余两条曲线为麦弗逊悬架。由图可知，双横臂悬架的轮距变化量远小于麦弗逊悬架。

（二）车轮外倾角

为使轮胎磨损均匀，轿车理想的外倾角为 5′~10′。为获得转向时良好的轮胎侧偏性能，外倾角大多偏离了理想值，一般空载时在理想值附近，在加载状态则有轻微的负外倾。因为独立悬架汽车转弯时，车身侧倾会造成车轮随车身一起倾斜，导致外倾车轮（轮荷大的一侧）相对于地面的外倾角向正外倾的方向变化（图 3-5），引起车轮在同样侧

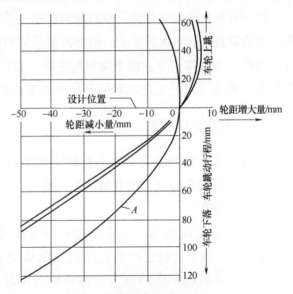

图 3-4 双横臂悬架与麦弗逊悬架
轮距变化量对比

偏角下传递侧向力的能力降低。为了补偿这种不利影响，设计轿车悬架时，常常将车轮外倾角设计成当车轮上跳时减小，下落时增加，如图3-6所示。图中曲线A为双横臂前悬架外倾角与车轮位移的关系，其余为麦弗逊悬架的。由图可知，当车轮上跳时（即相当于转向时的外倾车轮在轮荷转移及车身侧倾的共同作用下向车身靠近），双横臂悬架外倾角减小量随上跳行程的增加而增加，优于麦弗逊悬架。

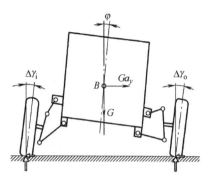

图 3-5　车身侧倾时外倾角的变化

图3-5中外倾角的变化量 $\Delta\gamma_o$、$\Delta\gamma_i$ 的均值 $\Delta\gamma = (\Delta\gamma_o + \Delta\gamma_i)/2$ 与车身侧倾角 φ 的比值称为侧倾外倾系数 $\mathrm{d}\gamma/\mathrm{d}\varphi$。该系数对于纵臂式为1.05，对于麦弗逊式为0.85，对于双横臂式为0.80。

（三）前束

一般轿车的前束值为 1～4.5mm，有些前轮驱动的轿车还采用了负前束，其目的是保证车轮在驱动力的作用下变形后能保持直线行驶。

汽车直线行驶时，若车轮跳动引起前束变化，则会使滚动阻力增大、轮胎磨损增加和直线行驶能力变差。为防止这种现象发生，悬架设计应当保证车轮前束值不随车轮跳动而变化，如图3-7中曲线1所示。但是为了获得足够的不足转向量，有时在设计上通过选择转向横拉杆断开点的位置，将前轮前束随车轮跳动变化的特性设计成图3-7中曲线5的形状。图3-7中五条不同的曲线分别对应图3-8中五个不同的转向横拉杆断开点位置。图中点1代表最佳断开点（不发生干涉）位置。点2、点3分别代表横拉杆偏短和偏长的情况。

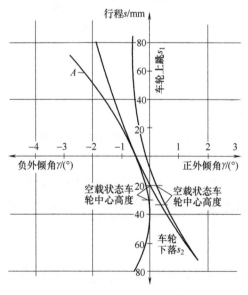

图 3-6　外倾角与车轮位移的关系

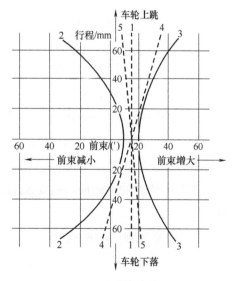

图 3-7　前束的变化

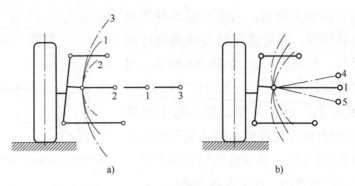

图 3-8 横拉杆不同断开点的影响

a）横拉杆偏短或偏长 b）横拉杆内侧点偏高或偏低

点 4、点 5 则代表横拉杆内侧点相对于位置 1 偏高或偏低的情况。图中所绘为横拉杆位于前桥后方的情形。若横拉杆位于前桥前方，则各种情况下的前束变化与上述相反。

图 3-9 所示为轿车前轮前束随车轮位移的变化量。由图可知，此种前束变化将会增加汽车转向时的不足转向。

二、麦弗逊悬架的导向机构

麦弗逊悬架也叫烛式悬架，它是一种典型的结构。此处研究的是如何确定其导向机构的悬架中心和力矩中心，确定换算线刚度和角刚度，并对其受力状况进行分析。

（一）悬架中心和力矩中心

由第二章的悬架基础知识可知，

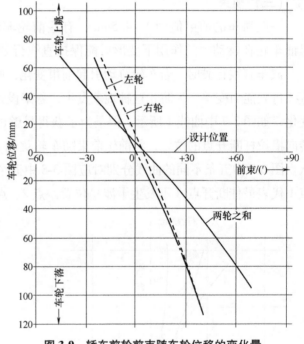

图 3-9 轿车前轮前束随车轮位移的变化量

麦弗逊悬架的悬架中心 C 和力矩中心 O 如图 3-10 所示。不过值得注意的是，摆臂与减振器上支点所构成的平面应与过车轮着地中心且垂直于 x 轴的平面重合，这是设计所要求的。

（二）换算线刚度和角刚度

麦弗逊悬架属于独立悬架，因此，其弹簧的刚度 c 必须换算到车轮处。根据图 3-11 的关系，假设车轮绕瞬心（悬架中心）转过一个微元角 $\delta\alpha$，那么车轮着地点的垂直位移为 $\Delta f = x\delta\alpha$，式中的 x 可由几何关系求得，即

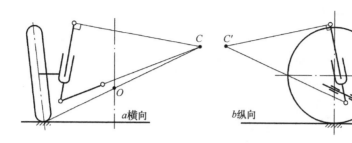

图 3-10　麦弗逊悬架的悬架中心和力矩中心

$$x = Bn/2l$$

螺旋弹簧的轴向位移为

$$\delta f = m\delta\alpha$$

由虚位移原理可知，车轮处的换算线刚度为

$$k = c(\delta f/\Delta f)^2$$

于是有

$$k = 4c\left(\frac{lm}{Bn}\right)^2 \qquad (3\text{-}1)$$

因此，悬架的横向角刚度为

$$c_\alpha = 2c\left(\frac{ml}{n}\right)^2 \qquad (3\text{-}2)$$

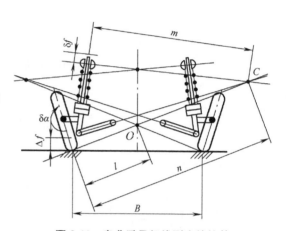

图 3-11　麦弗逊悬架线刚度的换算

（三）受力分析

麦弗逊悬架的受力分析仅考虑三个力：弹簧受力、活塞附加压力和导向座处的正压力。

1. 弹簧受力 F_s

在已知车轮载荷 P 和 A_u、A_d 和 D_d 三点坐标的情况下，可利用图 3-12 的关系求取弹簧受力 F_s。

在图 3-12 中，A_dD_d 为二力杆，P、N、Q 三力汇交于 O 点，故有

$$N\sin\xi = Q\cos\varphi_2$$
$$P = N\cos\xi - Q\sin\varphi_2$$

因此有

$$N = P\cos\varphi_2/\cos(\xi+\varphi_2)$$
$$F_s = N\cos\alpha$$

即弹簧受力为

$$F_s = \frac{\cos\varphi_2\cos\alpha}{\cos(\xi+\varphi_2)}P \qquad (3\text{-}3)$$

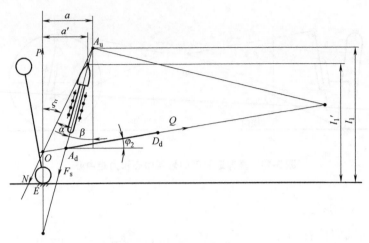

图 3-12 麦弗逊悬架弹簧受力

式中 $\xi = \arctan\left(\dfrac{|y_{Au} - y_E|}{|Z_{Au} - Z_{Dd}| + |y_{Dd} - y_E|\tan\varphi_2}\right)$；

$\alpha = \xi - \arctan\left(\dfrac{|y_{Ad} - y_{Au}|}{|Z_{Au} - Z_{Ad}|}\right)$；

$\varphi_2 = \arctan\left(\dfrac{|Z_{Dd} - Z_{Ad}|}{|y_{AD} - y_{Dd}|}\right)$。

2. 活塞附加压力 F_P

在已知悬架载荷 P 的情况下，利用图 3-13 的关系，当各力对点 D 取矩时，便可求得摆臂的轴向力为

$$F_{Gy} = Q = aP/C$$

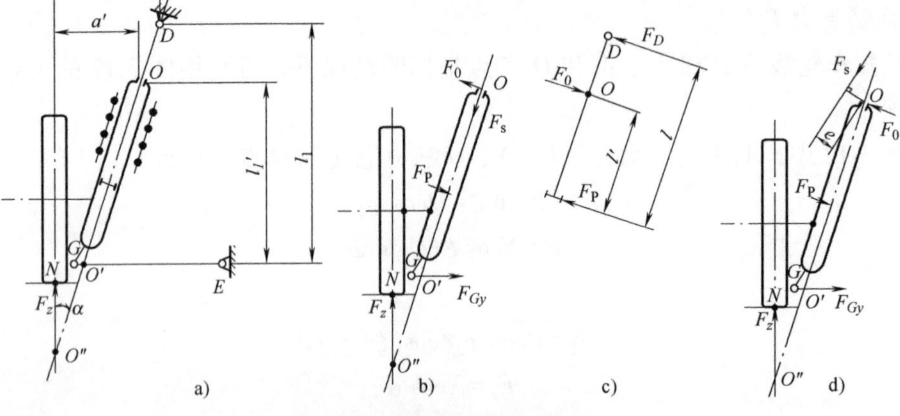

图 3-13 麦弗逊悬架的附加压力

在图 3-13b 中，各力对点 O 取矩可得方程为

$$F_{Gy}C' + F_P l' = Pa'$$

将 F_{Gy} 代入上式，便可解得活塞对缸筒的附加压力 F_P（单位为 N）为

$$F_P = \frac{a}{l'}\left(\frac{a'}{a} - \frac{l'_1}{l_1}\right)P \tag{3-4}$$

由图可知，$\dfrac{a'}{a} - \dfrac{l'_1}{l_1} = \left(\dfrac{\overline{O''O}}{\overline{O''D}} - \dfrac{\overline{O'O}}{\overline{O'D}}\right) > 0$，因而活塞与缸筒之间，总是存在一个正压力

F_P。但由于有减振器液体的润滑，其危害尚不如导向座与活塞杆之间的附加正压力 F_0。

3. 导向座与活塞杆间的压力 F_0

由图 3-13c 可知

$$F_0 = \frac{l}{l-l'}F_P = \frac{l}{l-l'}\,\frac{l}{l'}\left(\frac{a'}{a} - \frac{c'}{c}\right)aP$$

若令 $l'/l = i$，则导向座与活塞杆之间的正压力 F_0（单位为 N）为

$$F_0 = \frac{1}{i(1-i)}\,\frac{a}{l}\left(\frac{a'}{a} - \frac{l'_1}{l_1}\right)P \tag{3-5}$$

减少 F_0 的措施如下：

① 减小尺寸 a，即让减振器尽量靠近车轮，使车轮上支点 D 尽量外移。

② 减少 $(a'/a - C'/C)$ 的值，下控制臂的铰点 G 越靠近车轮，并越接近地面，这一值就越小，但由于受轮辋和制动器的影响，所以该数值不可能降到零，即 O' 和 O'' 两点无法完全重合。

③ 增大 l，这受到了车身前部高度的限制。若是前轮驱动轿车的前悬架，则不需考虑为摆动半轴留出充足的空间。

④ 选取最佳的 i 值，从理论上说，$i = 0.5$ 时，F_0 取得最小值。但是 l' 取值还要兼顾悬架的动行程是否足够；并且对于不同的载荷状态，悬架的静平衡位置也不一样。因此，要综合考虑后再确定 l' 的长度。

⑤ 使弹簧的下支座向外偏移，这样弹簧对缸筒的作用力与减振器中心线不重合，而是有一个偏移距 e，如图 3-13d 所示。这样弹簧作用力 F_s 对点 O 的力矩 $F_s e$ 可以部分抵消联合作用造成的力矩，起到减小 F_0 的作用。

因为悬架的载荷状况在不断变化，而且还受到侧向力和纵向力的作用，所以无法完全消除减振器活塞与缸筒以及活塞杆与导向座之间的附加正压力以及由此而产生的有害摩擦力。为此必须增大活塞杆的直径，或采用双筒减振器以提高减振器的刚度和强度，确保导向准确并且有足够的疲劳寿命。

三、半拖臂悬架的导向机构

半拖臂悬架是介于全摆轴和全拖臂悬架之间的且偏于横向效益的一个调和设计，因

其独特的优点而受到了设计者普遍的青睐。它作为独立悬架被广泛应用于轿车和越野汽车的后悬架。

下面具体研究导向机构的相关参数、线刚度、角刚度以及设计中的注意事项。

（一）相关参数

相关参数包括悬架中心、侧倾中心、枢轴偏角、摆臂仰角以及弹簧受力等问题，如图 3-14 所示。

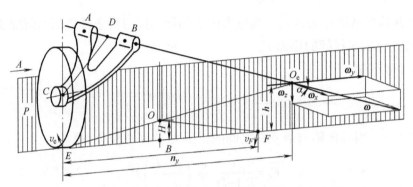

图 3-14　半拖臂悬架的悬架中心、侧倾中心和枢轴偏角示意图

1. 悬架中心

所谓悬架中心，就是悬架（包括车轮总成）在满载状态下，相对于车身在横向平面（yz）内和纵向平面（xz）内的运动瞬心，也包括摆臂端点 D。

（1）横向平面内的悬架中心

如图 3-14 所示，假设 P 平面、地平面和车身中心面的交点为坐标原点，其中 P 平面是过左右车轮着地中心 E、F 二点且垂直于地平面的平面。图中点 O_e 就是悬架的悬架中心。它是摆臂枢轴线（悬架轴线）在满载状态下，与 P 平面的交点。确定了点 O_e 的位置，就等于确定了侧倾中心点 O。

之所以认定点 O_e 是悬架的悬架中心，是因为点 O_e 是摆臂枢轴线与 P 平面的交点，而摆臂枢轴线与摆臂相对于车身运动的角速度矢量 $\boldsymbol{\omega}$ 的方向一致，如果在点 O_e 将 $\boldsymbol{\omega}$ 按 x、y、z 三个坐标轴分解为 $\boldsymbol{\omega}_x$、$\boldsymbol{\omega}_y$、$\boldsymbol{\omega}_z$ 三个分量，那么只有 $\boldsymbol{\omega}_x$ 垂直于 P 平面。也就是说，O_e 点相对于车身的由 $\boldsymbol{\omega}_x$ 引起的速度分量 v_e 处于 P 平面内，故点 O_e 就是悬架（包括车轮总成）相对于车身运动的悬架中心。

为确定悬架中心点 O_e 的位置，只需确定点 O_e 的离地高度 h 和至车轮中心线的水平距离 n_y 即可。令枢轴线上 A、B 两点的坐标分别为 X_A、Y_A、Z_A 和 X_B、Y_B、Z_B，那么由图 3-14 的 A 向视图（xz 平面）的几何关系可得

$$h = Z_A - \frac{|X_A|}{|X_A - X_B|}(Z_A - Z_B) \tag{3-6}$$

若 h 为负值，则说明点 O_e 钻入地下。

由图 3-14 所示（yz 平面）的几何关系可得

$$n_y = \frac{B}{2} - |Y_A| + \frac{|Y_A - Y_B|}{|X_A - X_B|} |X_A|$$

(3-7)

式中 B——轮距。

（2）纵向平面内的悬架中心

由确定横向平面内的悬架中心 O_e 的过程，可以想象纵向平面（xz）的悬架中心 O_e'，应该是在满载状态下摆臂枢轴线与 Q 平面的交点。Q 平面是过点 E 沿 x 轴轴线方向且垂直于地平面的平面。确定了点 O_e'，可为求取力矩中心等参数创造条件。

要确定点 O_e' 的位置，只需确定该点的 x 坐标 n_x 和 z 坐标 n_z 即可。由图 3-14 的顶视图（xy 平面）的关系可得

$$n_x = \frac{|X_A - X_B|}{|Y_A - Y_B|} n_y$$

(3-8)

由图 3-14 侧视图（xz 平面）的几何关系可得

$$Z = h + \frac{(Z_A - Z_B)}{|X_A - X_B|} n_x$$

(3-9)

2. 侧倾中心

侧倾中心 O 就是在满载状态下，左、右悬架或者地平面相对于车身的运动瞬心。在车身质心面与横向中性面重合的情况下，侧倾中心就是在 P 平面内，车轮着地中心 E 和悬架中心 O_e 的连线与车身中心线的交点。因此，O 点的高度 H 为

$$H = \frac{Bh}{2n}$$

(3-10)

3. 枢轴偏角

摆臂枢轴线的空间角度是半拖臂悬架的重要参数。它不仅影响悬架的刚度，而且还决定着整车的车身稳定性和操纵稳定性。枢轴线的空间角度是由枢轴线与 X、Y、Z 三个坐标轴线的夹角 α、β 和 γ 构成的。α、β 和 γ 分别称为 X、Y、Z 三个方向的枢轴偏角。为计算刚度的需要，此处仅列出 α（图 3-14 中角速度矢量 $\boldsymbol{\omega}$ 与其分量 $\boldsymbol{\omega}_x$ 之间的夹角）和 β（$\boldsymbol{\omega}$ 与 $\boldsymbol{\omega}_y$ 之间的夹角）的计算式为

$$\alpha = \arctan\left(\frac{\sqrt{(Y_A - Y_B)^2 + (Z_A - Z_B)^2}}{|X_A - X_B|} \right)$$

(3-11)

$$\beta = \arctan\left(\frac{\sqrt{(X_A - X_B)^2 + (Z_A - Z_B)^2}}{|Y_A - Y_B|} \right)$$

(3-12)

4. 摆臂仰角

摆臂仰角系摆臂 CD 相对于地平面的夹角，也就是图 3-15 中的 θ。要确定 θ，必先确定摆臂端点 D 的 Z 坐标 Z_D，点 D 是过轮心 C 引枢轴线 $\overline{AB}$ 的垂线的垂足，如图 3-15 所示。

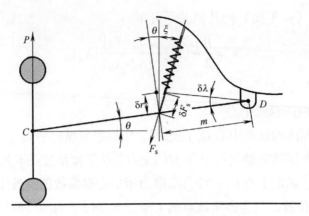

图 3-15   半拖臂悬架的拖臂仰角

由于已知 A、B、C 三点的三维坐标，利用空间三角形 $\triangle ABC$ 的几何关系，可以求得 $\triangle ABC$ 垂足 D（摆臂端点）的 Z 坐标为

$$Z_D = Z_A - \frac{(Z_A - Z_B)\, b\cos\angle A}{c} \tag{3-13}$$

式中 $\angle A$——空间 $\triangle ABC$ 的顶角。$\angle A = \arccos\left(\dfrac{b^2 + c^2 - a^2}{2bc}\right)$，$a$、$b$、$c$ 为空间 $\triangle ABC$ 的边长，其中

$$a = \sqrt{(X_B - X_C)^2 + (Y_B - Y_C)^2 + (Z_B - Z_C)^2}$$
$$b = \sqrt{(X_C - X_A)^2 + (Y_C - Y_A)^2 + (Z_C - Z_A)^2}$$
$$c = \sqrt{(X_A - X_B)^2 + (Y_A - Y_B)^2 + (Z_A - Z_B)^2}$$

摆臂空间长度为

$$|CD| = b\sin\angle A \tag{3-14}$$

因此，由图 3-15 可得摆臂仰角为

$$\theta = \arcsin\left(\frac{Z_D - Z_C}{b\sin\angle A}\right) \tag{3-15}$$

摆臂的空间长度 $|CD|$ 在 XY 平面的投影长度，也就是杠杆 n 的长度为

$$n = |CD|\cos\theta$$

5. 弹簧受力

在已知车轮载荷 P 的情况下，可先求垂直于摆臂 CD 的力 F，然后再求弹簧力 F_s。根据图 3-15 的关系有

$$|CD|P\cos\theta = Fm\cos\theta$$

所以

$$F = \frac{|CD|}{m}P$$

由此可得弹簧受力为

$$F_s = F\cos(\xi+\theta)$$

即

$$F_s = \frac{|CD|}{m}P\cos(\xi+\theta) \qquad (3\text{-}16)$$

式中 ξ——螺旋弹簧轴线与垂直平面的夹角。

(二)线刚度与角刚度

1. 线刚度

独立悬架的线刚度 c 是指换算到车轮处的与实际弹簧刚度 k 等效的刚度。半拖臂悬架的线刚度可按虚位移原理，利用图 3-14~图 3-16 的关系通过如下过程导出。换算线刚度公式可按悬架系统相对于车身运动的悬架中心的位置关系，从如下三个方面推导：

① 在横向（YZ）平面上绕 O_e 点运动。

② 在纵向（XZ）平面上绕 O'_e 点运动。

③ 顺摆臂方向绕摆臂端点 D 运动。O_e、O'_e 和 D 三点同在枢轴线上，因此运动是统一的。现分别进行推导。

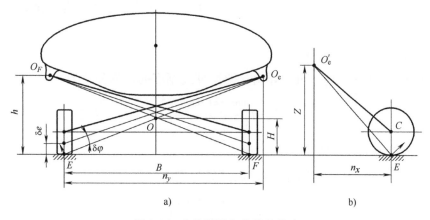

图 3-16 半拖臂悬架的等效单臂

a）横向 b）纵向

O'_e—纵向平面（XZ）的悬架中心

（1）在 YZ 平面上绕点 O_e 运动

当左悬架系统在 YZ 平面内绕悬架中心 O_e 转过微元角 $\delta\varphi$ 时，摆臂绕枢轴线转过微元角 $\delta\lambda$。此时车轮接地中心点 E 的垂直位移为

$$\delta e = n_y\delta\varphi \qquad (3\text{-}17)$$

螺旋弹簧下支点沿拖臂法线方向的位移为

$$\delta r = m\delta\lambda \qquad (3\text{-}18)$$

式中 m——过螺旋弹簧下支点并垂直于拖臂的垂足至点 D 的实际长度。

螺旋弹簧下支点沿轴线方向的位移是

$$\delta S = \delta r \cos(\theta \pm \xi) \tag{3-19}$$

绕摆臂枢轴线旋转的角位移 $\delta\lambda$ 与绕 x 轴线旋转的角位移 $\delta\varphi$ 之间存在如下关系：

$$\delta\varphi = \delta\lambda \cos\alpha \tag{3-20}$$

把式（3-18）和式（3-20）代入式（3-19）后可得

$$\delta S = \frac{m\delta\varphi\cos(\theta \pm \xi)}{\cos\alpha} \tag{3-21}$$

假如悬架是常定的理想约束系统，则该系统在主动力系的作用下，其平衡的充要条件是虚位移所生之元功和为零。由此可得单边悬架的换算线刚度为

$$c = k\left(\frac{\delta S}{\delta e}\right)^2 \tag{3-22}$$

将式（3-17）和式（3-21）代入式（3-22）后，可最终得到半拖臂悬架的换算线刚度为

$$c = k\left(\frac{m\cos(\theta \pm \xi)}{n_y \cos\alpha}\right)^2 \tag{3-23}$$

假如螺旋弹簧垂直于地面安装，那么 $\xi = 0°$；假如螺旋弹簧垂直于摆臂安装，那么 $(\theta + \xi) = 0°$。

（2）在 XZ 平面上绕点 O'_e 运动

按上述（1）同样推理，可以导出悬架换算线刚度的计算公式为

$$c = k\left(\frac{m\cos(\theta \pm \xi)}{n_x \cos\beta}\right)^2 \tag{3-24}$$

（3）顺摆臂方向绕摆臂端点 D 运动

经简单推导，就可得到换算线刚度的计算公式为

$$c = k\left(\frac{m\cos(\theta \pm \xi)}{n}\right)^2 \tag{3-25}$$

式（3-23）~式（3-25）的计算结果完全一样。

2. 角刚度

一个弹簧质量系统的角刚度，是指该系统在外力矩的作用下所生之反抗力矩对于角位移的变化率。此处所研究的是左、右悬架系统抵抗车身横向位移的横向角刚度。在已知轮距 B 和线刚度 c 的情况下，左、右悬架系统提供的横向角刚度为

$$c_\alpha = \frac{k}{2}\left(\frac{m\cos(\theta \pm \xi)}{n_y \cos\alpha}B\right)^2 \tag{3-26}$$

（三）设计要点

1. 枢轴角的选定

枢轴角是半拖臂悬架的重要参数，选好枢轴角是保证悬架性能的关键所在。

枢轴角一方面在横向上决定着轮距的变化量，决定着横向悬架中心和侧倾中心的位置；另一方面在纵向上决定着轴距的变化量，决定着纵向悬架中心和倾覆力矩中心的位置。正因为如此，枢轴角在纵、横两个方向上必是一对矛盾。例如，悬架中心，横向上离车轮远了，纵向上就近；横向上低了，纵向上就高。

半拖臂的枢轴角是全拖臂（90°）和全摆轴（0°）的一个折中，但它又不是对角摆轴（45°），而是偏于强调横向效益的一个调和设计。由于汽车轴距远大于轮距，这种设计便可使轮距和轴距的变化相对合理。

枢轴角是由摆臂上 A、B 两点的三维坐标所决定的，特别是 X 坐标和 Z 坐标的影响较大。

（1）对于 X 坐标而言，有三种可能：

① $X_A < X_B$，此时，点 O_e 在车轮左侧，其远近取决于 X_A 和 X_B 的差值，但此种情况是不可取的。

② $X_A = X_B$，此时，点 O_e 在无穷远处，这就是典型的全拖臂悬架，当然也是不可取的。

③ $X_A > X_B$，此时，点 O_e 在车轮的右侧，其远近也取决于 X_A 和 X_B 的差值。特别值得注意的是，点 O_e 过远，n_y 值过大，m/n_y 值就过小，由式（3-23）可知，换算刚度 c 就将变得很低。那么，点 O_e 的合理位置应在哪里呢？一般说来，点 O_e 离左侧车轮的距离 n_y 与轮距 B 的关系应为

$$n_y = (1 \sim 1.5)B \tag{3-27}$$

（2）对于 Z 坐标而言，也存在三种情况：

① $Z_A < Z_B$，此时，点 O_e 的 Z 坐标较大，甚至抬得很高，从而使侧倾中心 O 较高，乃至超过悬挂质体质心的高度，使侧倾力矩臂为负值，车身在侧向加速度的作用下承受负力矩。

② $Z_A = Z_B$，此时，点 O_e 的 Z 坐标 $h = Z_A = Z_B$。在此种情况下，若轮心 C 的坐标 $Z_C = Z_A = Z_B$，则拖臂保持水平，有利于螺旋弹簧和减振器的安装。

③ $Z_A > Z_B$，此时点 O_e 的 Z 坐标较小，甚至钻入地下，进而使侧倾中心 O 较低或钻入地下，侧倾力矩臂过大，车身承受过大的侧倾力矩。

总之，设计应根据需要而定！在没有特殊需要的情况下，一般应使 $Z_A > Z_B$，$X_A > X_B$，且不应使点 O_e 钻入地下。

2. 摆臂结构参数的选定

摆臂结构参数，指的是摆臂的长短、摆臂的开度以及螺旋弹簧及减振器的位置等。

（1）摆臂长短

在布置空间允许的情况下，摆臂的长度 L 越长越好。因为在大位移的情况下，长摆臂不仅可使轮距和轴距的改变量减小，还可使摆臂轴承总载荷减小。假设作用于车轮的

冲击载荷为 Q，螺旋弹簧至轮心的距离为 Δ，则轴承总载荷可粗略表示为

$$F = \left(\frac{\Delta}{L-\Delta}\right)Q \tag{3-28}$$

（2）摆臂开度

摆臂开度指的是摆臂两轴承中心 A、B 两点间的距离。在布置空间允许的情况下，开度越大越好。因为摆臂承受转矩时，大的开度可减少轴承载荷。同理，单个轴承座的长度也应尽可能加长。

（3）螺旋弹簧及减振器的位置

螺旋弹簧及减振器应尽可能同轴安装，这样既可简化结构，节约空间，又可使摆臂受力合理。此外，螺旋弹簧和减振器还应尽可能靠近车轮安装，以减轻摆臂枢轴轴承的载荷，参见式（3-28）。螺旋弹簧下支点与轮心的连线应尽可能居于轴承中心 A、B 两点连线的中部，以使两轴承受力合理。

四、双横臂悬架的导向机构

双横臂悬架是使用最为广泛的悬架，它是可设计性极强的典型悬架。因此，本书拟对其导向机构进行深入的讨论。具体研究以下五个问题：空间模型、运动学特性、弹性元件受力、换算线刚度与角刚度以及摆臂临界角。

（一）空间模型

在绘出双横臂悬架空间模型的前提下，列出相关点的坐标，并利用这些坐标确定上下摆臂的坐标，然后利用 YZ 平面和 XZ 平面的模型确定悬架中心和力矩中心。

1. 空间模型

双横臂悬架空间模型如图 3-17 所示。图中除上、下三角架外，还有扭杆、减振器以及转向机构等。相关点的坐标见表 3-1。

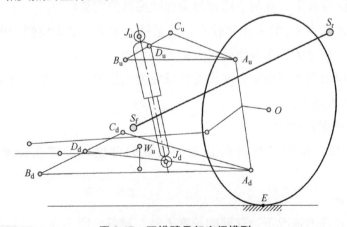

图 3-17　双横臂悬架空间模型

表 3-1　双横臂悬架相关点的代号及坐标

相 关 点	坐 标		
	X	Y	Z
A_u（主销上支点）	X_{Au}	Y_{Au}	Z_{Au}
B_u（上三角架前支点）	X_{Bu}	Y_{Bu}	Z_{Bu}
C_u（上三角架后支点）	X_{Cu}	Y_{Cu}	Z_{Cu}
D_u（上臂内支点）	X_{Du}	Y_{Du}	Z_{Du}
A_d（主销下支点）	X_{Ad}	Y_{Ad}	Z_{Ad}
B_d（下三角架前支点）	X_{Bd}	Y_{Bd}	Z_{Bd}
C_d（下三角架后支点）	X_{Cd}	Y_{Cd}	Z_{Cd}
D_d（下臂内支点）	X_{Dd}	Y_{Dd}	Z_{Dd}
J_u（减振器上支点）	X_{Ju}	Y_{Ju}	Z_{Ju}
J_d（减振器下支点）	X_{Jd}	Y_{Jd}	Z_{Jd}
S_f（扭杆前端点）	X_{Sf}	Y_{Sf}	Z_{Sf}
S_r（扭杆调节臂中心点）	X_{Sr}	Y_{Sr}	Z_{Sr}
O（车轮中心点）	X_O	Y_O	Z_O
E（车轮接地中心）	X_E	Y_E	Z_E

2. 模型设计要点

双横臂悬架常做成双叉杆式或 A 臂式，也叫作三角架，如图 3-17 所示。利用轴销把上三角架 $A_uB_uC_u$ 和下三角架 $A_dB_dC_d$ 将车身和车轮联结起来。

双横臂悬架模型的设计，主要就是各相关点坐标的给定，也就是三角架和三角架轴销坐标的给定。同时也是弹性元件和减振器等部件具有代表性点的坐标值的给定。悬架性能的好坏，主要取决于这些坐标值是否给定得当和合理。

在具体介绍设计要点之前，先给定本书采用的坐标系，并定义两个关键的平面。

1）坐标系的原点定为车轮着地中心点。车轮前、后为 x 轴，左、右为 y 轴，上、下为 z 轴。

2）过坐标原点且垂直于 x 轴的平面，叫作横向（Transverse）平面，简称 T 平面；过坐标原点且垂直于 y 轴的平面，叫作纵向（Longitudinal）平面，简称 L 平面。

主要的设计要点有：

1）在空间允许的情况下，三角架在车身上的 B、C 两点要适当拉开，即开度要适当加大，因为大开度可减轻轴承载荷。同理，B、C 两个轴承座的长度也要适当加大。

2）上、下臂 B、C 的两个轴承座，一般来说应是同轴的。但在轴承座有弹性元件时，也可带有轻微的不同轴度。这样可以防止悬架飘浮，保证运动的稳定。

3）在空间允许的情况下，三角架的长度要适当加大。较长的三角架就能使摆臂$\overline{AD}$加长，进而获得较大的行程和容量。

4）上、下摆臂$\overline{AD}$，因空间等关系，总是做成$\overline{A_dD_d}>\overline{A_uD_u}$。为保证悬架运动中，车轮偏转不致过大，比值$\overline{A_uD_u}/\overline{A_dD_d}$不得小于0.6，而应争取达到0.7以上。

5）应保证上、下摆臂$\overline{A_uD_u}$和$\overline{A_dD_d}$均落在 T 平面之内，也就是应使点 A_u、A_d 和 D_u、D_d 的 x 坐标均为零。在有困难的情况下，也应争取让 x 坐标接近于零。

点 A_u 和点 A_d 是上、下三角架连接车轮的两个纵向销轴的中点，这两个轴销的轴线亦应落在同一平面上。

6）上、下摆臂的延长线可以是平行的，也可以是相交的。相交的交点在车轮内侧的叫作内交，在车轮外侧的叫作外交，平行的交点在无穷远处。这个交点就是横向悬架瞬时中心。交点的远近和高低，取决于摆臂轴线与水平面夹角的大小和正负。

轴线内交以及交点 Z 坐标高者，车身相对于地面的瞬时侧倾中心就高；反之，轴线外交以及交点 Z 坐标低者，车身相对于地面的瞬时侧倾中心就低，乃至可能钻入地平面之下（参见本章下文）。侧倾中心高者，有利于减小车身侧倾；低者，有利于转向特性。

三角架连接车轮的两个轴销的轴线，可以是平行的，也可以是前交或后交的。其交点叫作纵向悬架瞬时中心，它与其他车轴悬架一起，决定着纵倾瞬时中心的位置。

7）弹簧和减振器一般都是同轴安装于下臂的中部。当空间有限时，也可装于上臂。对于越野车，为避开传动轴，弹簧和减振器必须偏置，但二者需各置一边。此外，也可考虑"双簧双减"的方案，或者采用扭杆弹簧。

3. 上下臂的坐标

为简化分析和计算的需要，常将上、下三角架各简化为摆臂，也就是图 3-17 中的 A_uD_u 和 A_dD_d。因此确定上、下臂的坐标，也就是在已知三角架三点 A、B、C 的坐标的情况下，确定 D_u 和 D_d 两点的坐标。确定的具体步骤如下所述。

（1）计算"三角架"各边的空间长度

设 x、y、z 为"三角架"各点的坐标，那么"三角架"各边的实际长度可根据图 3-18 的关系利用下列三式计算：

$$l_{AB}=\sqrt{(X_A-X_B)^2+(Y_A-Y_B)^2+(Z_A-Z_B)^2} \tag{3-29}$$

$$l_{BC}=\sqrt{(X_B-X_C)^2+(Y_B-Y_C)^2+(Z_B-Z_C)^2} \tag{3-30}$$

$$l_{CA}=\sqrt{(X_C-X_A)^2+(Y_C-Y_A)^2+(Z_C-Z_A)^2} \tag{3-31}$$

（2）确定臂端坐标

在实际边长的三角形中，过点 A 所作边长 l_{BC} 的垂线 AD（长度为 l）便是臂长，其

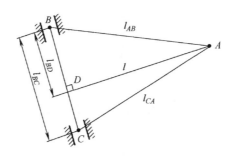

图 3-18 摆臂坐标的确定

垂足 D 便是臂的另一端点，与点 D 相关的 BD（长度为 l_{BD}）和臂长 AD（长度为 l）可用下列两式计算：

$$l_{BD} = \frac{\pm (l_{AB}^2 + l_{BC}^2 - l_{CA}^2)}{2l_{BC}} \tag{3-32}$$

$$l = \sqrt{l_{AB}^2 - l_{BD}^2} \tag{3-33}$$

式（3-32）中，垂足在三角形中部或在外下部者取正，其余取负。

垂足的坐标可用下列公式计算：

$$\begin{cases} X_D = X_B \pm \dfrac{(X_C - X_B)\, l_{CD}}{l_{BC}} \\[2mm] Y_D = Y_B \pm \dfrac{(Y_C - Y_B)\, l_{CD}}{l_{BC}} \\[2mm] Z_D = Z_B \pm \dfrac{(Z_C - Z_B)\, l_{CD}}{l_{BC}} \end{cases} \tag{3-34}$$

垂足在 $\triangle ABC$ 中部者取正号，其余为负号。

4. 悬架中心和力矩中心

为方便求出横向悬架中心和纵向悬架中心，把模型分别建立在 YZ 平面和 XZ 平面上。

（1）横向悬架中心和侧倾力矩中心

横向导向机构分别由上臂 $A_u D_u$ 和下臂 $A_d D_d$ 构成，如图 3-19 所示。它属于摆臂外交式。

点 A_u、D_u 以及 A_d、D_d 连线的延长线汇交于车轮外侧的点 C，此点便是横向悬架中心。请注意 $A_u D_u$ 和 $A_d D_d$ 是满载时的空间直线，其延长线不一定交于一点。正因为如此，在设计时，务必要保证 A_u、D_u、A_d、D_d、E 五点基本共面，即应使其 x 轴坐标基本相等。因此，上、下"三角架"的设计是不可随便的。

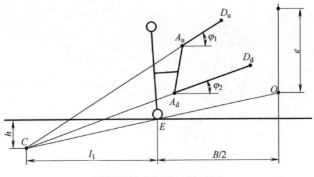

图3-19 横向导向机构

点 C 与车轮着地中心点 E 的连线的延长线与车身中心线（中性面）的交点 O 就是侧倾力矩中心。侧倾力矩中心与悬挂质体质心的高度差便是侧倾力矩臂 e。

横向悬架中心 C 的位置由高度 h 和长度 l_1 决定，而在横向平面内上、下臂所在直线的方程为

$$
\begin{cases}
\dfrac{y-y_{Au}}{y_{Du}-y_{Au}}=\dfrac{z-z_{Au}}{z_{Du}-z_{Au}} \\[4mm]
\dfrac{y-y_{Ad}}{y_{Dd}-y_{Ad}}=\dfrac{z-z_{Ad}}{z_{Dd}-z_{Ad}}
\end{cases}
$$

解上述方程，便可求出点 C 的坐标 Y_C、Z_C，因此有

$$h = Z_E - Z_C \tag{3-35}$$

$$l_1 = Y_E - Y_C \tag{3-36}$$

（2）摆臂角 φ_1、φ_2

摆臂角可根据 A_u、D_u、A_d、D_d 四点的坐标由下列两式计算：

$$\varphi_1 = \arctan\left(\frac{|Z_{Du}-Z_{Au}|}{|Y_{Du}-Y_{Au}|}\right) \tag{3-37}$$

$$\varphi_2 = \arctan\left(\frac{|Z_{Dd}-Z_{Ad}|}{|Y_{Dd}-Y_{Ad}|}\right) \tag{3-38}$$

（3）纵向悬架中心

纵向导向机构由上臂销轴 B_uC_u 和下臂销轴 B_dC_d 构成，两销轴延线的交点 C_e 就是纵向悬架中心，如图3-20所示。至于纵向力矩中心，则需要前、后悬架配合导出，参见第二章。

（4）臂轴销角 λ_1、λ_2

上臂轴销角 λ_1 与下臂轴销角 λ_2 可根据 B_u、C_u、B_d、C_d 四点的坐标，由式（3-39）和式（3-40）计算：

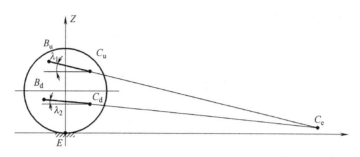

图 3-20 纵向导向机构

$$\lambda_1 = \arctan\left(\frac{Z_{Bu}-Z_{Cu}}{X_{Cu}-X_{Bu}}\right) \tag{3-39}$$

$$\lambda_2 = \arctan\left(\frac{Z_{Bd}-Z_{Cd}}{X_{Cd}-X_{Bd}}\right) \tag{3-40}$$

（二）运动学特性

悬架运动学特性是指当车轮跳动时，前轮定位参数、轮距、前轮侧向滑移量等参数相应变化的规律。这一规律是由导向机构所决定的，它直接影响汽车的使用性能，特别是操纵稳定性、平顺性、转向轻便性和轮胎的使用寿命等。

1. 车轮定位参数

（1）主销内倾角和后倾角

主销内倾角和后倾角均定义为正，反之为负。主销内倾角 γ_i 与后倾角 γ_r 可根据 A_u、A_d 两点的坐标由式（3-41）和式（3-42）计算为

$$\gamma_i = \arctan\left(\frac{Y_{Au}-Y_{Ad}}{Z_{Au}-Z_{Ad}}\right) \tag{3-41}$$

$$\gamma_r = \arctan\left(\frac{X_{Au}-X_{Ad}}{Z_{Au}-Z_{Ad}}\right) \tag{3-42}$$

（2）车轮外倾角和前束角

车轮外倾角 γ_o 由轮心 O 与接地点 E 的坐标确定，定义车轮外倾角外倾为正。外倾角用式（3-43）计算为

$$\gamma_o = \arcsin\left(\frac{Y_E-Y_O}{R}\right) \tag{3-43}$$

式中　R——轮胎的静半径。

车轮的前束角 θ_T 由车轮的轮心 O 与接地点 E 的坐标确定，定义前束角内收为正。前束角用式（3-44）计算为

$$\theta_T = \arctan\left(\frac{X_O-X_E}{Y_O-Y_E}\right) \tag{3-44}$$

（3）主销后拖距及内倾距

设主销延线与地面的交点为 P，其 x、y 坐标分别为

$$X_P = X_{Au} + \frac{Z_E - Z_{Au}}{Z_{Au} - Z_{Ad}}(X_{Au} - X_{Ad}) \tag{3-45}$$

$$Y_P = Y_{Au} + \frac{Z_E - Z_{Au}}{Z_{Au} - Z_{Ad}}(Y_{Au} + Y_{Ad}) \tag{3-46}$$

从而主销的后拖距 a_r 为

$$a_r = X_E - X_P \tag{3-47}$$

主销的偏移距 a_i 为

$$a_i = Y_E - Y_P \tag{3-48}$$

2. 导向机构随下臂或上臂的运动关系

导向机构随摆臂运动的问题是三维空间的问题，此处把它放在 YZ 平面内的二维空间来处理。其理由是，在理论上我们认为 A_u、D_u、A_d、D_d、E（O_3、O_4、O_2、O_1、O_5）五点的 x 轴坐标相等，这就是说，这个问题本来就是个平面问题，何必把问题复杂化呢？再则是在二维空间内，可以轻易地获得显式函数的结果，使问题大为简化。

此处利用简明的复数法来建立机构随下臂或上臂运动的数学模型。在所研究的问题里，导向机构其实就是一个"四杆机构"，如图 3-19 和图 3-21 所示。我们把"四杆机构"的杆长设为 R_k（$k=1$，2，3，4），若弹性元件装于下臂之上，则杆 R_1 这个下臂就是主动臂。作用于主动臂臂端 A_d（O_2）点的力（力矩）使下臂绕枢轴点 D_d（O_1）反时针旋转。

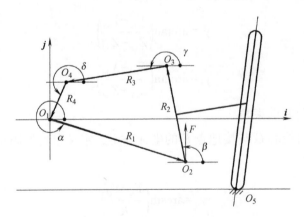

图 3-21　导向机构的运动规律

假设下臂转过了 α 角，其他各杆转角分别为 β、γ 和 δ。由于 R_k 和 δ 为已知参数，α 为独立变量，要推求的只有 β 和 γ。

若弹性元件装于上臂之上，则杆 R_3 这个上臂就是主动臂。作用于主动臂臂端 A_u（O_3）点的力（力矩）使上臂绕枢轴点 D_u（O_4）逆时针旋转。假设上臂转过了 γ 角，其他各杆的转

角分别为 α、β 和 δ。由于 R_k 和 δ 为已知参数，γ 为独立变量，则要推求的只有 α 和 β。

在图 3-21 中，"四杆机构"全部为铰点，且复数 R_k 构成封闭环路，即

$$\sum_{k=1}^{4} \boldsymbol{R}_k = \boldsymbol{R}_1 + \boldsymbol{R}_2 + \boldsymbol{R}_3 + \boldsymbol{R}_4 = 0 \tag{3-49}$$

按指数写法为

$$\sum_{k=1}^{4} R_k \mathrm{e}^{\mathrm{i}x} = R_1 \mathrm{e}^{\mathrm{i}\alpha} + R_2 \mathrm{e}^{\mathrm{i}\beta} + R_3 \mathrm{e}^{\mathrm{i}\gamma} + R_4 \mathrm{e}^{\mathrm{i}\delta} \tag{3-50}$$

根据欧拉公式有

$$\mathrm{e}^{\mathrm{i}x} = \cos x + \mathrm{i}\sin x \tag{3-51}$$

所以，复数实部为

$$R_1 \cos \alpha + R_2 \cos \beta + R_3 \cos \gamma + R_4 \cos \delta = 0 \tag{3-52}$$

由复数虚部得

$$R_1 \sin \alpha + R_2 \sin \beta + R_3 \sin \gamma + R_4 \sin \delta = 0 \tag{3-53}$$

若弹性元件装在下臂上，则 α 为独立变量，故可由式（3-52）和式（3-53）解得

$$\sin \beta = \frac{A_1 A_2 + \sqrt{A_2^2 - A_1^2 + 1}}{1 + A_2^2} \tag{3-54}$$

式中　$A_1 = \dfrac{R_3^2 - [R_1^2 + R_2^2 + R_4^2 + 2R_1 R_4 \cos(\alpha - \delta)]}{2R_2(R_1 \cos \alpha + R_4 \cos \delta)}$；

$A_2 = (R_1 \sin \alpha + R_4 \sin \delta)/(R_1 \cos \alpha + R_4 \cos \delta)$。

在已知 β 后，由式（3-53）可解得

$$\sin \gamma = (R_1 \sin \alpha + R_2 \sin \beta + R_4 \sin \delta)/R_3 \tag{3-55}$$

若弹性元件装在上臂之上，则 γ 为独立变量，故可由式（3-52）和式（3-53）解得

$$\beta = 180° - \arcsin\left(\frac{A_1 A_2 + \sqrt{A_2^2 - A_1^2 + 1}}{1 + A_2^2}\right) \quad (90° < \beta < 180°) \tag{3-56}$$

式中　$A_1 = \dfrac{R_1^2 - [R_2^2 + R_3^2 + R_4^2 + 2R_3 R_4 \cos(\gamma - \delta)]}{2R_2(R_3 \cos \gamma + R_4 \cos \delta)}$；

$A_2 = (R_3 \sin \gamma + R_4 \sin \delta)/(R_3 \cos \gamma + R_4 \cos \delta)$。

在已知 β 后，由式（3-53）解得

$$\alpha = 360° - \arcsin[(R_2 \sin \beta + R_3 \sin \gamma + R_4 \sin \delta)/R_1] \quad (270° < \alpha < 450°) \tag{3-57}$$

3. 车轮着地点随摆臂运动的关系

在图 3-22 中，弹性元件无论装在下臂上还是装在上臂上，车轮着地点的变化都是由 R_1、R_5、R_6、r_k 和 R 所构成的闭环决定的。因此，复数 R 以及对应的 x、y 便可由式（3-58）~式（3-60）给出

$$\boldsymbol{R} = \boldsymbol{R}_1 e^{i\alpha} + \boldsymbol{R}_5 e^{i\beta} + \boldsymbol{R}_6 e^{i(\beta+\lambda i)} + \boldsymbol{r}_K e^{i(\beta+\lambda i+\lambda_0)} \tag{3-58}$$

$$x = R_1\cos\alpha + R_5\cos\beta + R_6\cos(\beta+\lambda i) + r_K\cos(\beta+\lambda i+\lambda_0) \tag{3-59}$$

$$y = R_1\sin\alpha + R_5\sin\beta + R_6\sin(\beta+\lambda i) + r_K\sin(\beta+\lambda i+\lambda_0) \tag{3-60}$$

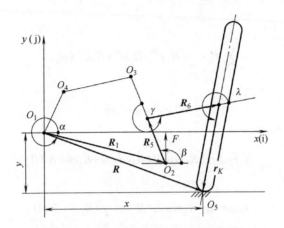

图 3-22　车轮着地点随下臂运动的关系

4. 相关参数与摆臂运动的关系

相关参数指轮距 B、车轮外倾角 ξ_0、主销内倾角 ξ_i、悬架中心 C 和力矩中心 O 等，如图 3-23 所示。

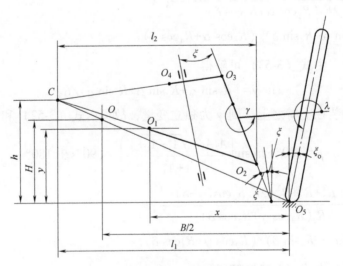

图 3-23　相关参数与摆臂运动的关系

这些参数不但随摆臂的运动而改变，而且对悬架刚度、行驶稳定性和车身稳定性等都有至关重要的作用。

根据图 3-21～图 3-23 的关系，加之已经导出的结果，便可得到下列相关参数的表达式。

（1）车轮外倾角 ξ_o。

$$\xi_o = 630° - \lambda_o - \lambda_i - \beta \qquad (3-61)$$

（2）主销内倾角 ξ_i

$$\xi_i = \beta - 90° - \xi \qquad (3-62)$$

式中　ξ——主销与杆 O_2O_3（R_2）的夹角。

（3）轮距

$$B = S + 2x \qquad (3-63)$$

式中　S——左、右悬架摆臂枢轴点间的距离。

（4）杠杆参数 l_1、l_2

杠杆参数 l_1 和 l_2 不仅是确定悬架中心 C 和力矩中心 O 的过渡参数，也是推求悬架刚度必不可少的参数。由图 3-23 的几何关系可得

$$l_1 = l_2 \pm \left[x - R_1 \cos(\alpha - 360°) \right] \qquad (3-64)$$

$$l_2 = \pm \frac{R_2 \sin(\gamma - \beta) \cos(\alpha - 360°)}{\sin(\alpha - \gamma)} \qquad (3-65)$$

（5）悬架中心 C 的纵坐标 h

$$h = \pm l_1 \tan(\alpha - 360°) - \left| y + x\tan(\alpha - 360°) \right| \qquad (3-66)$$

对于式（3-64）~式（3-66）中的"±"号，摆臂内交者取正，反之取负。

（6）力矩中心 O 的纵坐标 H

$$H = Bh/2l_1 \qquad (3-67)$$

双横臂独立悬架是一种安全、稳定和舒适的悬架，它具有广泛的车型适应性和极强的可设计性。特别是它具有较为典型的 8 种悬架形式。

上、下摆臂内交 4 种：弹簧装于上臂、弹簧装于下臂、扭杆装于上臂、扭杆装于下臂。

上、下摆臂外交 4 种：弹簧装于上臂、弹簧装于下臂、扭杆装于上臂、扭杆装于下臂。

除此之外，还有双扭杆的两种形式。

为满足读者设计实践的需要，本书特导出了上述 10 种悬架形式的换算刚度和 8 种悬架形式的弹性元件受力（力矩）的计算公式。

公式的推导过程如下所述。

（三）弹性元件受力

在汽车悬架设计中，必须要知道弹性元件的受力或力矩，否则无法进行弹性元件的设计。在双横臂悬架中，一共有 8 种典型的情况：上、下摆臂外交 4 种（弹簧装于上臂、弹簧装于下臂、扭杆装于上臂、扭杆装于下臂）；上、下摆臂内交 4 种（弹簧装于上臂、弹簧装于下臂、扭杆装于上臂、扭杆装于下臂）。现分别研究。

1. 摆臂外交

（1）弹簧装在下臂上（摆臂外交）

在弹簧装于下臂之上，已知车轮满载静载荷 P 的情况下，可利用图 3-24 的关系来推求螺簧轴线方向的受力 F_s。

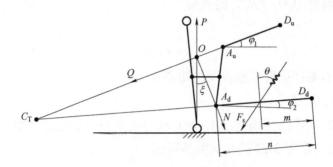

图 3-24　弹簧装于下臂（摆臂外交）

由于弹簧装在下臂之上，故上臂为二力杆，力 P、Q 和 N 汇交于点 O，故有

$$Q\cos \varphi_1 = N\sin \xi$$

$$P = Q\sin \varphi_1 + N\cos \xi$$

所以有

$$N = \cos \varphi_1 P / \cos(\xi - \varphi_1)$$

式中　φ_1——上臂相对于水平面的夹角；

ξ——N 力线与垂直平面的夹角。

N 力的分力 $N\cos|(\xi - \varphi_2)|$ 和弹簧力的分力 $F_s\cos \theta$ 分别对臂端 D_d 取矩有

$$nN\cos(\xi - \varphi_2) = mF_s\cos \theta$$

式中　φ_2——下臂相对于水平面的夹角；

θ——螺簧轴线与下臂垂直线的夹角。

由此可得弹簧的轴线力为

$$F_s = \frac{n\cos(\xi - \varphi_2)}{m\cos \theta}N = \frac{n\cos \varphi_1 \cos(\xi - \varphi_2)}{m\cos \theta \cos(\xi - \varphi_1)}P \tag{3-68}$$

弹簧轴线力 F_s 的计算公式，是随上、下摆臂端点 A_u、D_u、A_d、D_d 的坐标值而变的，具体的公式应根据具体的坐标值来确定。

（2）弹簧装在上臂上（摆臂外交）

下臂为二力杆，P、Q、N 三力汇于点 O（图 3-25），故有

$$N\sin \xi = Q\cos \varphi_2$$

$$P = N\cos \xi - Q\sin \varphi_2$$

$$N = \cos \varphi_2 P / \cos(\xi + \varphi_2)$$

$$F = \cos \varphi_2 \cos(\xi + \varphi_1) P / \cos(\xi + \varphi_2)$$

故弹簧受力为

$$F_s = \frac{nF}{m \cos \theta} = \frac{n \cos \varphi_2 \cos(\xi + \varphi_1)}{m \cos \theta \cos(\xi + \varphi_2)} P \qquad (3-69)$$

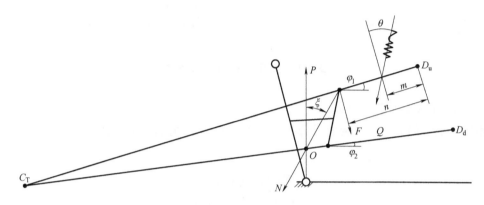

图 3-25 弹簧装于上臂的受力

（3）扭杆装在下臂上（摆臂外交）

扭杆装在下臂上，故上臂系二力杆，P、N、Q 三力汇于点 O，如图 3-26 所示，故有

$$N \sin \xi = Q \cos \varphi_1$$

$$P = N \cos \xi + Q \sin \varphi_1$$

于是

$$N = \cos \varphi_1 P / \cos(\xi - \varphi_1)$$

扭杆端部受力

$$F = N \cos(\xi - \varphi_2) = \frac{\cos \varphi_1 \cos(\xi - \varphi_2)}{\cos(\xi - \varphi_1)} P$$

扭杆承受的扭矩

$$T_f = FR_1 = \frac{R_1 \cos \varphi_1 \cos(\xi - \varphi_2)}{\cos(\xi - \varphi_1)} P$$

式中 φ_1、φ_2——上、下臂与水平面的夹角；

ξ——N 力线与垂直平面的夹角。

悬架换算刚度

$$k = c \left(\frac{l_2}{l_1} \cos \varphi_2 \right)^2$$

式中 c——扭杆刚度。

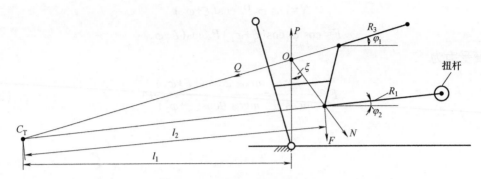

图 3-26　扭杆装在下臂上的受力

（4）扭杆装在上臂上（摆臂外交）

由图 3-27 可知，扭杆装在上臂上，故下臂为二力杆，P、Q、N 三力汇于点 O，故有

$$N\sin\xi = Q\cos\varphi_2$$

$$P = N\cos\xi - Q\sin\varphi_2$$

于是

$$N = \cos\varphi_2 P/\cos(\xi+\varphi_2)$$

扭杆端部受力

$$F = N\cos(\xi+\varphi_1) = \frac{\cos\varphi_2\cos(\xi+\varphi_1)}{\cos(\xi+\varphi_2)}P$$

扭杆承受的扭矩

$$T_{\mathrm{f}} = FR_3 = \frac{R_3\cos\varphi_2\cos(\xi+\varphi_1)}{\cos(\xi+\varphi_2)}P$$

式中　φ_1、φ_2——上、下臂与水平面的夹角；

　　　　ξ——N 力线与垂直平面的夹角。

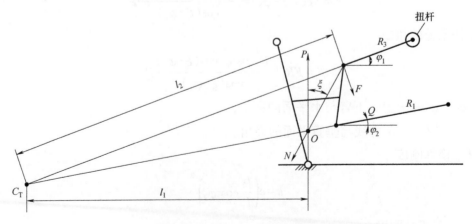

图 3-27　扭杆装在上臂上的受力

2. 摆臂内交

（1）弹簧装于下臂上（摆臂内交）

弹簧装于下臂之上，在摆臂内交的情况下，已知车轮在满载静载荷 P 的作用下，可利用图 3-28 的关系来推求弹簧在轴线方向的受力 F_s。

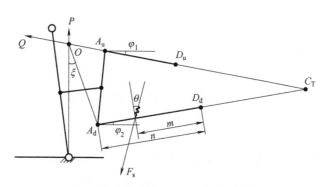

图 3-28　弹簧装于下臂（摆臂内交）的弹簧受力

由于弹簧装在下臂上，故上臂为二力杆，由图 3-28 可知，力 P、Q 和 N 汇交于点 O，故有

$$Q\cos\varphi_1 = N\sin\xi$$
$$P = N\cos\xi - Q\sin\varphi_1$$

所以有

$$N = \cos\varphi_1 P/\cos(\varphi_1+\xi)$$

式中　φ_1——上臂相对于水平面的夹角；

　　　ξ——N 力线与垂直平面的夹角。

N 力的分力 $N\cos(\varphi_2-\xi)$ 和弹簧力 F_s 的分力 $F_s\cos\theta$ 分别对下臂臂端 D_d 取矩，则有

$$nN\cos(\varphi_2-\xi) = mF_s\cos\theta$$

式中　φ_2——下臂相对于水平面的夹角；

　　　θ——弹簧轴线与下臂垂直线的夹角。

由此可得弹簧的轴线力

$$F_s = \frac{n\cos(\varphi_2-\xi)}{m\cos\theta}N = \frac{n\cos\varphi_1\cos(\varphi_2-\xi)}{m\cos\theta\cos(\varphi_1+\xi)}P$$

（2）弹簧装在上臂上（摆臂内交）

由于弹簧装在上臂之上，故下臂为二力杆。由图 3-29 可知，力 P、Q 和 N 汇交于点 O，故有

$$N\sin\xi = Q\cos\varphi_2$$
$$P = N\cos\xi - Q\sin\varphi_2$$
$$N = \cos\varphi_2 P/\cos(\varphi_2+\xi)$$

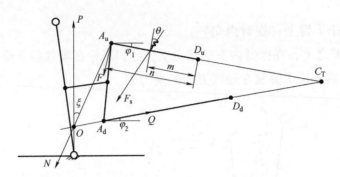

图 3-29　弹簧装于上臂（摆臂内交）的弹簧受力

N 力的分力 $N\cos(\xi-\varphi_1)$ 和弹簧力的分力 $F_s\cos\theta$ 分别对上臂臂端点 D_u 取矩有 $nN\cos(\xi-\varphi_1)=mF_s\cos\theta$，于是弹簧的轴向力为

$$F_s=\frac{n\cos(\xi-\varphi_1)}{m\cos\theta}N=\frac{n\cos\varphi_2\cos(\xi-\varphi_1)}{m\cos\theta\cos(\xi+\varphi_2)}P$$

（3）扭杆装在下臂上（摆臂内交）

在摆臂内交的情况下，扭杆装在下臂上，由图 3-30 可知，上臂为二力杆，P、Q 和 N 三力汇于点 O。

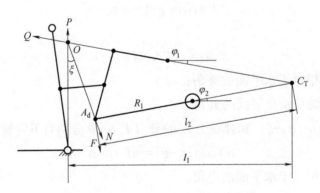

图 3-30　扭杆装于下臂（摆臂内交）的扭杆力矩

故有

$$N\sin\xi=Q\cos\varphi_1$$

$$P=N\cos\xi-Q\sin\varphi_1$$

于是

$$N=\cos\varphi_1 P/\cos(\xi+\varphi_1)$$

扭杆臂端部受力为

$$F=N\cos(\xi-\varphi_2)=\frac{\cos\theta_1\cos(\xi-\varphi_2)}{\cos(\xi+\varphi_1)}P$$

扭杆承受的扭矩为

$$T_{\text{f}} = FR_1 = \frac{R_1 \cos \varphi_1 \cos(\xi - \varphi_2)}{\cos(\xi + \varphi_1)} P$$

式中　ξ——N 力线与垂直平面的夹角；

　φ_1、φ_2——上、下摆臂与水平面的夹角。

（4）扭杆装在上臂上（摆臂内交）

在图 3-31 中，由于扭杆装在上臂上，故下臂为二力杆，P、Q 和 N 三力汇交于点 O，故有

$$N \sin \xi = Q \cos \varphi_2$$

$$P = N \cos \xi - Q \sin \varphi_2$$

于是

$$N = \cos \varphi_2 P / \cos(\xi + \varphi_2)$$

扭杆端部受力为

$$F = N \cos(\xi - \varphi_1) = \frac{\cos \varphi_2 \cos(\xi - \varphi_1)}{\cos(\xi + \varphi_2)} P$$

扭杆承受的扭矩为

$$T_{\text{f}} = FR_3 = \frac{R_3 \cos \varphi_2 \cos(\xi - \varphi_1)}{\cos(\xi + \varphi_2)} P$$

式中　ξ——N 力线与垂直平面的夹角。

　φ_1、φ_2——上、下摆臂与水平面的夹角。

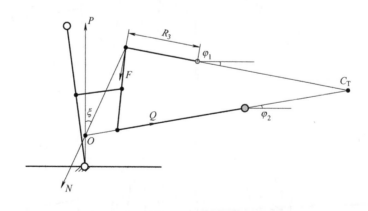

图 3-31　扭杆装于上臂（摆臂内交）的扭杆力矩

上述 8 种典型情况，均可酌情选用，但大多选用摆臂内交结构，以减少侧倾力臂矩，从而降低车身侧倾角。8 种情况下的弹簧轴向力 F_s 和扭杆力矩 T_f 的计算公式见表 3-2。

表 3-2　双横臂悬架的弹簧力和力矩

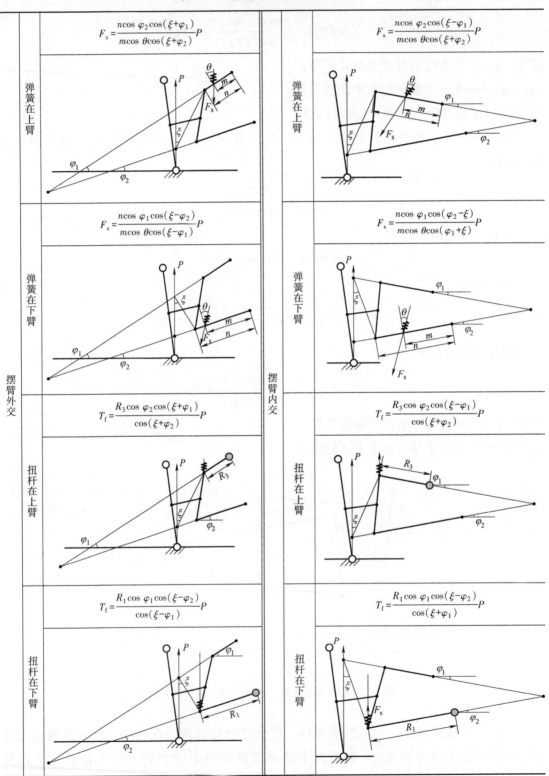

（四）换算刚度

双横臂独立悬架的换算线刚度与角刚度是悬架设计的重要参数，它们共有 8 种典型的情况：摆臂外交 4 种（弹簧装于上臂、弹簧装于下臂、扭杆装于上臂、扭杆装于下臂）；摆臂内交 4 种（弹簧装于上臂、弹簧装于下臂、扭杆装于上臂、扭杆装于下臂）。此外，还有摆臂平行和双扭杆的情况。下面具体研究。

1. 摆臂平行

在上、下摆臂平行的情况下，运动瞬时中心在无穷远处，如图 3-32 所示。

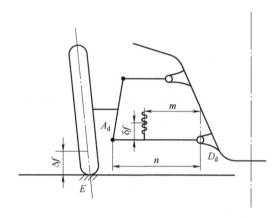

图 3-32　摆臂平行双横臂悬架的换算刚度

由于车轮着地中心 E 以及下臂端点 A_d 同在一个刚体上，因此当车轮转过一个微元角 $\delta\alpha$ 时，点 E 和点 A_d 的向上垂直位移量均为 Δf，而当下臂绕点 D_d 旋转时，弹簧的垂直向上的位移量 $\delta f = \dfrac{m}{n}\Delta f$。将 $\delta f/\Delta f$ 代入换算刚度的一般表达式后，便可得到悬架的换算刚度：

$$k = c\left(\frac{m}{n}\right)^2$$

式中　c——弹簧刚度。

2. 摆臂外交

（1）弹簧装于上臂（摆臂外交）

图 3-33 为摆臂外交、弹簧装于上臂情况的换算刚度。

设车轮相对于车身绕横向悬架中心 C_T 转过了一个微元角 $\delta\alpha$，那么由图 3-33 可知，车轮的垂直位移为 $\Delta f = l_1\delta\alpha$，即 $\delta\alpha = \Delta f/l_1$。

当上臂绕点 D_u 旋转时，点 A_u 的位移 δA_u 与点 S 的位移 δS 的关系为

$$\delta S = \frac{m}{n}\delta A_u$$

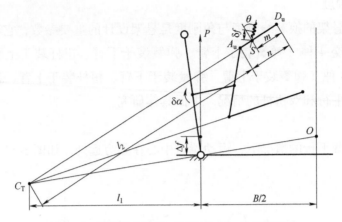

图 3-33　弹簧装于上臂（摆臂外交）的换算刚度

又因为点 A_u 与车轮为一整体，因此，横向悬架中心 C_T 也是点 A_u 的瞬心，所以有

$$\delta A_u = l_2 \delta \alpha$$

进而有

$$\delta S = \frac{m}{n} l_2 \delta \alpha = \frac{m l_2}{n l_1} \Delta f$$

弹簧沿轴线方向的变形量为

$$\delta f = \delta S \cos \theta = \frac{m l_2}{n l_1} \Delta f \cos \theta$$

式中　θ——弹簧轴线与上臂垂线间的夹角。

把 δf、Δf 代入式（2-26）（由虚位移原理所得的公式），便可得到该种悬架的换算刚度

$$k = c \left(\frac{\delta f}{\Delta f} \right)^2 = c \left(\frac{m l_2}{n l_1} \cos \theta \right)^2$$

式中　c——弹簧刚度。

该悬架的横向角刚度为

$$c_\alpha = \frac{1}{2} k B^2 = \frac{1}{2} c \left(\frac{m l_2}{n l_1} B \cos \theta \right)^2$$

式中　B——轮距。

（2）弹簧装于下臂（摆臂外交）

图 3-34 所示为弹簧装于下臂、摆臂外交的换算刚度。

设车轮相对于车身绕悬架中心 C_T 转过了一个微元角 $\delta \alpha$，那么，由图 3-34 可知，车轮的垂直位移为

$$\Delta f = l_1 \cdot \delta \alpha$$

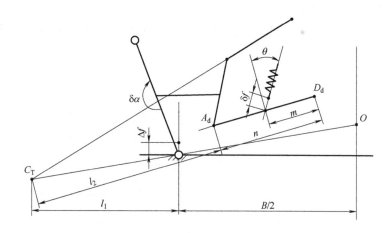

图 3-34 弹簧装于下臂（摆臂外交）的换算刚度

即

$$\delta\alpha = \Delta f/l_1$$

当下臂绕点 D_d 旋转时，点 A_d 的位移 δA_d 与点 S 的位移 δS 的关系为

$$\delta S = \frac{m}{n}\delta A_d$$

又因为点 A_d 与车轮为一整体，故悬架中心 C_T 也是点 A_d 的瞬心，所以

$$\delta A_d = l_2 \cdot \delta\alpha$$

进而有

$$\delta S = \frac{m}{n}l_2\delta\alpha = \frac{ml_2}{nl_1}\Delta f$$

弹簧沿轴线方向的变形量为

$$\delta f = \delta S\cos\theta = \frac{ml_2}{nl_1}\Delta f\cos\theta$$

式中 θ——弹簧轴线与下臂垂线间的夹角。

将 δf 代入式（2-26）（由虚位移原理所得的公式），便可得到悬架的换算线刚度为

$$k = c\left(\frac{\delta f}{\Delta f}\right)^2 = c\left(\frac{ml_2}{nl_1}\cos\theta\right)^2$$

横向角刚度为

$$c_\alpha = \frac{1}{2}kB^2 = \frac{1}{2}c\left(\frac{ml_2}{nl_1}B\cos\theta\right)^2$$

（3）扭杆在上臂（外交式）

扭杆弹簧装于上臂的外交式双横臂独立悬架的换算刚度可利用图 3-35 的关系来推导。

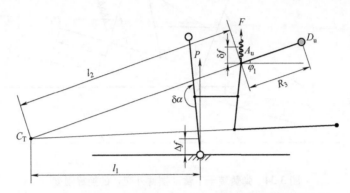

图 3-35　外交式（扭杆弹簧在上臂）双横臂悬架的换算刚度

设车轮相对于车身绕横向悬架中心 C_T 转过了一个微元角 $\delta\alpha$，由图 3-35 可知，车轮的垂直位移为

$$\Delta f = l_1 \delta\alpha$$

点 A_u 与车轮为一整体，故横向悬架中心 C_T 也是点 A_u 的瞬心，所以

$$\delta A_u = l_2 \delta\alpha$$

扭杆弹簧在轴线方向的位移

$$\delta f = \delta A_u \cos\varphi_1 = l_2 \cos\varphi_1 \cdot \delta\alpha$$

由换算刚度的一般表达式［式（2-26）］可知，该种悬架的换算线刚度为

$$k = c\left(\frac{\delta f}{\Delta f}\right)^2 = c\left(\frac{l_2}{l_1}\cos\varphi_1\right)^2$$

式中　c——扭杆弹簧刚度。

该种悬架的横向角刚度为

$$c_\alpha = \frac{1}{2}kB^2 = \frac{1}{2}c\left(\frac{l_2}{l_1}B\cos\varphi_1\right)^2$$

式中　B——轮距。

（4）扭杆在下臂（外交式）

扭杆弹簧装于下臂的外交式双横臂独立悬架的换算刚度可利用图 3-36 的关系来推求。

设车轮相对于车身绕横向悬架中心 C_T 转过了一个微元角 $\delta\alpha$，由图 3-36 可知车轮的垂直位移为 $\Delta f = l_1 \delta\alpha$，点 A_d 与车轮为一整体，故横向悬架中心 C_T 也是点 A_d 的瞬心，所以

$$\delta A_u = l_2 \delta\alpha$$

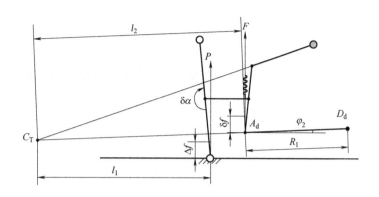

图 3-36　外交式（扭杆在下臂）双横臂悬架的换算刚度

扭杆弹簧在轴线方向的位移 $\delta f = \delta A_d \cos \varphi_2 = l_2 \cos \varphi_2 \cdot \delta \alpha$

由换算刚度的通用表达式（2-26）可知，该悬架的换算线刚度为

$$k = c\left(\frac{\delta f}{\Delta f}\right)^2 = c\left(\frac{l_2}{l_1}\cos \varphi_2\right)^2$$

式中　c——扭杆弹簧刚度。

该种悬架的横向角刚度为

$$c_\alpha = \frac{1}{2}kB^2 = \frac{1}{2}c\left(\frac{l_2}{l_1}B\cos \varphi_2\right)^2$$

式中　B——轮距。

3. 摆臂内交

（1）弹簧装于上臂（摆臂内交）

弹簧装于上臂的内交式双横臂悬架的换算刚度可利用图 3-37 的关系来推导。

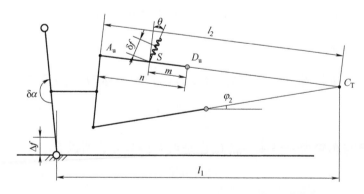

图 3-37　内交式（弹簧在上臂）双横臂悬架的换算刚度

设车轮相对于车身绕横向悬架中心 C_T 转过了一个微元角 $\delta \alpha$，那么由图 3-37 可知，车轮的垂直位移为 $\Delta f = l_1 \delta \alpha$，即 $\delta \alpha = \Delta f / h$，当上臂绕点 D_u 旋转时，点 A_u 的位移 δA_u 与点

S 的位移 δS 的关系为

$$\delta S = \frac{m}{n}\delta A_{\mathrm{u}}$$

又因为 A_{u} 与车轮为一整体，因此，横向悬架中心 C_{T} 也是点 A_{u} 的瞬心，所以

$$\delta A_{\mathrm{u}} = l_2\delta\alpha$$

进而有

$$\delta S = \frac{m}{n}l_2\delta\alpha = \frac{ml_2}{nl_1}\Delta f$$

弹簧沿轴线方向的变形量为

$$\delta f = \delta S\cos\theta = \frac{ml_2}{nl_1}\Delta f\cos\theta$$

式中 θ——弹簧轴线与上臂垂线间的夹角。

把 δf 和 Δf 代入式（2-26），即由虚位移原理导出的公式，便可得到该种悬架的换算线刚度

$$k = c\left(\frac{\delta f}{\Delta f}\right)^2 = c\left(\frac{ml_2}{nl_1}\cos\theta\right)^2$$

式中 c——弹簧刚度。

悬架横向角刚度为

$$c_\alpha = \frac{1}{2}kB^2 = \frac{1}{2}c\left(\frac{ml_2}{nl_1}B\cos\theta\right)^2$$

式中 B——轮距。

（2）弹簧装于下臂（摆臂内交）

弹簧装于下臂的内交式双横臂悬架的换算刚度可利用图 3-38 的关系来推导。

设车轮相对于车身绕瞬心 C_{T} 转过了一个微元角 $\delta\alpha$，那么由图 3-38 可知：车轮的垂直位移 $\Delta f = l_1\delta\alpha$，$\delta\alpha = \dfrac{\Delta f}{l_1}$。

当下臂绕点 D 旋转时，点 B 的位移 δB 与点 E 的位移 δE 的关系为

$$\delta E = \frac{m}{n}\delta B$$

又由于点 B 与车轮为一整体，点 C_{T} 也是点 B 的瞬心，所以有

$$\delta B = l_2\delta\alpha$$

进而有

$$\delta E = \frac{m}{n}l_2\delta\alpha = \frac{ml_2}{nl_1}\Delta f$$

弹簧沿轴线方向的变形量为

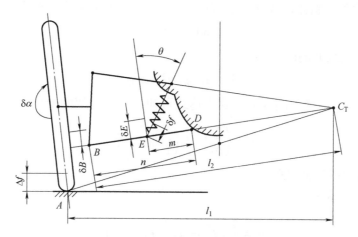

图 3-38　摆臂内交（弹簧在下臂）的双横臂悬架的换算刚度

$$\delta f = \delta E\cos\,\theta = \frac{ml_2}{nl_1}\Delta f\cos\,\theta$$

式中　θ——弹簧轴线与下臂垂线间的夹角。

将 δf 代入式（2-26），便得

$$k = c\left(\frac{ml_2}{nl_1}\cos\,\theta\right)^2$$

对于整桥，换算刚度 $K=2k$。

（3）扭杆在上臂（内交式）

扭杆弹簧装于上臂的内交式双横臂独立悬架的换算刚度可利用图 3-39 的关系来推导。

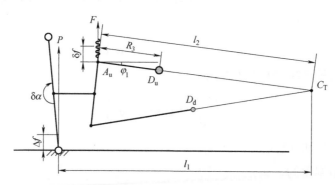

图 3-39　扭杆在上臂（内交式）双横臂悬架的换算刚度

设车轮相对于车身绕横向悬架中心 C_T 转过了一个 $\delta\alpha$ 角，由图 3-39 可知，车轮的垂直位移为

$$\Delta f = l_1\delta\alpha$$

点 A_u 与车轮为一整体，故横向悬架中心 C_T 也是点 A_u 的瞬心，所以

$$\delta A_u = l_2 \delta \alpha$$

扭杆弹簧在轴线方向的位移

$$\delta f = \delta A_u \cos \varphi_1 = l_2 \cos \varphi_1 \delta \alpha$$

由式（2-26），即换算刚度的一般表达式可知，该种悬架的换算线刚度为

$$k = c \left(\frac{\delta f}{\Delta f} \right)^2 = c \left(\frac{l_2}{l_1} \cos \varphi_1 \right)^2 \tag{3-70}$$

式中 c——扭杆弹簧的刚度。

该种悬架横向角刚度为

$$c_\alpha = \frac{1}{2} k B^2 = \frac{1}{2} c \left(\frac{l_2}{l_1} B \cos \varphi_1 \right)^2 \tag{3-71}$$

式中 B——轮距。

（4）扭杆在下臂上（摆臂内交）

扭杆弹簧装于下臂的内交式双横臂独立悬架的换算刚度可利用图 3-40 的关系来推求。

设车轮相对于车身绕横向悬架中心 C_T 转过了一个 $\delta\alpha$ 角，由图 3-40 可知，车轮的垂直位移为

$$\Delta f = l_1 \delta \alpha$$

由于点 A_d 与车轮为一整体，故横向悬架中心 C_T 也是点 A_d 的瞬心，所以

$$\delta A_d = l_2 \delta \alpha$$

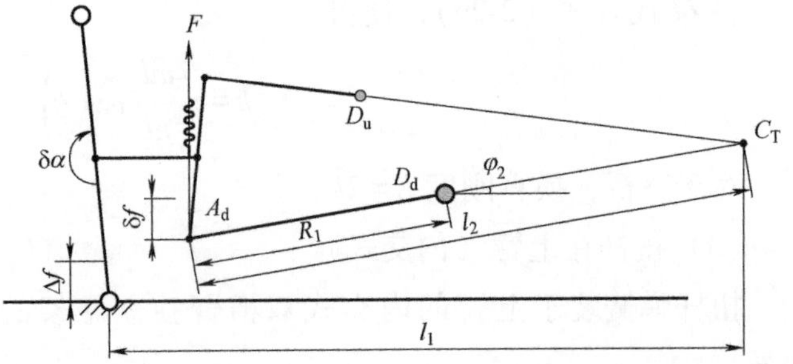

图 3-40 内交式（扭杆在下臂）双横臂悬架的换算刚度

扭杆弹簧在轴线方向的位移

$$\delta f = \delta A_d \cos \varphi_2 = l_2 \cos \varphi_2 \delta \alpha$$

由此可得到这种悬架的换算线刚度

$$k = c \left(\frac{\delta f}{\Delta f} \right)^2 = c \left(\frac{l_2}{l_1} \cos \varphi_2 \right)^2 \tag{3-72}$$

式中 c——扭杆弹簧的刚度。

该悬架横向角刚度为

$$c_\alpha = \frac{1}{2} k B^2 = \frac{1}{2} c \left(\frac{l_2}{l_1} B \cos \varphi_2 \right)^2 \tag{3-73}$$

式中 B——轮距。

为方便查找和使用，现将上述 8 种双横臂悬架形式的换算线刚度和角刚度计算公式，一并列入表 3-3。

表 3-3 双横臂悬架的换算线刚度和角刚度

弹簧装在上臂上　$k = c\left(\dfrac{ml_2}{nl_1}\cos\theta\right)^2$　$c_\alpha = \dfrac{1}{2}kB^2$

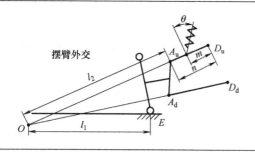

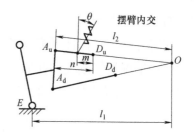

弹簧装在下臂上　$k = c\left(\dfrac{ml_2}{nl_1}\cos\theta\right)^2$　$c_\alpha = \dfrac{1}{2}kB^2$

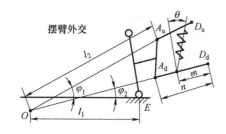

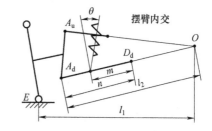

扭杆装在上臂上　$k = c\left(\dfrac{l_2}{l_1}\cos\varphi_1\right)^2$　$c_\alpha = \dfrac{1}{2}kB^2$

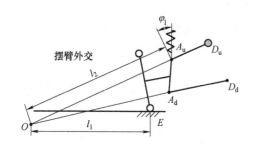

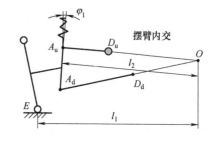

扭杆装在下臂上　$k = c\left(\dfrac{l_2}{l_1}\cos\varphi_2\right)^2$　$c_\alpha = \dfrac{1}{2}kB^2$

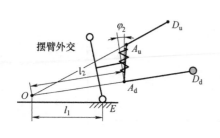

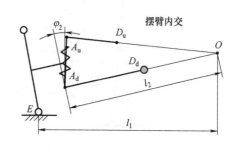

4. 双扭杆

双扭杆悬架也是扭杆悬架的一种，它有其独特的地位。现将其换算刚度的计算公式推导如下。

（1）外交式双扭杆

上下摆臂外交、双扭杆双横臂悬架的换算刚度，可以认为是外交式单扭杆分别在上臂和下臂两种情况换算刚度的并联组合。

由图 3-41 可以导出外交式双扭杆双横臂悬架换算刚度的表达式：

$$k=k_u+k_d=c_u\left(\frac{l_{u2}}{l_1}\cos\varphi_1\right)^2+c_d\left(\frac{l_{d2}}{l_1}\cos\varphi_2\right)^2 \tag{3-74}$$

式中　c_u、c_d——上、下扭杆的刚度。

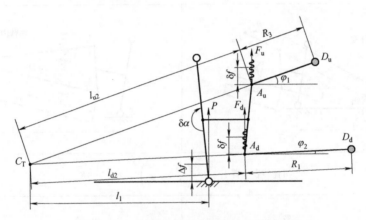

图 3-41　外交式双扭杆双横臂悬架的换算刚度

（2）内交式双扭杆

上下摆臂内交、双扭杆双横臂悬架的换算刚度，可以认为是内交式单扭杆分别在上、下臂两种情况换算刚度的并联组合。

利用图 3-42 的关系，可以导出内交式双扭杆双横臂悬架换算刚度的表达式：

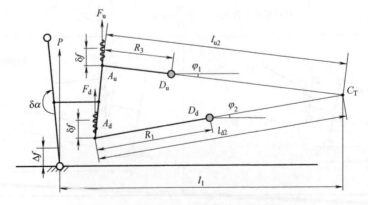

图 3-42　内交式双扭杆双横臂悬架的换算刚度

$$k = k_u + k_d = c_u \left(\frac{l_{u2}}{l_1} \cos \varphi_1 \right)^2 + c_d \left(\frac{l_{d2}}{l_1} \cos \varphi_2 \right)^2 \tag{3-75}$$

式中　c_u、c_d——上、下扭杆的刚度。

部分悬架（包括双横臂以外的悬架）的换算线刚度及横向角刚度公式见表3-4。

表 3-4　部分悬架的换算线刚度及横向角刚度公式

类　型		图　例	公　式
相关悬架	对称板簧		换算刚度： $$k = 2c$$ 横向角刚度： $$c_\alpha = \frac{1}{2} cB^2 (1+0.2 \sim 0.4)$$
	纵杆板簧		换算刚度： $$k = 2c$$ 横向角刚度： $$c_\alpha = \frac{1}{2} cB^2 (1+0.2 \sim 0.4)$$
	非对称板簧		$$k = 2c = 2 \frac{c_1 c_2}{l_1^2 c_1 + l_2^2 c_2} l^2$$ $$c_\alpha = \frac{1}{2} (c_1 + c_2) B^2 (1.2 \sim 1.4)$$

115

（续）

类　型		图　例	公　式
相关悬架	纵横杆螺旋弹簧	 B c　c	$k = 2c$ $c_\alpha = \dfrac{1}{2}cB^2$
	相关单纵臂	m n B　c c	$k = 2\left(\dfrac{m}{n}\right)^2 c$ $c_\alpha \to \infty$ （不计胶件的影响） $c_\alpha = \dfrac{1}{2}c\left(\dfrac{m}{n}\right)B^2\lambda$
	斜置四连杆	B c　c	$k = 2c$ $c_\alpha = \dfrac{1}{2}cB^2$

（续）

类　　型		图　　例	公　　式
相关悬架	平衡悬架		$k=2c$ $c_\alpha=\dfrac{1}{2}cB^2(1+0.2\sim0.4)$
独立悬架	水平单横臂（带稳定杆）		换算线刚度：$k=2c\left(\dfrac{m}{n}\right)^2$ 弹簧横向角刚度： $c_{\alpha簧}=\dfrac{1}{2}c\left(\dfrac{m}{n}B\right)^2$ 稳定杆横向角刚度：$c_{\alpha稳}=\dfrac{1}{2}c_稳 l_c^2$ 整桥横向角刚度：$c_\alpha=c_{\alpha簧}+c_{\alpha稳}$
	斜置单横臂		$k=2c\left(\dfrac{m}{n}\cos\theta\right)^2$ $c_\alpha=\dfrac{1}{2}c\left(\dfrac{m}{n}B\cos\theta\right)^2$

类　　型	图　　例	公　　式
独立悬架 · 水平单纵臂		$k = 2c\left(\dfrac{m}{n}\right)^2$ $c_\alpha = \dfrac{1}{2}c\left(\dfrac{m}{n}B\right)^2$
独立悬架 · 斜置单纵臂		$k = 2c\left(\dfrac{m}{n}\cos\theta\right)^2$ $c_\alpha = \dfrac{1}{2}c\left(\dfrac{m}{n}B\cos\theta\right)^2$
独立悬架 · 双横臂（臂平行销平行）		$k = 2c\left(\dfrac{m}{n}\right)^2$ $c_\alpha = \dfrac{1}{2}c\left(\dfrac{m}{n}B\right)^2$

（续）

类　型	图　例	公　式
独立悬架 双横臂（臂内交销平行）	 	$k = 2c\left(\dfrac{ml_2}{nl_1}\cos\theta\right)^2$ $c_\alpha = \dfrac{1}{2}c\left(\dfrac{ml_2}{nl_1}B\cos\theta\right)^2$
双横臂（臂外交销平行）	 	$k = 2c\left(\dfrac{ml_2}{nl_1}\cos\theta\right)^2$ $c_\alpha = \dfrac{1}{2}c\left(\dfrac{ml_2}{nl_1}B\cos\theta\right)^2$
双横臂（臂斜交销平行）	 	$k = 2c\left(\dfrac{ml_2}{nl_1}\cos\theta\right)^2$ $c_\alpha = \dfrac{1}{2}c\left(\dfrac{ml_2}{nl_1}B\cos\theta\right)^2$
双横臂（臂斜交销斜交）	 	$k = 2c\left(\dfrac{ml_2\cos\theta}{nl_1\cos\beta}\right)^2$ $c_\alpha = \dfrac{1}{2}c\left(\dfrac{ml_2\cos\theta}{nl_1\cos\beta}B\right)^2$

（续）

类　型	图　例	公　式
独立悬架 滑柱连杆（麦弗逊）		$$k = 8c\left(\dfrac{ml}{nB}\right)^2$$ $$c_\alpha = 2c\left(\dfrac{ml}{n}\right)^2$$
半拖臂		$$k = 2c\left(\dfrac{m\cos\theta}{n\cos\alpha}\right)^2$$ $$c_\alpha = \dfrac{1}{2}c\left(\dfrac{m\cos\theta}{n\cos\alpha}B\right)^2$$
扭力杆		$$k = 2c\,\dfrac{1-(\varphi-\alpha)\cot\varphi}{\sin^2\varphi}$$ $$k = 2\dfrac{GJ_\rho}{R^2 L}\left[\dfrac{1-(\varphi-\alpha)\cot\varphi}{\sin^2\varphi}\right]^2$$ $$c_\alpha = \dfrac{1}{2}\dfrac{GJ_\rho}{R^2 L}\left[\dfrac{1-(\varphi-\alpha)\cot\varphi}{\sin^2\varphi}B\right]^2$$ 式中，α 为扭杆中应力为零时的 φ 值
摆动半轴		$$k = c\left(\dfrac{m}{n}\right)^2$$ $$c_\alpha = \dfrac{1}{4}c\left(\dfrac{m}{n}B\right)^2$$

（五）摆臂临界角

在四杆机构杆长 R_k 以及 δ 确定之后，摆臂转角的变化范围将受到机构运动的限制。它可能的最小转角称为反弹临界角，可能的最大转角称为压缩临界角。

研究临界角的目的，是合理分配有效行程，正确设计扭杆零载荷角和安装限位装置等。临界角分弹簧装于上臂和下臂两种情况。每种情况里又有杆长 $R_4 > R_2$ 和 $R_2 > R_4$ 两种情况，并分别还有压缩和反弹两种情况，一共是 8 种情况，参见表 3-5。

表 3-5　摆臂临界角的确定

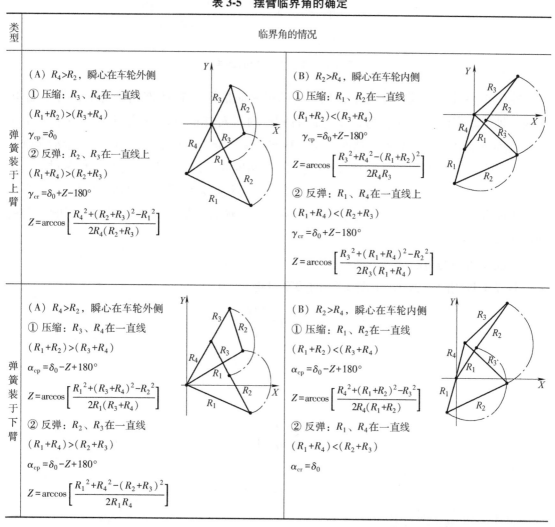

类型	临界角的情况
弹簧装于上臂	**（A）$R_4 > R_2$，瞬心在车轮外侧**　① 压缩：R_3、R_4 在一直线 $(R_1 + R_2) > (R_3 + R_4)$　$\gamma_{cp} = \delta_0$　② 反弹：R_2、R_3 在一直线上 $(R_1 + R_4) > (R_2 + R_3)$　$\gamma_{cr} = \delta_0 + Z - 180°$　$Z = \arccos\left[\dfrac{R_4{}^2 + (R_2 + R_3)^2 - R_1{}^2}{2R_4(R_2 + R_3)}\right]$ ◆◆◆ **（B）$R_2 > R_4$，瞬心在车轮内侧**　① 压缩：R_1、R_2 在一直线 $(R_1 + R_2) < (R_3 + R_4)$　$\gamma_{cp} = \delta_0 + Z - 180°$　$Z = \arccos\left[\dfrac{R_3{}^2 + R_4{}^2 - (R_1 + R_2)^2}{2R_4 R_3}\right]$　② 反弹：R_1、R_4 在一直线上 $(R_1 + R_4) < (R_2 + R_3)$　$\gamma_{cr} = \delta_0 + Z - 180°$　$Z = \arccos\left[\dfrac{R_3{}^2 + (R_1 + R_4)^2 - R_2{}^2}{2R_3(R_1 + R_4)}\right]$
弹簧装于下臂	**（A）$R_4 > R_2$，瞬心在车轮外侧**　① 压缩：R_3、R_4 在一直线 $(R_1 + R_2) > (R_3 + R_4)$　$\alpha_{cp} = \delta_0 - Z + 180°$　$Z = \arccos\left[\dfrac{R_1{}^2 + (R_3 + R_4)^2 - R_2{}^2}{2R_1(R_3 + R_4)}\right]$　② 反弹：R_2、R_3 在一直线 $(R_1 + R_4) > (R_2 + R_3)$　$\alpha_{cp} = \delta_0 - Z + 180°$　$Z = \arccos\left[\dfrac{R_1{}^2 + R_4{}^2 - (R_2 + R_3)^2}{2R_1 R_4}\right]$ ◆◆◆ **（B）$R_2 > R_4$，瞬心在车轮内侧**　① 压缩：R_1、R_2 在一直线 $(R_1 + R_2) < (R_3 + R_4)$　$\alpha_{cp} = \delta_0 - Z + 180°$　$Z = \arccos\left[\dfrac{R_4{}^2 + (R_1 + R_2)^2 - R_3{}^2}{2R_4(R_1 + R_2)}\right]$　② 反弹：R_1、R_4 在一直线 $(R_1 + R_4) < (R_2 + R_3)$　$\alpha_{cr} = \delta_0$

五、单纵臂悬架的导向机构

单纵臂悬架的导向机构最为简单，但也最为典型。因为汽车悬架无论是相关的还是独立的，也不管是什么弹性元件的，只要存在传力和导向机构，都可以通过找悬架中心的方法简化为一个单纵臂悬架。同时，无论什么悬架，车身侧倾时都必然带来车轮偏离转向，影响转向特性。单纵臂悬架对于说明车轴转向是一个最好的例子，如图3-43所示。

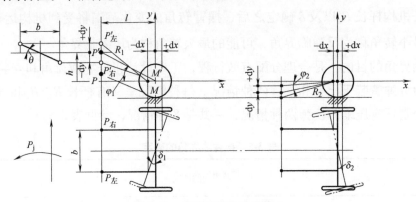

图3-43　单纵臂悬架的轴转向

在图3-43中，在满载状态下，悬架上两根纵向推杆一端P'连到车身上，另一端M'连到车轴上。当汽车向左转弯、车身向右侧倾时，右外侧推杆在车身上的点下移至点$P'_{右}$，迫使车轴上杆端点后移；然而，左内侧推杆在车身上的点上移至点$P'_{左}$，带动车轴上的杆端点前移。这就使前轴顺时针地转过了一个角度δ_1。同理，后轴逆时针地转过了一个角度δ_2。前、后轴偏离角差$\Delta = \delta_1 - (-\delta_2) = \delta_1 + \delta_2$，显然这是增强了不足转向趋势。

纵向推杆在车身上的点，无论是在轴前还是在轴后，是高还是低，都将影响转向的性质和程度。

下面介绍轴偏角的计算方法。

假设车身侧倾角为θ，由图3-43的关系可得

$$\tan\theta = \frac{2\mathrm{d}y}{b}$$

$$\tan\delta = \frac{2\mathrm{d}x}{b}$$

进而得

$$\frac{\tan\delta}{\tan\theta} = \frac{\mathrm{d}x}{\mathrm{d}y}$$

由图3-43还可得到

$$(h-\mathrm{d}y)^2 + (l+\mathrm{d}x)^2 = h^2 + l^2$$

当$\mathrm{d}x$、$\mathrm{d}y$较小时，有

$$\frac{\mathrm{d}x}{\mathrm{d}y} = \frac{h}{l}$$

而

$$\frac{h}{l} = \tan\varphi$$

所以有

$$\tan\varphi = \frac{\mathrm{d}x}{\mathrm{d}y}$$

由此便可得到轴偏角 δ 与车身侧倾角 θ 和悬架推杆角 φ 三者之间的关系式为

$$\tan \delta = \tan \theta \tan \varphi \tag{3-76}$$

为便于记忆，把式（3-76）称为三正切公式。由于车轴偏离角和车身侧倾角一般都不大于 5°，故在工程上，式（3-76）可简化为

$$\delta = \theta \tan \varphi \tag{3-77}$$

式中　δ——车轴偏离角（rad）；

$\quad\quad\theta$——车身侧倾角（rad）；

$\quad\quad\varphi$——悬架推杆角（°）。

式（3-77）是具有普遍意义的，它可以适用于各种悬架。问题就在于如何定义推杆角和如何确定各种悬架的推杆角。所谓悬架推杆角，一般是指过车轮着地中心（或者是车桥中心）点的约束反力合力作用线与地平面的夹角，也就是车轮着地点 M 与悬架中心 $P(C)$ 的连线与地平面的夹角。所谓"推杆"，就是指 $P(P')$、$M(M')$ 两点之间的连线。

悬架推杆角可出现在不同的象限，前后悬架不同象限的悬架推杆角将匹配出不同的转向特性趋势。

悬架推杆角不仅影响车辆的转向特性，而且还影响纵倾力矩臂的大小，影响车身稳定性。此外，推杆角的大小和相位还关系着传递地面冲击的程度，关系着转向盘的摆振和行驶方向的安定，关系着前轮定位参数和传动角度，关系着制动时车桥和弹簧受力的大小等。正因如此，设计悬架时，推杆角的确定应综合考虑各种因素。

六、钢板弹簧悬架的导向机构

钢板弹簧悬架看似简单，实则相当复杂，特别是导向机构有其特殊性。一般悬架仅有一根悬架轴线，在 YZ 平面和 XZ 平面各只有一个悬架中心，悬架上所有"相关点"都是以它为瞬心运动的。然而在钢板弹簧悬架中却完全不是这样的。钢板弹簧悬架还分对称板簧和非对称板簧两种情况。对称板簧不同"相关点"的悬架中心可按平行四边形法则求得，而非对称板簧的运动却是绕一个摆动中心摆动。

悬架"相关点"指的是与板簧主片中心相关的点，是被刚化于车桥上的所有的点，也包括车轮上所有的点。一般关注的有车桥中心，"牙包"前端的"十字头"中心，主销上、下支点，减振器和稳定杆的下支点，梯形机构的关节点，特别是车轮接地中心等。我们关心的是这些"相关点"的运动瞬心、运动轨迹和轨迹半径等，研究板簧导向机构主要研究的就是这些问题。下面就对称板簧和非对称板簧分别予以研究。

（一）对称板簧的运动特性

研究对称板簧的运动特性，首先要摸清它的导向机构，摸清主叶片中心点的运动规律，即要找出它的运动瞬心，包括悬架中心以及轨迹半径及其与水平面的夹角等。

1. 轨迹中心和轨迹半径

所谓轨迹半径，指的是主叶片中心点的轨迹半径 R，也叫"推杆"。C' 点是 M' 点的轨迹中心，在已知板簧主片伸直长度 L 和夹紧距离 d 的情况下，轨迹半径的长度可近似表示为

$$R = \frac{3}{8}(L-d) \tag{3-78}$$

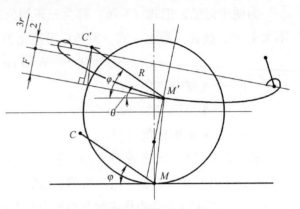

图 3-44 中的点 C 就是悬架中心，是相关点车轮着地中心 M 的轨迹中心，它是按平行四边形法则将 C' 点平移的结果。因此，也把 CM（长度为 R）叫作"推杆"。对于其他相关点的轨迹中心，均可按平行四边形法则求得。

图 3-44　对称板簧的"推杆"角

2. "推杆"角 φ

"推杆"角 φ 是指在满载状态下，"推杆"（轨迹半径）CM 与地平面的夹角。在已知板簧相对于水平面的夹角为 θ、满载弧高为 F、板簧卷耳半径为 r、C' 为板簧主片中心 M' 的轨迹中心的前提下，由图 3-44 的几何关系可得对称板簧的"推杆"角为

$$\varphi = \arcsin\left(\frac{F \pm 2r/3}{R}\right) \pm \theta \tag{3-79}$$

式中，F 后的正负号，上卷耳式取正，下卷耳式取负，对称式（柏林式）$2r/3$ 为 0；θ 前的正负号，板簧前（后）倾，摆耳在前（后）取正，板簧后（前）倾，摆耳在前（后）取负。

由式（3-79）可知，对前桥来说，板簧满载弧高为正、后倾布置、摆耳在后端的悬架，φ_1 不仅在第二象限，且数值较大；对后桥来说，满载弧高为负、前倾布置、摆耳在后端的悬架，φ_2 不仅在第三象限，且数值较大。这两种情况合在一起，是纵向力矩臂 e_1 增大的典型情况，对车身稳定性是最为不利的。然而，根据三正切定理，此种情况对转向特性却是最为有利的。

当 φ_1 在第二象限时，δ_1 为正值（车桥回转方向与转弯方向相反）；当 φ_2 在第三象限时，δ_2 为负值（车桥回转方向与转弯方向一致）。所以，前、后桥偏离角差 $\Delta = \delta_1 - (-\delta_2)$ 增大，增强了不足转向趋势，如图 3-43 所示。

上述分析也说明了车身稳定性和操纵稳定性总是矛盾的。此种矛盾情况，任何悬架都不例外，不同之处，仅是影响 ϕ 的数值和方向的是悬架形式和杆系参数。式（3-79）既可用来评价车身稳定性，也可用来评价操纵稳定性。正如上节所述，ϕ 值的大小还牵涉很多问题，因此不宜过分追求纵倾力矩臂的大小，而应全面考虑。

（二）非对称板簧的运动特性

所谓非对称板簧，就是夹紧线左右两端长度不相等的钢板弹簧。研究非对称板簧的导向机构，主要就是研究它的运动规律，也就是研究所有"相关点"的运动规律。

作为一般悬架，所有"相关点"是绕着一个共同的悬架中心运动的。对称板簧每一"相关点"，虽然有着共同的轨迹半径，但却没有共同的瞬心，不过，每一相关点的瞬心都可用平行四边形法则求出。非对称板簧却完全不同，不同的"相关点"既没有共同的运动瞬心，也没有共同的轨迹半径。所有被刚化于车桥上的"相关点"都绕着一个偏摆中心倾斜摆动。这个摆动中心与主叶片中心点 M 的距离可用式（3-80）表示，如图 3-45 所示。

$$Q = \frac{l_A l_B}{l_B - l_A}$$

式中　l_B、l_A——长边和短边的长度。

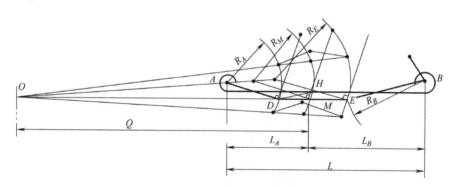

图 3-45　非对称板簧的运动规律

在图 3-45 中，O 是偏摆中心，A、B 是两端卷耳中心，H 是桥心，M 是主片中心。$\triangle DEH$ 代表一个被刚化的基本三角形，整个三角形绕着点 O 摆动。值得注意的是，基本三角形的三个顶点以及主叶片中心点 M 的轨迹中心和轨迹半径都是不相同的。

非对称板簧的这一运动特性，给各"相关点"的布置选择带来了极大的可设计性。例如，对于减振器的下支点，不同的位置将获得不同的轨迹半径，也就是获得不同的阻尼力臂和阻尼力矩。

绘制非对称板簧的运动轨迹图较为复杂。在非对称度（$Y = l_B / l_A$）较大时，可利用三连杆机构采用中心扩展法绘制，如图 3-46a 所示。其绘制和修正的具体方法随附其后。在非对称度较小时，中心扩展法难以在一张图上绘出，故利用三连杆机构采用两点偏转法绘制（图 3-46b）。其绘制和修正的具体方法随附其后。

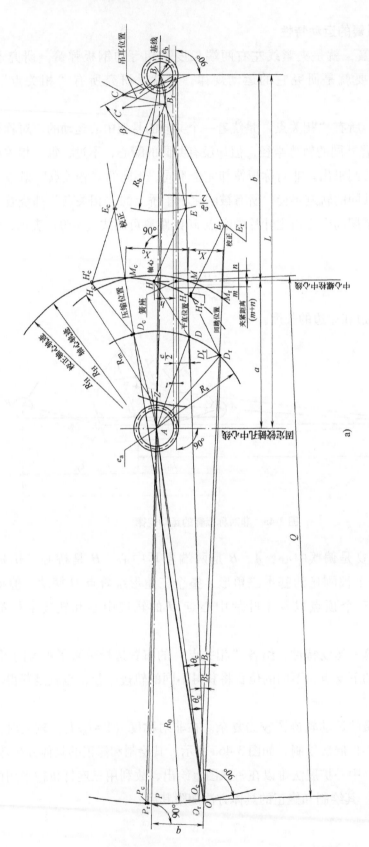

a)

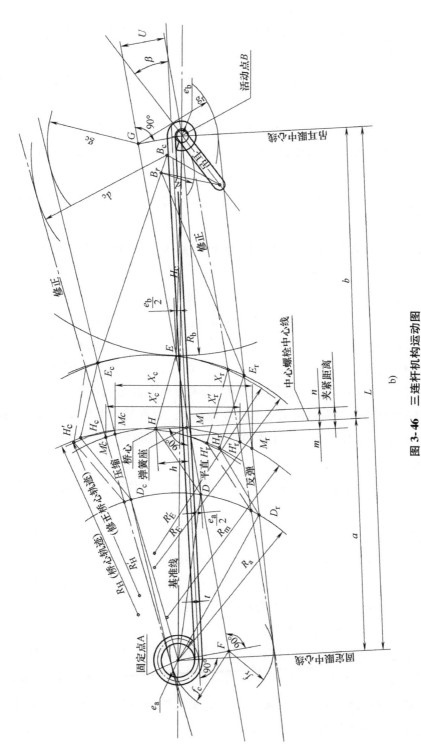

图 3-46　三连杆机构运动图

a) 三连杆机构中心扩展法板簧运动图　b) 三连杆机构两点偏转法板簧运动图

（三）中心扩展法的作图步骤及其修正方法

1. 作图步骤

① 从主片平直位置开始，沿主片量取 $-b$、L 及桥心 H（距主片中心为 h），有上置于桥和下置于桥之分。

② 画出盖板长度 m 及 n，此部分为无效材料，对软簧及长簧可忽略而不致产生很大的误差。

③ 分别以 A、B 为圆心，以 R_a、R_b 为半径画弧，则各与距主片中心线为 $e_a/2$、$e_b/2$ 的直线相交得出点 D 和点 $E[R_a = 0.75(a-m)，R_b = 0.75(b-n)]$，$e_a$、$e_b$ 分别等于前后卷耳内径加主片厚度之半，即偏心距。

④ 画出三连杆机构 AD—DE—EB，并在 DE 上定出中心螺栓点 M，即经过点 H 作 DE 的垂线。

⑤ 延长 ED 线，并从点 M 起，以长度 Q 量取点 O，使 $MO = Q = ab/(b-a) = LY/(Y^2-1)$，其中 $Y = b/a$。

⑥ 连接 OA 线，并以点 M 为圆心、R_m 为半径画弧，与 OA 线相交于一点 Z，再以此点为圆心，R_m 为半径画弧，$R_m = \lambda L$，其中 $\lambda = 3Y^2/(3Y^2+1)/(Y+1)$。

⑦ 对于给定的变形 X_r、X_c，就确定了点 M 从回弹到压缩的任何新位置 M_r、M_c，连接 O_{Mr}、O_{Mc}，再确定 D_r、D_c、E_r、E_c、H_r、H_c 等点，这就定出了 $\triangle DEH$ 的三个位置，也就是桥的三个位置，这时就可以近似地以 R_H 为半径画出桥的轨迹。

⑧ 中心连杆的倾斜定义为每厘米变形的度数 θ/X，对称簧斜率为零，压缩、回弹皆做平移运动。实际由于吊耳影响，在垂直移动时，也稍有倾斜。

2. 修正方法

吊耳角度在主片平直时，若 $\beta < 60°$、吊耳比较长或要求作图精度高，就必须进行修正。方法如下：

① 决定点 P。以点 A 为圆心、$R_0(=OA)$ 为半径画弧与基线的交点，即为点 P。

② 对于一定的变形，在决定连杆位置后，回弹点 B_r 就可找出。

③ 延长 $B_r A$，得到点 P_r，找出点 O_r，使 $PO = P_r O_r = q$（点 Q 距基准线的距离）。

④ 连接 $O_r M_r$，得出中心杆 $D_r E_r$ 回弹的修正位置。

⑤ 同理，做出 $O_c M_c$，得出压缩的修正位置。

⑥ 这些中心连杆的中心位置，决定了 DE 桥壳的修正位置。修正位置的倾斜率是 θ'/X，这样可以近似地以 $R'H$ 为半径画出桥的修正位置。

> **注意：** 此钢板弹簧为非对称式板簧，上、下盖板与钢板中心螺栓也不对称，所以此图具有代表性，对称式板簧为其特殊形式。

（四）两点偏转法的作图步骤及其修正方法

两点偏转法（或偏摆、变形法）的优点，是全部作图能在弹簧全长范围内进行。因

为，当不对称性较小时，交点 O 与桥心距 $ab/(b-a)$ 太大。

该方法的原理是基于两个悬臂弹簧的变形量与弹簧座中心的变形量相等。对于弹簧座的两个垂直位置可以算出，如最大压缩和最大回弹。当它们利用三连杆的时候，弹簧主片在平直位置时桥的轨迹和弹簧座的角度靠作图可完全确定。

该方法是对应于中心连杆扩展法的，对称簧、非对称簧均适用，对传统式、非传统式弹簧也适用。

传统式弹簧，其两悬臂叶片数、梯阶均相同，刚度与长度的立方成反比；非传统式弹簧，其梯阶或叶片数不等。

1. 作图步骤

① 从主片平直位置开始，并沿主片量取 a、b 及 L，桥心距 H（距主片中心 h），有上、下置之分。

② 做出夹紧盖板长度 m 及 n。

③ 以半径 $R_q = 0.75(a-m)$ 画弧，交 $0.5e_a$ 线于 D 点，其中 e_a 是 a 端卷耳半径。

④ 以半径 $R_b = 0.75(b-n)$ 画弧，交 $0.5e_b$ 线于 E 点。e_b 是 b 端卷耳半径。

⑤ 连接 AD、DE、EB，得基本三连杆，连接 DH、EH，得基本三角形。

⑥ 定出中心螺栓与中心杆 DE 的交点 M。

⑦ 通过卷耳中心 A、B，作中心杆 DE 延长线的垂线 AF、BG（此线作为参考线）。

⑧ 对于任意给定的变形，如 X_r、X_c，用下式算出 f_r、f_c、g_r、g_c，并以 F、G 为中心画弧。

传统式：$f_{c(r)} = X/Y = X_{c(r)}(a/b)$，$g_{c(r)} = X_{c(r)}(b/a)$

非传统式：$f_{c(r)} = X_{c(r)}Y(1+Y)/(2+Y^2)$，$g_{c(r)} = f(Z/Y)$。

⑨ 作 f_r、g_r、f_c、g_c 所画圆弧的切线，则可定出中心杆的回弹及压缩位置，即 D_rE_r 和 D_cE_c。

⑩ 对于 DE 的每一个位置都可做出三角形 DEH 等，从而决定桥的不同位置，进而以 R_H 为半径画出桥的轨迹。

⑪ 每厘米变形的角度变化量等于中心杆角位移除以变形 X，即 θ/X。

⑫ 对称簧 $\theta/X = 0$，即中心杆 DE 平移运动，实际由于吊耳的影响，垂直位移角度仍稍受影响。

⑬ 吊耳影响修正的必要性，取决于作图的精度及吊耳的长度和吊耳角 β 是否过小。

2. 修正方法

① 在定出了给定变形下的回弹、压缩位置后，即可定出 B_r、B_c 点。

② 以 $d_r = (g_r - U)$，$d_c = (g_c - U)$ 为半径，B_r、B_c 为圆心画弧，作 f_r、d_r 所画圆弧及 f_c、d_c 所画圆弧的切线，便可得出中心杆 DE 回弹和压缩位置的校正线（注意：变形 X_r、X_c 变为 X'_r、X'_c）。

③ 中心这些修正位置，确定了修正角度变化率，也就是 θ'/X'，并可近似地以 R'_H 为半径做出桥的修正轨迹。

④ 若变形 X_r、X_c 与 X_r'、X_c' 之差与弹簧尺寸相比较小时，不需修正。

为说明上述作图原理，卷耳直径夸张放大，吊耳角度有意缩小，使较大垂直位移时，吊耳偏移较大。在此情况下，对于压缩吊耳，回弹角度变化率增加，压缩角度变化率减小；而对于拉伸吊耳，则相反。

七、空气弹簧悬架的导向机构

空气弹簧悬架的导向机构较为复杂，其导向臂有刚性的，也有弹性复合式的。弹性臂有直式的，也有 Z 字形的；有半截板簧的，也有整幅板簧的；有对称簧式的，也有非对称簧式的；空气簧有装于桥心处的，也有装于端部的……现仅对下面几种导向机构的悬架刚度作一具体分析。

1. 半截板簧空气簧置于桥心处的悬架

图 3-47a 所示的空气弹簧悬架由半截板簧和置于桥心处的空气弹簧复合而成。图 3-47a 的左端是结构图，右端是力学模型。这种悬架的垂直载荷完全由空气弹簧承受，而板簧仅起导向机构和抗扭的作用。

此类悬架的悬架刚度 k 就是空气弹簧的刚度 k_a，即

$$k = k_a \tag{3-80}$$

2. 对称板簧、空气簧置于桥心处的复合式悬架

图 3-47b 所示的悬架由对称板簧和在桥心处的空气簧复合而成。图 3-47b 的左端是结构图，右端是力学模型。

悬架载荷主要由空气簧承受，而板簧主要起导向机构的作用。由图 3-47b 的力学模型可知，桥心处的换算刚度 k 应由两端板簧刚度并联组成的刚度 $2k_s$ 与空气簧的刚度 k_a 串联组成，即

$$k = \frac{2k_s k_a}{2k_s + k_a} \tag{3-80a}$$

3. 空气簧置于板簧右端的复合式悬架

图 3-47c 所示的空气悬架是一种典型的板簧和空气簧复合的空气弹簧悬架。板簧主要作导向机构，空气簧置于右端板簧之上，主要承受垂直载荷。

这种悬架的力学模型如图 3-47d 所示。它恰似一副非对称板簧，板簧的伸直长度为 L，长、短边的长度分别为 l_1 和 l_s，其非对称度 $y = l_1 / l_s$。板簧长端的刚度为 k_1，短端的刚度为 k_{ss}，空气簧的刚度为 k_a。那么，右端的刚度 k_s 则应由板簧短端的刚度 k_{ss} 与空气簧的刚度 k_a 串联组成，即

$$k_s = \frac{k_{ss} k_a}{k_{ss} + k_a} \tag{3-80b}$$

下面建立桥心处的换算刚度 k 的表达式：假设悬架静载荷为 P，桥心处的变形为 f，板簧长、短端的载荷分别为 P_1 和 P_s，变形分别为 f_1 和 f_s。由力学模型可知，桥心处的刚度为

$$k=\frac{P}{f}=\frac{P}{f_s+\Delta f}$$

式中

$$\Delta f=\frac{f_1-f_s}{1+y}$$

因为

$$P_1=\frac{P}{1+y}, \quad P_s=\frac{Py}{1+y},$$

所以

$$f_1=\frac{P_1}{k_1}=\frac{P}{k_1(1+y)}, \quad f_s=\frac{P_s}{k_s}=\frac{Py}{k_s(1+y)}$$

而

$$f_s+\Delta f=f_s+\frac{f_1-f_s}{1+y}=\frac{f_1+yf_s}{1+y}$$

代入 f_1 和 f_s，可得

$$f_s+\Delta f=\frac{P}{(1+y)^2}\left(\frac{y^2}{k_s}+\frac{1}{k_1}\right)$$

所以桥心处的换算刚度为

$$k=\frac{k_s k_1(1+y)^2}{k_s+y^2 k_1} \tag{3-80c}$$

4. 导向臂为绝对刚体时的空气悬架

图 3-47e 所示的空气悬架和图 3-47c 所示的空气悬架较为相似，空气簧都置于桥心的右端。然而，导向臂却不是板簧而是绝对刚体。

此种悬架桥心处的刚度 k 可以通过对式（3-80b）和式（3-80c）的分析而得到。因为导向臂为刚体，所以式（3-80b）中的板簧短端的刚度 $k_{ss}\to\infty$，故 $f_{ss}=0$，$f_s=f_a$，$k_s=k_a$。

现在再来研究刚度公式 $k=\dfrac{k_a k_1(1+y)^2}{k_a+y^2 k_1}$。此式在 $k_1\to\infty$ 时，变成了一个待定式 $\dfrac{\infty}{\infty}$，这可利用罗比塔法则，求下面的极限得到。先令 $f(k_1)=k_a k_1(1+y)^2$，$F(k_1)=k_a+y^2 k_1$，于是桥心处的换算刚度为

$$k=\lim_{k_1\to\infty}\frac{f(k_1)}{F(k_1)}=\frac{f'(k_1)}{F'(k_1)}=\frac{k_a(1+y)^2}{y^2} \tag{3-80d}$$

式（3-80d）还可利用下面的力学模型直接导出。

由图 3-47f 的力学模型可知，悬架刚度为

$$k=\frac{P}{f}, \quad P_s=\frac{yP}{1+y}, \quad f=\frac{f_a l_1}{l_1+l_s}=\frac{yf_a}{1+y}=\frac{P_s y}{(1+y)k_a}=\left(\frac{y}{1+y}\right)^2\frac{P}{k_a}$$

所以

$$k = \left(1 + \frac{1}{y}\right)^2 k_a \qquad\qquad (3\text{-}80\text{e})$$

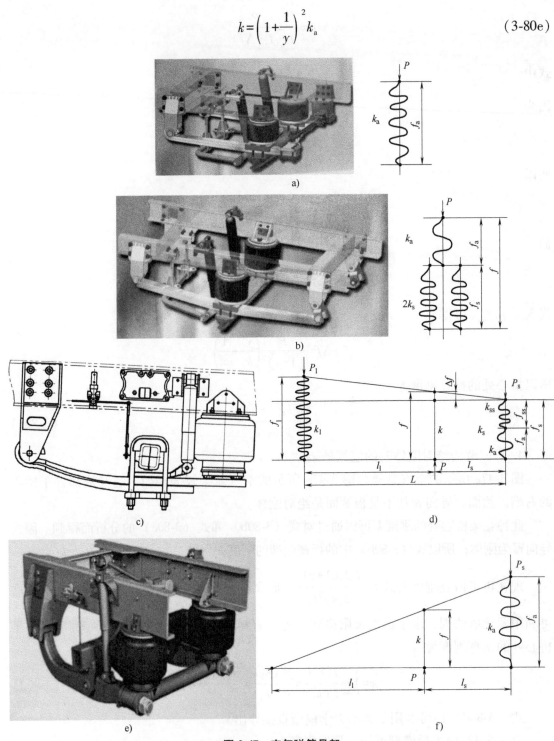

图 3-47　空气弹簧悬架

a）半截钢板弹簧空气簧置于桥心处的悬架　　b）对称板簧、空气簧置于桥心处的复合式悬架

c）空气簧置于右端的复合式悬架　　d）空气簧置于右端板簧之上的力学模型

e）导向臂为刚体空气簧置于桥心右端的悬架　　f）导向臂为刚体空气簧置于右端的力学模型

第二节　汽车弹性元件

弹性元件是把悬挂质体和非悬挂质体弹性联系起来的部件。它既是承载元件，又起着缓冲减振的作用。它和导向机构一样，是悬架中的重要部件。本书着重研究的弹性元件主要有钢板弹簧、螺旋弹簧、扭杆弹簧以及空气弹簧等。

一、钢板弹簧

钢板弹簧和其他弹性元件一样，它能把路面传来的"急促的硬性振动"转变为"车身缓慢而延续的振动"。它包括普通钢板弹簧、变断面钢板弹簧、渐变刚度钢板弹簧以及非对称钢板弹簧四种。在每一种钢板弹簧中需要研究的问题有片端力、变形及刚度，单片曲率半径及预应力、总成曲率半径及应力等。

在具体研究之前，先介绍以下常用的有关材料力学的基本变形公式及莫尔定理。

1. 基本变形式

在进行莫尔公式推证之前，先介绍一下基本变形公式。由数学中的曲率半径 ρ_x 计算方法可知，曲率与二阶导数的关系为

$$\frac{1}{\rho_x} = \frac{\mathrm{d}^2 y}{\mathrm{d}x^2}$$

再由材料力学可知，曲率与弯矩 M_x 成正比，与材料属性 E 和几何特性 I_x 成反比，即

$$\frac{\mathrm{d}^2 y}{\mathrm{d}x^2} = \frac{M_x}{EI_x}$$

由此可得 ρ_x 的表达式为

$$\frac{1}{\rho_x} = \frac{M_x}{EI_x} \tag{3-81}$$

2. 莫尔定理

莫尔定理是计算变形的基本公式，它可根据变形能的关系用如下两种方法推求。

（1）能量直推法

能量 $\mathrm{d}U$ 的表达式为

$$\mathrm{d}U = \frac{1}{2}M_x \mathrm{d}\theta_x = \frac{1}{2}M_x \frac{\mathrm{d}x}{\rho_x} = \frac{1}{2}M_x^2 \frac{\mathrm{d}x}{EI_x}$$

对该式两端积分可得

$$U = \int_0^1 \frac{M_x^2}{2EI_x}\mathrm{d}x$$

又由于挠度

$$y = \frac{\mathrm{d}U}{\mathrm{d}P} = \int_0^1 \frac{M_x \dfrac{\mathrm{d}M_x}{\mathrm{d}P}}{EI_x} \mathrm{d}x$$

而

$$\frac{\mathrm{d}M_x}{\mathrm{d}P} = x = 1x = M_0 \text{（单位弯矩）}$$

因此有

$$y = \int_0^1 \frac{M_x M_0}{EI_x} \mathrm{d}x = \int_0^1 \frac{P x^2}{EI_x} \mathrm{d}x \tag{3-82}$$

此式就是莫尔积分公式。

（2）能量三步法

根据变形能

$$\mathrm{d}U = \frac{1}{2}M_x \mathrm{d}\theta_x = \frac{1}{2}M_x \frac{\mathrm{d}x}{\rho_x} = \frac{1}{2}M_x^2 \frac{\mathrm{d}x}{EI_x}$$

利用下列三个步骤建立莫尔公式，如图 3-48 所示。

第一步：当只有单位力矩 M_0 作用时，x 截面的变
形能为

$$U_0 = \int_0^x \frac{M_0^2}{2EI_x} \mathrm{d}x$$

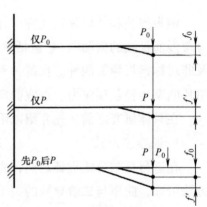

图 3-48　能量三步法

第二步：当只有力矩 M_x 作用时，x 截面的变形
能为

$$U_1 = \int_0^x \frac{M_x^2}{2EI_x} \mathrm{d}x$$

第三步：当 M_0 和 M_x 同时作用时，x 截面的变形能为

$$U = \int_0^x \frac{(M_0 + M_x)^2}{2EI_x} \mathrm{d}x = \int_0^x \frac{M_0^2}{2EI_x} \mathrm{d}x + \int_0^x \frac{2M_0 M_x}{2EI_x} \mathrm{d}x + \int_0^1 \frac{M_x^2}{2EI_x} \mathrm{d}x$$

而能量为

$$P_0 f = U - U_1 - U_0 = \int \frac{M_0 M_x}{EI_x} \mathrm{d}x = f = P f_0$$

这就是莫尔定理，和式（3-82）是完全一样的。

（一）普通钢板弹簧

普通钢板弹簧是各片片宽相等、单片片厚不变的对称钢板弹簧，它是一种最为基本
的而且使用最为广泛的弹性元件。钢板弹簧的设计，是刚度、应力和弧高的统一，是一
件十分复杂的工作。它必须具体考虑如下一系列的问题。

1. 片端力

片端力是计算单片应力和总成刚度的基础，而单片应力又是强度和寿命的依据。计算单片应力有共同曲率法和集中载荷法两种方法。共同曲率法的基本假设是片间全部接触并具有共同的曲率，而集中载荷法的基本假设是片间完全分开，载荷只在片端传递。本书只考虑集中载荷法，因为它更加接近实际，特别是装有片间支垫的情况。

为得到各片间端部接触点的片端力，先假定在已知弹簧载荷及受力状况的情况下，求其每种状况每一单片的变形，参见表3-6。表中列有4种受力状况：

① 力作用于端部，求中部某断面的变形。

② 力作用于中部，求相应断面的变形。

③ 力作用于端部，求端部处的变形。

④ 力作用于中部，求端部的变形。

表中还列有四种变形：

① f_{Ak} 为力作用于 l_k 片端部，中部某断面的变形。

② f_{Bk} 为力作用于 l_k 片中部，相应断面变形。

③ f_{Ck} 为力作用于 l_{k+1} 片端部，端部处的变形。

④ f_{Dk} 为力作用于 l_{k+1} 片中部，端部处变形。

表 3-6　四种工况下的单片变形

受力状况	图示
普通板簧的单片变形 $$f_{Ak}-f_{Bk}=f_{Ck}-f_{Dk}$$ 将力平移至 l_{kH} 处，那么作用于 x 断面处的弯矩为 $$M_x=P_k(l_k-x)$$ 单位弯矩为 $$M_0=l_k-x$$ 于是有 $$f_{Ak}=\int_0^{l_{k+1}}\frac{M_xM_0}{EI_k}dx=\int_0^{l_{k+1}}\frac{P_k(l_k-x)(l_{k+1}-x)}{EI_k}dx$$ $$=\frac{P_kl_k^3}{3EI_k}\eta_{Ak}$$ $$\eta_{Ak}=\frac{1}{2}(l_{k+1}/l_k)^2[3-(l_{k+1}/l_k)]$$	
作用于 x 断面处的弯矩为 $$M_x=P_{k+1}(l_{k+1}-x)$$ 单位弯矩为 $$M_0=l_{k+1}-x$$ $$f_{Bk}=\int_0^{l_{k+1}}\frac{P_{k+1}(l_{k+1}-x)^2}{EI_k}dx=\frac{P_{k+1}l_{k+1}^3}{3EI_k}\eta_{Bk}$$ $$\eta_{Bk}=1$$	

（续）

受力状况	图示
作用于 x 断面处的弯矩为 $$M_x = P_{k+1}(l_{k+1}-x)$$ 单位弯矩为 $$M_0 = l_{k+1}-x$$ $$f_{Ck} = \int_0^{l_{k+1}} \frac{P_{k+1}(l_{k+1}-x)^2}{EI_{k+1}}dx = \frac{P_{k+1}l_{k+1}^3}{3EI_{k+1}}\eta_{Ck}$$ $$\eta_{Ck} = 1$$	
$$f_{Dk} = f+\theta(l_{k+1}-l_{k+2})$$ $$f = \frac{P_{k+2}l_{k+2}^3}{3EI_{k+1}}$$ $$\theta = \frac{dy}{dx} = \int_0^{l_{k+1}} \frac{P_{k+2}(l_{k+2}-x)}{EI_{k+1}}dx$$ $$f_{Dk} = \frac{P_{k+2}l_{k+2}^3}{3EI_{k+1}}\eta_{Dk}$$ $$\eta_{Dk} = \frac{1}{2}\left[3\left(\frac{l_{k+1}}{l_{k+2}}\right)-1\right]$$	

有了上述四种受力工况下的变形，再根据相邻片间接触点的变形相等的条件，就可建立整副弹簧的平衡方程为

$$f_{Ak}-f_{Bk}=f_{Ck}-f_{Dk} \tag{3-83}$$

即

$$\frac{P_k l_k^3}{3EI_k}\eta_{Ak} - \frac{P_{k+1}l_{k+1}^3}{3EI_k}\eta_{Bk} = \frac{P_{k+1}l_{k+1}^3}{3EI_{k+1}}\eta_{Ck} - \frac{P_{k+2}l_{k+2}^3}{3EI_{k+1}}\eta_{Dk}$$

经变换可得

$$A_k P_k + B_k P_{k+1} + C_k P_{k+2} = 0 \tag{3-84}$$

这是一个含有 $(n-1)$ 个方程的线性方程组，其特点是每一个方程式不多于三个未知数，同时相邻下一个方程式只增加一个新的未知数，因此方程组不必采用行列式原理就可解出。

方程组的具体解法：一般是从最后一个方程开始倒过来求解，逐一类推，直至将第一个方程变为只含 P_1 和 P_2 的方程，由于 P_1 为已知，故全部片端力得解。

为计算方便，也可按连分式法直接求解

$$P_k = -R_k P_{k-1} \qquad (k=2,3,4,\cdots,n) \tag{3-85}$$

式中　　$R_k = \dfrac{A_{k-1}}{B_{k-1}-C_{k-1}R_{k+1}} \qquad (k=2,3,4,\cdots,n,\ R_{n+1}=0)$；

$$A_k = 3\frac{l_k}{l_{k+1}}-1；$$

$$B_k = -2\left[1+\left(\frac{h_k}{h_{k+1}}\right)^3\right];$$

$$C_k = \left(\frac{h_k l_{k+2}}{h_{k+1} l_{k+1}}\right)^3\left(3\frac{l_{k+1}}{l_{k+2}}-1\right);$$

l_k——各片减去夹紧长度之后的一半，$l_{n+1}=0$。

片端力还可表示为下列形式

$$P_k = A_k P_{k+1} - B_k P_{k+2} \qquad (k=n-1,\ n-2,\ n-3,\ \cdots,\ 1) \tag{3-86}$$

式中　$A_k = \left[1+\left(\frac{h_k}{h_{k+1}}\right)^3\right]\Big/\left(1.5\frac{l_k}{l_{k+1}}-0.5\right);$

$$B_k = \left(\frac{3l_{k+1}-l_{k+2}}{3l_k-l_{k+1}}\right)\left(\frac{l_{k+2}}{l_{k+1}}\right)^2\left(\frac{h_k}{h_{k+1}}\right)^3。$$

计算示例

采用式（3-85）计算。示例弹簧参数：$n=4$，夹紧后的一端长度为 l_k，片厚 h_k，主片片端载荷为 P_1。这些参数以及计算过程中的参数 A_k、B_k、C_k、R_k 和计算结果 P_k 均见表3-7。

表3-7　片端力示例计算

k	l_k/cm	h_k/cm	A_k	B_k	C_k	R_k	P_k/N
1	60	0.7	2.60	-4	1.4080	—	4900
2	50	0.7	2.75	-4	1.2656	-0.9521	4665.3
3	40	0.7	3.00	-4	—	-0.9014	4205.3
4	30	0.7	—	-4	—	-0.7500	3154

另外，$b=7\mathrm{cm}$，$C_0=387.1\mathrm{N/cm}$。

2. 变形及刚度

（1）弹簧变形

弹簧总成端部的变形，对于对称簧来说，就是弹簧总成的变形。有了弹簧在非夹紧状态下的总成变形，就可以计算弹簧总成的自由刚度和夹紧刚度了。下面是推求整副弹簧在满载载荷 P 的作用下端部的变形，如图3-49所示。

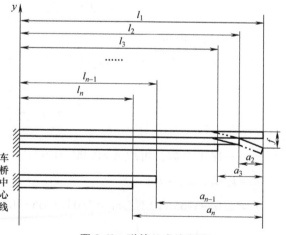

图3-49　弹簧总成的变形

根据莫尔定理，弹簧端部在力 P 作用下的变形为

$$f = \int_0^{l_1}\frac{M_0 M}{EI_x}\mathrm{d}x = \int_{a_1}^{a_2} + \int_{a_2}^{a_3} + \cdots + \int_{a_{n-1}}^{a_n} = \sum_{k=1}^{n}\int_{a_k}^{a_{k+1}} \qquad (a_1=0)$$

$$\begin{cases} \int_{a_1}^{a_2} \dfrac{Px^2}{EI_1}\mathrm{d}x = \dfrac{P}{3EI_1}\,|\,x^3\,|_{a_1}^{a_2} = \dfrac{Pa_2^3}{3EI_1} - \dfrac{Pa_1^3}{3EI_1} \\[2mm] \int_{a_2}^{a_3} \dfrac{Px^2}{EI_2}\mathrm{d}x = \dfrac{Pa_3^3}{3EI_2} - \dfrac{Pa_2^3}{3EI_2} \\[2mm] \qquad\qquad\vdots \\[2mm] \int_{a_n}^{a_{n+1}} \dfrac{Px^2}{EI_n}\mathrm{d}x = \dfrac{Pa_{n+1}^3}{3EI_n} - \dfrac{Pa_n^3}{3EI_n} \end{cases}$$

进而可得

$$\begin{cases} \dfrac{Pa_2^3}{3E}\left(\dfrac{1}{I_1} - \dfrac{1}{I_2}\right) \\[2mm] \dfrac{Pa_3^3}{3E}\left(\dfrac{1}{I_2} - \dfrac{1}{I_3}\right) \\[2mm] \qquad\qquad\vdots \\[2mm] \dfrac{Pa_n^3}{3E}\left(\dfrac{1}{I_{n-1}} - \dfrac{1}{I_n}\right) + \dfrac{Pa_{n+1}^3}{3EI_n} \end{cases}$$

于是，弹簧一端的变形量为

$$f = \int_0^{l_1} = \frac{P}{3E}\sum_{k=2}^{n} a_k^3\left(\frac{1}{I_{k-1}} - \frac{1}{I_k}\right) + \frac{Pa_{n+1}^3}{3EI_n} \tag{3-87}$$

为计算方便，还可表达为

$$f = \frac{P}{3E}\sum_{k=1}^{n}\left(\frac{a_{k+1}^3 - a_k^3}{I_k}\right) \tag{3-88}$$

（2）总成自由刚度

由式（3-88）可知，整副弹簧的自由刚度（单位为 N/cm）为

$$c_0 = \frac{6E\alpha}{\displaystyle\sum_{k=1}^{n}\left(\frac{a_{k+1}^3 - a_k^3}{I_k}\right)} \tag{3-89}$$

式中　　α——修正系数，可取 $\alpha = 0.90\sim0.92$；

$a_k = l_1 - l_k$，$a_{n+1} = l_1$；

$E = 2.0593965\times10^7\,\mathrm{N/cm}^2 = 2.0593965\times10^8\,\mathrm{kPa} = 2.0593965\times10^5\,\mathrm{MPa}$；

I_k——惯性矩，$I_k = \dfrac{b}{12}\displaystyle\sum_{i=1}^{k} h_i^3$；

b——弹簧片宽。

（3）总成夹紧刚度

为计算需要，自由刚度 c_0 还须转换为夹紧刚度 c_J。夹紧有刚性夹紧和弹性夹紧之

分，一般刚性夹紧计算式为

$$c_J = c_0(0.95 + 2S/L) \tag{3-90}$$

式中　S——夹紧长度；

　　　L——主片伸直长度。

刚度约增10%。

夹紧刚度也可用减去夹紧长度之半的长度直接求变形得到。

为提高材料利用率，增大材料的有效部分，也可采用斜置夹紧。其中，板簧上置式，夹紧螺栓上窄下宽；板簧下置式，夹紧螺栓上宽下窄。

计算示例

① 以表格的方式（表3-8），利用式（3-89）先计算自由刚度 c_0。

表3-8　自由刚度的计算

k	$l_k/$ cm	$h_k/$ cm	b cm	$I_k/$ cm^4	$(a_k = l_1 - l_k)/$ cm	$a_k^3/$ cm^3	$x_k/$ cm^{-1}	$c_0 = \dfrac{6E\alpha}{\sum x_k} /(\mathrm{N/cm})$
1	65	0.7	7	0.2	0	0	4997.5	
2	55	0.7	7	0.4	10	1000	17491.3	$c_0 = \dfrac{6 \times 2.059 \times 10^7 \times 0.9}{363554.8} = 305.8$
3	45	0.7	7	0.6	20	8000	31650.8	
4	35	0.7	7	0.8	30	27000	309415.2	
					65	274625	$\sum = 363554.8$	

② 再利用式（3-90）计算夹紧刚度 c_J 为

$$c_J = c_0(0.95 + 2S/L) = 305.8 \times (0.95 + 2 \times 10/130) = 337.6 \mathrm{N/cm}$$

3. 曲率半径及预应力

钢板弹簧曲率半径的设计计算有两个任务：一是在已知各片长度 L_k（全长为大写 L，计算时一般为半长，用 l 表示）、宽度 b、厚度 h_k 以及曲率半径 R_k 的情况下，计算总成（主片）在自由状态下的曲率半径 R_0，同时校核各片的预应力 δ_{0k}；二是在已知总成曲率半径、各片长度、宽度、厚度的情况下，确定各片的预应力及曲率半径。下面具体谈谈这两个方面的问题。

（1）总成曲率半径的计算及各片预应力的校核

1）总成曲率半径的定义。

钢板弹簧总成在自由状态下的曲率半径是指主片上的曲率半径。由于装配后的主片是由若干个不同的圆弧所排成的（图3-50），所谓总成曲率半径只不过是总成自由弧高 H_0 的换算半径，即

$$R_0 \approx \frac{l_1^2}{2H_0} = \frac{L^2}{8H_0}$$

式中　l_1——主片长度之半；

　　　H_0——主片上面中心点至终点连线的距离，$H_0 = f_c + F$（尚未考虑夹紧损失）；

L——主片伸直长度；

f_c——满载静挠度，cm，$f_c = \left(\dfrac{300}{N}\right)^2$，其中 N 为悬架频率（次/min）；

F——满载弧高，cm。

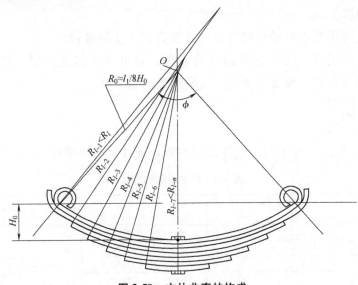

图 3-50　主片曲率的构成

主片长度 L_1 范围内的两端由主片两端终点向主片换算曲率中心 O 所引的两条线段，便认为是总成（主片）曲率半径。两线段之间的夹角（°）为

$$\varphi \approx 458.4\,\frac{H_0}{L_1}$$

单位为弧度（rad）时，为 $\qquad\qquad \varphi = \dfrac{8H_0}{L_1}$

随着卷耳形式的不同，自由弧高也不一样（图 3-51）。

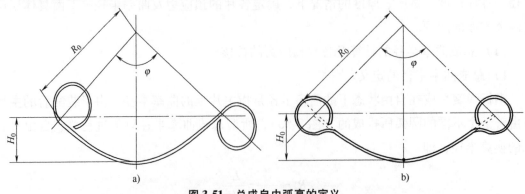

图 3-51　总成自由弧高的定义

2) 计算总成曲率半径主要方法评述（注意：弹簧半长用 l 表示，全长用 L 表示）。国内普遍采用的计算钢板弹簧总成弧高和曲率半径的方法有如下几种：

① 帕尔希洛夫斯基将各片弹簧由上至下依次装配，从而得出了一种计算方法，简称为"帕氏逐装法"，其总成自由弧高的计算公式为

$$H_0 = f_1 + \frac{1}{2} \sum_{k=2}^{n} Z_k \left(\frac{3l_1}{l_k} - 1 \right)$$

式中　k——各片序号；

　　　n——总片数；

　　　l_k——各片长度之半，其计算式为

$$f_k = \frac{l_k^2}{2R_k}$$

$$f'_k = \frac{l_k^2}{2R_{1-(k-1)}}$$

$$R_{1-k} = \frac{l_k^2}{2 \ (f'_k - Z_k)}$$

$$Z_k = \frac{(f_k - f'_k) I_k}{\sum\limits_{i=1}^{k} I_k}$$

式中　I_k——各片之惯性矩。

帕氏还根据中心螺栓拧紧时作用于每一叶片上的力矩之和为零的思想，即 $\sum\limits_{k=1}^{n} M_k = 0$，得出了一种方法，简称为"帕氏 M 法"。其总成半径的表达式为

$$R_0 = \frac{\sum\limits_{k=1}^{n} I_k}{\sum\limits_{k=1}^{n} \dfrac{I_k}{R_k}}$$

② 郭孔辉院士依据装配后各叶片产生的势能 U_k 之和为最小的原理，即 $\dfrac{\mathrm{d}\left(\sum\limits_{k=1}^{n} U_k \right)}{\mathrm{d}R_0} = 0$ 而导出的计算方法，简称为"郭氏 U 法"，其计算公式为

$$R_0 = \frac{\sum\limits_{k=1}^{n} I_k L_k}{\sum\limits_{k=1}^{n} \dfrac{I_k L_k}{R_k}}$$

③ 内蒙古工学院杨宗孟教授指出：距中心螺栓中心线 1/3 主片长度之半（$l_1/3$）处的主片曲率半径，便可视为总成曲率半径，此法简称为"杨氏（$l_1/3$）处法"。其计算公式为

$$R_0 = \frac{\sum\limits_{k=1}^{m} I_k}{\sum\limits_{k=1}^{m} \dfrac{I_k}{R_k}}$$

当 $\dfrac{2l_i+l_{i+1}}{3}>\dfrac{l_1}{3}\geqslant L_{i+1}$ 时，$m=i-1$。

当 $\dfrac{2l_i+l_{i+1}}{3}<\dfrac{l_1}{3}\leqslant L_i$ 时，$m=i-2$。

i 为各片序号，由下式判定（图3-52）：

$$l_i\geqslant\dfrac{l_1}{3}\geqslant l_{i+1}$$

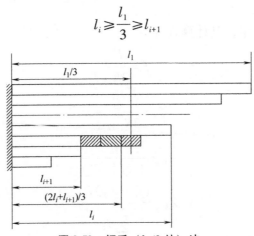

图3-52　杨氏（$l_1/3$ 处）法

为研究上述各种方法的可行性及其相互间的关系，任意选取了10副板簧，并用各种方法对其进行计算。这些弹簧的参数及其计算结果见表3-9~表3-11。

表3-9　弹簧参数表

簧号		$k=1$	$k=2$	$k=3$	$k=4$	$k=5$	$k=6$	$k=7$	$k=8$	$k=9$	$k=10$	$k=11$	$k=12$	$k=13$
														$b=6.3$
1	L_k	120	120	102	86	70	48	48						
	R_k	220	172	142	133	125	119	119						
	h_k	0.65	0.65	0.65	0.65	0.65	0.65	0.65						
														$b=9$
2	L_k	156	156	136	120	102	86	68	52	36				
	R_k	227.4	263.5	245.1	224.2	204.1	181.5	169.8	178.8	185				
	h_k	1	1	1	1	1	1	1	1	1				
														$b=6.5$
3	L_k	120	120	108	96	85	74	63	52	40	27			
	R_k	192	167	148	146	143	141	139	137	144	152			
	h_k	0.7	0.7	0.7	0.7	0.7	0.7	0.7	0.7	0.7	0.7			
														$b=7$
4	L_k	110	110	100	86	74	58	42	28					
	R_k	300	220	190	170	155	140	140	140					
	h_k	0.65	0.65	0.65	0.65	0.65	0.65	0.65	0.65					
														$b=4.5$
5	L_k	100	100	88	88	77	66	55	44	33	22			
	R_k	192	160	156	150	140	135	135	130	130	125			
	h_k	0.6	0.6	0.6	0.6	0.6	0.6	0.6	0.6	0.6	0.6			

（续）

簧号		$k=1$	$k=2$	$k=3$	$k=4$	$k=5$	$k=6$	$k=7$	$k=8$	$k=9$	$k=10$	$k=11$	$k=12$	$k=13$
														$b=4.5$
6	L_k	120	120	110	105	95	87	79	68	57	47	38	28	
	R_k	204	170	172	162	150	140	135	135	130	130	130	128	
	h_k	0.6	0.6	0.6	0.6	0.6	0.6	0.6	0.6	0.6	0.6	0.6	0.6	
														$b=7.5$
7	L_k	136	136	100	70	58	46	34	25					
	R_k	550	380	250	200	190	190	180	190					
	h_k	0.8	0.8	0.6	0.6	0.6	0.6	0.5	0.5					
														$b=6$
8	L_k	136	136	106	88	68	50	32	24					
	R_k	266	242	156	125	104	89	81.6	74.6					
	h_k	0.85	0.85	0.65	0.65	0.65	0.65	0.55	0.55					
														$b=7$
9	L_k	120	120	104	90	78	68	58	48	38	38			
	R_k	230	170	155	145	136	128	128	128	128	128			
	h_k	0.8	0.8	0.65	0.65	0.65	0.65	0.65	0.65	0.65	0.65			
														$b=6.3$
10	L_k	105	105	93	85	78	69	62	54	46	38	31	23	16
	R_k	500	345	186	161	143.5	123.5	123.5	123.5	123.5	123.5	123.5	123.5	128.5
	h_k	0.8	0.8	0.65	0.65	0.65	0.65	0.65	0.65	0.65	0.65	0.65	0.65	0.65

表 3-10　按不同方法计算的 10 副弹簧的总成曲率半径值　　（单位：cm）

簧号	帕氏逐装法	势能和最小			力矩和为零				系数 $\alpha=\dfrac{R_{OU}}{R_{OM}}$	
		郭氏 U 法	考虑片厚		帕氏 M 法	考虑片厚	杨氏 $l_1/3$ 法	考虑片厚	不计片厚	考虑片厚
1	151	149	148		141	139	152	151	1.061	1.068
2	225	222	220		208	204	228	214	1.067	1.077
3	154	153	151		150	146	152	150	1.021	1.030
4	187	185	184		171	168	184	181	1.083	1.095
5	151	149	148		143	141	151	149	1.043	1.050
6	155	154	152		146	143	153	150	1.051	1.059
7	324	323	323		269	267	342	340	1.201	1.210
8	175	176	176		142	141	202	201	1.235	1.253
9	160	159	158		149	146	158	156	1.069	1.080
10	194	189	188		161	157	180	177	1.174	1.193

表 3-11 按"帕氏逐装法"计算的 10 副弹簧的主片分段曲率半径值 （单位：cm）

簧号	R_{l-1}	R_{l-2}	R_{l-3}	R_{l-4}	R_{l-5}	R_{l-6}	R_{l-7}	R_{l-8}	R_{l-9}	R_{l-10}	R_{l-11}	R_{l-12}	R_{l-13}
1	220	193	172	161	152	145	141						
2	277	270	261	251	240	228	217	212	208				
3	192	179	167	161	157	154	152	150	149	150			
4	300	254	228	210	196	184	176	171					
5	192	175	168	163	158	154	151	148	146	143			
6	204	189	183	177	171	165	160	156	153	150	148	147	
7	550	450	392	342	309	288	277	269					
8	268	254	228	202	180	160	151	142					
9	230	196	185	168	169	162	158	154	151	149			
10	550	424	334	281	246	218	201	188	180	173	168	163	161

通过分析，结合观察计算结果归纳可知，各种方法从原理上看，无外乎产生于势能和最小以及力矩和为零的思想。

"郭氏 U 法"的依据是最小势能原理，它反映了问题的本质。这个从力学概念所建立的计算公式，还可以从数学的角度直接得到。按照加权统计的方法，只要把某一片的惯性矩与长度之积 $I_k L_k$ 同各片积之和 $\sum_{k-1}^{n} I_k L_k$ 之比 $\left(I_k L_k \big/ \sum_{k-1}^{n} I_k L_k \right)$ 看作某一片的曲率 $\dfrac{1}{R_k}$ 的

权，那么，其加权 $\sum_{k-1}^{n} \dfrac{I_k L_k}{\sum_{k-1}^{n} I_k L_k} \dfrac{1}{R_k}$ 便是总成的曲率了，即

$$\frac{1}{R_0} = \sum_{k-1}^{n} \frac{I_k L_k}{R_k} \bigg/ \sum_{k-1}^{n} I_k L_k$$

这就从另一角度证明了"郭氏 U 法"的可靠性。事实上，"郭氏 U 法"所得公式的计算结果也是较为接近实际的。

"帕氏逐装法"表面上看是一种几何关系，但挠度的变化就隐含着能量变化的实质。虽然计算起来需要依次倒换，比较麻烦，但计算结果较为准确，一般略大于"郭氏 U 法"的计算结果。采用两种方法计算的 10 副板簧的 R_0 的差值见表 3-12。

表 3-12 两种方法计算 10 副板簧的 R_0 的差值

板簧序号 k	1	2	3	4	5	6	7	8	9	10
差值 ΔR_0/cm	1.7	2.9	1.2	1.8	2.0	1.7	0.9	−1.1	0.7	5.2

"帕氏逐装法"还能将装配到第 k 片时的主片局部曲率半径 R_{l-k} 全部计算出来，见表 3-11 和图 3-50。

"帕氏 M 法"仅是"郭氏 U 法"的一个特例，即忽略了各片长度的影响，因而所得出的公式不能付诸实用。

由表 3-11 可知：根据"帕氏逐装法"，当装完第 n 片之后，主片上第 n 片长度范围之内的曲率半径 R_{l-n}，就是"帕氏 M 法"公式所计算的结果，如图 3-50 所示。

"杨氏 $l_1/3$ 处法"计算最为简单，但计算公式仍是"帕氏 M 法"公式，不同的只是少算几片而已。各片长度的影响同样被忽略。

此法的计算结果总可在"帕氏逐装法"计算表的 R_{l-k} 栏中找到，参见表 3-11。由于 R_{l-k} 值呈现台阶式的变化，因而，R_0 值随着多算或少算 1 片也在进行台阶式的变化。

与"郭氏 U 法"比较，10 副板簧计算结果的偏差值见表 3-13。

表 3-13　10 副板簧计算结果的偏差值

簧　　号	各片等厚						各片不等厚			
	1	2	3	4	5	6	7	8	9	10
绝对偏差/cm	2.5	5.5	0.8	0.9	1.4	0.8	18.9	25.9	1.6	8.9
相对偏差（%）	1.7	2.5	0.5	0.5	0.9	0.5	5.9	14.7	1.0	4.7

从表 3-13 数据可知：对于各片等厚时，偏差尚小；而各片不等厚时，却有着不可忽视的偏差。

此处，有两个问题值得研究：一个是多算或少算 1 片，取决于 $l_1/3$ 的位置；而算多少片，还取决于（l_i-l_{i+1}）值，当 l_i 和 l_{i+1} 出现微小变化时，就有可能带来计算结果一个台阶式的变化。按照能量变化的观点，这是不可能的！另一个是有的弹簧，如 10 副弹簧中的 8 号和 10 号，其计算结果与"帕氏逐装法"的计算结果比较错开了一个台阶，请参见表 3-10 和表 3-11。这就远远不是修正所能解决问题的了。所以，采用"杨氏 $l_1/3$ 处法"计算不等厚弹簧时应持慎重态度。

上述各种方法，均因片厚与其曲率半径的比值很小而未考虑片厚。不考虑片厚一般使曲率半径只增大约 1%，其绝对值也未超过 5cm，对总成弧高的影响更是微乎其微。然而，从应力的角度来看，这一微小变化，各片特别是主片预应力却将产生不可忽视的计算误差。

"帕氏 M 法""郭氏 U 法"等方法，在推导计算公式时，都假设各片在组装后，具有单一的曲率 $\dfrac{1}{R_0}$。这个 $\dfrac{1}{R_0}$ 除了忽视片厚的影响外，还忽视了非单一圆弧这个客观存在。

按照单一圆弧的假设，各片的弯矩及预应力采用下列两式进行计算

$$M_k = EI_k \left(\frac{1}{R_k} - \frac{1}{R_0} \right)$$

$$\delta_{0k} = \frac{Eh_k}{2} \left(\frac{1}{R_k} - \frac{1}{R_0} \right)$$

这是钢板弹簧计算中的两个基础公式。由此可见，基础公式有了偏差，推导的结果就难免有偏差。

"帕氏 M 法"公式计算的结果之所以大幅度地偏离实际值，正是将弯矩公式代入 $\sum M_k = 0$ 的公式之后、把各片的误差叠加起来的结果。

"郭氏 U 法"在推导 R_0 的计算公式时，同样也代入了弯矩公式，但误差并不明显，计算结果较为接近实际。

如何具体建立弹簧的计算过程呢？下面将研究这个问题。

3）总成曲率半径的计算。

① 按最小势能原理推导总成曲率半径的计算公式。

在已知总片数 n、各片长度 L_k、惯性矩 I_k，自由状态下的曲率半径 R_k 的情况下，考虑片厚影响，但仍假设组装后各片保持单一圆弧，因按最小势能原理推导公式，这一假定影响不大。因此，组装后各片的曲率变化量 $\frac{1}{\rho_k}$ 与弯矩 M_k 可分别表示为

$$\frac{1}{\rho_k} = \frac{1}{R_k} - \frac{1}{R_0 + \sum\limits_{i=1}^{k} h_{i-1}}$$

$$M_k = EI_k \left(\frac{1}{R_k} - \frac{1}{R_0 + \sum\limits_{i=1}^{k} h_{i-1}} \right)$$

即

$$\frac{1}{\rho_k} = \frac{M_k}{EI_k}$$

按照单一圆弧的假定，故组装后作用于各片的弯矩仅是一个力偶矩，因此第 k 片的势能为

$$U_k = \frac{1}{2} M_k \theta_k = \frac{1}{2} M_k \frac{L_k}{\rho_k} = \frac{1}{2} \frac{M_k^2 L_k}{EI_k} = \frac{E}{2} I_k L_k \left(\frac{1}{R_k} - \frac{1}{R_0 + \sum\limits_{i=1}^{k} h_{i-1}} \right)^2$$

其总成的合势能 U 为

$$U = \sum_{k=1}^{n} U_k = \frac{E}{2} \sum_{k=1}^{n} I_k L_k \left(\frac{1}{R_k} - \frac{1}{R_0 + \sum\limits_{i=1}^{k} h_{i-1}} \right)^2$$

而总成的合势能 U 对 R_0 的一阶导数为

$$\frac{\mathrm{d}U}{\mathrm{d}R_0} = E \sum_{i=1}^{k} I_k L_k \left(\frac{1}{R_k} - \frac{1}{R_0 + \sum_{i=1}^{k} h_{i-1}} \right) \frac{1}{\left(R_0 + \sum_{i=1}^{k} h_{i-1} \right)^2}$$

按照最小势能原理，当 $\dfrac{\mathrm{d}U}{\mathrm{d}R_0} = 0$ 时，总成处于稳定状态。也就是说，此时的 R_0 值，便是总成的曲率半径。据此，令前式为零，便可解得

$$R_0 = \frac{\displaystyle\sum_{k=1}^{n} \frac{I_k L_k \left(R_k - \displaystyle\sum_{i=1}^{k} h_{i-1} \right)}{R_k \left(1 + \displaystyle\sum_{i=1}^{k} h_{i-1}/R_0 \right)^3}}{\displaystyle\sum_{k=1}^{n} \frac{I_k L_k}{R_k \left(1 + \displaystyle\sum_{i=1}^{k} h_{i-1}/R_0 \right)^3}} \tag{3-91}$$

若令式（3-91）中的 $\displaystyle\sum_{i=1}^{k} h_{i-1} = 0$，便立即得到"郭氏 U 法"公式。式（3-91）右端含有 R_0，这似乎无法计算，但可先以 $\overline{R}_0 = \dfrac{1}{n} \displaystyle\sum_{k=1}^{n} R_k$ 代替进行初算，然后再以所得的结果带入计算，逐次逼近，直至获得令人满意的结果。事实上，由于 $\displaystyle\sum_{i=1}^{k} h_{i-1}$ 相对于 R_0 值很小，因此一次计算就能获得令人满意的结果。

为方便计算，令

$$R_0 = \frac{\displaystyle\sum_{k=1}^{n} Y_k}{\displaystyle\sum_{k=1}^{n} X_k} = \frac{\displaystyle\sum_{k=1}^{n} \frac{A_k}{B_k} C_k}{\displaystyle\sum_{k=1}^{n} \frac{A_k}{B_k}} \tag{3-92}$$

当各片不等厚时，$A_k = \dfrac{I_k L_k}{R_k}$，$B_k = \left(1 + \displaystyle\sum_{i=1}^{k} h_{i+1}/\overline{R}_0 \right)^3$，$C_k = \left(R_k - \displaystyle\sum_{i=1}^{k} h_{i-1} \right)$，$\overline{R}_0 = \dfrac{1}{n} \displaystyle\sum_{k=1}^{n} R_k$。

当各片等厚时，$A_k = \dfrac{L_k}{R_k}$，$B_k = [1 + (k-1)h/\overline{R}_0]$，$C_k = [R_k - (K-1)h]$，$\overline{R}_0 = \dfrac{1}{n} \displaystyle\sum_{k=1}^{n} R_k$。

下面以 1 号簧为例，列出计算程式，其计算结果见表 3-14。

$$\overline{R}_0 = \frac{1}{n} \sum_{1}^{n} R_k = \frac{1030}{7} \mathrm{cm} = 147.1 \mathrm{cm}$$

表 3-14　按最小势能原理计算 R_0

k	1	2	3	4	5	6	7	Σ
$A_k = L_k / R_k$	0.546	0.698	0.718	0.647	0.56	0.403	0.403	3.975
$B_k = [1+(k-1)h/\overline{R}_0]$	1	1.013	1.027	1.040	1.054	1.068	1.082	—
$C_k = R_k-(k-1)h$	220	171.35	140.7	131.1	122.4	115.8	115.1	—
$X_k = A_k / B_k$	0.546	0.689	0.700	0.622	0.531	0.378	0.373	0.8373
$Y_k = A_k C_k / B_k$	120	117.98	98.44	81.45	65.03	43.73	42.93	569.56
R_0	$R_0 = \sum\limits_1^n Y_k / \sum\limits_1^n X_k = \dfrac{569.56}{3.8373} = 148.43\text{cm}$							

② 按力矩和为零的思想推导总成曲率半径的计算公式。

若已知片数 n，各片惯性矩 I_k，自由状态下各片的曲率半径 R_k，并考虑片厚的影响，再假定组装后各片具有一个换算的（当量的）单一圆弧。因此，组装后各片的曲率改变量 $\dfrac{1}{\rho_k}$ 与弯矩 M_k 分别表示为

$$\frac{1}{\rho_k} = \frac{1}{R_k} - \frac{\alpha}{R_0 + \sum\limits_{i=1}^{n} h_{i-1}}$$

$$M_k = EI_k\left(\frac{1}{R_k} - \frac{\alpha}{R_0 + \sum\limits_{i-1}^{k} h_{i-1}}\right) \tag{3-93}$$

式中　α——曲率变化系数或非单一圆弧系数。

在上述假定的基础上，再根据预应力 δ_{0k} 的合力矩 M_k 为零的思想可以得到

$$\sum_{k=1}^{n} M_k = \sum_{k=1}^{n} EI_k\left(\frac{1}{R_k} - \frac{\alpha}{R_0 + \sum\limits_{i-1}^{k} h_{i-1}}\right) = 0$$

解上式可得

$$R_0 = \alpha \frac{\sum\limits_{k=1}^{n} \dfrac{I_k}{1 + \sum\limits_{i=1}^{k} h_{i-1}/\overline{R}_0}}{\sum\limits_{k=1}^{n} \dfrac{I_k}{R_k}} \tag{3-94}$$

式中

$$\overline{R}_0 = \frac{1}{n} \sum_{k=1}^{n} R_k$$

为便于计算，将式（3-94）变为

$$R_0 = \alpha \frac{\sum\limits_{k=1}^{n} Y_k}{\sum\limits_{k=1}^{n} X_k} \tag{3-95}$$

当各片不等厚时，有

$$X_k = I_k / R_k$$

$$Y_k = I_k \Big/ \Big(1 + \sum_{i=1}^{k} h_{i-1} \big/ \overline{R}_0 \Big)$$

$$\overline{R}_0 = \frac{1}{n} \sum_{k=1}^{n} R_k$$

当各片等厚时，有

$$X_k = 1 / R_k$$

$$Y_k = \frac{1}{1 + (k-1)h / \overline{R}_0}$$

$$\overline{R}_0 = \frac{1}{n} \sum_{k=1}^{n} R_k$$

观察式（3-94）和式（3-95）可知，各片的非单一圆弧系数 α，已成为总成的非单一圆弧系数（修正系数）了。因为当曲率变化量 $\dfrac{1}{\rho_k} = \dfrac{1}{R_k} - \dfrac{1}{R_0 + \sum\limits_{i=1}^{k} h_{i-1}}$ 时推导出的 R_0 的计算公式，正好是 $\alpha = 1$ 时的形式。

③ 非单一圆弧系数 α 的确定。

要使式（3-95）付诸实用，必须确定 α 值。那么又如何确定呢？既然 α 叫作非单一圆弧系数，那也就是说，它是考虑非单一圆弧情况下建立的公式所计算的结果与单一圆弧假设得出的公式所计算的结果的比值。换句话说，就是正确结果与单一圆弧假设的结果的比值。所谓正确结果，那也只是相对而言。此处，可以认定"帕氏逐装法""郭氏 U 法"以及式（3-91）和式（3-92）计算的结果是相对接近实际的。所谓单一圆弧假设的结果是指"帕氏 M 法"所计算的结果，或者是式（3-94）和式（3-95）当 $\alpha = 1$ 时的计算结果。请注意："帕氏逐装法"中的 R_{1-n}，代表主片上在第 n 片长度范围内的单一圆弧的曲率半径。n 片之后再也没有其他的片了，故可认定它是单一圆弧的。

因此，α 便有下列三种表达和计算的方法。

"帕氏逐装法"的结果 $R_{0帕}$ 与 R_{1-n} 之比，即

$$\alpha = \frac{R_0}{R_{1-n}}$$

"郭氏 U 法"的结果 R_{0U} 与"帕氏 M 法"的结果 R_{0M} 之比，即

$$\alpha = \frac{R_{0U}}{R_{0M}} = \frac{\sum\limits_{k=1}^{n} I_k L_k \sum\limits_{k=1}^{n} \dfrac{I_k}{R_k}}{\sum\limits_{k=1}^{n} \dfrac{I_k L_k}{R_k} \sum\limits_{k=1}^{n} I_k}$$

即

$$\alpha = \frac{式（3\text{-}93）}{式（3\text{-}94）} = \frac{式（3\text{-}92）}{式（3\text{-}95）}$$

"郭氏 U 法"计算起来方便，但考虑片厚影响更为接近实际。

注意：计算 α 值的主要目的，不仅在于计算总成曲率半径，而更在于检验各片的弯矩和预应力。

下面以 1 号簧为例，先列出程式计算 R_0 值，见表 3-15。

$$\overline{R}_0 = \frac{1}{n}\sum_1^n R_k = \frac{1030}{7}\text{cm} = 147.1\text{cm}$$

表 3-15　按单一圆弧假设计算 R_0 值

k	1	2	3	4	5	6	7	Σ
$X_k = 1/R_k$	0.005	0.006	0.007	0.008	0.008	0.008	0.008	0.005
$Y_k = \dfrac{1}{1+(k-1)h/\overline{R}_0}$	1	0.006	0.991	0.987	0.983	0.972	0.974	6.909

$$R_0 = \alpha \sum_1^n Y_k / \sum_1^n X_k = 138.942\text{cm}$$

4）各片弯矩及预应力的校核。

钢板弹簧组装后，各片所承受的弯矩 M_k 可由式（3-94）计算，而各片中的预应力 σ_{0k}，则可由下式计算

$$\sigma_{0k} = \frac{Eh_k}{2} = \left(\frac{1}{R_k} - \frac{\alpha}{R_k + \sum\limits_{i=1}^{k} h_{i-1}} \right) \tag{3-96}$$

再计算 α 值为

$$\alpha = \frac{R_{0帕}}{R_{1-n}} = \frac{151.1}{140.8} = 1.073$$

$$\alpha = \frac{R_{0U}}{R_{0M}} = \frac{149.4}{140.8} = 1.061$$

当取式（3-96）中 $\alpha = 1$ 时，可计算得

$$\alpha = \frac{式（3\text{-}93）}{式（3\text{-}96）} = \frac{148.43}{138.94} = 1.068$$

10 副板簧计算的 α 值见表 3-16。

表 3-16　10 副弹簧的 α 值

簧　号	1	2	3	4	5	6	7	8	9	10
$R_{0帕}/R_{1-n}$	1.07	1.08	1.03	1.10	1.05	1.06	1.21	1.25	1.08	1.19
R_{0U}/R_{0M}	1.06	1.07	1.02	1.08	1.04	1.05	1.20	1.24	1.07	1.17
式(3-93)/式(3-96)（$\alpha=1$ 时）	1.07	1.08	1.03	1.09	1.06	1.06	1.20	1.23	1.07	1.21

由表 3-16 中数据可知，三种方法计算的 α 值都较为接近。

在已知总成曲率半径 R_0，并知各片厚度 h_k、惯性矩 I_k、曲率半径 R_k 的情况下，将上节方法求得的 α 值代入式（3-93）和式（3-96），就能校核各片的预应力和弯矩了。

先以各片等厚的 1 号簧为例，按 $\alpha=1$ 和 $\alpha=\dfrac{式（3-93）}{式（3-96）}$ 来分别验算各片预应力的分布情况。其计算公式及结果见表 3-17。

表 3-17　各片预应力的分布 $Eh/2 = 682500$

k		1	2	3	4	5	6	7	Σ
$1/R_k$		0.005	0.006	0.007	0.008	0.008	0.008	0.008	—
$R_0+(k-1)h$		148.4	149.1	149.7	150.4	151.0	151.7	152.3	—
$\dfrac{\alpha}{R_0+(k-1)h}$		0.007	0.007	0.007	0.007	0.007	0.007	0.007	—
$\dfrac{1}{R_k}-\dfrac{\alpha}{R_0(k-1)h}$		−0.003	−0.001	−0.000	0.000	0.001	0.001	0.001	—
δ_{0k}/kPa	$\alpha=1.068$	−17750	−9052	−628	2775	6198	9101	7335	−49
	$\alpha=1$	−14671	−5982	2432	5815	9228	12121	12307	21251

下面再以各片不等厚的 9 号簧为例，按所计算的 $\alpha=1.08$ 和 $\alpha=1$ 来分别计算各片的弯矩 M_k 的分布情况。其计算公式及结果见表 3-18。

由于 1 号簧各片等厚，预应力之和应为零。而表 3-18 中数据当 $\alpha=1.0684$ 时，$\sum\limits_1^n \sigma_{0k}=-49\mathrm{kPa}$，显然这只是计算误差问题。然而，当取 $\alpha=1$ 时，$\sum\limits_1^n \sigma_{0k}=21251\mathrm{kPa}$，这是根本不符合实际的！9 号簧弯矩的计算，也得到类似的结果。由此可见，采用非单一圆弧系数所计算的预应力和弯矩值是较为接近实际的。

表 3-18　各片的弯矩值

k	I_k	R_k/cm	$R_0+\sum\limits_{i=1}^{k}h_{i-1}/\mathrm{cm}$	M_k	
				$\alpha=1.08$	$\alpha=1$
1	0.2987	230	157.8	−1565.7	−1247.7
2	0.2987	170	158.6	−581.6	−265.2
3	0.1602	155	159.4	−108.9	59.9
4	0.1602	145	160.1	50.5	218.2
5	0.1602	136	160.7	212.7	380.2
6	0.1602	128	161.4	376.4	543.2
7	0.1602	128	162.0	385.5	551.6
8	0.1602	128	162.7	394.4	559.9
9	0.1602	128	163.3	403.4	568.1
10	0.1602	128	164.0	412.1	576.3

（2）各片预应力和曲率半径的确定

问题（1）是对已有弹簧的验算，本问题是设计板簧中的重要环节，即在已经确定总成

曲率半径 R_0、各片厚度 h_k、宽度 b、长度 L_k 的情况下，确定各片的预应力 σ_{0k} 和曲率半径 R_k。

1）各片预应力的确定。

对于各片等厚的板簧来说，是确定预应力 σ_{0k}；对于各片不等厚的板簧来说，则是确定弯矩 M_k。下面来研究确定各片弯矩的方法，因为这也包括了确定预应力的方法。

确定预应力，一般按参考文献［10］推荐的疲劳曲线图来选取。然而，计算说明，此法尚需进一步研究。

下面推荐一种确定各片弯矩和预应力的方法——弯矩曲线图法。图 3-53 就是所要推荐的弯矩曲线图。

在图 3-53 中，纵坐标代表弯矩 M_k，横坐标表示各片的序号 k。当在横坐标上取一适当长度代表总片数 n，并将其 n 等分，那么各等分点 1，2，…，k，…，n 便表示各片的位置。相应的纵坐标就代表各片预应力的弯矩。

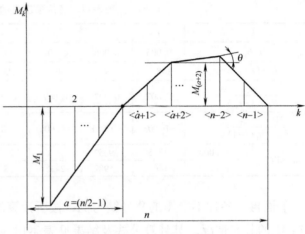

图 3-53 弯矩曲线图

图 3-53 中的 M_1、a、θ、$M_{(a+2)}$ 是待求的未知参数，现分别加以确定。

① 主片预应力的弯矩 M_1 是为了保护主片而给定的负值弯矩（N·cm），为

$$M_1 = 9.8(3000 - \sigma_{\text{静}})W_1$$

而

$$\sigma_{\text{静}} = \frac{6Eh_1 f_{\text{c}}}{\delta(L_1 - kS)^2} \tag{3-97}$$

$$W_1 = \frac{bh_1^2}{b}$$

式中　h_1——主片的厚度；

　　　L_1——主片的长度；

　　　f_{c}——满载静挠度；

　　　δ——挠度系数；

　　　S——夹紧螺栓中心距；

　　　k——无效系数，可取为 0.5。

$$\delta = \frac{3}{\beta}\left[\frac{3}{2} - \frac{1}{\beta} - \left(\frac{1-\beta}{\beta}\right)^2 \ln(1-\beta)\right]$$

式中　β——形状系数，$\beta = 1 - \dfrac{b}{B}$。

$$\begin{cases} \text{三角形簧} & \beta = 1 ; \\ \text{矩形簧} & \beta = 0 ; \\ \text{梯形簧} & \beta = 1 - \dfrac{1}{n} 。 \end{cases}$$

② 弯矩量参数 a 在 M_1 已定的情况下，决定着正弯矩或负弯矩的总量。它可根据总片数 n 的大小取值为

$$a = \frac{n}{2} - 1 \qquad (3\text{-}98)$$

由式（3-98）计算的数值，是在给定 n 的条件下 a 可能的取值范围的均值。例如，$n=8$ 时，a 可以在 1~5 的范围内取值；$n=11$ 时，a 可以在 1~8 的范围内取值。

③ 等曲率角 θ 是为了简化生产工艺，保证在 $(\dot{a}+2) \sim (n-2)$ 区间内的各片具有同一曲率半径而给定的。此处 $\dot{a}$ 是弯矩量参数 a 的整数部分。θ 值可按下式计算：

$$\tan\theta = \frac{\alpha E I_{\dot{a}+2} \delta_{\dot{a}+2}}{\left(R_0 + \sum\limits_{i=1}^{\dot{a}+2} h_{i-1} \right)^2} \qquad (3\text{-}99)$$

式（3-99）中的 $I_{\dot{a}+2}$ 和 $\delta_{\dot{a}+2}$ 是第 $(\dot{a}+2)$ 片的惯性矩和厚度。α 为非单一圆弧系数。此处，当各片等厚时可取 $\alpha = 1.06$，当各片不等厚时可取 $\alpha = 1.20$。

④ $M_{\dot{a}+2}$：平衡弯矩 $M_{\dot{a}+2}$ 是第 $(\dot{a}+2)$ 片的预应力的弯矩值。其定值原则是必须保证 $\sum\limits_{k=1}^{n} M_k = 0$。它可计算为

$$M_{\dot{a}+2} = A \, |M_1| - B\tan\theta \qquad (3\text{-}100)$$

式中

$$A = \frac{\dot{a}\left(1 - \dfrac{\dot{a}-1}{n-4} \right)}{n - \left(\dot{a} + \dfrac{3}{2} + \dfrac{2}{2\dot{a}+6-n} \right)}$$

$$B = \frac{(n-\dot{a}-4)(n-\dot{a}-2)}{2\left[n - \left(\dot{a} + \dfrac{3}{2} + \dfrac{2}{2\dot{a}+6-n} \right) \right]}$$

注意：计算时，式（3-100）的 M_1 应以正值代入。

系数 A、B 还可直接从表 3-19 取值。

表 3-19　系数 A、B 的数值

n	5	6	7	8	9	10	11	12	13	14
A	6/11	1/2	8/17	1/2	54/115	1/2	96/203	1/2	30/63	1/2
B	0	0	9/17	1/2	24/23	1	45/29	3/2	72/35	2

确定了上列参数，弯矩曲线图就确定了。有了弯矩曲线图，就可以方便地计算出各片的弯矩和预应力。如下所述。

第 2 片的弯矩为

$$M_2 = \frac{\dot{a}-1}{a}M_1 = \left(1-\frac{2}{n-2}\right)M_1$$

第 $n-2$ 片的弯矩为

$$M_{n-2} = M_{\dot{a}+2} + (n-\dot{a}-4)\tan\theta$$

第 $n-1$ 片的弯矩为

$$M_{n-1} = \frac{1}{2}M_{n-2}$$

下面以 3 号簧的有关参数为例来计算各片的弯矩和预应力。

3 号簧所要求的总成曲率半径 $R_0 = 150.8\text{cm}$，静挠度 $f_C = 7.7\text{cm}$，夹紧长度 $S = 13\text{cm}$，各片厚度 $h_k = 0.7\text{cm}$，宽度 $b = 6.5\text{cm}$，各片长度见表 3-20。

表 3-20　3 号簧各种长度

n	1	2	3	4	5	6	7	8	9	10
L_k	120	120	108	96	85	74	63	52	40	27

现分别计算未知参数：

$$M_1 = \left(3000 - \frac{6Eh_1 f_C}{\delta(L_1-kS)^2}\right) \times \frac{bh_1^2}{6} \times 9.8$$

$$= \left(3000 - \frac{6 \times 2.1 \times 10^6 \times 0.7 \times 7.7}{1.3147(120-0.5 \times 13)^2}\right) \times \frac{6.5 \times 0.7^2}{6} \times 9.8$$

$$= -5254\text{N} \cdot \text{cm}$$

$$a = \frac{n}{2} - 1 = \frac{10}{2} - 1 = 4, \dot{a} = a = 4。$$

$$\tan\theta = \frac{\alpha E I_{\dot{a}+2} h_{\dot{a}+2}}{\left(R_0 + \sum_{i=1}^{\dot{a}+2} h_{i-1}\right)^2} = \frac{1.06 \times 2.1 \times 10^6 \times \frac{6.5 \times 0.7^3}{12} \times 0.7}{[150.8+(6-1) \times 0.7]^2} = 12.16$$

$$M_{\dot{a}+2} = A \mid M_1 \mid - B\tan\theta = \left(\frac{1}{2} \times 5254 - 1 \times 12.16\right)$$

$$= 2614.84\text{N} \cdot \text{cm}$$

利用所得参数，便可做出图 3-54 所示的弯矩曲线图。

由图 3-54 算出的各片的弯矩 M_k 和预应力 σ_{0k} 见表 3-21。

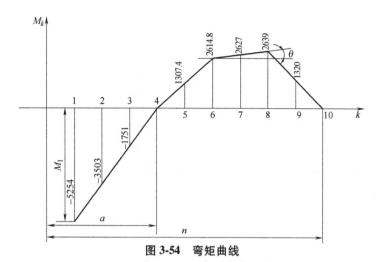

图 3-54　弯矩曲线

表 3-21　各片弯矩及预应力

n	1	2	3	4	5	6	7	8	9	10	Σ
$M_k/\text{N}\cdot\text{cm}$	−5254	−3503	−1751	0	1307.4	2614.8	2627	2639	1320	0	+0.2
σ_{0k}/kPa	−989.5	−659.7	−329.8	0	246.2	492.4	494.7	497.0	248.6	0	−0.1

注：$W=\dfrac{6h^2}{6}=0.5308\text{cm}^3$，$\sigma_{0k}=\dfrac{M_k}{W_k}$。

2）各片曲率半径的确定。

在已知各片厚度 h_k、预应力 δ_{0k} 以及总成曲率半径 R_0 的情况下，可确定各片的曲率为

$$\frac{1}{R_k}=\frac{2\sigma_{0k}}{Eh_k}+\frac{\alpha}{R_0+\sum\limits_{i=1}^{k}h_{i-1}}=\frac{M_k}{EI_k}+\frac{\alpha}{R_0+\sum} \tag{3-101}$$

式（3-101）的解释：曲率的改变量与弯矩 M_k 成正比，与材料的属性 E 和材料的几何特性 I_k 成反比。

式（3-101）中的 α 是待求的非单一圆弧系数。下面就来推求在此情况下 α 的计算公式。

先将式（3-91）改写为

$$R_0=\frac{\displaystyle\sum_{k=1}^{n}\frac{I_kL_k}{\left(R_0+\sum\limits_{i=1}^{k}h_{i-1}\right)^3}-\sum_{k=1}^{n}\frac{I_kL_k\sum\limits_{i=1}^{k}h_{i-1}}{R_k\left(R_0+\sum\limits_{i=1}^{k}h_{i-1}\right)^3}}{\displaystyle\sum_{k=1}^{n}\frac{I_kL_k}{R_k\left(R_0+\sum\limits_{i=1}^{k}h_{i-1}\right)^3}}$$

再将式（3-101）代入上式，便可得到

$$\sum_{k=1}^{n}\frac{I_kL_k}{\left(R_0+\sum\limits_{i=1}^{k}h_{i-1}\right)}-\frac{2}{E}\sum_{k=1}^{n}\frac{I_kL_k\sigma_{0k}}{h_k\left(R_0+\sum\limits_{i=1}^{k}h_{i-1}\right)^2}=\alpha\sum_{k=1}^{n}\frac{I_kL_k}{\left(R_0+\sum\limits_{i=1}^{k}h_{i-1}\right)^3}$$

解之可得

$$\alpha = 1 - \frac{2}{E} \frac{\displaystyle\sum_{k=1}^{n} \frac{I_k L_k \sigma_{0k}}{h_k \left(R_0 + \displaystyle\sum_{i=1}^{k} h_{i-1}\right)^2}}{\displaystyle\sum_{k=1}^{n} \frac{I_k L_k}{\left(R_0 + \displaystyle\sum_{i=1}^{k} h_{i-1}\right)^3}}$$

此公式表示为各片不等厚、考虑片厚影响的情况。

在各片等厚、考虑片厚影响的情况下，有

$$\alpha = 1 - \frac{2}{Eh} \frac{\displaystyle\sum_{k=1}^{n} \frac{L_k \sigma_{0k}}{\left[R_0 + (k-1)h\right]^2}}{\displaystyle\sum_{k=1}^{n} \frac{L_k}{\left[R_0 + (k-1)h\right]^3}} \tag{3-102}$$

在各片不等厚、不考虑片厚影响的情况下，有

$$\alpha = 1 - \frac{2R_0}{E} \frac{\displaystyle\sum_{k=1}^{n} \frac{I_k L_k \sigma_{0k}}{h_k}}{\displaystyle\sum_{k=1}^{n} I_k L_k} \tag{3-103}$$

在各片等厚、不考虑片厚影响的情况下，有

$$\alpha = 1 - \frac{2R_0}{hE} \frac{\displaystyle\sum_{k=1}^{n} L_k \sigma_{0k}}{\displaystyle\sum_{k=1}^{n} L_k} \tag{3-104}$$

下面先以3号簧为例，采用式（3-103）来计算 α 值，然后再利用所得 α 值代入式（3-101），分别计算各式的曲率半径 R_k。α 的计算表格及结果见表3-22。

表 3-22 α 的计算结果 （$R_0 = 150.8$cm）

k	1	2	3	4	5	6	7	8	9	10
$L_k/$cm	120	120	108	96	85	74	63	52	40	27
$\sigma_{0k}/$kPa	−9791	−6527	−3264	0	2336	4671	4896	5120	2561	0
$L_k\sigma_{0k}/$（N/cm）	−1174915	−783277	−352475	0	198555	345647	308415	266243	102421	0
$R_0+(k-1)h/$cm	150.8	151.5	152.2	152.9	153.6	154.3	155	155.7	156.4	157.1
$X_k = L_k / \left[R_0+(k-1)h\right]^3 \times 10^{-5}$	3.4992	3.4509	3.0632	2.6856	2.3455	2.0143	1.6917	1.3776	1.0455	0.6903
$Y_k = \dfrac{L_k \sigma_{0k}}{\left[R_0+(k-1)h\right]^2}$	−51.666	−34.126	−15.216	0	8.416	14.518	12.837	10.983	4.187	0
$\alpha = 1 - \dfrac{2\Sigma Y_k}{Eh\Sigma X_k}$	$\alpha = 1 - \dfrac{2}{2.1\times 10^5 \times 0.7} \times \dfrac{-50.112}{2.18638\times 10^{-5}} = 1.0312$									

计算示例：$\dfrac{1}{R_1} = \dfrac{2\times(-9895)}{2.0593965\times10^7\times0.7} + \dfrac{1.03}{150.8} = \dfrac{1}{183.245}$。

R_k 的计算值和圆整值见表 3-23。

表 3-23　R_k 及其圆整值

k		1	2	3	4	5	6	7	8	9	10
R_k/cm	计算值	183.25	170	158.5	149.1	141.9	135.9	136.4	136.9	144.3	152.5
	圆整值	183	170	159	149	142	136	136	137	144	153

由表 3-24 中的数字可知，按此方法确定的 R_k 值和 3 号簧的 R_k 值是不一样的。这除了 3 号簧在设计时考虑要一簧两用，既装于某救护车的前悬架，也装于后悬架。前悬架静应力 $\sigma_{静前} = 39227\text{kPa}$，而后悬架静应力 $\sigma_{静后} = 43149\text{kPa}$，此处只按 $\sigma_静 = 39227\text{kPa}$ 考虑，因而除主片预应力偏小，R_1 也就偏小之外，更重要的还是计算方法不一样。

按此方法确定各片的弯矩、预应力和曲率半径是较为简明的。特别是弯矩量参数 a 按均值选取是较为稳妥的。对于总片数 n 较大的情况，简化工艺的优点也是明显的。例如，$n=10$ 的 3 号簧就有三片曲率半径相同。如果第 4 片和第 9 片我们也强行取为一致，则就只有 7 种不同的曲率半径了。

4. 总成及单片应力

（1）总成应力

在《汽车设计》及有关资料中，总成根部静应力 σ_A（单位为 MPa）通常计算为

$$\sigma_A = \frac{6Ehf}{\delta(L-ks)} \tag{3-105}$$

然而，该式有几个值得研究的问题。

① 该式中的片厚 h 只适合各片等厚的弹簧，至于变断面簧，h 应以各片均值应力厚度的均值来代替。

② 该式中的 δ 反映不出各片实际长短的变化，对变断面簧就更难确定。

③ 该式是将整副弹簧化为一个梯形单片来建立的，且只认为片端作用一个向下的力。实际弹簧的各片不仅在 l_k 的片端处受有一个向下的力 P_k，而且还在中部 l_{k+1} 处受有一个向上的力 P_{k+1}。因此，用该式计算的结果，总是大于各片根部应力的平均值。

鉴于上述情况，建议直接采用集中载荷法的各片根部应力的平均值 $\dfrac{1}{n}\sum\sigma_{kg}$ 来替代总成应力，即令

$$\sigma_A = \frac{0.06}{nb}\sum_{k=1}^{n}\left(\frac{P_k l_k - P_{k+1}l_{k+1}}{h_k^2}\right) \tag{3-106}$$

要求式（3-106）的计算结果不应超过材料许用应力的 75%。

计算示例 1

示例弹簧参数及计算过程见表3-24。

如果选材料为 38SiMnVB（$[\sigma_A] = 1800 \sim 2000$MPa）、$60Si_2CrVA$ 和 $50CrV_4$ 等材料，则总成根部静应力为1286MPa将是允许的。

表3-24 总成根部均值应力的计算（$b = 7$cm）

k	l_k/cm	h_k/cm	P_k/N	$P_k l_k$/(N·cm)	x_k	σ_A/MPa
1	60	0.7	4900	294000	66735	$\sigma_A = \dfrac{0.06}{nb}\sum x_k$
2	50	0.7	5226	261300	59959	
3	40	0.7	5798	231920	207102	$= \dfrac{0.06 \times 600000}{4 \times 7} = 1286$
4	30	0.7	4348	130440	266204	

（2）单片弯矩和应力

各单片任意断面的应力 σ_{kx}（单位为 MPa）为

$$\sigma_{kx} = \frac{M_{kx}}{100W_k} \tag{3-107}$$

式中 W_k——各片断面系数，$W_k = bh^2/6$（cm^3）；

M_{kx}——各片任意断面的弯矩（N·cm）。

计算弯矩时，x 应从各片片端计起。

计算示例 2

示例计算只计算接触点和根部的弯矩和应力。示例弹簧参数、片端力以及计算结果一并列入表3-25之中。由表可知，第3片和第4片根部弯矩和应力值较高，但选用优质钢材也是允许的。接触点和根部的弯矩如图3-55所示。

表3-25 单片弯矩及应力   （$b = 8$cm）

k	l_k/cm	h_k/cm	P_k/N	W_k/cm^3	接触点		根部	
					M/(N·cm)	σ/MPa	M/(N·cm)	σ/MPa
1	60	0.8	4900	0.8533	718	61250	495	42250
2	47.5	0.8	5300	0.8533	776	66250	653	55750
3	35	0.8	5600	0.8533	820	70000	1163	99250
4	22.5	0.8	4300	0.8533	0	0	1134	96750

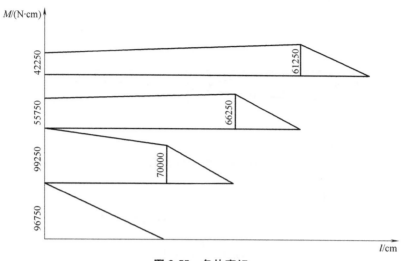

图 3-55　各片弯矩

（二）变断面钢板弹簧

变断面钢板弹簧由于具有合理利用材料等优点，故在汽车悬架中，特别在那些批量生产的产品上早已得到了普遍的采用。本书拟在一般的情况下，研究建立图 3-56 所示的直线型和抛物线型两种变断面钢板弹簧的设计计算方法。

讨论研究的具体内容：单片变形、片端力、总成变形及刚度、总成应力、单片弯矩和应力、曲率半径及簧体质量。

1. 单片变形

利用作用于单片弹簧端部的力 P_k，不仅可以确定各片的弯矩 M_{xk} 和应力 σ_{xk}，而且还可确定整副弹簧的变形 f。然而研究单片弹簧在外力作用下的变形，则是确定各单片端部受力的必不可少的工作。

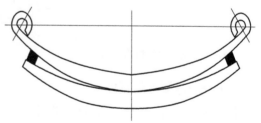

图 3-56　变断面钢板弹簧结构示意

研究的第 k 单片弹簧的变形时，无论是直线型或抛物线型，均有如下几种情况：

① 求在力 P_k 作用于 l_k 处时，l_{k+1} 处的变形 f_{ak}。

② 求在力 P_{k+1} 作用于 l_{k+1} 处时，l_{k+1} 处的变形 f_{bk}。

③ 求在力 P_k 作用于 l_k 处时，l_k 处的变形 f_{ck}。

④ 求在力 P_{k+1} 作用于 l_{k+1} 处时，l_k 处的变形 f_{dk}。

下面仅以直线型变断面簧中的 A 种情况（图 3-57）为例来推导其单片变形表达式，至于其他 7 种情况，为节约篇幅，此处不予推导。

8 种情况变形表达式的推导结果见表 3-26 和表 3-27。

图 3-57 表达了直线型变断面簧第 k 单片的结构情况。Δ_k 所示的直线段起夹紧作用。为了制作卷耳或装设片间支垫，片端制成一个平直部分。为简化力学分析，该平直部分

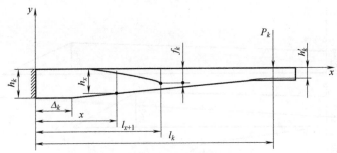

图 3-57　直线型 A 种情况的变形

中的下部左边（三角形）部分予以忽略。

在图 3-57 全片簧的长度上，其变厚度部分 x 断面处的厚度为

$$h_x = h_k \left(\frac{\beta_k}{l_k - \Delta_k} \right) (A - x) \tag{3-108}$$

式中

$$A = \frac{l_k - (1 - \beta_k) \Delta_k}{\beta_k}$$

$$\beta_k = 1 - \frac{h'_k}{h_k}$$

x 断面处的惯性矩为

$$I_x = I_k \left(\frac{\beta_k}{l_k - \Delta_k} \right)^3 (A - x)^3 \tag{3-109}$$

式中　　I_k——根部惯性矩，$I_k = \dfrac{b}{12} h_k^3$；

　　　　b——弹簧片的宽度。

若将力 P_k 平移至 l_{k+1} 处，那么作用于 x 断面处的弯矩为

$$M_x = P_k (l_k - x)$$

单位弯矩

$$M_0 = l_{k+1} - x$$

根据莫尔定理，l_{k+1} 处的变形为

$$f_{Ak} = \int_0^{\Delta_k} \frac{M_0 M_x}{E I_k} \mathrm{d}x + \int_{\Delta_k}^{l_{k+1}} \frac{M_0 M_x}{E I_x} \mathrm{d}x$$

经积分整理后得到表 3-26 中的 f_{Ak} 式。

2. 片端力

所谓片端力就是主片端部在力 P_1 的作用下，各片端部所受的力。推求片端力，不仅是为了计算各片的弯矩和应力，而且还可借助片端力推求整副弹簧的变形和刚度。

按照集中载荷的假设（在有片间支垫的情况下，这种假设是完全符合客观实际的），利用表 3-26 和表 3-27 中的 A、B、C 和 D 四种单片变形公式，便可参照图 3-58 来建立 n

片弹簧片端力的计算公式了。

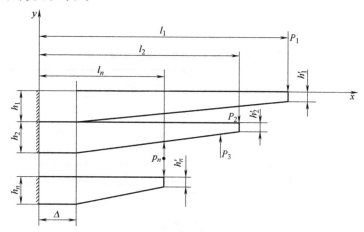

图 3-58　变断面簧的片端力

由图 3-58 可知，对于第 k 和第 $k+1$ 片的接触点可建立如下等式：

$$f_{Ak}-f_{Bk}=f_{Ck}-f_{Dk}$$

即

$$\frac{P_k l_k^3}{3EI_k}\eta_{Ak}-\frac{P_{k+1}l_{k+1}^3}{3EI_k}\eta_{Bk}=\frac{P_{k+1}l_{k+1}^3}{3EI_{k+1}}\eta_{C(k+1)}-\frac{P_{k+2}l_{k+1}^3}{3EI_{k+1}}\eta_{D(k+1)}$$

整理后得到

$$\frac{\eta_{Ak}}{I_k}l_k^3 P_k-\left[\frac{\eta_{Bk}}{I_k}+\frac{\eta_{C(k+1)}}{I_{k+1}}\right]l_{k+1}^3 P_{k+1}+\frac{\eta_{D(k+1)}}{I_{k+1}}l_{k+1}^3 P_{k+2}=0 \qquad (3\text{-}110)$$

或

$$A_k P_k+B_k P_{k+1}+C_k P_{k+2}=0$$

这是一个（$n-1$）个方程构成的方程组，解此方程组可以得到各片片端力 P_k（单位为 N）的表达式为

$$P_k=-R_k P_{k-1} \qquad (k=2,3,4,\cdots,n)$$

式中

$$R_k=\frac{A_{k-1}}{B_{k-1}-C_{k-1}R_{k+1}} \qquad (k=n,(n-1),\cdots,2,R_{n+1}=0)$$

$$A_k=\frac{\eta_{Ak}}{I_k}l_k^3$$

$$B_k=-\left[\frac{\eta_{Bk}}{I_k}+\frac{\eta_{C(k+1)}}{I_{k+1}}\right]l_{k+1}^3$$

$$C_k=\frac{\eta_{D(k+1)}}{I_{k+1}}l_{k+1}^3$$

$$I_k=\frac{b}{12}h_k^3$$

注意：对式（3-110）中的系数 η_{Ak}、η_{Bk}、η_{Ck} 和 η_{Dk}，直线型变断面簧按表3-26公式计算，抛物线型变断面簧按表3-27计算。

表 3-26　直线型变断面簧单片变形公式

类　型	图示及公式
A	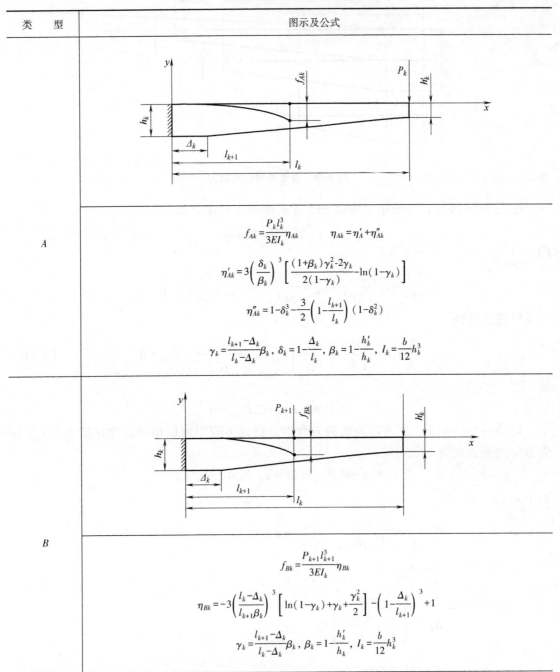 $$f_{Ak}=\frac{P_k l_k^3}{3EI_k}\eta_{Ak}\qquad\eta_{Ak}=\eta_A'+\eta_{Ak}''$$ $$\eta_{Ak}'=3\left(\frac{\delta_k}{\beta_k}\right)^3\left[\frac{(1+\beta_k)\gamma_k^2-2\gamma_k}{2(1-\gamma_k)}-\ln(1-\gamma_k)\right]$$ $$\eta_{Ak}''=1-\delta_k^3-\frac{3}{2}\left(1-\frac{l_{k+1}}{l_k}\right)(1-\delta_k^2)$$ $$\gamma_k=\frac{l_{k+1}-\Delta_k}{l_k-\Delta_k}\beta_k,\ \delta_k=1-\frac{\Delta_k}{l_k},\ \beta_k=1-\frac{h_k'}{h_k},\ I_k=\frac{b}{12}h_k^3$$
B	$$f_{Bk}=\frac{P_{k+1} l_{k+1}^3}{3EI_k}\eta_{Bk}$$ $$\eta_{Bk}=-3\left(\frac{l_k-\Delta_k}{l_{k+1}\beta_k}\right)^3\left[\ln(1-\gamma_k)+\gamma_k+\frac{\gamma_k^2}{2}\right]-\left(1-\frac{\Delta_k}{l_{k+1}}\right)^3+1$$ $$\gamma_k=\frac{l_{k+1}-\Delta_k}{l_k-\Delta_k}\beta_k,\ \beta_k=1-\frac{h_k'}{h_k},\ I_k=\frac{b}{12}h_k^3$$

（续）

类　型	图示及公式
C	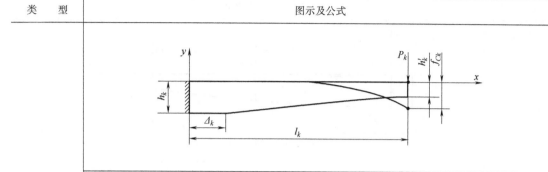

$$f_{Ck} = \frac{P_k l_k^3}{3EI_k} \eta_{Ck}$$

$$\eta_{Ck} = 1 - \delta_k^3 \left\{ 1 + \frac{3}{\beta_k} \left[\frac{1}{2} + \frac{1}{\beta_k} + \frac{1}{\beta_k^2} \ln(1-\beta_k) \right] \right\}$$

$$I_k = \frac{b}{12} h_k^3, \quad \beta_k = 1 - \frac{h_k'}{h_k}, \quad \delta_k = 1 - \frac{\Delta_k}{l_k}$$

当 $h_k' = h_k$ 时，$\eta_{Ck} = 1$

类　型	图示及公式
D	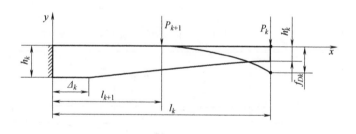

$$f_{Dk} = \frac{P_{k+1} l_{k+1}^3}{3EI_k} \eta_{Dk} \qquad \eta_{Dk} = \eta_{Dk}' + \eta_{Dk}''$$

$$\eta_{Dk}' = 3 \left(\frac{\delta_k}{\beta_k} \right)^3 \left[\frac{(1+\beta_k)\gamma_k^2 - 2\gamma_k}{2(1-\gamma_k)} - \ln(1-\gamma_k) \right]$$

$$\eta_{Dk}'' = 1 - \delta_k^3 - \frac{3}{2} \left(1 - \frac{l_{k+1}}{l_k} \right) (1 - \delta_k^2)$$

$$\gamma_k = \frac{l_{k+1} - \Delta_k}{l_k - \Delta_k} \beta_k, \quad I_k = \frac{b}{12} h_k^3, \quad \beta_k = 1 - \frac{h_k'}{h_k}, \quad \delta_k = 1 - \frac{\Delta_k}{l_k}$$

当 $h_k' = h_k$ 时，$\Delta_k = l_{k+1}$

表 3-27 抛物线型变断面簧单片变形公式

类 型	图示及公式

A

$$f_{Ak}=\frac{P_k l_k^3}{3EI_k}\eta_{Ak} \qquad \eta_{Ak}=\eta'_{Ak}+\eta''_{Ak}$$

$$\eta'_{Ak}=6(\alpha_1/l_k)^3(\varepsilon_{A1}+\varepsilon_{A2}+\varepsilon_{A3}+\varepsilon_{A4}+\varepsilon_{A5}+\varepsilon_{A6})$$

$$\varepsilon_{A1}=(\alpha_1^3-\alpha_2^3)/3 \quad \varepsilon_{A2}=-5A(\alpha_1^2-\alpha_2^2)/2$$

$$\varepsilon_{A3}=(10A^2+l_{k+1}-l_k)(\alpha_1-\alpha_2)$$

$$\varepsilon_{A4}=-A[10A^2-3(l_k-l_{k+1})]\ln(\alpha_1/\alpha_2)$$

$$\varepsilon_{A5}=A^2[-5A^2+3(l_k-l_{k+1})](1/\alpha_1-1/\alpha_2)$$

$$\varepsilon_{A6}=-\frac{1}{2}A^3(-A^2+l_k-l_{k+1})(1/\alpha_1^2-1/\alpha_2^2)$$

$$\eta''_{Ak}=1-\delta_{2k}^3-\frac{3}{2}\left(1-\frac{l_{k+1}}{l_k}\right)(1-\delta_{2k}^2)$$

$$\alpha_1=\sqrt{l_k-\Delta_k}+A \quad \alpha_2=\sqrt{l_k-l_{k+1}}+A$$

$$A=\left(\frac{1}{\beta_k}-1\right)\sqrt{l_k-\Delta_k} \ ,\delta_{2k}=1-\frac{\Delta_k}{l_k} \ ,\beta_k=1-\frac{h'_k}{h_k} \ ,I_k=\frac{b}{12}h_k^3$$

B

$$f_{Bk}=\frac{P_{k+1} l_{k+1}^3}{3EI_k}\eta_{Bk} \qquad \eta_{Bk}=\eta'_{Bk}+\eta''_{Bk}$$

$$\eta'_{Bk}=6(\alpha_1/l_{k+1})^3(\varepsilon_{B1}+\varepsilon_{B2}+\varepsilon_{B3}+\varepsilon_{B4}+\varepsilon_{B5}+\varepsilon_{B6})$$

$$\varepsilon_{B1}=(\alpha_1^3-\alpha_2^3)/3 \quad \varepsilon_{B2}=-5A(\alpha_1^2-\alpha_2^2)/2$$

$$\varepsilon_{B3}=(10A^2+2l_{k+1}-2l_k)(\alpha_1-\alpha_2)$$

$$\varepsilon_{B4}=-2A[5A^2-3(l_k-l_{k+1})]\ln(\alpha_1/\alpha_2)$$

$$\varepsilon_{B5}=[-(l_k-l_{k+1})^2-5A^4+6(l_k-l_{k+1})A^2](1/\alpha_1-1/\alpha_2)$$

$$\varepsilon_{B6}=-\frac{1}{2}A[-(l_k-l_{k+1})^2-A^4+2(l_k-l_{k+1})A^2](1/\alpha_1^2-1/\alpha_2^2)$$

$$\eta''_{Bk}=1-\delta_{3k}^3 \quad \alpha_1=\sqrt{l_k-\Delta_k}+A \quad \alpha_2=\sqrt{l_k-l_{k+1}}+A$$

$$A=\left(\frac{1}{\beta_k}-1\right)\sqrt{l_k-\Delta_k} \ ,\delta_{3k}=1-\frac{\Delta_k}{l_{k+1}} \ ,\beta_k=1-\frac{h'_k}{h_k} \ ,I_k=\frac{b}{12}h_k^3$$

（续）

类　型	图示及公式
C	 $$f_{Ck}=\frac{P_k l_k^3}{3EI_k}\eta_{Ck} \qquad \eta_{Ck}=\eta'_{Ck}+\eta''_{Ck}$$ $$\eta'_{Ck}=6(\alpha_1/l_k)^3(\varepsilon_{C1}+\varepsilon_{C2}+\varepsilon_{C3}+\varepsilon_{C4}+\varepsilon_{C5}+\varepsilon_{C6})$$ $$\varepsilon_{C1}=(\alpha_1^3-A^3)/3 \qquad \varepsilon_{C2}=-5A(\alpha_1^2-A^2)/2$$ $$\varepsilon_{C3}=10A^2(\alpha_1-A) \qquad \varepsilon_{C4}=-10A^3\ln(\alpha_1/A)$$ $$\varepsilon_{C5}=-5A^4(1/\alpha_1-1/A) \qquad \varepsilon_{C6}=\frac{1}{2}A^5(1/\alpha_1^2-1/A^2)$$ $$\eta''_{Ck}=1-\delta_k^3 \qquad \alpha_1=\sqrt{l_k-\Delta_k}+A \qquad A=\left(\frac{1}{\beta_k}-1\right)\sqrt{l_k-\Delta_k}$$ $$\delta_k=1-\frac{\Delta_k}{l_k} \ ,\beta_k=1-\frac{h'_k}{h_k} \ ,I_k=\frac{b}{12}h_k^3$$
D	 $$f_{Dk}=\frac{P_{k+1} l_{k+1}^3}{3EI_k}\eta_{Dk} \qquad \eta_{Dk}=\eta'_{Dk}+\eta''_{Dk}$$ $$\eta'_{Dk}=6(\alpha_1/l_k)^3(\varepsilon_{D1}+\varepsilon_{D2}+\varepsilon_{D3}+\varepsilon_{D4}+\varepsilon_{D5}+\varepsilon_{D6})$$ $$\varepsilon_{D1}=(\alpha_1^3-\alpha_2^3)/3 \qquad \varepsilon_{D2}=-5A(\alpha_1^2-\alpha_2^2)/2$$ $$\varepsilon_{D3}=(10A^2+l_{k+1}-l_k)(\alpha_1-\alpha_2)$$ $$\varepsilon_{D4}=-A[10A^2-3(l_k-l_{k+1})]\ln(\alpha_1/\alpha_2)$$ $$\varepsilon_{D5}=A^2[-5A^2+3(l_k-l_{k+1})](1/\alpha_1-1/\alpha_2)$$ $$\varepsilon_{D6}=-\frac{1}{2}A^3[-A^2+l_k-l_{k+1}](1/\alpha_1^2-1/\alpha_2^2)$$ $$\eta''_{Dk}=1-\delta_k^3-\frac{3}{2}\left(1-\frac{l_{k+1}}{l_k}\right)(1-\delta_k^2)$$ $$\alpha_1=\sqrt{l_k-\Delta_k}+A \qquad \alpha_2=\sqrt{l_k-l_{k+1}}+A$$ $$A=\left(\frac{1}{\beta_k}-1\right)(l_k-\Delta_k)^{\frac{1}{2}},\delta_k=1-\frac{\Delta_k}{l_k} \ ,\beta_k=1-\frac{h'_k}{h_k} \ ,I_k=\frac{b}{12}h_k^3$$

3. 总成变形及刚度

因为变断面簧的断面厚度是随 x 坐标变化的，所以要按一般方法准确求出各片并非等长的整副弹簧的变形则是相当困难的。然而，"主片变形法"却是一个既简单又准确的方法。所谓"主片变形法"，就是利用已知的作用于主片的片端力（计算单片应力必须计算片端力）来计算主片端部的变形。主片端部的变形就是弹簧总成一端的变形。

由图 3-59 可知，主片除在端部 l_1 处受有一个向下的力 P_1 外，还在第二片端部 l_2 处受有一个向上的力 P_2。主片的变形应是这两力合成作用的结果。利用表 3-26 和表 3-27 中的单片变形公式 C 和 D 可以得到

$$f=f_{C1}-f_{D1}=\frac{P_1 l_1^3}{3EI_1}\eta_{C1}-\frac{P_2 l_1^3}{3EI_1}\eta_{D1}$$

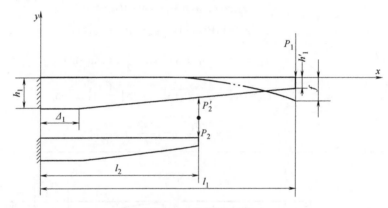

图 3-59　主片的变形

所以，弹簧总成一端的变形为

$$f=\frac{l_1^3}{3EI_1}(P_1\eta_{C1}-P_2\eta_{D1}) \tag{3-111}$$

由式（3-111）可得整副弹簧的自由刚度 c_0（单位为 N/cm）

$$c_0=\frac{6E\alpha}{\dfrac{l_1^3}{I_1}\left(\eta_{C1}-\eta_{D1}\dfrac{P_2}{P_1}\right)} \tag{3-112}$$

式中　E——抗弯模量，$E=2.059\times10^8$（kPa）；

α——修正系数，可取 $\alpha=0.92\sim0.94$；

l_1——主片长度之半（cm）；

I_1——主片端部惯性矩，$I_1=\dfrac{b}{12}h_1^3$；

η_{C1}、η_{D1}——系数，可按表 3-26 和表 3-27 中的 C、D 两式计算；

P_1、P_2——第 1、2 片的片端力，在用式（3-110）计算片端力 P_k 时，P_1 可取为单位力。

4. 总成应力

为计算总成根部静应力 σ_A（单位为 MPa），可直接用集中载荷法的各片根部应力的平均值 $\frac{1}{n}\Sigma\sigma_{kg}$ 来代替总成应力，即

$$\sigma_A = \frac{0.06}{nb}\sum_{k=1}^{n}\left(\frac{P_k l_k - P_{k+1} l_{k+1}}{h_k^2}\right) \tag{3-113}$$

式中　l_k——各片有效长度之半（cm）；

　　　h_k——各片根部厚度（cm）；

总成应力计算值不得超过许用应力的 75%。

5. 单片弯矩和应力

利用已知的片端力 P_k，便可求出各片任意断面的弯矩和应力。各片任意断面的应力 σ_{kx}（单位为 MPa）为

$$\sigma_{kx} = M_{kx}/100W_{kx} \tag{3-114}$$

式中　W_{kx}——各片任意断面的断面系数。

当 $(l_k-\Delta_k)\leqslant x\leqslant l_k$ 时，有

$$W_{kx} = W_k = \frac{b}{6}h_k^2$$

当 $0\leqslant x\leqslant(l_k-\Delta_k)$ 时，分两种情况。

对于直线型，有

$$W_{kx} = W_k\left[(1-\beta_k)+\frac{x}{l_k-\Delta_k}\beta_k\right]^2$$

对于抛物线型，有

$$W_{kx} = W_k\left[(1-\beta_k)+\sqrt{\frac{x}{l_k-\Delta_k}}\,\beta_k\right]^2$$

式中　β_k——各片断面因子，$\beta_k = 1-h_k'/h_k$；

　　　Δ_k——各片根部平直段长度之半（cm）。

当 $0\leqslant x\leqslant(l_k-l_{k+1})$ 时，有

$$M_{kx} = P_k x\Delta_k$$

当 $(l_k-l_{k+1})\leqslant x\leqslant l_k$ 时，有

$$M_{kx} = P_k x - P_{k+1}(l_{k+1}+x-l_k)$$

式中　M_{kx}——各片任意断面的弯矩（N·cm）；

　　注意：计算弯矩时，x 应从各片片端计起。

6. 曲率半径

曲率半径包括总成曲率半径 R 和单片自由曲率半径 R_k。为建立它们的计算公式，必

先建立变断面簧在中心螺栓系紧后各片预弯矩 M_{0k} 与各片自由曲率半径的关系式。

（1）预弯矩表达式

假设钢板弹簧在中心螺栓系紧后，各片保持着单一圆弧状态，那么全片的预弯矩 M_{0k}（单位为 N·cm）和势能改变量 U_k 有着如下的关系：

$$M_{0k} = \frac{2U_k}{L_k\left(\dfrac{1}{\rho_k}\right)} = \frac{2U_k}{L_k\left(\dfrac{1}{R_k} - \dfrac{1}{R_0 + \Delta H_k}\right)} \tag{3-115}$$

式中　L_k——各片总长度（cm）；

　　　$1/\rho_k$——各片曲率改变量；

　　　ΔH_k——总成曲率半径的增量，$\Delta H_k = \sum\limits_{i=1}^{k-1} H_i + \sum\limits_{i=1}^{k-1} \delta_i = \sum\limits_{i=1}^{k-1}(H_i + \delta_i)$。其中 H_i 为第 $i(k)$ 片片间支垫处的厚度（cm）；δ_i 为第 i 片支垫的厚度（cm）。

对于直线型，片间支垫处的厚度 H_i 为

$$H_i = \frac{l_k - l_{k+1}}{l_k - \Delta_k}(h_k - h'_k) + h'_k$$

对于抛物线型，片间支垫处的厚度 H_i 为

$$H_i = \left(\frac{l_k - l_{k+1}}{l_k - \Delta_k}\right)^{\frac{1}{2}}(h_k - h'_k) + h'_k$$

由式（3-115）可知，为了求得预弯矩，必须先找出各片的势能改变量。下面先推求两型变断面簧的单片势能改变量，然后确定预弯矩表达式。

① 直线型变断面簧。

由图 3-60 可知，直线型变断面簧单片的 x 断面处的厚度为

$$h_x = h_k \frac{\beta_k}{l_k - \Delta_k}(A - x)$$

式中

$$\beta_k = 1 - h'_k / h_k$$

$$A = \Delta_k + (l_k - \Delta_k)/\beta_k$$

x 断面处的惯性矩为

$$I_x = I_k\left(\frac{\beta_k}{l_k - \Delta_k}\right)^3 (A - x)^3$$

由此，x 断面处的变形能可表示为

$$dU_x = \frac{1}{2}M_x d\theta = \frac{1}{2}EI_x\left(\frac{1}{R_k} - \frac{1}{R_0 + \Delta H_k}\right)\frac{dx}{\rho_x} = \frac{1}{2}EI_x\left(\frac{1}{R_k} - \frac{1}{R_0 + \Delta H_k}\right)^2 dx$$

整片变形能为

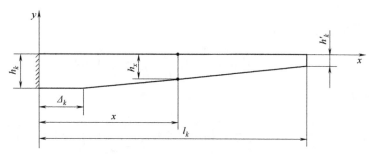

图 3-60 直线型单片

$$U_k = 2\int_0^{l_k}\mathrm{d}U_x = EI_k\left(\frac{1}{R_k} - \frac{1}{R_0 + \Delta H_k}\right)^2\left[\int_0^{\Delta_k}\mathrm{d}x + \left(\frac{\beta_k}{l_k - \Delta_k}\right)^3\int_{\Delta_k}^{l_k}(A - x)^3\mathrm{d}x\right]$$

经积分后得到

$$U_k = \frac{1}{2}EI_kA_k\left(\frac{1}{R_k} - \frac{1}{R_0 + \Delta H_k}\right)^2 \tag{3-116}$$

式中　　A_k——直线型变断面簧各片结构因式，$A_k = S_k + (L_k - S_k)\left[1 - \frac{3}{2}\beta_k + \beta_k^2 - \frac{\beta_k^3}{4}\right]$；

　　　　S_k——中部平直段的总长度（cm）。

将式（3-116）代入式（3-115），便可得到各整片的预弯矩 M_{0k}（单位为 N·cm）为

$$M_{0k} = \frac{EI_kA_k}{L_k}\left[\frac{1}{R_k} - \frac{1}{R_0 + \Delta H_k}\right] \tag{3-117}$$

② 抛物线型变断面簧。

由图 3-61 可知，抛物线型变断面簧单片其 x 断面处的厚度为

$$h_x = h'_k + (h_k - h'_k)\sqrt{\frac{l_k - x}{l_k - \Delta_k}}$$

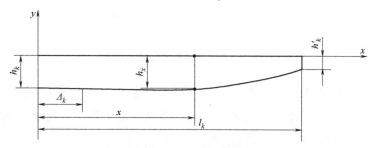

图 3-61 抛物线型单片

x 断面处的惯性矩为

$$I_x = I_k\left(\frac{\beta_k}{\sqrt{l_k - \Delta_k}}\right)^3\left[A + \sqrt{l_k - x}\right]^3$$

式中

$$A = (1 - \beta_k)\sqrt{l_k - \Delta_k}/\beta_k$$

由此可知 x 断面处的变形能为

$$dU_x = \frac{1}{2}M_x d\theta = \frac{1}{2}EI_x\left(\frac{1}{R_k} - \frac{1}{R_0 + \Delta H_k}\right)^2 dx$$

整片变形能为

$$U_k = 2\int_0^{l_k}dU_x = EI_k\left(\frac{1}{R_0} - \frac{1}{R_0 + \Delta H_k}\right)^2\left\{\int_0^{\Delta_k}dx + \left(\frac{\beta_k}{\sqrt{l_k - \Delta_k}}\right)^3\int_{\Delta_k}^{l_k}\left[A + \sqrt{l_k - \Delta_k}\right]^2 dx\right\}$$

经积分后得到

$$U_k = \frac{1}{2}EI_kA_k\left[\frac{1}{R_k} - \frac{1}{R_0 + \Delta H_k}\right]^2 \tag{3-118}$$

式中　A_k——抛物线型变断面簧各片结构因式（cm），$A_k = S_k + (L_k - S_k)\left[1 - \beta_k + \dfrac{\beta_k^2}{2} - \dfrac{\beta_k^3}{10}\right]$。

将式（3-118）代入式（3-115）便可得到各整片的预弯矩 M_{0k}（单位为 N·cm）为

$$M_{0k} = \frac{EI_kA_k}{L_k}\left[\frac{1}{R_k} - \frac{1}{R_0 + \Delta H_k}\right] \tag{3-119}$$

（2）预弯矩的分配

为了确定各片的自由曲率半径 R_k，除须建立预弯矩表达式外，还须给定各片的预弯矩。

预弯矩的分配给定是和总片数 n 有关的。当 $n \leqslant 4$ 时，各片预应力 σ_{0k} 的弯矩 M_{0k} 可参照图 3-62 的方法确定。

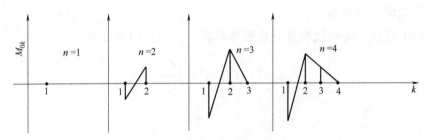

图 3-62　少片簧预弯矩的分配

当 $n = 1$ 时，预弯矩 $M_{01} = 0$，单片自由曲率半径就是总成曲率半径，即 $R_1 = R_0$。

当 $n = 2$ 时，由于第 2 片就是最末片，为避免其根部工作应力过大，第 1 片的负值弯矩 M_{01} 应适当取小，乃至基本上不给预弯矩。为简化工艺，可考虑将第 1 片和第 2 片的曲率半径取成一样，即

$$R_1 = R_2 = R_0 + \lambda\Delta H_1$$

式中　ΔH_1——第 1 片总成曲率半径的增量（cm），$\Delta H_1 = H_1 + \delta_1$；

　　　H_1——第 1 片片间支垫处的厚度（cm），见式（3-115）；

　　　δ_1——第 1 片和第 2 片间支垫厚度（cm）；

　　　λ——厚度 ΔH_1 的分配系数，粗略计算时可取 $\lambda = 0.5$。

当 $n=3$ 时，主片预弯矩 $M_{01}(\text{N}\cdot\text{cm})$ 按式（3-120）取值；第 2 片：$M_{02}=|M_{01}|$；第 3 片：$M_{03}=0$。

$$M_{01}=100(300-\sigma_{\text{A}})\overline{W_1} \tag{3-120}$$

式中　$\overline{W_1}$——主片均值断面系数（cm^3）；

W_1——主片根部断面系数（cm^3）；

σ_{A}——总成静应力，按式（3-113）取值。

对于直线型，$\overline{W_1}$ 为

$$\overline{W_1}=\left[\frac{\Delta_1}{l_1}+\left(1-\frac{\Delta_1}{l_1}\right)\left(1-\beta_1+\frac{\beta_1^2}{3}\right)\right]W_1$$

对于抛物线型，$\overline{W_1}$ 为

$$\overline{W_1}=\left[\frac{\Delta_1}{l_1}+\left(1-\frac{\Delta_1}{l_1}\right)\left(1-\frac{2}{3}\beta_1+\frac{\beta_1^2}{6}\right)\right]W_1$$

当 $n=4$ 时，主片预弯矩 M_{01} 仍按式（3-120）取值；第 2 片：$M_{02}=\frac{2}{3}|M_{01}|$；第 3 片：$M_{03}=\frac{1}{3}|M_{01}|$；第 4 片：$M_{04}=0$。

当 $n>4$ 时，主片预弯矩 M_{01} 按式（3-120）取值，除此以外各片的预弯矩，按多片簧处理。

（3）单片曲率半径

由式（3-117）和式（3-119）两式所确定的预弯矩 M_{0k} 与单片曲率半径 R_k 和总成曲率半径 R_0 的关系，便可导出单片曲率半径 $\frac{1}{R_k}$（cm^{-1}）的计算公式为

$$\frac{1}{R_k}=\frac{M_{0k}L_k}{EI_kA_k}+\frac{\alpha}{R_0+\Delta H_k} \tag{3-121}$$

式中　α——非单一圆弧系数，见式（3-124）。

（4）总成曲率半径

计算总成曲率半径是悬架设计的需要。在已知各片自由曲率半径 R_k 和其他结构参数的情况下，可分别按弯矩和为零及和势能最小的假设来推求总成曲率半径 R_0 的表达式。

① 弯矩和为零的假设。

式（3-117）和式（3-119）表达的是单片簧的预弯矩，而整副弹簧预弯矩的和为

$$M_0=\sum M_{0k}=E\sum_{k=1}^{n}\frac{I_kA_k}{L_k}\left(\frac{1}{R_k}-\frac{1}{R_0+\Delta H_k}\right)$$

令 $\sum M_{0k}=0$，便可解得

$$R_0 = \sum_{k=1}^{n} Y_k \bigg/ \sum_{k=1}^{n} x_k \tag{3-122}$$

$$Y_k = \frac{I_k A_k}{L_k(1+\Delta H_k/\overline{R}_0)}$$

$$X_k = \frac{I_k A_k}{L_k R_k}$$

式中　$\overline{R}_0$——总成曲率半径的初值（cm），可取 $\overline{R}_0 = \dfrac{1}{n}\sum_{k=1}^{n} R_k$。

式（3-122）不能直接用以计算，因为各片并不等长，中心螺栓系紧后各片并非皆保持单一圆弧状态。式（3-122）的计算结果必须乘以非单一圆弧系数。

② 势能和最小的假设。

式（3-116）和式（3-118）表达的是单片簧的变形能，而整副弹簧的变形能为

$$U = \sum_{k=1}^{n} U_k = \sum \frac{1}{2} E I_k A_k \left[\frac{1}{R_k} - \frac{1}{R_0 + \Delta H_k} \right]^3$$

而 U 对总成曲率半径 R_0（cm）的一阶导数可近似表示为

$$\frac{\mathrm{d}U}{\mathrm{d}R_0} = \frac{E}{R_0^2} \sum_{k=1}^{n} I_k A_k \left(\frac{1}{R_k} - \frac{1}{R_0 + \Delta H_k} \right)$$

令 $\mathrm{d}U/\mathrm{d}R_0 = 0$，便可解得

$$R_0 = \sum_{k=1}^{n} Y_k \bigg/ \sum_{k=1}^{n} X_k \tag{3-123}$$

$$Y_k = \frac{I_k A_k}{1+\Delta H_k/\overline{R}_0}$$

$$X_k = \frac{I_k A_k}{R_k}$$

(5) 非单一圆弧系数

钢板弹簧各单片在自由状态下各自有一个统一的自由曲率半径 R_{k0}，然而，当中心螺栓拧紧后，各片则产生了若干个新的曲率半径。在同一片上，新的曲率半径的个数从最末一片算起直至主片，依次是 1，2，3，…，$(n-1)$，n。

式（3-117）和式（3-119）是变断面梁弯曲的基础公式。然而，它们是有条件成立的，那就是各片单一圆弧的假设。即当中心螺栓拧紧后，在假设总成曲率半径为 R_0 的情况下，各片所有断面的曲率改变量皆为

$$\frac{1}{\rho_x} = \frac{1}{R_k} - \frac{1}{R_0 + \Delta H_k}$$

多圆弧的存在和单一圆弧的假设显然是相矛盾的！为协调这一矛盾，减少设计偏差，故在确定各单片自由曲率半径 R_k 的式（3-121）中引进了一个修正系数 α，称为非

单一圆弧系数。下面分别确定设计用和验算用的 α 的计算公式。

① 设计用。

确定各单片的自由曲率半径 R_k 是钢板弹簧设计中的重要内容之一。然而，由式（3-121）可知：要确定 R_k，除需给定预弯矩 M_{0k} 之外，尚需给出 α 值。

如何确定 α 值呢？这只需将式（3-121）代入式（3-123），并近似认为 $R_0 = \overline{R}_0$，则可得到

$$\alpha = 1 - \frac{1}{E} \sum_{k=1}^{n} M_{0k} L_k \Big/ \sum_{k=1}^{n} \frac{I_k A_k}{R_0 + \Delta H_k} \tag{3-124}$$

② 验算用。

在各单片自由曲率半径已经确定的情况下，为了了解各片中的预弯矩和预应力，就必须知道非单一圆弧系数 α 的数值。

由于弯矩和为零的假设与单一圆弧的假设是相应的，加之认定势能和最小的假设是可信的，因此可将式（3-123）与式（3-122）之比视为非单一圆弧系数，即

$$\alpha = \frac{\displaystyle\sum_{k=1}^{n} X_k \big/ L_k \sum_{k=1}^{n} Y_k}{\displaystyle\sum_{k=1}^{n} Y_k \big/ L_k \sum_{k=1}^{n} X_k} \tag{3-125}$$

$$X_k = \frac{I_k A_k}{R_k}$$

$$Y_k = \frac{I_k A_k}{\overline{R}_0 + \Delta H_k}$$

7. 簧体质量

如何降低弹簧总成的质量 m，是弹簧设计的任务之一。簧体质量 m（kg）的计算公式为

$$m = \frac{\rho b}{1000} \sum_{k=1}^{n} M_k \tag{3-126}$$

式中　M_k——各片质量因式；

　　　　ρ——密度（g/cm^3）。

对于直线型，M_k 为

$$M_k = h_k S_k + \frac{1}{2}(h_k + h'_k)(L_k - S_k)$$

对于抛物线型，M_k 为

$$M_k = h_k S_k + \left(1 - \frac{\beta_k}{3}\right) h_k (L_k - S_k)$$

8. 结语

变断面簧的计算方法具有如下几个特点：

① 能够计算总变形、应力及曲率半径等一系列参数，具有较为完整的系统性。

② 各片弹簧不管是否等长均能计算，具有满足各种设计要求的普遍性和灵活性。

③ 采用"主片端部变形法"建立总成刚度表达式，其方法是以简代繁，其效果是提高了计算精确性。

④ 采用"非单一圆弧系数"修正各片曲率半径，能够保证各片预弯矩和为零，这不仅具有理论意义，而且在片数稍多的簧中也有其实际意义。

9. 计算示例

（1）约束条件

主片长度 $L_1 = 135$mm，总成负荷 $P = 9800$N，总成静挠度 $f = 10$cm，总成曲率半径 $R_0 = 160$cm，总成质量 $m \leqslant 27$kg，总成应力 $\sigma_A \leqslant 450$MPa。

（2）计算程序

1）设想方案。

初步提出 3 个方案共 6 组弹簧。各方案的簧宽 b 皆定为 7.6cm，中部平直段的长度 $S_k = 2\Delta_k$ 一律取为 10cm，至于各片总长度 L_k、根部厚度 h_k 以及端部厚度 h'_k 等参数见表 3-28。

表 3-28　设想方案　　　　　　　　（单位：cm）

k	①			②			③		
	L_k	h_k	h'_k	L_k	h_k	h'_k	L_k	h_k	h'_k
1	135	1.4	0.7	135	1.3	0.7	135	1.3	0.7
2	135	1.4	0.7	125	1.25	0.5	135	1.3	0.7
3	135	1.4	0.7	111	1.25	0.5	135	1.3	0.7
4				93	1.25	0.5			

2）计算总成质量。

总成质量 m 由式（3-126）计算，其中密度 ρ 取为 7.8g/cm³。计算结果见表 3-29。

表 3-29　总成质量

方案号	①		②		③	
簧型	直线型	抛物线型	直线型	抛物线型	直线型	抛物线型
总成质量 m/kg	25.83	28.42	25.91	28.87	24.54	26.76

由表 3-29 数据可知，直线型均未超重，抛物线型仅方案③未超重。

3）计算各片片端力。

各片片端力 P_k 由式（3-110）计算，计算结果见表 3-30。

表 3-30　各片片端力

方　案　号	簧　　型	片端力 P_k/N			
		P_1	P_2	P_3	P_4
①	直线型	4900	3266.7	1633.3	
	抛物线型	4900	3266.7	1633.3	
②	直线型	4900	3593.2	2752.1	1750.5
	抛物线型	4900	3791.3	2944.4	1887.3
③	直线型	4900	3266.7	1633.3	
	抛物线型	4900	3266.7	1633.3	

表 3-30 的数据说明，在同一簧中，若各片几何参数相同，则片端受力相同。

4）计算总成自由刚度及变形。

总成自由刚度 c_0 用式（3-112）计算。式中的修正系数 α 可取为 0.9。计算结果及总成变形 f 见表 3-31。

表 3-31　总成自由刚度

方　案　号	①		②		③	
簧型	直线型	抛物线型	直线型	抛物线型	直线型	抛物线型
刚度 c_0/（N/cm）	1252.2	1532.0	957.9	1309.2	922.6	1250.5
变形 f/cm	7.83	6.40	10.23	7.49	10.62	7.84

由表 3-31 数据可知，只有方案②、③的直线型弹簧能满足总成静挠度 10cm 的要求。

5）计算总成应力。

总成应力 σ_A 实际是各片根部应力的平均值，它可由式（3-113）计算。夹紧距离 S 取为 10cm，并认定一端的有效长度点为最大弯矩点，即

$$l_k = \frac{1}{2}(L_k - 0.5S)$$

计算结果见表 3-32。

表 3-32　总成应力

方　案　号		①		②		③	
簧型		直线型	抛物线型	直线型	抛物线型	直线型	抛物线型
总成应力/MPa	σ_A	427.63	427.63	392.51	392.51	495.95	495.95
	$[\sigma_A]$	417.45	396.00	450.75	414.75	459.30	417.60

由表 3-32 数据可知，仅方案②能够满足总成应力的要求，但方案②中的抛物线型总成变形又太小。所以，方案②直线型为最终选定方案。下面的计算仅涉及选定

方案。

6）计算单片应力。

单片应力 σ_{kx} 可用式（3-114）计算。计算断面参见各片计算断面图（图3-63）。计算结果见表3-33，单片应力图如图3-64所示。

表3-33 单片应力

k	单片应力 σ_{kx}/MPa													
---	67.5	65	62.5	50	40	30	25.5	21	16.5	12	8.5	5	2.5	0
1	496	481	466	472	472	462	454	441	424	400	376	346	185	0
2	363	352	342	382	420	466	489	514	541	568	334	0		
3	361	348	335	375	412	453	471	487	304	0				
4	411	389	367	382	369	283	184	0						

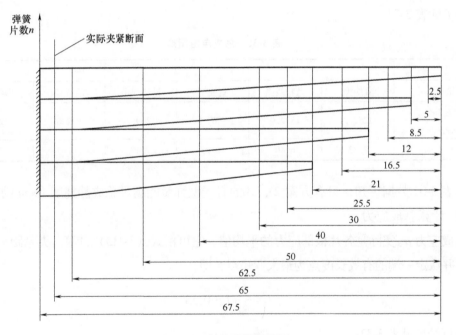

图3-63 各片计算断面图

由单片应力表和单片应力分布图可知，第2片的应力在第3片端点 l_3 处为568MPa，这是全簧的最高应力，它已接近总成应力的1.5倍。在实际设计中，对此种情况，应适当调整结构参数，以使应力在全簧和在各片中分布合理。须知，总成应力不能说明应力的分布状况。

从单片应力的计算结果可知，相对当今合金钢材的许用应力还是较小的。因此实际设计板簧时，完全可以增大总成变形，适当放大单片应力。

由于选定的示例方案②不仅为直线型，而且各簧片的长度也不相等。除末片外，其

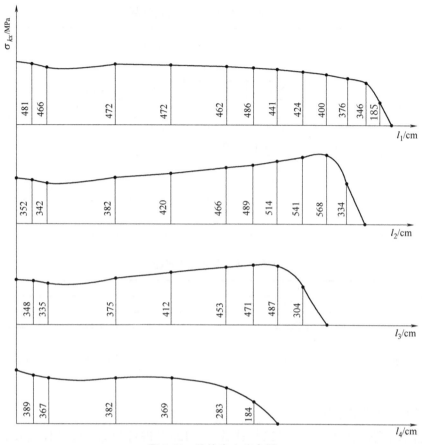

图 3-64　单片应力分布图

余各片均受有两个集中载荷。因此，单片应力的分布，就远离了等强度规律。不过，它较之等断面簧的图 3-55 所示的应力分布，还是要均匀得多。

7) 确定单片曲率半径。

要确定各单片的自由曲率半径，必须先确定各片的预弯矩，并计算非单一圆弧系数。

① 确定各片预弯矩。主片预弯矩 M_{01} 用式（3-120）计算，其余各片的预弯矩 M_{0k} 按图 3-62 分配。计算和分配的结果见表 3-34。

表 3-34　各片预弯矩

k	1	2	3	4	Σ
预弯矩 $M_{0k}/(\mathrm{N \cdot cm})$	−12642.4	8428.3	4214.1	0	0

② 计算非单一圆弧系数。非单一圆弧系数 α 按式（3-124）计算，式中的片间支垫厚度 δ_i 均取为 0.3cm。为了掌握 ΔH_k 的计算方法，故将计算程式与计算结果一并列入非单一圆弧系数的计算表（表 3-35）之中。

③ 计算各片曲率半径。各片自由曲率半径 R_k 可借用非单一圆弧系数的计算表中的数据利用式（3-122）计算。计算结果见表 3-36。

表 3-35　非单一圆弧系数的计算

k	$I_k/$ cm^4	β_k	$A_k/$ cm	$H_i/$ cm	$\Delta H_k/$ cm	$M_{0k}/$ (N·cm)	$M_{0k}L_k/$ (N·cm^2)	$\dfrac{I_k A_k}{R_0+\Delta H_k}/$ cm^4
1	1.391	0.4615	72.02	0	0	−12642.4	−1706724	0.6263
2	1.237	0.6	56.69	0.748	1.048	8428.3	1053537.5	0.4354
3	1.237	0.6	51.01	0.591	1.939	4214.1	467765.1	0.3896
4	1.237	0.6	43.70	0.634	2.873	0	0	0.3319
5	$R_0=160$cm，$E=20.58\times10^6$kPa						−185421.4	1.7832
α	$\alpha=1-\dfrac{1}{E}\dfrac{\sum M_{0k}L_k}{\sum \dfrac{I_k A_k}{R_0+\Delta H_k}}=1.00505$							

表 3-36　各片曲率半径

$R_k/$ cm	k	1	2	3	4
	计算值	183.35	143.46	152.29	162.05
	圆整值	183	144	152	162

　　注意：圆整时末片的曲率半径只能减小，不能增大，因为增大就不能与上一片保持接触。

　　8）验算总成曲率半径。

　　总成曲率半径 R_0 可用式（3-122）或式（3-123）进行验算，验算程式及其结果一并列入总成曲率半径的验算表（表 3-37）中。

表 3-37　总成曲率半径的验算表

k	$R_k/$ cm	$I_k/$ cm^4	$A_k/$ cm	$\Delta H_k/$ cm	$Y_k/$cm^4		$X_k/$cm^3	
					式（3-122）	式（3-123）	式（3-122）	式（3-123）
1	183	1.391	72.02	0	0.7423	100.21	0.0041	0.5476
2	144	1.237	56.69	1.048	0.5574	69.67	0.0039	0.4870
3	152	1.237	51.01	1.939	0.5616	62.34	0.0037	0.4151
4	162	1.237	43.07	2.873	0.5710	53.10	0.0036	0.3337
Σ	$\overline{R_0}=\dfrac{1}{n}\sum R_k=160.25$				2.4323	285.32	0.0153	1.7834
R_0	$R_0=\alpha\dfrac{\sum Y_k}{\sum X_k}=159.88$cm，$R_0=\dfrac{\sum Y_k}{\sum X_k}=159.99$cm							

　　表 3-37 的数据说明，R_0 的计算结果和设计要求是一致的，各单片自由曲率半径选定正确。此外，式（3-122）和式（3-123）计算结果的一致性，又说明了非单一圆弧的假设是有根据的。

　　9）验算各片预弯矩。

　　各片预弯矩可用式（3-127）验算：

$$M_{0k} = \frac{EI_k A_k}{L_k}\left(\frac{1}{R_k} - \frac{\alpha}{R_0 + \Delta H_k}\right) \tag{3-127}$$

式中的代号与式（3-122）相同。不过非单一圆弧系数 α 则应由式（3-125）计算。由式（3-127）计算的预弯矩值见表 3-38。

表 3-38　各片预弯矩的验算结果

k		1	2	3	4	$\sum M_{0k}$
R_k/cm		183	144	152	162	
$M_{0k}/$	$\alpha = 1$	−11999.8	8487.3	4723.5	395.8	1606.8
N·cm	$\alpha = 1.00505$	−12481.9	8125.2	4362.2	24.9	30.4

由表 3-38 的数据可知，对于各片预弯矩之和 $\sum M_{0k}$，若考虑非单一圆弧影响，则基本归零；若不考虑，则不能归零。

（三）渐变刚度钢板弹簧

渐变刚度钢板弹簧可以有效地解决汽车装载质量变化引起悬架偏频变化过大的矛盾。特别是变截面副簧的渐变刚度簧，更是一种较为理想的形式。然而，至今尚未见有副簧为变截面的渐变刚度钢板弹簧的设计计算方法，而且在负荷-变形特性这一基本问题上，仍存在着理论上的混乱。

本书的目的在于研究和解决上述存在的问题，建立普遍实用的设计计算方法。

1. 渐变刚度簧的计算方法

渐变刚度簧的副簧包括等截面以及直线型或抛物线型变截面多种形式，而且副簧可以是平直的，也可以是上下弯曲的。由于目前国内对 40mm 以下厚度的板材可以有效地进行热处理，因此多片副簧不予考虑。

（1）基本假设问题

渐变刚度簧的主副簧之间的受力关系是考虑问题的基础。要了解这一关系，就必须了解主副簧接触点的变形统一条件，如图 3-65 和图 3-66 所示。

主副簧在接触点处具有共同的坐标。除此之外，尚有两种假设：一是在接触点处，主副簧具有共同的斜率（一阶导数法）；二是具有共同的曲率（二阶导数法）。利用共曲率假设建立的等截面渐变刚度簧的计算方法，在不少手册和书籍上都可见到，但计算结果却与实际相差甚远。本书认为：共同曲率假设本身依然是正确的，问题在于利用假设时，简单地认为只要在外力作用下，主簧末片的曲率变到与副簧的原始曲率一致时便是平衡的最终状态。由此，便得出了如下错误的结论公式：

$$\frac{P_n(l_n - x_0)}{EI_n} = \frac{1}{R_\mathrm{m}} - \frac{1}{R_\mathrm{a}}$$

式中　I_n——主簧末片的惯性矩；

　　　E——抗弯模量。

上式错误的根据如下：主簧在外力的作用下，其末片逐渐变形，横坐标为 x_0 的点（暂不考虑 $x_0 = 0$ 的点）逐渐向副簧靠近。当二者刚一接触，其接触点处就具有了共同的斜率，同时也具有了共同的曲率，即副簧的原始曲率 $\frac{1}{R_a}$。此时，主簧末片背面的曲率改变量为 $\left(\frac{1}{R_m} \mp \frac{1}{R_a}\right)$。上述错误结论公式就是以此为根据建立的。

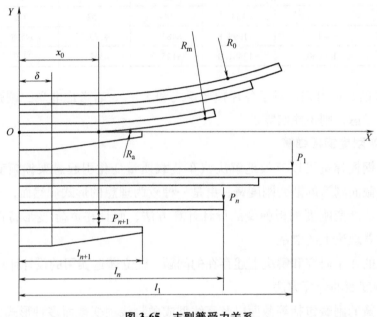

图 3-65　主副簧受力关系

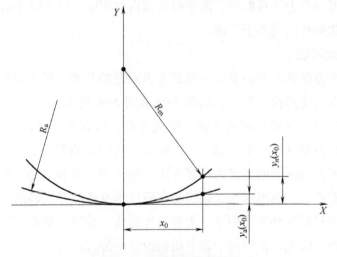

图 3-66　主副簧的形状函数

然而，主副簧的接触，并不意味着接触点处变形的终止。随着外力的加大，副簧将随主簧一起变形，直至接触点推移。从刚一接触到向外推移的全过程中的任一时刻，主副簧均具有不断变化的共同斜率和曲率。主簧的最终曲率改变量应是主副簧初始形状函

数 $y_m(x)$ 和 $y_a(x)$ 的曲率改变量的差，可表示为

$$\Delta y''(x_0) = y''_m(x_0) - y''_a(x_0)$$

至于板簧处于自由状态下的零点，那就更不足为例。因为所研究的不是自由状态，而是受力变形状态。在零点，主副簧一开始就已接触，二者已具有了一个共同的斜率。当外力作用于主簧且不断加大时，它们始终具有这个不变的共同斜率，但主簧的曲率却在不断地改变，直至降到副簧的原始曲率。此时，作用于主簧末片端部的载荷称为"临界载荷"，这也是接触点开始向两边推移时的载荷。这个"临界载荷"可表示为

$$P_{nc} = \frac{EI_n}{l_n}\left(\frac{1}{R_m} \mp \frac{1}{R_a}\right)$$

此式清楚地表明：当载荷达到"临界载荷"时，主簧的曲率已降至 $\dfrac{1}{R_m} - \left(\dfrac{1}{R_m} - \dfrac{1}{R_a}\right) = \dfrac{1}{R_a}$。所以，主副簧在零点依然具有共同的曲率。

（2）负荷特性

负荷-变形特性是渐变刚度簧的关键问题，此处将讨论下列四个问题：主副簧接触片间的受力关系、主簧各片间的受力关系、特定点的载荷、总成变形及刚度。

1）主副簧接触片间的受力关系。

由图3-65可知，主簧一端在力 P_1 的作用下，主簧末片端部受力为 P_n。主副簧接触点的横坐标 x_0 的接触力为 P_{n+1}。假定主副簧在其接触点处具有共同的坐标和共同的曲率，于是可得

$$y_m(x_0) - f_m(x_0) = y_a(x_0) - f_a(x_0) \tag{3-128}$$

$$y''_m(x_0) - f''_m(x_0) = y''_a(x_0) - f''_a(x_0) \tag{3-129}$$

式中　　$y_m(x_0)$——主簧末片下面初始形状函数 $y_m(x)$ 在 x_0 处的值；

　　　　$y_a(x_0)$—— 副簧上面初始形状函数 $y_a(x)$ 在 x_0 处的值；

　　　　$f_m(x_0)$——主簧末片在力 P_n 和 P_{n+1} 作用下，接触点 x_0 处的变形；

　　　　$f_a(x_0)$——副簧在力 P_{n+1} 作用下，接触点 x_0 处的变形；

$y''_m(x_0)$、$y''_a(x_0)$——函数 $y_m(x)$ 和 $y_a(x)$ 在 x_0 处的二阶导数；

$f''_m(x_0)$、$f''_a(x_0)$——在力 P_n 和 P_{n+1} 作用下，函数 $f_m(x)$ 和 $f_a(x)$ 在 x_0 处的曲率改变量（二阶导数）。

式（3-128）和式（3-129）还可变为如下形式：

$$y_m(x_0) - y_a(x_0) = f_m(x_0) - f_a(x_0) \tag{3-130}$$

$$y''_m(x_0) - y''_a(x_0) = f''_m(x_0) - f''_a(x_0) \tag{3-131}$$

下面分别研究式（3-130）和式（3-131）中的参数。

① $y_m(x_0)$、$y_a(x_0)$ 及其差值 $\Delta y(x_0)$。

式（3-130）左端的主副簧接触片的初始形状函数在 x_0 处的值可由图3-66的几何关

系求出，为

$$y_m(x_0) = R_m - \sqrt{R_m^2 - x_0^2}$$

$$y_a(x_0) = R_a - \sqrt{R_a^2 - x_0^2}$$

于是，便可求出两函数的差值为

$$\Delta y(x_0) = (R_m - \sqrt{R_m^2 - x_0^2}) \mp (R_a - \sqrt{R_a^2 - x_0^2}) \tag{3-132}$$

式中 R_m——主簧接触片在中心螺栓拧紧后的曲率半径（cm）；

       R_a——副簧接触片在中心螺栓拧紧后的曲率半径（cm）。

$$R_m = R_0 + \sum_{k=1}^{n} h_k \tag{3-133}$$

式中 R_0——主簧总成曲率半径；

       h_k——主簧各片的厚度；

       n——主簧总片数。

式（3-132）中的正负号，可由副簧的曲率中心来判断。若曲率中心在横坐标下（副簧下弯或反弧），则取"+"号；若副簧曲率中心在无穷远处，即 $R_a \to \infty$，则式（3-132）变为

$$\Delta y(x_0) = R_m - \sqrt{R_m^2 - x_0^2} \tag{3-134}$$

② $y_m''(x_0)$、$y_a''(x_0)$ 及其差值 $\Delta y''(x_0)$。

式（3-131）左端的函数分别为

$$y_m''(x_0) = R_m^2 (R_m^2 - x_0^2)^{-\frac{3}{2}}$$

$$y_a''(x_0) = R_a^2 (R_a^2 - x_0^2)^{-\frac{3}{2}}$$

两函数的差值为

$$\Delta y''(x_0) = R_m^2 (R_m^2 - x_0^2)^{-\frac{3}{2}} \mp R_a^2 (R_a^2 - x_0^2)^{-\frac{3}{2}} \tag{3-135}$$

当副簧为反弧时，式（3-135）中的负正号取"+"号。当 $R_a \to \infty$ 时，式（3-135）变为

$$\Delta y''(x_0) = R_m^2 (R_m^2 - x_0^2)^{-\frac{3}{2}} \tag{3-136}$$

③ $f_m(x_0)$、$f_a(x_0)$ 及其差值 $\Delta f(x_0)$。

式（3-130）右端的变形函数 $f_m(x_0)$、$f_a(x_0)$ 分别为

$$f_m(x_0) = \frac{P_n l_n^3}{3EI_n}\eta_m - \frac{P_{n+1} x_0^3}{3EI_n} \tag{3-137}$$

$$f_a(x_0) = \frac{P_{n+1} x_0^3}{3EI_{n+1}}\eta_a \tag{3-138}$$

式中 E——抗弯模量，$E = 2059 \times 10^4 \text{kPa}$；

   I_n、I_{n+1}——主簧末片和副簧根部的惯性矩（cm^4）；

   P_n、P_{n+1}——作用于主簧末片端部和作用于副簧 x_0 处的力（N）；

x_0——主副簧接触点的横坐标（cm）；

η_m、η_a——主副簧结构系数式，参见表 3-39。

两变形函数 $f_m(x_0)$ 和 $f_a(x_0)$ 的差为

$$\Delta f(x_0) = \frac{p_n l_n^3}{3EI_n}\eta_m - \frac{p_{n+1}x_0^3}{3EI_n}\left(1 + \eta_a\frac{I_n}{I_{n+1}}\right) \tag{3-139}$$

表 3-39　主副簧结构系数式

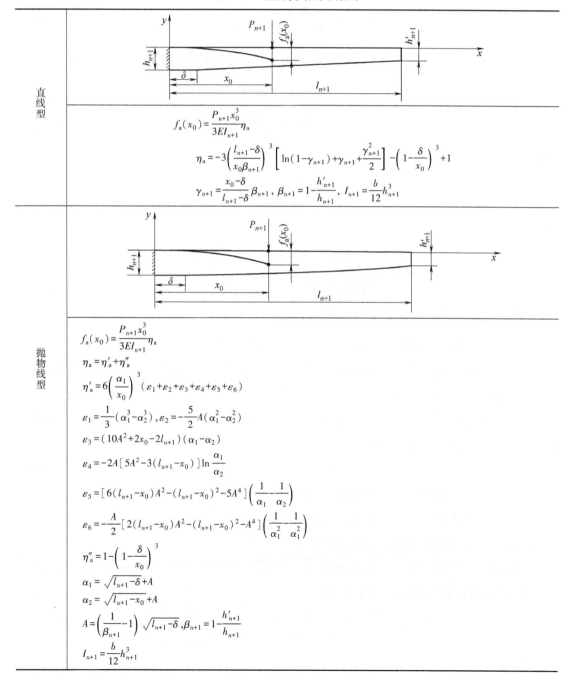

直线型

$$f_a(x_0) = \frac{P_{n+1}x_0^3}{3EI_{n+1}}\eta_a$$

$$\eta_a = -3\left(\frac{l_{n+1}-\delta}{x_0\beta_{n+1}}\right)^3\left[\ln(1-\gamma_{n+1})+\gamma_{n+1}+\frac{\gamma_{n+1}^2}{2}\right]-\left(1-\frac{\delta}{x_0}\right)^3+1$$

$$\gamma_{n+1} = \frac{x_0-\delta}{l_{n+1}-\delta}\beta_{n+1},\ \beta_{n+1} = 1-\frac{h'_{n+1}}{h_{n+1}},\ I_{n+1} = \frac{b}{12}h_{n+1}^3$$

抛物线型

$$f_a(x_0) = \frac{P_{n+1}x_0^3}{3EI_{n+1}}\eta_a$$

$$\eta_a = \eta'_a + \eta''_a$$

$$\eta'_a = 6\left(\frac{\alpha_1}{x_0}\right)^3(\varepsilon_1+\varepsilon_2+\varepsilon_3+\varepsilon_4+\varepsilon_5+\varepsilon_6)$$

$$\varepsilon_1 = \frac{1}{3}(\alpha_1^3-\alpha_2^3),\ \varepsilon_2 = -\frac{5}{2}A(\alpha_1^2-\alpha_2^2)$$

$$\varepsilon_3 = (10A^2+2x_0-2l_{n+1})(\alpha_1-\alpha_2)$$

$$\varepsilon_4 = -2A[5A^2-3(l_{n+1}-x_0)]\ln\frac{\alpha_1}{\alpha_2}$$

$$\varepsilon_5 = [6(l_{n+1}-x_0)A^2-(l_{n+1}-x_0)^2-5A^4]\left(\frac{1}{\alpha_1}-\frac{1}{\alpha_2}\right)$$

$$\varepsilon_6 = -\frac{A}{2}[2(l_{n+1}-x_0)A^2-(l_{n+1}-x_0)^2-A^4]\left(\frac{1}{\alpha_1^2}-\frac{1}{\alpha_1^2}\right)$$

$$\eta''_a = 1-\left(1-\frac{\delta}{x_0}\right)^3$$

$$\alpha_1 = \sqrt{l_{n+1}-\delta}+A$$

$$\alpha_2 = \sqrt{l_{n+1}-x_0}+A$$

$$A = \left(\frac{1}{\beta_{n+1}}-1\right)\sqrt{l_{n+1}-\delta},\ \beta_{n+1} = 1-\frac{h'_{n+1}}{h_{n+1}}$$

$$I_{n+1} = \frac{b}{12}h_{n+1}^3$$

④ $f''_m(x_0)$、$f''_a(x_0)$ 及其差值 $\Delta f''(x_0)$。

因为力 P_{n+1} 作用于 x_0 处，所以无论是主簧还是副簧，P_{n+1} 都不改变 x_0 处的曲率，于是接触点 x_0 处的曲率改变量仅决定于 P_n，即

$$\Delta f''(x_0) = \frac{P_n(l_n - x_0)}{EI_n} \tag{3-140}$$

由式（3-131）和式（3-140），便可直接求出作用于主簧末片端部的力为

$$P_n = \frac{EI_n}{l_n - x_0} \Delta y''(x_0) \tag{3-141}$$

由式（3-130）、式（3-139）和式（3-141），便可求得作用于副簧 x_0 处的力为

$$P_{n+1} = \frac{\eta_m x_0^3 p_n - 3EI_n \Delta y(x_0)}{\left(1 + \eta_a \dfrac{I_n}{I_{n+1}}\right) x_0^3} \tag{3-142}$$

式中

$$\eta_m = \frac{1}{2}\left(3\frac{l_n}{x_0} - 1\right)$$

或

$$P_{n+1} = \frac{EI_n}{\left(1 + \eta_a \dfrac{I_n}{I_{n+1}}\right)}\left[\eta_m \frac{\Delta y''(x_0)}{(l_n - x_0)} - \frac{3\Delta y(x_0)}{x_0^3}\right] \tag{3-143}$$

2）主簧各片间的受力关系。

当用式（3-141）和式（3-143）求出 P_n 和 P_{n+1} 之后，尚需求出 P_{n-1}、P_{n-2}……P_2、P_1 作用于主簧各片端部的力。这既是计算各片弯矩和应力的需要，也是确定整副弹簧负荷特性的需要，即确定 x_0-P_1、x_0-Q 和 f-Q 等关系的需要。

在图 3-65 中，假定主簧的片间载荷为集中载荷，并假定第 k 片与第 $k+1$ 片在其片端接触点处的变形相等，于是可得

$$f_{Ak} - f_{Bk} = f_{Ck} - f_{Dk} \tag{3-144}$$

式中　f_{Ak}——力作用于端部，中部某断面的变形（cm）；

　　　f_{Bk}——力作用于中部，其相应断面的变形（cm）；

　　　f_{Ck}——力作用于端部，端部处的变形（cm）；

　　　f_{Dk}——力作用于中部，端部处的变形（cm）。

式（3-144）还可表示为如下形式：

$$\frac{P_k l_k^3}{3EI_k}\eta_{Ak} - \frac{P_{k+1} l_{k+1}^3}{3EI_k}\eta_{Bk} = \frac{P_{k+1} l_{k+1}^3}{3EI_{k+1}}\eta_{C(k+1)} - \frac{P_{k+2} l_{k+2}^3}{3EI_{k+1}}\eta_{D(k+1)}$$

解之可得

$$P_k = A_k P_{k+1} - B_k P_{k+2} \tag{3-145}$$

式中　$A_k = \left[1 + (h_k/h_{k+1})^3\right]/(1.5 l_k/l_{k+1} - 0.5)$

$$B_k = \left(\frac{3l_{k+1} - l_{k+2}}{3l_k - l_{k+1}}\right)\left(\frac{l_{k+2}}{l_{k+1}}\right)^2\left(\frac{h_k}{h_{k+1}}\right)^3$$

　　l_k——主簧各片有效长度之半（cm）；

　　h_k——主簧各片的厚度（cm）。

注意：B_k式中的l_{n+1}应以x_0代替。

由式（3-141）、式（3-143）和式（3-145），便可求出一系列的$x_0\text{-}P_k$曲线。

3）特定点的载荷。

有了$x_0\text{-}P_1$曲线，便可确定如下特定点的载荷。

① $x_0 = l_{n+1}$时的载荷。

这个载荷就是主、副簧全部接触时的载荷。由于l_{n+1}是设计时已经给定的参数，故只需令$x_0 = l_{n+1}$便可确定了。

② 满载负荷和空载负荷。

这是弹簧设计最为关心的两点。有了$x_0\text{-}P_1$曲线，就可根据给定的满载和空载负荷反查其相应的x_0值，重新计算片端力P_k，进而计算单片应力和总成变形等。

③ $x_0 = 0$时的载荷。

这个载荷通常称为"临界载荷"。对于作用于主簧末片端部的力P_n来说，"临界载荷"可由式（3-141）和式（3-145）直接得出

$$P_{nc} = \frac{EI_n}{l_n}\left(\frac{1}{R_m} \mp \frac{1}{R_a}\right) \tag{3-146}$$

式（3-146）清楚地表明：主簧末片一端的"临界载荷"P_{nc}与主簧末片的材料特性E和几何特性I_n以及曲率改变量（$1/R_m \mp 1/R_a$）成正比，但与长度l_n成反比。

此外，知道了P_{nc}，主簧各片端部的"临界载荷"P_{kc}也可找到。有了作用于弹簧两端（非对称簧）的力P_{1c}就找到了簧载"临界载荷"Q_c。与此载荷对应的刚度，便是主簧的刚度。

值得指出的是：此时的副簧尚未起作用，主簧末片只有P_{nc}有效地作用其上。在式（3-145）中，因为$l_{n+1} = x_0 = 0$，所以$B_{n-1} = 0$。

4）总成变形及刚度。

利用"主片变形法"来推求弹簧总成的变形。所谓"主片变形法"，就是利用作用于主片上的力P_1和P_2，求出主片端部的变形。而主片端部的变形，就是弹簧总成一端的变形。

由图3-67可知，主片一端的变形应是P_1和P_2两力合成作用的结果。所以，主片一

端的变形为

$$f = f_{C1} - f_{D1} = \frac{p_1 l_1^3}{3EI_1}\eta_{C1} - \frac{p_2 l_1^3}{3EI_1}\eta_{D1}$$

解之可得

$$f = \frac{l_1^3}{3EI_1}(\eta_{C1}p_1 - \eta_{D1}p_2) \quad (3\text{-}147)$$

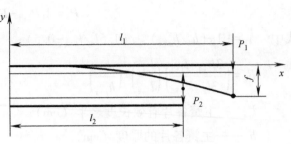

图 3-67 主片（总成）的变形

式中　$\eta_{C1} = 1$；

$$\eta_{D1} = \frac{1}{2}\left(\frac{l_2}{l_1}\right)^2\left(3 - \frac{l_2}{l_1}\right)。$$

总成自由刚度 c_0 可用下法求得：在已知载荷 Q_i 和对应变形 f_i 的情况下，给定方程 $f_i = \sum_{i=0}^{k} b_i Q_i$（可取 $k=5$ 或 $k=6$），并对其进行拟合，找出系数 b_i，然后求导，进而求得不同载荷 Q 下刚度 c_0（单位为 N/cm）的表达式为

$$c_0 = \frac{\alpha}{\sum\limits_{i=1}^{k} i b_i Q_{i-1}} \quad (3\text{-}148)$$

式中　α——修正系数。

正如前述，$x_0 = 0$ 时的"临界刚度"，就是主簧的刚度。

当给定一组 x_0 值后，便可由式（3-141）、式（3-143）和式（3-145）求出一系列的 x_0-P_k 曲线。有了一系列的 x_0-P_1、P_2 值，便可利用式（3-147）和式（3-148），求出一系列的 x_0-f、c_0 值。最后再把弹簧两端的力、变形和刚度转化为弹簧总成的载荷 Q，以及变形 f 和刚度 c，进而做出图 3-68 所示的负荷-变形特性曲线。

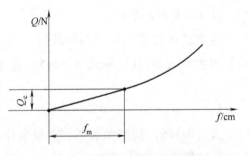

图 3-68　负荷-变形特性曲线

2. 计算示例

计算示例包括比较计算和具体计算两部分。所谓比较计算，是指共同曲率法和共同切线法在理论上的对比计算。

（1）比较计算

比较计算仅包括主副簧接触片的片端力 P_n 和 P_{n+1}。为了两种假设的对比，特导出了共切线法与式（3-141）和式（3-143）相对应的公式（等断面副簧），为

$$P_n = \frac{2EI_n[2x_0\Delta y'(x_0) - 3\Delta y(x_0)]}{x_0^2(l_n - x_0)} \quad (3\text{-}149)$$

$$P_{n+1} = \frac{2EI_n[(3l_n - x_0)x_0\Delta y'(x_0) - 3(2l_n - x_0)\Delta y(x_0)]}{(1 + I_n/I_{n+1})(l_n - x_0)x_0^3} \quad (3\text{-}150)$$

式（3-149）和式（3-150）中的 $\Delta y'(x_0)$ 是主、副簧初始形状函数差在 x_0 处的一阶导数。

计算按非对称簧考虑。短边记为 S，长边记为 L，非对称度 $Y=1.5$。主副簧的横坐标 x_0，两边各取 6 个计算点（包括零点）。主副簧的有关参数见表 3-40。计算结果见表 3-41。

表 3-40　示例弹簧参数

（单位：cm）

结构参数	总片长	短边长	长边长	片　宽	片　厚	曲率半径
主簧末片	84	33.6	50.4	7	0.7	162.8
副簧	66	26.4	39.6	7	1.5	300

表 3-41　片端力比较

x_0/cm		S	0	5	10	15	20	26.4
		L	0	7.5	15	22.5	30	39.6
P_n/N	共切线	S	344	406	495	634	880	1706
		L	230	271	333	433	613	1226
	共曲率	S	344	406	495	637	887	1728
		L	230	271	335	437	623	1262
P_{n+1}/N	共切线	S		375	460	592	821	1578
		L		253	319	418	590	1159
	共曲率	S		375	463	599	833	1606
		L		256	324	428	609	1205

由表 3-41 数据可知，两种方法计算结果偏差很小。其最大偏差 P_n 值未超出 3%，P_{n+1} 值未超出 4%。

（2）具体计算示例

① 前提条件和结构参数。

计算对象为非对称渐变刚度簧，副簧为直线型变断面簧，取非对称度 $Y=1.4$。

主簧总片数 $n=4$，主片重叠数 $n_0=2$，其他结构参数见表 3-42。

表 3-42　主副簧结构参数

（单位：cm）

弹簧类别	k	L_k	l_{Sk}	l_{Lk}	h_k
主　簧	1	130	54.2	75.8	0.8
	2	130	54.2	75.8	0.8
	3	114.3	47.6	66.7	0.8
	4	98.6	41.1	57.5	0.8
副　簧	5				

取总成曲率半径 $R_0 = 300\text{cm}$。副簧上面平直，即 $R_a \to \infty$。假设主簧不加片间支垫，则主簧末片下面的曲率半径为

$$R_m = 300 + \sum_{k=1}^{n} h_k = 303.2\text{cm}$$

② 计算主、副簧的接触力 P_n 和 P_{n+1}。

对主、副簧接触点的坐标值 x_0，两边各取 7 个计算点（包括零点），其数值见表 3-43。

表 3-43 主、副簧的接触力

x_0/cm		S	0.00	6.25	12.50	18.01	23.53	29.04	34.56
		L	0.00	8.75	17.5	25.22	32.94	40.66	48.38
P_k/N	P_1	S	1339	1544	1763	1990	2296	2817	4157
		L	956	1103	1262	1426	1649	2030	3012
	P_2	S	996	1151	1325	1513	1777	2240	3446
		L	711	823	948	1085	1277	1616	2499
	P_3	S	797	926	1082	1263	1535	2029	3336
		L	569	662	774	906	1104	1465	2423
	P_4	S	493	582	711	883	1165	1706	3163
		L	352	416	509	634	839	1235	2303
	P_5	S		538	658	818	1077	1568	2875
		L		386	475	592	782	1143	2102

利用式（3-141）和式（3-143）计算主、副簧的片端接触力 P_n 和 P_{n+1}，计算结果见表 3-43。

③ 计算 $k=(n-1)\sim 1$ 各片的片端力 P_k。

利用式（3-145）计算各片给定接触点处的片端力 $P_k[k=(n-1)\sim 1]$，计算结果见表 3-43。

④ 计算变形 f 及刚度 c。

借助表 3-43 中的片端力 P_1 和 P_2，并利用式（3-147）计算弹簧两边对应各接触点处的变形 f_S 和 f_L。计算结果见表 3-44。

利用式（3-148）计算不同载荷 Q 的自由刚度 c_0，取 $\alpha = 0.9$。计算结果见表 3-44。

利用式（3-151）计算桥心线处的变形，计算结果见表 3-44。

$$f = \frac{Y f_S + f_L}{1 + Y} \tag{3-151}$$

利用公式 $Q = P_{1S} + P_{1L}$ 计算桥心线处各相应点的载荷。计算结果见表 3-44。

利用式（3-152）计算桥心线处的刚度。计算结果见表 3-44。

$$c = \frac{Y(1+Y)}{1+Y^3}(c_S + c_L) \tag{3-152}$$

表 3-44　变形及刚度

x_0/cm	S	0.00	6.25	12.50	18.01	23.53	29.04	34.56
	L	0.00	8.75	17.50	25.22	32.94	40.66	48.38
f_S/cm		2.954	3.382	3.776	4.111	4.471	4.970	6.128
f_L/cm		5.789	6.632	7.413	8.080	8.801	9.802	12.131
f/cm		4.135	4.736	5.292	5.765	6.275	6.984	8.629
$c_S/(\mathrm{N/cm})$		407.9	410.8	420.2	435.6	462.1	510.1	610.5
$c_L/(\mathrm{N/cm})$		148.6	149.7	153.2	158.9	168.6	186.4	223.5
$c/(\mathrm{N/cm})$		499.3	503.1	514.5	533.5	566.1	625.1	748.4
Q/N		2294.5	2647.2	3024.5	3415.8	3944.8	4847.4	7169.2

⑤ 绘制负荷-变形特性曲线。

将表 3-44 中的 Q 和 f 数值，绘制成 Q-f 特性曲线，如图 3-69 所示。

（3）检验计算

① 主簧刚度的检验。

本计算方法是从主副簧接触片开始，反推其作用于各片的片端力，并附带算出了主簧的刚度。列于表 3-44 中的 499.3N/cm 这个刚度值，能否经得起如下普通公式的检验？

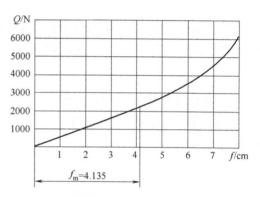

图 3-69　Q-f 特性曲线

$$c_{S(L)} = \frac{3E\alpha}{\sum_{k=1}^{n}\left(\dfrac{a_{k+1}^3 - a_k^3}{I_k}\right)}$$

式中　　　　　　　　　　　$a_k = l_1 - l_k$

$$I_k = \frac{b}{12}\sum_{i=1}^{k} h_i^3$$

用上式计算的结果，$c_S = 415.2\mathrm{N/cm}$，$c_L = 151.3\mathrm{N/cm}$。换算到桥心处的刚度 $c_m = 508.4\mathrm{N/cm}$。该数据与上列数据比较，偏差仅为 1.8%。这既说明了采用"主片变形法"计算总成刚度的可行性，也说明了共同曲率法是经得起检验的。

② 非对称簧两边变形和刚度的检验。

非对称簧两边变形和刚度应符合式（3-153）和式（3-154）所给的关系：

$$f_L/f_S = Y^2 \tag{3-153}$$

$$c_L/c_S = 1/Y^3 \tag{3-154}$$

经验算说明，表 3-44 中的数据，完全符合上述两式所反映的情况。

（四）非对称钢板弹簧

非对称钢板弹簧在一定的汽车轴距下，可以调整前后悬的长度和轴荷分配，可以改变接近角和离去角的大小，可以协调车桥和发动机的位置矛盾等，而且还具有许多独特的性能。掌握这些性能，对于做好汽车总布置设计和悬架设计是十分必要的。

1. 非对称度

所谓非对称度，就是弹簧主片长度 L 分配于长边的长度 l_{L1} 和短边的长度 l_{S1} 之比（图 3-70），即

$$Y=\frac{l_{L1}}{l_{S1}} \tag{3-155}$$

非对称度 Y 不仅影响弹簧两边的刚度，以及整个弹簧的刚度和角刚度，而且影响悬架相关点的运动轨迹等。Y 值过小意义不大，过大也不可取，一般可在 1.3~1.5 的范围内取值。

2. 桥心线处的变形 f 与两端变形 f_S、f_L 的关系

在已知短边变形 f_S 和长边变形 f_L 的情况下，按照图 3-71 的几何关系，可以求得桥心线处的变形 f 的表达式为

$$f=\frac{l_{L1}f_S+l_{S1}f_L}{L}=\frac{Yf_S+f_L}{1+Y} \tag{3-156}$$

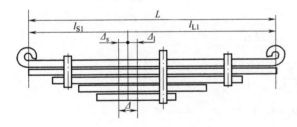

图 3-70　非对称钢板弹簧

图 3-71　两端与桥心线处的变形关系

3. 两端变形 f_S、f_L 与桥心线处变形 f 的关系

根据设计要求，在已经提出了悬架静变形 f 的情况下，如何求出分配于两端的变形 f_S 和 f_L 呢？这是非对称簧设计必须要解决的问题。

仅知 f，利用式（3-156）是不可能求出两个未知数 f_S 和 f_L 的。可先求出两端变形的结构表达式，然后再求二者的关系式。由此关系式加上式（3-156），问题就可解决了。

假设弹簧各片长度均按非对称度的关系取值，那么两边弹簧的片数、片宽和片厚均相等，故作为传统式弹簧的形状系数 δ 两边亦相同。所以，两端变形可分别表示为

$$f_S=\delta\frac{P_Sl_{S1}^3}{3EI_0}=\frac{\delta Q}{3EI_0}\ \frac{l_{S1}^3l_{L1}}{L}$$

$$f_{\mathrm{L}} = \delta \frac{P_{\mathrm{L}} l_{\mathrm{L1}}^3}{3EI_0} = \frac{\delta Q}{3EI_0}\ \frac{l_{\mathrm{L1}}^3 l_{\mathrm{S1}}}{L}$$

式中　P_{S}、P_{L}——作用于短端和长端的力；

$\qquad\quad Q$——簧载负荷；

$\qquad\quad L$——主片长度；

$\quad l_{\mathrm{S1}}$、l_{L1}——主片分配于短边和长边的长度。

两端变形比为

$$\frac{f_{\mathrm{L}}}{f_{\mathrm{S}}} = \left(\frac{l_{\mathrm{L1}}}{l_{\mathrm{S1}}}\right)^2 = Y^2 \tag{3-157}$$

由式（3-156）和式（3-157）可以推得两端变形与桥心线处变形的关系式为

短端变形：
$$f_{\mathrm{S}} = \frac{f}{Y} \tag{3-158}$$

长端变形：
$$f_{\mathrm{L}} = Yf \tag{3-159}$$

4. 两边刚度 c_{S}、c_{L} 与桥心线处刚度 c_{F} 的关系

两边刚度为

$$c_{\mathrm{S}} = P_{\mathrm{S}}/f_{\mathrm{S}} = \frac{YQ}{1+Y}\ \frac{Y}{f} = \frac{Y^2}{1+Y}c_{\mathrm{F}} \tag{3-160}$$

$$c_{\mathrm{L}} = P_{\mathrm{L}}/f_{\mathrm{L}} = \frac{Q}{1+Y}\ \frac{1}{Yf} = \frac{1}{Y(1+Y)}c_{\mathrm{F}} \tag{3-161}$$

反之，可求得桥心线处的刚度为

$$c_{\mathrm{F}} = \frac{Y(1+Y)}{1+Y^3}(c_{\mathrm{S}}+c_{\mathrm{L}}) \tag{3-162}$$

两边刚度比为

$$\frac{c_{\mathrm{L}}}{c_{\mathrm{S}}} = \frac{1}{Y^3} \tag{3-163}$$

5. 对称簧的变形 f_{D}、刚度 c_{D} 与非对称簧的变形 f_{F}、刚度 c_{F} 的比较

在弹簧主片相同，片数、片宽、片厚以及形状系数均相同的前提下，对称簧与非对称簧在桥心线处的变形及刚度谁大谁小呢？作为变形，由于

$$f_{\mathrm{D}} = \delta \frac{QL^3}{48EI_0}$$

$$f_{\mathrm{F}} = \frac{f_{\mathrm{S}} l_{\mathrm{L}} + f_{\mathrm{L}} l_{\mathrm{S}}}{L} = \delta \frac{Q l_{\mathrm{S1}}^2 l_{\mathrm{L1}}^2}{3EI_0 L}$$

所以，对称簧与非对称簧的变形比为

$$\frac{f_{\mathrm{D}}}{f_{\mathrm{F}}} = \frac{(1+Y)^4}{16Y^2} \tag{3-164}$$

由于 $Y>1$，故由式（3-164）可知

$$f_D>f_F$$

对称簧与非对称簧的刚度比为

$$\frac{c_D}{c_F}=\frac{16Y^2}{(1+Y)^4} \tag{3-165}$$

由于 $Y>1$，所以有

$$c_D<c_F$$

6. 对称簧与非对称簧角刚度的比较

此处所指的角刚度，包括两个内容：一为抵抗车桥角位移的弹簧自身的角刚度 c_θ；一为抵抗车身横向角位移的悬架横向角刚度 c_α。

（1）弹簧自身角刚度 c_θ

对于对称簧，有

$$c_{\theta D}=\frac{1}{4}c_D L^2 \tag{3-166}$$

对于非对称簧，有

$$c_{\theta F}=c_S l_{S1}^2+c_L l_{L1}^2=\frac{YL^2}{(1+Y)^2}c_F \tag{3-167}$$

对称簧与非对称簧自身角刚度比为

$$\frac{c_{\theta D}}{c_{\theta F}}=\left(\frac{c_D}{c_F}\right)^{1/2}=\frac{4Y}{(1+Y)^2} \tag{3-168}$$

由于 $Y>1$，故由式（3-168）可知

$$c_{\theta D}<c_{\theta F}$$

观察式（3-165）和式（3-168），还可顺便得到

$$\frac{c_D}{c_F}=\left(\frac{c_{\theta D}}{c_{\theta F}}\right)^2 \tag{3-169}$$

（2）悬架横向角刚度

对于对称簧，有

$$c_{\alpha D}=\frac{1}{2}kc_{xD}B^2 \tag{3-170}$$

式中　k——弹簧自身的抗侧倾能力；

　　　B——左、右板簧中心距。

对于非对称簧，由于车身横向倾斜时，固定于车轴上的左右弹簧座不可能倾斜（车轴承受一个附加力矩），故非对称簧的短、长部分只许独立地参加工作，所以其横向角刚度应为

$$c_{\alpha F}=\frac{1}{2}k(c_{xF}+c_1)B^2=\frac{1}{2}k\frac{1+Y^3}{Y(1+Y)}c_F B^2 \tag{3-171}$$

对称簧与非对称簧的横向角刚度比为

$$\frac{c_{\alpha D}}{c_{\alpha F}}=\frac{16}{1+Y^3}\left(\frac{Y}{1+Y}\right)^3 \tag{3-172}$$

由于 $Y>1$，故由式（3-172）可知

$$c_{\alpha D}<c_{\alpha F}$$

当 $Y=1.5$ 时，其比值约为 0.79。由此可见，在弹簧线刚度低、左右弹簧簧心距小的情况下，采用非对称簧以加大横向角刚度是较为有效的。

7. 运动关系

汽车行驶、车桥跳动时，对称簧各相关点只能作平行移动，而非对称簧则可绕着一个所谓的偏摆中心摆转。

偏摆中心至桥心线的距离 D 可由图 3-71 所示的几何关系求得。

由于

$$\frac{f_L}{f_S}=\frac{D+l_{L1}}{D-l_{S1}}$$

将式（3-157）代入上式，便可得到

$$D=\frac{l_{S1}l_{L1}}{l_{L1}-l_{S1}}=\frac{Y}{Y^2-1}L \tag{3-173}$$

大家知道，非对称簧相关点（刚化于车桥上的所有的点）的运动瞬心和轨迹半径是利用"三连杆机构"作图求出的。Y 值大时，可按中心扩展法作图；Y 值小时，则按两点变形法作图。详见第三章第一节。

本书着重指出的是非对称簧与对称簧的不同之处。

作为对称簧，车桥跳动时，各相关点的运动轨迹半径，均和弹簧主片中点的运动轨迹半径 R 相等。若设实际夹紧长度为 S，则有

$$R\approx\frac{3}{8}(L-S)$$

非对称簧则不然，不同的相关点有着各自的轨迹半径，如图 3-72 所示。

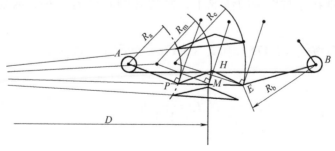

图 3-72 非对称簧相关点的运动轨迹

在图 3-72 中，相关点 E 的轨迹半径 R_e 就比相关点 M 的轨迹半径 R_m 要大，而 R_m 又大于 R_a 等。非对称簧的这一特点，对于某些总成部件的安装来说，提供了较大的选择余地。如减振器的下支点，随着布置位置的不同，阻尼力矩就不一样，因为阻尼力矩等于阻尼力 F 乘以阻尼力臂 R。而力臂 R 是和下支点的轨迹半径紧密相关的。在一定的减振器布置角度下，轨迹半径越大，阻尼力臂也就越大。

8. 各片长短及其在两边的分配

当主片长度 L、非对称度 Y 以及夹紧长度 Δ 确定以后，还需确定各片长度以及各片长度和夹紧长度在两边的分配。

对于各片长度 L_k，建议按照图 3-73 所示的几何关系，由式（3-174）确定。

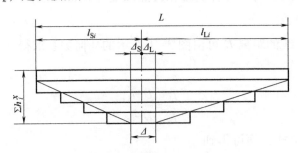

图 3-73　非对称簧的几何关系

$$L_k = \Delta + (L - \Delta)\left(1 - \frac{\sum\limits_{i=n_0}^{k-1} h_i^x}{\sum\limits_{i=n_0}^{n} h_i^x}\right) \tag{3-174}$$

式中　n——总片数；

$\quad\quad n_0$——主片重片数；

$\quad\quad h_i$——各片厚度（cm）；

$\quad\quad \Delta$——夹紧长度（cm）；

$\quad\quad x$——厚度指数。

指数 x 的取值应视情况而定。当 $x=3$ 时，符合等强度规律，但此时末片较长，根部应力较大。特别在非对称簧的情况下，短边片间长度差太小，故建议 x 可在 $1.5\sim2.5$ 取值。

各片长度 L_k 可按式（3-175）和式（3-176）分配于两边。

短边长度为

$$l_{Sk} = \frac{1}{1+Y} L_k \tag{3-175}$$

长边长度为

$$l_{Lk} = \frac{Y}{1+Y} L_k \tag{3-176}$$

夹紧长度 Δ 也可利用式（3-175）和式（3-176）两式进行分配。

二、螺旋弹簧

螺旋弹簧就是利用钢丝以一定斜角的螺旋线绕制而成的弹簧。认识螺旋弹簧必须了解下述基本知识。

1. 分类

① 按负荷性质，螺旋弹簧分为压缩螺旋弹簧（Y）、拉伸螺旋弹簧（L）和扭转螺旋弹簧（N），汽车悬架一般采用压缩螺旋弹簧。

② 按工作特点，螺旋弹簧分为动负荷簧、静负荷簧和非重要簧三类。

③ 按制造精度，螺旋弹簧分为一级精度簧、二级精度簧和三级精度簧。

④ 按结构形式，螺旋弹簧还可分为普通圆柱螺旋弹簧和变参数螺旋弹簧两种。

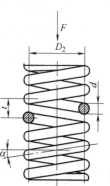

图 3-74　压缩圆柱簧

2. 名词术语

① 丝径 d，就是钢丝的直径，如图 3-74 所示。

② 圈径 D_2，就是簧圈直径，也叫簧圈中径。

③ 节距 t，就是相邻簧圈之间的距离。

④ 螺旋角 α，就是螺旋线的上升角度。

螺旋角的正切为

$$\tan \alpha = \frac{t}{\pi D_2} \tag{3-177}$$

一般压缩螺旋弹簧的螺旋角 $\alpha = 6° \sim 9°$，因此，其金属丝的展开长度为

$$L = \frac{\pi D_2 n_1}{\cos \alpha} \tag{3-178}$$

式中　n_1——弹簧总圈数。

⑤ 弹簧指数 C' 是圈径与丝径之比，即

$$C' = \frac{D_2}{d} \tag{3-179}$$

在实用上，$4 \leqslant C' \leqslant 25$，$C'$ 值太小，钢丝变形就会过大，影响寿命，特别是动负荷簧；C' 值过大，弹簧会因本身的重量颤动而发生摇摆，同时卷绕后易于松开，直径难以掌握，故常用 $C' = 4 \sim 9$。

弹簧指数 C' 一般按表 3-45 选取。

表 3-45　弹簧指数 C' 与丝径 d 的关系

d/mm	0.2~0.4	0.45~1	1.1~2.2	2.5~6	7~16	8~24
C'	7~14	5~12	5~10	4~10	4~18	4~6

在进行弹簧应力计算时，还须按金属丝的弯曲程度，用曲度系数 k 来修正。

对于压拉弹簧，有

$$k = \frac{4C'-1}{4C'-4} + \frac{0.615}{C'} \qquad (3\text{-}180)$$

对于扭转弹簧，有

$$k = \frac{4C'-1}{4C'-4} \qquad (3\text{-}181)$$

⑥ 工作圈数和支承圈。工作圈数 n 是实际参加轴线方向伸缩工作的圈数，又称为"有效圈数"。

选择压缩弹簧工作圈数的要点是：必须考虑安装地位的限制和稳定性，圈数不要太多，同时也要考虑受力均匀和能耐冲击疲劳，因此圈数也不能太少。

在一般情况下，压缩弹簧工作圈数的选择是：在不重要的静负荷下，$n \geqslant 2.5$ 圈；经常受负荷或要求受力均匀时，$n \geqslant 4$ 圈；安全阀弹簧对受力均匀要求严格，故需 $n \geqslant 6$ 圈；受动负荷的弹簧，也要求 $n \geqslant 6$ 圈。$n > 7$ 圈的弹簧，两端支承圈数要适当加多，但每端不得超过 $1\frac{1}{4}$ 圈，因此总圈数 $n_1 = n + (1.5 \sim 2.5)$。

支承圈用来保证压缩弹簧在工作时，轴线垂直于端面，它不参与弹簧工作。因此，压缩弹簧两端至少要留一个 3/4 的拼紧圈，并磨平作为支承面。磨平后的钢丝原厚度为 $d/4$，尾部和工作圈紧贴。

⑦ 刚度与弹簧指数和圈数的关系。压拉弹簧的刚度是指单位变形所需要的负荷，扭转弹簧的"扭转刚度"是指单位转角的力矩。刚度越大，弹簧越硬。

丝径 d 越粗，材料的 G 或 E 越大，弹簧刚度就越大；中径 D_2 越大，工作圈数 n 越多，弹簧刚度就越小。

*丝径*越粗，弹簧越有劲，可是如果两根弹簧的 d 和 n 都相等，那么中径大者，刚度反而小；如果中径和自由长度相同，而 n 不等时，那么圈数多的弹簧，刚度反而变小。

同等*丝径* d 的两根弹簧，展开长度大者越软。因此，当丝径 d 一定时，弹簧指数越大，即中径越大，弹簧越软；同样圈数越多，弹簧也越软。

⑧ 单圈变形量 f。在负荷 F 的作用下，弹簧一圈的变形量，称为"单圈变形量"，如果已知单圈变形量，就可立即求出总变形量。单圈变形量用处很大，它是比较计算的基础。

⑨ 抗拉极限强度 σ_b。抗拉极限强度是将金属棒拉断时的强度。它和丝径 d 有关，d 越小，σ_b 值越大。

⑩ 允许弯曲工作应力 $[\sigma]$。允许弯曲工作应力 $[\sigma]$ 是材料受弯曲时所产生的弯

曲应力，它在允许的范围内具有一定的安全因数。扭转弹簧的受力，主要是弯曲应力，所以应计算 $[\sigma]$ 值，而不是计算 $[\tau]$ 值。

⑪ 允许扭转极限应力 τ 和允许扭转工作应力 $[\tau]$。压拉弹簧在工作时，所产生的应力主要是扭转应力，在极限负荷 F_3 的作用下，所产生的应力叫作"允许扭转极限应力"，以 τ 表示。例如，压缩弹簧压到各圈接触（压并载荷）时，虽不会断裂，但时间太长可能会引起永久变形。所以，一般只在最大工作负荷 F_2 下工作，此时所产生的应力叫作"允许扭转工作应力"，以 $[\tau]$ 来表示。弯曲应力 σ 一般应为剪应力 τ 的 1.25 倍。

3. 弹簧工作图

弹簧工作图是弹簧工作规律的反映，所以又叫弹簧特性图。当弹簧计算工作结束后，必须绘制工作图，并注明技术要求。圆柱压缩螺旋弹簧特性图如图 3-75 所示。

图 3-75 所示是一根自由状态下的压缩螺旋弹簧，上面的小三角形是其负荷-变形特性。纵轴代表负荷 F，横轴代表变形 f，斜边表示负荷-变形关系。其意义如下：

① 弹簧在自由状态时，压力 $F=0$，变形量 $f=0$，弹簧高度是 H，叫作自由高度。

② 当弹簧受到最小工作负荷 F_1（一般为悬挂质量负荷）时，就缩短了一段距离，即变形量 f_1，这时相应的弹簧长度是 H_1。

③ 继续施加压力到最大工作负荷 F_2，变形量也继续增大为 f_2，对应弹簧长度变为 H_2。弹簧一般是在 F_1 和 F_2 之间工作（尚未考虑反弹）。

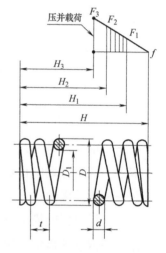

图 3-75　圆柱压缩螺旋弹簧特性

④ 弹簧的强度不是受力到 F_2 为止，而是还要增大 25% 的压力，该压力叫作允许极限负荷，用 F_3 来表示，即 $F_3=1.25F_2$，这时相应的弹簧长度是 H_3。允许极限负荷的意义是在这负荷下，弹簧所生之内应力已达到了允许扭转极限应力 τ，如果长时间超过这个限度，弹簧就将发生永久变形。

F_3 可以作为试验负荷，如果簧圈的节距不大，即螺旋角小于 9° 时，可以压到各圈接触；如果节距太大，压到各圈接触时，就产生永久变形。因此，压缩弹簧在最大工作负荷时，最好不要压到各圈接触，而应保留一定的间隙 $S_1>0.1d$。

对于一般的压缩弹簧，当它的自由高度不受限制时，应将极限负荷 F_3 作为簧圈接触压力，这时候在 F_3 作用下的单圈变形量等于间距，即 $f_3=\delta$。

弹簧工作图的技术要求：弹簧材料，展开长度，旋向，工作圈数，总圈数，热处理，表面处理以及制造、试验和验收的技术条件等。

（一）普通压缩螺旋弹簧

本书所研究的螺旋弹簧是为汽车悬架服务的，所以只包括普通的圆柱压缩螺旋弹

簧，不包括拉伸弹簧，更不包括扭转弹簧。准确来说，普通圆柱压缩螺旋弹簧，是指四大参数（丝径 d、圈径 D_2、节距 t 以及螺旋角 α）均不随钢丝展开长度 L 变化的螺旋弹簧。

下面推导普通压缩螺旋弹簧的变形、刚度及应力公式。

1. 变形及刚度

（1）单圈簧的变形

当载荷 F 沿轴线方向作用于螺旋弹簧时（图 3-76），螺旋弹簧钢丝截面主要受到扭矩 T_t 的作用，即

$$T_t = FR$$

弹簧的轴向变形量为

$$f = \int R \mathrm{d}\phi$$

式中　$\mathrm{d}\phi$——钢丝在扭矩 T_t 作用下的微元角位移，它与扭矩 T_t 和钢丝长度 $\mathrm{d}s$ 成正比，与材料属性 G 和材料几何特性 J_P 成反比，即

$$\mathrm{d}\phi = \frac{T_t \mathrm{d}s}{G J_P}$$

式中　$\mathrm{d}s$——钢丝的微元长度，$\mathrm{d}s = R\mathrm{d}\theta$；

　　　R——螺旋弹簧中径之半；

　　　$\mathrm{d}\theta$——微元极角；

　　　G——材料扭转模量（N/cm），$G = 7.845 \times 10^6 \mathrm{N/cm}$；

　　　J_P——钢丝的极惯性矩，$J_P = \pi d^4 / 32$；

　　　d——钢丝直径。

将有关参数代入上式后积分，便可得到一个单圈的变形：

$$f_1 = \frac{32FR^3}{\pi G d^4} \int_0^{2\pi} \mathrm{d}\theta = \frac{8 D_2^3 F}{G d^4}$$

式中　D_2——螺旋弹簧中径。

（2）整簧变形量

整根螺旋弹簧的变形量为

$$f = \frac{8 D_2^3 n}{G d^4} F \tag{3-182}$$

式中　n——有效圈数。

（3）整簧刚度

$$c = \frac{F}{f} = \frac{G d^4}{8 D_2^3 n} \tag{3-183}$$

（4）压缩行程

单圈可压缩行程为

$$f_{ck} = t - d \tag{3-184}$$

整簧可压缩行程为

$$f_c = (t - d)n \tag{3-185}$$

（5）压并载荷

整簧压并时的载荷为

$$F_c = cf_c = (t - d)\frac{Gd^4}{8D_2^3} \tag{3-186}$$

2. 剪切应力

普通密圈螺旋弹簧在力 F 对截面的作用下，因剪切引起剪应力 τ'（图 3-76），其方向与力 F 相反，并在截面上均布，故有

$$\tau' = \frac{F}{S} = \frac{4F}{\pi d^2} \tag{3-187}$$

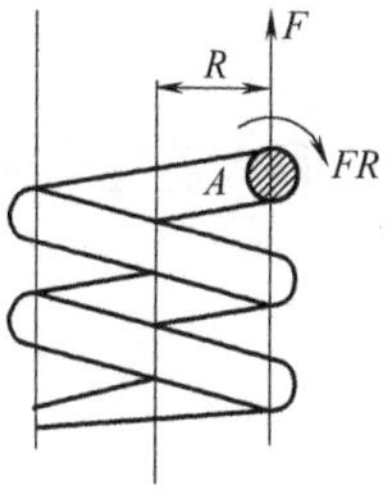

扭矩 FR 使簧杆扭转，在其 R 所对应的截面上所产生的最大剪应力 τ''_m 发生在该截面的周边，为

$$\tau''_m = \frac{FR}{W_p} = \frac{16FR}{\pi d^3} \tag{3-188}$$

图 3-76 剪应力

两项应力相加，即得该截面上的总应力。危险点是 τ' 与 τ''_m 相重合的点，即断面内侧点 A，其最大剪应力为

$$\tau_m = \tau' + \tau''_m$$
$$\tau_m = \frac{16FR}{\pi d^3}\left(1 + \frac{d}{4R}\right) \tag{3-189}$$

τ_m 尚需进行修正，即

$$\tau_m = K\frac{16FR}{\pi d^3}\left(1 + \frac{d}{4R}\right) \tag{3-190}$$

式中　K——曲度系数，也称为应力修正系数，$K = \frac{4C'-1}{4C'-4} + \frac{0.615}{C'}$，其中 C' 为旋绕比，$C' = D_2/d$。计算静载荷螺旋弹簧时，可取 $K = 1$。

3. 计算示例

示例参数：簧载负荷 $F = 3500\text{N}$，钢丝直径 1.5cm，有效圈数 $n = 6$，节距 $t = 4.4\text{cm}$，中径 $D_2 = 16\text{cm}$，螺旋角 $\alpha = 5°$。

弹簧刚度为

$$c = \frac{Gd^4}{8D_2^3 n} = \frac{7.94 \times 10^6 \times 1.5^4}{8 \times 16^3 \times 6} = 204.5\text{N/cm}$$

弹簧变形为

$$f=\frac{3500}{204.5}=17.1\text{cm}$$

压并载荷为

$$F_\text{c}=(t-d)\frac{Gd^4}{8D_2^3}=(4.4-1.5)\times\frac{7.94\times10^6\times1.5^4}{8\times16^3}=3557\text{N}$$

旋绕比为

$$C'=\frac{D_2}{d}=\frac{160}{15}=10.67$$

曲度系数为

$$K=\frac{4C'-1}{4C'-4}+\frac{0.615}{C'}=\frac{4\times10.67-1}{4\times10.67-4}+\frac{0.615}{10.67}=1.1352$$

最大剪应力为

$$\tau_\text{m}=K\frac{16FR}{\pi d^3}\left(1+\frac{d}{4R}\right)$$

$$=1.1352\times\frac{0.16\times3500\times8}{\pi\times1.5^3}\left(1+\frac{1.5}{4\times8}\right)$$

$$=502\text{MPa}$$

（二）变参数压缩螺旋弹簧

变参数压缩螺旋弹簧（以下简称螺旋弹簧），由于其独特的非线性性能，在各种机械设备和仪表器具等方面有着广泛的应用，特别是在那些高性能汽车的悬架上。例如，德军曼（MAN）280的10t重型越野车、美军高机动多用途轮式车（HMMWV）系列车型等均采用了变参数螺旋弹簧。

什么是变参数螺旋弹簧呢？众所周知，钢丝直径d、簧圈中径D（以下简称圈径）、节距t、螺旋角α，这是螺簧的四大结构参数。这四大结构参数全部保持不变者，则是普通圆柱螺旋弹簧；这四大参数之一、之二、之三或全部随钢丝长度L变化者，则称为变参数螺旋弹簧。

变参数螺旋弹簧不仅计算方法有待建立和完善，而且其主要性能也需探索了解。为更好地指导变参数螺旋弹簧的设计，本书在对其进行科学分类之后，研究了参数变化对其主要性能的影响，阐明了固有的优缺点，并提出了性能评价指标。特别是对各种典型的变参数螺旋弹簧建立了实用的计算方法，并对其主要性能作了对比计算（计算方法的建立过程以及对比计算过程从略）。计算条件和计算结果均以表格的形式列出。在上述工作的基础上，对其进行了全面的归纳分析，并做出了可用于指导设计的结论性评价。

1. 分类

普通螺旋弹簧，是一种最为简单的圆柱螺旋弹簧。而变参数螺旋弹簧，则可根据结构特点分为元件（零件）和组件（部件）两个种别。所谓元件，就是单纯的圆柱簧或圆锥簧。所谓组件，则是由圆柱螺旋弹簧和圆锥螺旋弹簧组合而成的复合螺旋弹簧。由于参数变化的不同和组合方式的不同，它们还各自分为若干类型。

（1）元件的分类

元件分类主要是如下三种变化的组合结果：

一是四大基本参数（d、D、t、α）的变与不变。变则采用"＋"表示，不变则采用"—"表示，例如：类别代号（＋ ＋ ＋ —），便是变丝径、变圈径、变节距、等螺角的圆锥螺旋弹簧。

二是当给定每一基本参数的初始值后，按簧圈序号从上往下数按 $k=1$，2，…，n 的顺序，若参数是从小变到大，则采用符号"＋"表示；若参数是从大变到小，则采用符号"＋"表示。例如，类别代号（＋ — — —）便是丝径从小变到大，圈径、节距、螺角皆不变的圆柱簧。

三是每一参数变化速率的大小，如对变丝径簧，钢丝锥角 β 值的取大取小，再如圆锥簧锥角 ψ 值的取大取小等。

此外，尚有一些特殊类型的螺旋弹簧，如变丝径、等内径螺旋弹簧等，其圈径随簧高的变化呈一条指数曲线，这是一类很有实用价值的螺旋弹簧。

上述种种变化的组合，可以得到数十种元件簧，故不可能将其一一列出，现仅将因四大参数的变与不变所组合得到的 8 种元件螺旋弹簧列于表 3-46 中。

表 3-46　变参数螺旋弹簧（元件）四参数变化分类

螺旋弹簧类别			丝径 d	圈径 D	节距 t	螺旋角 α
普通簧		种类				
变参数簧	单变	a	＋	—	—	—
	双变	b	—	—	＋	＋
		c	—	＋	—	＋
		d	—	＋	＋	—
	三变	e	＋	—	＋	＋
		f	＋	＋	—	＋
		g	＋	＋	＋	—
	四变	h	＋	＋	＋	＋

（2）组件的分类

变参数组件螺旋弹簧是由变参数元件螺旋弹簧按不同方式组配而成，因此其品种类型较元件更为繁多。表 3-47 所列 6 类典型组件，仅是锥簧与柱簧的简单搭配，至于丝

径、圈径、节距、螺旋角是否变化以及变化速率如何，此处一律不涉及。

表 3-47　6 类典型的变参数组件螺旋弹簧

中凸双锥 （鼓肚型）	中凹双锥 （细腰型）	上柱下锥 （喇叭型）
上锥下柱 （铃铛型）	端锥中柱 （桶鼓型）	内柱外柱 （子母套）

2. 主要性能

变参数螺旋弹簧的核心在于一个"变"字。通过结构参数等的不同变化，以获得优良的载荷-变形特性和满意的应力分布特性。那么结构参数等的变化又是如何影响载荷特性和应力特性的呢？

（1）载荷-变形特性

若设螺旋弹簧中心 O 为坐标原点，θ 为极角，S 为钢丝展开线的投影长度，并假定在螺旋角 α 不大于 9°，忽略弯曲和纯剪引起的微小变形，那么圆形断面钢丝螺旋弹簧的刚度 c 与簧圈半径 r 和钢丝直径 d 的关系可表示为

$$\frac{1}{c} = \frac{32}{\pi G} \int_0^\theta \frac{r^3(\theta)}{d^4(\theta)} \mathrm{d}\theta = \frac{32}{\pi G} \int_0^s \frac{r^2(S)}{d^4(S)} \mathrm{d}S \tag{3-191}$$

由式（3-191）可知螺旋弹簧在设计上大有文章可作：因为 r 和 d 可随 θ 或 S 变化，所以，只要调整圆锥角 ψ 的数值，便可获得 r 随 θ 或 S 变化的不同函数；只要改变钢丝锥角 β 的值，便可获得 d 随 θ 或 S 变化的不同函数，从而获得所期望的 c 随 θ 或 S 变化的函数。

然而，一个螺旋弹簧的圈径函数 $r(S)$ 和丝径函数 $d(S)$ 一经确定，那么这个螺旋弹簧的刚度 c 就被基本确定。此时，要改变刚度的唯一可能，就是改变弹簧钢丝的有效长度或有效体积。改变螺旋弹簧钢丝的有效长度或有效体积的措施就是减少有效圈数。而减少有效圈数又是通过改变载荷函数来实现的。

由于圈径函数 $r(S)$ 和丝径函数 $d(S)$ 的变化，各个簧圈的刚度是不同的，不同刚度簧圈的压并载荷 F_k 也是不一样的。因为各个簧圈的节距 t 的不同，所以压并不同节距簧圈的载荷也不相同；不同的螺旋角 α 将造成不同节距 t 的簧圈，故各簧圈压并载荷也不相同。所以，变节距簧或变螺旋角簧也是改变钢丝有效长度和有效体积的措施之一。

螺旋弹簧在工作时，随着载荷 F 的逐渐增加，变形 f 也逐渐增加。当载荷 F 增加到一定程度的 F_{fm} 时，刚度最低或节距最小的簧圈将首先被压并。在首个簧圈的压并过程中，由于圈间钢丝并非逐点连续接触，弹簧仅按着一定的斜率保持着线性关系变化。随

着载荷的继续增加，余下的簧圈将按由弱到强的顺序依次逐一被压并，直至整簧被压并。此时的压并载荷 F_{em} 既是末圈的压并载荷，也是全簧的压并载荷，此时的压并变形就是全簧的最大变形 f_{em}。

螺旋弹簧每压并一圈，刚度便提高一步，刚度曲线的斜率便增大一步。所以，一般来说，实用的变参数螺旋弹簧的负荷-变形特性是一条阶跃式的折线，如图 3-77 所示。

（2）应力特性

为方便分析，先列出较为典型的分类结构代号为（ ± ± ± 一）的变参数螺旋弹簧第 k 圈的最大剪应力表达式：

$$\tau_{km} = \frac{0.16 k_k r_k}{\pi d_k^3}\left(1+\frac{d_k}{4r_k}\right)F_{km} \tag{3-192}$$

式中　k_k——第 k 圈的修正系数；

F_{km}——第 k 圈的压并载荷（N）；

r_k——第 k 圈终结点的簧圈半径（cm），$r_k = r_0 e^{2\pi\tan\alpha\tan\frac{\psi}{2}k}$，其中 r_0 为簧圈的初始直径（cm）；

d_k——第 k 圈终结点的丝径（cm），$d_k = d_0 + \dfrac{2\tan\dfrac{\beta}{2}}{\sin\alpha\tan\dfrac{\psi}{2}}(r_k - r_0)$，其中 d_0 为钢丝的

初始直径（cm）。

由式（3-192）可知，变参数螺旋弹簧第 k 单圈的最大剪应力 τ_{km}，除与该圈的压并载荷 F_{km} 有关外，还与该圈终结点的簧圈半径 r_k 的一次方成正比，与该圈终结点的丝径 d_k 的三次方成反比。深入一层看，r_k 和 d_k 除和 d_0、r_0、α、β 和 ψ 五大结构参数有关外，它们还是序号 k 和钢丝长度 L 的函数。设计时，改变结构参数，便能改变各圈的压并应力。当把 τ_{km} 随 F_{km} 变化的数值进行归纳后，便可得到图 3-78 所示的斜率逐步降低的一条上凸曲线。

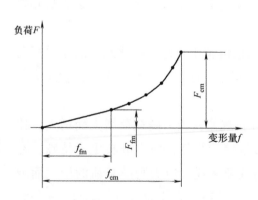

图 3-77　变参数螺旋弹簧的负荷-变形特性

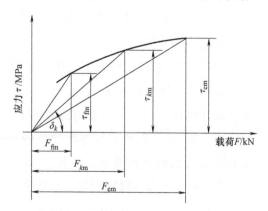

图 3-78　典型变参数螺旋弹簧的载荷应力特性

普通螺旋弹簧是由结构参数完全相同的 n 个单圈组合而成的，故各圈的压并载荷 F_{km} 和压并应力 τ_{km} 均相等，其应力分布也是完全均匀的。

变参数螺旋弹簧是由结构参数不同的 n 个单圈组合而成的，故图 3-78 中的 F_{km} 和 τ_{km} 均不相等，应力分布也不均匀。

应力似乎越低越好，其分布似乎越均匀越好，但实际上，对于变参数螺旋弹簧，这既做不到，也无必要。首先，应力不是越低越好，而是在许用应力容许的范围内越高越好，因为这样才能充分发挥材料的潜能。须知，零应力就是不让材料参与工作，充分负载正是变参数簧的优势！其次，应力分布的均匀性是结构参数一致性的反应，片面地追求均匀性，无异于放弃变参数螺旋弹簧的变化性和合理性。

设计者的任务在于利用结构参数的可变性，在满足优良的载荷变形特性的前提下，实现应力的合理分布。

在图 3-78 中，各圈压并应力 τ_{km} 和各圈的压并载荷 F_{km} 的比值，代表着应力随载荷变化的变化率。此处还将其命名为各圈的比应力 $R_{k\tau}$（MPa/kN），即

$$R_{k\tau} = \tan \delta_k = \frac{\tau_{km}}{F_{km}} \tag{3-193}$$

$R_{k\tau}$ 的力学概念是单位载荷下的应力。因此，希望 $R_{k\tau}$ 值越低越好。

普通螺旋弹簧的比应力是一个常数，即 $R_{k\tau} = C$。然而，变参数螺旋弹簧的 $R_{k\tau}$ 值，一般来说是随簧圈序号 k 变化的，也就是当钢丝长度 L 变化时，应力随载荷发生或大或小的变化。到底是逐步变大还是逐步变小，或是先变大再变小，这是由各圈结构参数决定的。

变参数螺旋弹簧 $R_{k\tau}$ 值的变化，粗略地遵循如下规律：各圈比应力 $R_{k\tau}$ 值之积的均方根值趋于一个常数，即

$$\overline{R}_{k\tau} = \left(\prod_{k=1}^{n} R_{k\tau} \right)^{\frac{1}{n}} \longrightarrow C \tag{3-194}$$

这个常数 C，就是全簧有效总质量 M、圈数 n 和全簧总变形 f_g 等参数与之大致相等的普通螺旋弹簧的 $R_{k\tau}$ 值。

在式（3-194）的前提下，压并末圈的比应力 $R_{k\tau}$ 值越小越好。因此此时的压并载荷是全簧的最大压并载荷 F_{em}，$R_{k\tau}$ 值小，τ_{em} 值就相对减小，这正是变参数螺旋弹簧应力分布合理性的体现，也是合理用材的体现。

图 3-78 所示为典型变参数螺旋弹簧的应力分布规律：应力随载荷增大而增大，比应力随载荷的增大而减小。然而，还有不少变参数螺旋弹簧，应力分布更为特殊：在低载荷区段，应力随载荷的增大而增大；而在高载荷区段，应力则随载荷的增大而减小，高载荷区段的比应力变得更小。例如，分类结构代号为（十 十 十 一）和（十 十 一 十）的变参数螺旋弹簧，如图 3-79 所示。

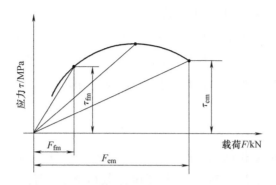

图 3-79　特殊变参数螺旋弹簧的应力载荷特性

3. 优越性

变参数螺旋弹簧相对普通螺旋弹簧有其独特的优越性，主要有如下四点：

（1）降低质量

可将顶死在簧座上的端部簧圈做成小圈，且使该部分的丝径变细，因此，无效的"死"材料就相对减少，从而降低螺旋弹簧的总质量。如表 3-47 所示的中凸双锥、上锥下柱、端锥中柱类组件。

（2）发挥材料潜能

因为可在较小的簧圈上采用较粗的丝径，并可将其节距加大，所以压并这种簧圈的载荷就将变得很大。这就是说，只要不超过许用应力，有限的材料可以造就承受高载荷的螺旋弹簧，从而充分发挥材料的潜能。

（3）应力分布合理

应力随载荷变化的关系，普通螺旋弹簧的增长速率和比应力都是相等的；而变参数螺旋弹簧，其应力增长速率和比应力皆是逐渐变小的，部分变参数螺旋弹簧甚至能使高载荷区段的应力随载荷的变大而减小，这就使材料得以更为合理的利用，如图 3-78 和图 3-79 所示。

（4）载荷特性优良

当把具有图 3-77 特性的变参数螺旋弹簧用于汽车悬架时，便可获得如下优点：

1）可减少变形随载荷变化的幅度，降低乘坐频率的波动范围。

2）在满载载荷、满载簧高以及冲击载荷相同的情况下，变参数螺旋弹簧的变形较小，车身高度降低较小，前照灯跳动轻微。

3）在侧向加速度的作用下，如果载荷转移量相等，那么变参数螺旋弹簧的车身侧倾角较小，反之则可减小横向稳定杆的杆径。

4）在满载载荷和满载簧高相等的情况下，若冲击载荷使其产生等量变形，变参数螺旋弹簧所承受的载荷和所吸收的能量均较大。这就能以较小的悬架变形获得较大的悬架容量。它一方面可降低布置高度，另一方面可减小缓冲块的尺寸。

5）评价指标。在有效总质量 M、有效圈数 n、有效簧高 H 以及总压缩量 f_g 等参数大致相同情况下，可以下列指标作为变参数螺旋弹簧技术设计和性能评价的依据。

① 比负荷 F_M。比负荷 F_M 是材料潜能是否得以充分发挥的标志。它是末圈压并载荷（全簧压并载荷）F_{em} 与有效总质量 M 之比（N/kg），即

$$F_M = \frac{F_{em}}{M} \tag{3-195}$$

F_M 是单位质量所能承担的最大载荷，故要求越大越好。由式（3-195）可知，在 M 已确定的情况下，要增大 F_M，就需要提高压并载荷 F_{em}。普通螺旋弹簧的 F_M 值较低，而变参数簧在应力容许的条件下，可以向 5000N/kg 的目标看齐。

② 载荷幅度 F_r。载荷幅度 F_r 是螺旋弹簧对载荷变化适应能力的标志。它是末圈压并载荷 F_{em} 与首圈压并载荷 F_{fm} 的差值与 F_{fm} 的比值，即

$$F_r = \left(\frac{F_{em}}{F_{fm}} - 1 \right) \times 100\% \tag{3-196}$$

F_r 的值越大越好。F_r 值越大，螺旋弹簧对载荷变化的适应能力就越强。普通螺旋弹簧的 F_r 值为零，而变参数簧的 F_r 值则可能大于 10 倍。

③ 刚度幅度 c_r。刚度幅度 c_r 是载荷变形特性优劣的标志。它是末圈压并点的刚度 c_e 与首圈压并点的刚度 c_f 的差与 c_f 的比值，即

$$c_r = \left(\frac{c_e}{c_f} - 1 \right) \times 100\% \tag{3-197}$$

c_r 的值越大越好。c_r 值越大，意味着载荷变形特性曲线从首圈压并到末圈压并区段的平均斜率越高，频率波动范围越小。普通螺旋弹簧的 c_r 值为零，而变参数簧的 c_r 值则可以达到 300% 以上。

④ 应力幅度 τ_r。应力幅度 τ_r 能说明各圈压并剪应力 τ_{km} 分布的均匀程度，它是最大剪应力 τ_{ma} 减去最小压并剪应力 τ_{mi} 的差与 τ_{mi} 的比值。因此，有

$$\tau_r = \left(\frac{\tau_{ma}}{\tau_{mi}} - 1 \right) \times 100\% \tag{3-198}$$

变参数螺旋弹簧的 τ_r 值可以在 0 ~ 200% 之间变化。τ_r 值越小，说明应力分布越均匀，但同时又可能使载荷幅度 F_r 和刚度幅度 c_r 变小，故需要综合权衡。

⑤ 末圈比应力 $R_{e\tau}$。比应力 R_τ 是各圈压并剪应力 τ_{km} 与各圈压并载荷 F_{km} 的比值，而末圈比应力 $R_{e\tau}$（MPa/kN）是末圈压并剪应力 τ_{em} 与末圈压并载荷 F_{em} 的比值，即

$$R_{e\tau} = \frac{\tau_{em}}{F_{em}} \tag{3-199}$$

$R_{e\tau}$ 这个指标是应力分布合理性的标志，是用材水平的体现。设计要求最高应力应在不超过许用应力的前提下尽量提高，设计更希望既能承受高负荷，又能获得低应力。$R_{e\tau}$

值可能小于 16MPa/kN。

⑥ 质量系数 M_c。质量系数 M_c 是说明材料利用率的指标。它是螺旋弹簧无效部分的质量 M_d 与有效部分的质量 M 的比值，即

$$M_c = \frac{M_d}{M} \qquad (3\text{-}200)$$

质量系数 M_c 的数值越小越好。M_c 小，说明簧座的死材料少。在座圈数相同的情况下，丝径 d 和圈径 D 均发生变化的二变簧就能使 M_c 的数值降至最小。

4. 分析评述

为考查不同种类变参数螺旋弹簧的性能，选择 10 个典型的元件类型和 4 个组件类型的变参数螺旋弹簧，对其主要性能指标和评价指标进行对比计算（计算过程从略）。选取元件类型变参数螺旋弹簧的前提条件是：它们的有效质量 M、有效圈数 n、有效高度 H、螺旋角均值 α 以及总压缩量 f_g 等参数大致相同。

对比计算螺旋弹簧的种类及结构参数列于表 3-48 之中。变参数簧的计算过程按顺序列于附表 1~附表 13 之中。

表 3-48　对比计算变参数螺旋弹簧的结构参数

种别	编号	变数	结构代号	初始丝径 d_0/cm	钢丝锥角 β/(°)	初始圈径 r_0/cm	螺旋弹簧锥角 ψ/(°)	节距 t/cm	螺旋角 α/(°)	有效质量 M/kg	有效丝长 L/cm	有效簧高 H/cm	有效圈数 n	最大外径 D_m/cm
元件	A	零变	————	2.7	0.00	9.1	0	6	6	18.0	402.4	42.0	7	20.9
	a	单变	十———	2.0	0.20	9.1	0	6	6	18.0	402.4	42.1	7	21.6
	b	双变	——十十	2.7	0.00	9.1	0	5、6、7	1	18.0	402.5	42.0	7	20.9
	c		—十—十	2.7	0.00	8.0	0	6	1	18.0	402.4	42.0	7	23.1
	d		—十十十	2.7	0.00	8.0	6	6	1	18.0	402.3	41.9	7	20.4
	e	三变	十—十十	2.0	0.20	9.1	0	5、6、7	1	18.0	402.5	42.0	7	21.6
	f		十十—十	2.0	0.20	8.0	6	6	1	19.2	402.5	42.0	7	20.4
	g_1		十十十—	2.0	0.20	8.0	6	1	1	17.9	400.3	41.9	7	23.8
	g_2		十十十—	2.0	0.22	8.0	6	1	1	18.9	400.3	41.9	7	23.9
	h	四变	十十十十	3.6	0.20	8.0	6	7、6、5	1	21.2	419.6	42.0	7	20.4
组件	a_1	中凸双锥，$\psi=6°$，$\beta=0.2°$		2.0	0.20	8.0	6	1	6	15	431.4	45.0	4×2	21.1
	a_2	中凸双锥，$\psi=6°$，$\beta=0.4°$		2.0	0.40	8.0	6	1	6	20.0	431.4	45.1	4×2	21.9
	b	上柱下锥，$\psi=6°$，$\beta=0.2°$		2.0	0.20	8.0	6	1	6	19.2	419.0	43.8	4+4	21.8
	c	上锥下柱，等内径，$\beta=0.5°$		2.2	0.50	7.6	—	—	7	14.2	252.4	31.8	2.5×2	19.6

（1）计算结果

对表 3-48 所列各种类型的变参数螺旋弹簧的主要性能参数和评价指标分别进行了计算，且将计算结果按末圈压并载荷的大小，顺序列于表 3-49 之中。

（2）性能评述

1）标志性参数。末圈压并载荷，也就是全簧压并载荷 F_{em}，是一个非常重要的标志性的参数。由表 3-49 的计算结果可知，凡 F_{em} 大者，一般说来，比负荷 F_M、载荷幅度 F_r、刚度幅度 c_r、应力幅度 τ_r 等都大；反之，末圈比应力 R_{er} 却减小。这就是说，在钢丝质量 M 等参数相同的情况下，只要能使 F_{em} 值增大，就一定能够获得优良的性能参数和评价指标。下面具体谈谈增大 F_{em} 值的优点。

表 3-49　对比计算变参数螺旋弹簧的性能参数及评价指标

种别	编号	变数	结构代号	全簧压并载荷 F_{em}/N	载荷幅度 F_r/(%)	比负荷 F_M/(N/kg)	全簧压并刚度 c_{em}/(N/cm)	刚度幅度 c_r/(%)	最大压并应力 τ_{ma}/MPa	应力幅度 τ_r/(%)	末圈比应力 R_{er}/(MPa/kN)	总变形量 f_g/cm
元件	h	四变		112778	1265	5322	5193	373	1776	236	15.8	20.4
	e	三变		71934	678	3992	3117	216	1187	139	16.5	23.1
	g_1	三变		64024	425	3257	2935	174	1039	19.6	15.6	21.8
	f	三变		56370	222	2942	2494	102	935	3.8	16.0	22.6
	g_2	三变		53184	269	2821	2345	104	857	17	16.1	22.7
	a	单变		52538	326	2919	2270	130	869	30	16.5	23.2
	c	双变		39771	86	2212	1722	41	1152	61	29.0	23.1
	b	双变		37616	88	2092	1628	31	1163	88	30.9	23.1
	d	双变		32514	28	1808	1417	14	939	9	28.9	23.0
	A	零变		28812	0	1603	1247	0	890	0	30.9	23.1
组件	a_1		中凸双锥，$\psi=6°$，$\beta=0.2°$	27457	93	1837	1041	42	807	9	29.4	26.4
	a_2		中凸双锥，$\psi=6°$，$\beta=0.4°$	53877	234	2690	2301	102	829	23	15.4	23.4
	b		上柱下锥，$\psi=6°$，$\beta=0.2°$	55478	282	2897	2512	106	883	20	15.9	22.9
	c		上锥下柱，等内径，$\beta=0.5°$	79704	174	5613	5048	55	1800	64	22.6	15.8

① 在有效质量 M 相同和不超过许用应力的情况下，F_{em} 值增大，说明该螺旋弹簧能够承受较大的负荷，这就充分发挥了材料的潜能。如表 3-49 中的 h、e、g_1、f、g_2 和 a 等类螺旋弹簧的 F_{em} 值为 52 ~ 112kN，比负荷 F_M 为 2.9 ~ 5.3kN/kg；然而质量大致相同的 c、b、d 和 A 类螺旋弹簧的 F_{em} 值仅有 29 ~ 40kN，F_M 值仅为 1.6 ~ 2.2kN/kg。

② 在整簧质量 M 和总压缩量 f_g 相同的情况下，F_{em} 值增大，意味着刚度变化的幅度大，因此能获得良好的变刚度特性。如 e 类簧和 d 类簧，它们的 M 值和 f_g 值均相近，而由于 F_{em} 值 e 类簧为 71.9kN，d 类簧为 32.5kN，故刚度幅度 e 类簧高达 216%，d 类簧却仅为 14%。

③ F_{em} 值增大，能使末圈比应力 R_{er} 减小，提高合理用材水平。表 3-49 中的 h、e、g_1、f、g_2 和 a 类螺旋弹簧的 F_{em} 值均较大，而它们的末圈比应力 R_{er} 值均在 16.5MPa/kN 以下。这正是既能承受高负荷，又能相对获得低应力，使材料潜能得以充分发挥的鲜明标志。

F_{em} 值也不应过分增大，过分增大有可能使最大压并应力 τ_{ma} 超过许用应力。例如，表 3-49 中的 h 类螺旋弹簧，F_{em} 值达到了 112.8kN，比负荷超过了 5kN/kg，其最大压并剪应力 $\tau_{ma} = 1776$MPa。这个数值超过了相应合金钢的抗拉强度。

此外，提高 F_{em} 值主要是靠变丝径的办法来实现的，而变丝径的加工工艺却需要较大的投资。

2）提高 F_{em} 值的措施。

提高全簧压并载荷 F_{em} 值，实质就是提高螺旋弹簧的性能，提高 F_{em} 值的措施，也就是在一定前提下，所应遵循的设计原则和所应选取的设计方案。在设计中，只要懂得结构参数如何影响螺旋弹簧性能，便可掌握获得优良性能的措施。下面具体研究结构参数是如何影响 F_{em} 值和螺旋弹簧性能的。

① 结构参数对 F_{em} 值的独立影响。

当螺旋弹簧有效质量 M、有效圈数 n 和总变形量 f_g 等参数确定后，要改变 F_{em} 值，就得改变丝径 d、圈径 D、节距 t 和螺旋角 α 这四大参数。下面分述这四大结构参数对 F_{em} 值的独立影响。

（a）丝径 d。丝径 d 对 F_{em} 值有着决定性的影响。由式（3-191）可知，刚度 c 与丝径 d 的四次方成正比。在全簧变形量 f_g 已确定的情况下，也就是 F_{em} 与 d 的 4 次方成正比。再由表 3-49 可知，凡是 F_{em} 值高的，几乎都是变丝径簧。例如，a 类簧与普通螺旋弹簧相比，在圈径 D、节距 t 和螺旋角 α 都相同的情况下，仅给定钢丝锥角 $\beta = 0.2°$，其比负荷 F_M 值就比普通螺旋弹簧高了 82%。

（b）圈径 D。由式（3-191）可知，刚度 c 与圈径 D 的三次方成反比。在 f_g 已定的情况下，也就是 F_{em} 与 D 的三次方成反比。请注意，在变更 D 的同时，若

保持螺旋角 α 不变，就必然带来节距 t 的改变，如表 3-49 中的 d 类簧；若保持 t 不变，则又必然引起 α 的改变，如表 3-49 中的 c 类簧。c 类簧与同质量的普通簧相比，在 D、t 不变的情况下，当给定 $\psi=6°$ 时，其 F_M 值比普通簧高了 38%。改变圈径 D 对提高 F_M 值的效果虽不如改变丝径 d 那么有效，但变更 D 的圆锥簧能配合变丝径簧的设计，它既可调节应力幅度，还能使端部半径变小，降低无效簧圈的质量。特别是能制成无簧圈叠压的圆锥簧，在不影响总变形量 f_g 的情况下，降低弹簧高度。

（c）节距 t。节距 t 的改变，也能使 F_M 值提高。如表 3-49 中的 b 类簧，它是在普通螺旋弹簧的基础上，仅将各圈的节距 $t=6$cm，改为 5、6、7（5×2+6×3+7×2）cm 三种节距，其 F_M 值就提高了 31%。需注意的是，在 d 和 D 不变的情况下，t 不可能单独变动；变更 t，必然伴随着 α 的变动，参见表 3-49 中的 b 类簧。

（d）螺旋角 α。螺旋角 α 的改变，同样能使 F_M 值提高。α 和 t 同样是相关联的，无论是柱簧还是锥簧，只要改变 α，就必然改变 t，因而也必将改变 F_M 值。值得注意的是，b 类簧是给定 t，让 α 随其改变；反之，也可给定 α 让 t 随其改变。

② 结构参数对 F_M 值的组合影响。

丝径 d、圈径 D、节距 t 和螺旋角 α 这四大结构参数的变与不变、从小变到大/从大变到小和变化速率——这三者不同组配，将可获得不同的设计。如何进行合理组合，获得满意的螺旋弹簧特性，这是大有文章可作的！

由上述研究可知，四大结构参数对 F_M 值的影响是：使其近似与 t 和 α 的一次方成正比，与 D 的二次方成反比，与 d 的四次方成正比。据此便可得出如下原则：要增大压并载荷 F_{em}，提高刚度 c 随钢丝长度 L 的变化幅度，首先应使丝径 d 随 L 变化；其次是当 d 的变化方向确定之后，圈径 D 应与其反向变化，节距 t 和螺旋角 α 应与其同向变化；最后是提高 d 和 D 的变化速率，即加大 β 值和 ψ 值。反之，若想降低 F_{em} 值，减少 c 的变化幅度，则应反其道而行。

仔细观察一下表 3-49 中的几类螺旋弹簧，便可深入理解上述原则。

A 类簧（——————）是零变元件簧，其 F_{em} 值最小，性能最差。

在 A 类簧的基础上，若将丝径 d 按 $\beta=0.2°$ 从小变到大，那它就变成 a 类（ ）单变元件簧，其 F_{em} 值提高了 82%，各种性能大为提高。

在 a 类簧的基础上，让圈径 D 按 $\psi=6°$ 由小变到大，并让节距 t 相应由小变到大，那它就变成了 g_2 类（ ）三变元件簧，此时，F_{em} 值虽然提高 1%，而比负荷却降低了 4%，刚度幅度降低了 25%。这是因为丝径 d 的从小变到大和圈径 D 的从小变到大，二者起了相互抵消的作用。

在 g_2 类簧的基础上，若让丝径 d 从大变到小，那它将变成 g_1 类（ ）三变元件簧，其 F_{em} 值增加 20%，比负荷增加 16%，刚度幅度增加 67%。这是因为丝径 d

的从小变到大和圈径 D 的从小变到大，二者起了相互增补加强的作用。

在 g_1 类簧的基础上，若让节距 t 从大变到小（螺旋角也随之从大变到小），那它将变成 h 类（十十十十）四变元件簧，其 F_{em} 值增加 76%，比负荷增加 63%，刚度幅度增加 114%，各种性能达其最高水平，这是因为四大结构参数均起相互增补作用的结果。然而，此类簧须选好钢丝锥角 β 和弹簧锥角 ψ 的数值，防止应力超标。特别是因端部簧圈丝径最大，增加了座圈部分的"死"材料，故在一般情况下，此类设计是不可取的。

作为组件类螺旋弹簧，表 3-49 中的 e 类簧和 a 类簧应作为组合优选对象。如果在这两类簧的基础上，再把它设计为等内径簧，那将具有工艺简单，便于在中部安装物件以及降低座圈"死"材料等优点。

5. 试验验证

本书着眼于变参数螺旋弹簧的性能评述，故对数 10 类螺旋弹簧计算模型的考核则难以一一例证。下面仅将较为典型的美军高机动多用途轮式车（HMMWV）系列中的 1.5t 级越野车后悬架螺旋弹簧进行验证。

该悬架螺旋弹簧是变丝径、等内径、上锥下直组合式，其主要结构参数见表 3-46。试验和计算的载荷变形特性曲线均绘于图 3-80 之中。

计算数据与试验数据比较，在变刚度区段各点相对偏差的均值约为 8%。

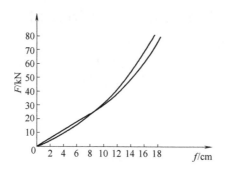

**图 3-80 HMMWV1.5t 级越野车后悬架
螺旋弹簧特性曲线**

6. 结论

变参数螺旋弹簧除能获得令人满意的刚度特性和优良的应力特性外，还能获得足够大的压并载荷，充分发挥材料潜能；采用变丝径螺旋弹簧是提高压并载荷、获取优良性能的关键，而各种结构参数的合理匹配则又可以获得不同的性能，以满足不同的需要；等内径、变丝径螺旋弹簧具有独特的实用价值，应予以优先采用。计算示例详见附表 1~附表 13。

（三）变节距压缩螺旋弹簧

变节距圆柱压缩螺旋弹簧由大小不等的节距构成，是一种加工简单、被广泛采用的变参数弹簧。变节距簧必然也是变螺旋角簧。这种螺旋弹簧会随着载荷的增加开始压缩簧圈，首先压并的是小节距簧圈，然后依次压并大节距簧圈，其刚度也从等刚度到变刚度，并逐步加大。这不仅有利于汽车载荷变化的需要，而且有利于防止弹簧的共振和颤振。

弹簧节距可以由小到大，单向排列，也可以按两端小中间大双向排列，如图 3-81 所示。节距的大小，可以是在单圈之间变化，也可以是几圈为一组取成几种不同的节距。

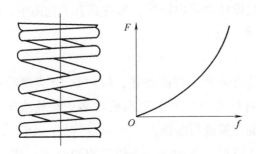

图 3-81 变节距螺旋弹簧

假设一个变节距簧的节距是由不等的 k 段组成，设其中第 i 段节距分别为 t_i，圈数为 n_i，其工作原理是和若干等节距簧串联工作等价的，因为它们同受负荷 F 的作用。各段螺旋弹簧的变形量分别为

$$f_i = \frac{8D^3F}{Gd^4}n_i \tag{3-201}$$

所以单圈变形量为

$$\frac{f_i}{n_i} = \frac{8D^3}{Gd^4}F = C \tag{3-202}$$

由式（3-202）可知，丝径 d 和圈径 D 都相同的变节距簧，在力 F 的作用下，其单圈变形量是一个常数。设 t_k 为第 k 圈的节距，那么变节距螺旋弹簧某一单圈的可压缩行程为

$$f_k = t_k - d$$

整根螺旋弹簧的可压缩行程为

$$f_c = \sum f_k$$

整根螺旋弹簧的初始刚度为 c_0 和等节距簧是一样的，且是线性的，其计算式为

$$c_0 = \frac{Gd^4}{8D^3n} \tag{3-203}$$

然而，随着负荷 F 的增大，节距较小的圈（或段）并紧后，有效圈数减小，螺旋弹簧的刚度就增大，这也就是变节簧距的变刚性特性。由线性特性转为非线性特性的载

荷为

$$F_0 = (t_m - d) \frac{Gd^4}{8D^3} \tag{3-204}$$

式中 t_m——各圈中最小的节距。

假设设计时，节距是逐步变大，即 $t_1 < t_2 < \cdots < t_m$，那么在力 F 逐步增大时，其各圈（段）按序压并，整簧的刚度也在逐步增大。这就是说，变节距簧是阶梯式的渐变刚度簧。

在节距不等的两段螺旋弹簧之间，往往设置一个过渡圈。虽然过渡圈只有 1 圈，但仍可把它视为一段。如果过渡段为第 i 段，则它的节距为

$$t_i = (t_{i-1} + t_{i+1})/2 \tag{3-205}$$

计算示例参见附表 2。

（四）变圈径等节距压缩螺旋弹簧

变圈径等节距压缩螺旋弹簧也就是圆锥压缩螺旋弹簧，它也是一种变刚度簧，参见图 3-82。这种螺旋弹簧受载后，起初保持线性特性；当载荷逐步增大时，弹簧从最大圈开始逐渐并紧，直至所有圈全部并紧。大圈一开始并紧，弹簧便进入非线性特性。

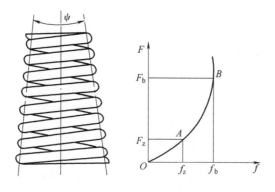

图 3-82 变圈径螺旋弹簧

ψ 是圆锥簧的锥角，其数值越大，弹簧刚度的变化就越大，就越能适应汽车负荷的变化，消除或缓和共振。然而，圈间压并后，挤压力和径向力均增大，且有可能发生自锁而不回弹。当 ψ 值大到弹簧小端半径 R_0 与大端半径 R_m 构成 $(R_n - R_0) \geqslant nd$ 时，所有圈均落在支座上，其压并高度 $H_b = d$。

圆锥螺旋弹簧分等节距和等螺旋角两种，下面先研究等节距螺旋弹簧的变形公式。

1. 螺旋弹簧的变形

等节距等丝径变圈径螺旋弹簧，其钢丝中心线的展开线是一条上凸曲线，钢丝中心线在 xy 平面上的投影为阿基米德螺线，如图 3-83 所示。

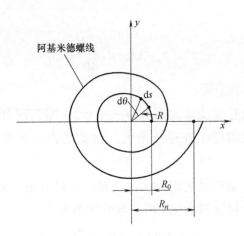

图 3-83 钢丝中心线的投影

阿基米德螺线随着极角 θ 的变化，曲率半径 R 也随之变化。因此，作用于螺旋弹簧的力 F 所构成的扭矩是随极角变化的。所以要求弹簧的变形，就必须求出半径 R 随 θ 的变化关系。

由图 3-83 可知，当 θ 增加 2π 时，半径增加量为

$$\Delta R = t\tan\frac{\psi}{2}$$

式中 t——节距；

     ψ——螺旋弹簧圆锥角。

即随 θ 变化的半径为

$$R = R_0 + \left[(k-1) + \frac{\theta}{2\pi} \right] t\tan\frac{\psi}{2} \tag{3-206}$$

第 k 圈钢丝在水平面上的投影长度 S_k 为

$$S_k = \int ds = \int_0^{2\pi} R d\theta = \int_0^{2\pi} [R_0 + (k-1)\Delta R] d\theta + \int_0^{2\pi} \frac{\Delta R}{2\pi}\theta d\theta$$

于是有

$$S_{2\pi} = 2\pi \left[R_0 + \left(k - \frac{1}{2} \right) t\tan\frac{\psi}{2} \right] \tag{3-207}$$

投影长度随极角变化的关系式为

$$S_\theta = [R_0 + (k-1)\Delta R]\theta + \frac{\Delta R}{4\pi}\theta^2 \tag{3-208}$$

半径随 θ 变化的关系式为

$$R_{k\theta} = a + b\theta \tag{3-209}$$

式中

$$a = R_0 + (k-1)\Delta R$$

$$b = \Delta R / 2\pi$$

$$\Delta R = t\tan\frac{\psi}{2}$$

下面推求第 k 圈的变形量 f_k

$$f_k = \int R_{k\theta}\mathrm{d}\psi$$

$$\mathrm{d}\psi = \frac{M_k\mathrm{d}s}{GJ_\mathrm{p}}$$

$$M_k = FR_{k\theta}$$

$$\mathrm{d}s = R_{k\theta}\mathrm{d}\theta$$

代入上式可得

$$f_k = \frac{F}{GJ_\mathrm{p}}\int_0^{2\pi} R_{k\theta}^3\mathrm{d}\theta$$

$$R_k^3 = (a+b\theta)^3$$

于是有

$$f_k = \frac{64F}{Gd^4}(a^3+3a^2b\pi+4ab^2\pi^2+2b^3\pi^3) \tag{3-210}$$

式中，$k=1,\ 2,\ 3,\ \cdots,\ n$。

整根螺旋弹簧的变形量为

$$f = \sum_{k=1}^n f_k \tag{3-211}$$

2. 变形公式的另一种推法

极角每增加 2π 时，半径增加 $\Delta R = t\tan\dfrac{\psi}{2}$，因而任意点的半径为

$$R = R_0 + \frac{\theta}{2\pi}t\tan\frac{\psi}{2} \tag{3-212}$$

当 $\theta=2\pi n$ 时，$R=R_n$（末圈半径）。

由此可得

$$\Delta R = t\tan\frac{\psi}{2} = \frac{R_n-R_0}{n} \tag{3-213}$$

将式（3-213）代入式（3-212），可得任意极角的半径为

$$R = R_0 + \frac{R_n-R_0}{2\pi n}\theta \tag{3-214}$$

下面对变形公式的推导进行说明。

根据莫尔定理有

$$f = \int_0^1 \frac{T_0 T_\mathrm{t}}{GJ_\mathrm{p}}\mathrm{d}s \tag{3-215}$$

式中　　T_t——绕钢丝截面中心线切线的扭矩，$T = FR$；

　　　　T_0——单位扭矩，$T_0 = 1 \times R = R$；

　　　　ds——钢丝微元长度，$ds = Rd\theta = R\dfrac{2\pi n}{R_n - R_0}dR$。

将各式代入式（3-215），并将积分限改为 R_0 到 R_n，则可得整簧的变形量为

$$f = \int_{R_0}^{R_n} \frac{2\pi n F}{GJ_p(R_n - R_0)}R^3 dR = \int_{R_0}^{R_n} \frac{64nFR^3}{Gd^4(R_n - R_0)}dR$$

即

$$f_n = \frac{16nF}{Gd^4}\left(\frac{R_n^4 - R_0^4}{R_n - R_0}\right) \tag{3-216}$$

式中　　　　　　　　　　　$R_n = R_0 + n\Delta R$

式（3-210）和式（3-216）计算结果完全一致。计算示例参见附表3。

（五）等螺旋角圆锥压缩螺旋弹簧

等螺旋角圆锥压缩螺旋弹簧是变参数螺旋弹簧的一种，合理设计此类螺旋弹簧，不仅可以节约材料，降低重量，而且还可获得优良的工作特性，满足使用需要。

然而，由于此类螺旋弹簧较为复杂，加之诸多因素，故至今未见其可行的设计计算方法。本书拟在导出基本方程的前提下，建立负荷-变形特性等主要性能参数的计算方法。

1. 基本方程

等螺旋角圆锥压缩螺旋弹簧钢丝中心线的展开线是一条直线，而它的顶视投影是一条对数螺旋线，如图3-84所示。

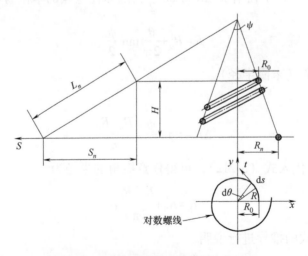

图 3-84　等螺角圆锥压缩弹簧的几何特性

这种螺旋弹簧的簧圈半径 R 随极角 θ 变化的关系可描绘为

$$R = R_0 e^{\ln\left(\frac{R_n}{R_0}\right)\frac{\theta}{2\pi n}} \tag{3-217}$$

式中 R_0——有效簧圈首圈起始半径；

$\quad\quad R_n$——有效簧圈末圈终结半径；

$\quad\quad n$——弹簧有效圈数。

当用簧圈序号 $k(k=1, 2,\cdots, n)$ 代替 n 后可得

$$R = R_0 e^{\ln\left(\frac{R_k}{R_0}\right)\frac{\theta}{2\pi k}} \tag{3-218}$$

当用 R_{k-1} 代替 R_0 后，又可得

$$R = R_{k-1} e^{\ln\left(\frac{R_k}{R_{k-1}}\right)\frac{\theta}{2\pi k}} \tag{3-219}$$

然而，式（3-217）中的 R_n 和式（3-218）、式（3-219）中的 R_k 皆是一个未知数，故式（3-217）~式（3-219）均是一个待定方程，故须采用如下方法将其改造。

假设 S_k 为 $1\sim k$ 个簧圈钢丝的投影长度，H_k 为 $1\sim k$ 个簧圈的弹簧高度，于是 S_k 和螺旋角 α 有如下关系：

$$S_k = H_k/\tan\alpha \tag{3-220}$$

而 H_k 和弹簧圆锥角 ψ 还有如下关系：

$$H_k = \frac{R_k - R_0}{\tan(\psi/2)} \tag{3-221}$$

将式（3-221）代入式（3-220）后可得

$$S_k = \frac{R_k - R_0}{\tan\alpha\tan(\psi/2)} \tag{3-222}$$

S_k 还可从另一角度求得。由图 3-84 可知

$$S_k = \int_0^{2\pi k} R_0 e^{\left(\frac{1}{2\pi k}\ln\frac{R_k}{R_0}\right)\theta} d\theta$$

解此积分后便有

$$S_k = \frac{2\pi R_0 k}{\ln(R_k/R_0)}\left(e^{\ln\frac{R_k}{R_0}} - 1\right) \tag{3-223}$$

令式（3-218）中的 $\theta = 2\pi k$，$R = R_k$，于是有

$$\frac{R_k}{R_0} = e^{\ln(R_k/R_0)} \tag{3-224}$$

令式（3-222）等于式（3-223），并代入式（3-224），可得各簧圈半径与结构参数的关系式为

$$R_k = R_0 e^{2\pi k\tan\alpha\,\tan\frac{\psi}{2}} \tag{3-225}$$

将式（3-225）代入式（3-218）后，便最终得到 R 与 θ 的以显式函数关系表达的基本方程为

$$R = R_0 e^{\theta \tan\alpha \, \tan\frac{\psi}{2}} \tag{3-226}$$

2. 负荷-变形特性

（1）轴向变形

当载荷 F 沿轴线方向作用于弹簧时，弹簧钢丝的截面受到力矩 T_t、弯矩 M_b、法向力 F_t 和径向力 F_b 的同时作用。然而，M_b、F_t 和 F_b 对轴向变形都影响不大，故在推求轴向变形公式时，只考虑力矩 T_t 的作用。在忽略螺旋角影响的前提下，力矩 $T_t = FR$，如图3-85所示。

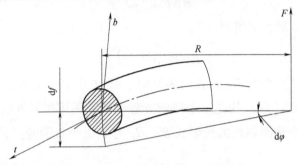

图3-85　钢丝在力矩 T_t 作用下的变形

从基本的扭转变形出发，利用式（3-226），便可求得弹簧第 k 个单圈的轴向变形，即

$$f_k = \int R \mathrm{d}\varphi \tag{3-227}$$

式中　$\mathrm{d}\varphi$——钢丝在力矩 T_t 作用下的微元角位移，其计算公式为

$$\mathrm{d}\varphi = \frac{T_t \mathrm{d}s}{G J_p}$$

式中　J_p——钢丝的极惯性矩，圆形截面的极惯性矩：$J_p = \dfrac{\pi d^4}{32}$（$d$ 为钢丝直径）；

G——材料的抗扭模量；

$\mathrm{d}s$——钢丝的微元长度，其计算公式为

$$\mathrm{d}s = R\mathrm{d}\theta$$

式中　$\mathrm{d}\theta$——极角的微元位移；

代入各参数后，积分变为

$$f_k = \frac{32F}{\pi G d^4} \int_{2\pi(k-1)}^{2\pi k} \left(R_0 e^{\theta \tan\alpha \, \tan\frac{\psi}{2}} \right)^3 \mathrm{d}\theta$$

解此积分，可得第 k 个单圈的压并变形量为

$$f_{mk} = \frac{32 R_0^3 F_{mk}}{\pi b G d^4} \left[e^{2\pi bk} - e^{2\pi b(k-1)} \right] \tag{3-228}$$

式中　$b = 3\tan\alpha\tan(\psi/2)$；

F_{mk}——第 k 个单圈的压并载荷（N）。

式（3-228）还可变为另一种形式为

$$f_{mk} = \frac{64F_{mk}}{Gd^4}\eta_k \qquad (3\text{-}229)$$

式中　　$\eta_k = \dfrac{R_k^3 - R_{k-1}^3}{\ln R_k^3 - \ln R_{k-1}^3}$。

（2）第 k 单圈的压并载荷

变形是随载荷的增大而增大的，多大的载荷才能使第 k 个单圈压并呢？这是把握弹簧负荷-变形-特性必须要知道的。要知道第 k 个单圈的压并载荷 F_{mk}，得先求出第 k 单圈的节距 t_k 和最大变形量 f_{mk}。

由图 3-86 可知，第 k 圈的节距为

$$t_k = \frac{R_k - R_{k-1}}{\tan(\psi/2)} \qquad (3\text{-}230)$$

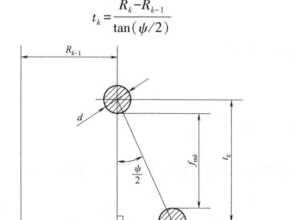

图 3-86　第 k 圈的最大变形量

第 k 圈压并时的变形量，也就是该圈的最大变形量，在 ψ 不是很大的情况下，可表示为

$$f_{mk} = t_k - d \qquad (3\text{-}231)$$

将式（3-231）中的 f_{mk} 代替式（3-229）中的 f_k 后，可解得

$$F_{mk} = \frac{(t_k - d)Gd^4}{64\eta_k} \qquad (3\text{-}232)$$

（3）全簧变形及刚度

当第 k 圈压并时，全簧的变形为

$$f_{gk} = \sum_{k=1}^{n} f_k \qquad (3\text{-}233)$$

当第 k 圈压并时，全簧的刚度为

$$c_{gk} = \frac{F_{mk}}{f_{gk}} \qquad (3\text{-}234)$$

3. 相关参数

（1）有效钢丝投影总长度

令式（3-222）中的 $R_k = R_n$，可得到弹簧有效圈数钢丝的投影总长度 S_n 为

$$S_n = \frac{R_n - R_0}{\tan \alpha \, \tan(\psi/2)} \tag{3-235}$$

（2）有效钢丝总长度

弹簧有效圈数钢丝的总长度 L_n 可表示为

$$L_n = S_n / \cos \alpha \tag{3-236}$$

（3）弹簧高度

弹簧有效圈数的总高度为

$$H = L_n \sin \alpha \tag{3-237}$$

（4）弹簧质量

弹簧有效圈数的总质量为

$$M = \frac{\pi \rho L_n d^2}{4000} \tag{3-238}$$

式中　ρ——材料密度（g/cm^3）。

（5）弹簧应力

当弹簧节距不是很大时，钢丝断面的受力状况如图 3-87 所示。

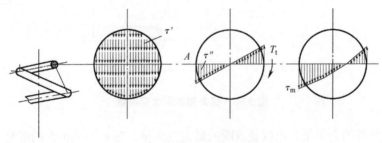

图 3-87　钢丝断面承受的剪应力

力 F_{mk} 对钢丝截面的剪切作用引起第 k 圈的剪应力 τ_k'，其方向与力 F_{mk} 相反，大小均布，数值为

$$\tau_k' = \frac{F_{mk}}{25\pi d^2} \tag{3-239}$$

力矩 T_t 使钢丝扭转，在与 R 所对应的截面上引起第 k 圈的剪应力 τ_k''，其最大值发生在该截面的周边，其数值为

$$\tau_k'' = \frac{0.16 F_{mk} R_k}{\pi d^3} \tag{3-240}$$

两项应力之和，即为该截面之最大总应力 $\tau_{mk} = \tau_k' + \tau_k''$，它发生在断面内侧点 A（危

险点）。由于钢丝卷绕的曲率变化还将影响应力，需修正。修正后的最大剪应力为

$$\tau_{mk} = \frac{0.16R_k F_{mk}}{\pi d^3}\left(1+\frac{d}{4R_k}\right)k_k \tag{3-241}$$

式中　k_k——修正系数（曲度系数），$k_k = \frac{4C_k-1}{4C_k-4} + \frac{0.615}{C_k}$；

　　　　C_k——旋绕比，$C_k = 2R_k/d$。

注意： 弯曲应力 σ 约为剪应力 τ 的 1.25 倍。

4. 螺旋角与圆锥角的影响

众所周知，螺旋弹簧的刚度与钢丝直径 d 的 4 次方成正比，与有效圈数 n 的 1 次方和簧圈半径 R_0 的 3 次方成反比，然而，当 d、n 和 R_0 均确定之后，作为圆锥簧的螺旋角 α 和圆锥角 ψ 又是如何影响弹簧性能的呢？

（1）α 和 ψ 的影响

参数相同的两副圆锥螺旋弹簧，α 和 ψ 大者，将产生如下效果：

① 半径 R_k 增大，弹簧横向尺寸增加。

② 节距 t_k 增加，弹簧高度增加。

③ 由于纵、横向尺寸增加，弹簧质量 M 增大。

④ 弹簧的刚度降低，变形量增大，频率降低。

⑤ 对于压并载荷，α 增大，F_{mk} 亦增大；而 ψ 增大，F_{mk} 却降低。

⑥ 对于剪应力，α 增大，τ_{mk} 值和首、末圈应力比 τ_{m1}/τ_{mn} 均增大；ψ 增大，τ_{m1}/τ_{mn} 也增大，但 τ_{mk} 值却降低。

（2）无簧圈叠压圆锥簧的 ψ 值

圆锥角 ψ 增大，不仅产生上述效果，且圈间挤压力和径向力均增大，甚至有可能自锁而不回弹。当 ψ 值增大到 $(R_n - R_0) \geq nd$ 时，所有簧圈均落在支座上。此时的圆锥簧便成了无簧圈叠压的圆锥簧，其压并高度 $H = d$。这种螺旋弹簧的优点是在空间高度受限制时，在不影响总变形量的情况下，可降低弹簧的高度。然而，它的底圈尺寸过大，没有足够的横向尺寸是不能采用的。

在设计无簧圈叠压的等螺旋角圆锥簧时，在 R_0、n、α 和 d 已定的情况下，圆锥角 ψ 可按下述方法求得。

由图 3-88 可知，等丝径圆锥簧有如下关系：

$$R_n = R_0 + n(d+\delta) \tag{3-242}$$

式中　δ——给定的压并后各圈钢丝的平均间隙。

又由式（3-225）可知，等螺角圆锥簧有如下关系：

$$R_n = R_0 e^{2\pi n\tan\alpha\,\tan\frac{\psi}{2}} \tag{3-243}$$

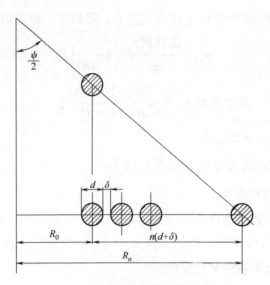

图 3-88 无簧圈叠压圆锥簧的 ψ 值

令式（3-242）等于式（3-243），可解得

$$\psi = 2\arctan\left[\frac{\ln(R_0 + nd + n\delta) - \ln R_0}{2\pi n \tan \alpha}\right]$$（3-244）

5. 计算示例及计算步骤

参数：直径 $d=3$cm，初始圈径 $R_0=8$cm，圆锥角 $\psi=10°$，螺旋角 $\alpha=6°$，有效圈数 $n=7$。

用式（3-225）、式（3-229）、式（3-230）、式（3-232）、式（3-233）、式（3-234）、式（3-236）、式（3-237）、式（3-238）、式（3-242）分别求得 R_k、t_k、η_k、F_{mk}、f_{gk}、c_{gk}、τ_{mk}、L_n、H、M，其计算结果见表3-50，特性曲线如图3-89所示。

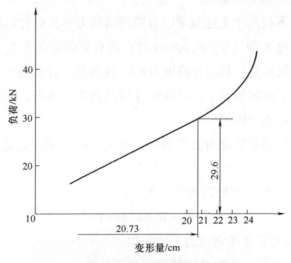

图 3-89 负荷-变形特性

表 3-50 主要参数的计算结果

k	R_k/cm	t_k/cm	η_k	F_{mk}/N	f_{gk}/cm	$c_{gk}/(\mathrm{N/cm})$	τ_{mk}/MPa
1	8.476	5.441	559.069	43545	24.58	1772	962
2	8.980	5.761	664.881	41415	24.46	1693	952
3	9.514	6.104	790.683	39152	24.19	1612	938
4	10.080	6.469	940.328	36792	23.71	1552	919
5	11.315	6.858	1118.387	34403	22.98	1497	897
6	9.846	7.258	1330.093	31927	21.97	1453	869
7	11.988	7.692	1581.778	29583	20.73	1427	842

$L_n=436.08\mathrm{cm}$, $H=45.58\mathrm{cm}$, $M=24.04\mathrm{kg}$

从表 3-50 数据可知，当载荷从 29.6kN 增至 43.6kN 时，刚度 c_{gk} 从 1427N/cm 达到了 1772N/cm，增幅约为 24.18%，这说明示例弹簧的载荷特性还是较好的。

6. 结论

① 导出的 R 与 θ 关系的基本方程式（3-226），为等螺旋角圆锥压簧计算方法的建立奠定了基础。

② 建立的计算方法，为等螺角圆锥压簧的设计提供了可行的依据。

③ 为提高整簧的刚度变化幅度和压并载荷，充分发挥材料的潜能，此类弹簧应与变丝径簧结合设计。

④ 为节约材料和避免底圈尺寸过大，此类螺旋弹簧宜设计成中大两端小的双锥型"⬦"或中间直两端小的桶型"⬦"。

（六）变丝径等内径压缩螺旋弹簧

变丝径、等内径压缩螺旋弹簧是一种保持内径 $D_i=2R$ 恒等的变丝径、变圈径、变节距和等螺角的圆锥螺旋弹簧（十 十 十 一），如图 3-76 所示。此类螺旋弹簧不仅具有优良的变刚度特性，而且具有如下三个特点：

① 工艺简单。

② 便于在中部安装减振器。

③ 顶部丝径和圈径都较小，减少了座圈部分的"死材料"。

正因如此，不少性能优良的车辆都装用此类螺旋弹簧，如美军高机动多用途轮式车（HMMWV）系列车型、德军曼（MAN）280 的 10t 越野车等。然而至今还未见有关的计算方法。本书的目的就在于建立此类螺旋弹簧的设计计算方法。

1. 基本方程

此类螺旋弹簧的主要特点：当极角 θ 从零开始逐步增大时，簧圈半径 R 的增量 ΔR 恒等于钢丝半径 $d/2$ 的增量 Δr，即

$$R-R_0=0.5(d-d_0) \tag{3-245}$$

223

式中　R_0——簧圈初始半径；

　　　d_0——钢丝初始直径。

由图 3-90 可知，不变的内部半径 R_i 与 R_0 和 d_0 的关系为

$$R_i = R_0 - \frac{d_0}{2} \tag{3-246}$$

（1）$R=f(s)$ 的关系式

当极角为 θ 时，钢丝半径随钢丝长度 l 变化的增量 Δr（图 3-91）为

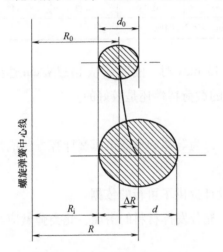

图 3-90　簧径及丝径的变化规律

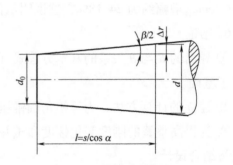

图 3-91　丝径的变化规律

$$\Delta r = s \tan \frac{\beta}{2} / \cos \alpha \tag{3-247}$$

式中　α——螺旋角；

　　　β——钢丝锥角；

　　　s——钢丝在极角为 θ 时的顶视投影长度。

由式（3-246）可得任意极角下的簧圈半径为

$$R = R_0 + (d-d_0)/2 \tag{3-248}$$

用式（3-247）替换式（3-248）中的 $(d-d_0)/2$，可得 R 与 s 的关系式为

$$R = R_0 + Cs \tag{3-249}$$

式中　$C = \tan \dfrac{\beta}{2} / \cos \alpha$。

（2）$R=f(\theta)$ 的关系式

对式（3-249）两端微分可得

$$\mathrm{d}R = C\mathrm{d}s$$

根据图 3-92 的关系，可得

$$dR = CR d\theta$$

即

$$\int \frac{dR}{R} = \int C d\theta + C_0$$

两端积分后便有

$$\ln R = C\theta + C_0$$

当 $\theta = 0$ 时，$R = R_0$，所以积分常数 $C_0 = \ln R_0$，于是就得到了 R 与 θ 关系的基本方程为

$$R = R_0 e^{C\theta} \tag{3-250}$$

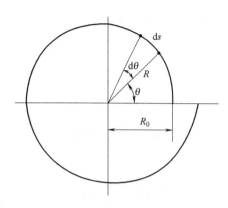

图 3-92　极角与圈径的关系

当令式（3-250）中的 $\theta = 2\pi k$ 时，可得第 k 圈终结点簧圈半径的表达式为

$$R_k = R_0 e^{2\pi C k} \tag{3-251}$$

（3）$d = f(\theta)$ 的关系式

由于簧圈半径的增量 $\Delta R = R - R_0$，故利用式（3-250）可得

$$\Delta R = R_0 (e^{C\theta} - 1) \tag{3-252}$$

根据簧圈半径增量 ΔR 等于钢丝半径增量 Δr 的特性，便可求得丝径 d 与极角 θ 的关系式为

$$d = d_0 + 2R_0 (e^{C\theta} - 1) \tag{3-253}$$

式（3-253）还可变为

$$d = a + b e^{C\theta} \tag{3-254}$$

式中　$a = d_0 - 2R_0$；

$\quad\quad b = 2R_0$；

$\quad\quad C = \tan \dfrac{\beta}{2} / \cos \alpha_\circ$

令式（3-253）中的 $\theta = 2\pi k$，可得到第 k 圈终结点钢丝直径的表达式为

$$d_k = d_0 + 2R_0 (e^{2\pi C k} - 1) \tag{3-255}$$

（4）$S = f(\theta)$ 的表达式

螺旋弹簧钢丝的顶视投影长度 S 与极角 θ 的关系式，可由如下积分求得

$$S = \int dS + \int R_0 e^{C\theta} d\theta$$

经积分后可得

$$S = \frac{R_0}{C} (e^{C\theta} - 1) \tag{3-256}$$

第 k 圈的钢丝投影长度为

$$S_k = \frac{R_0}{C} \left[e^{2\pi C k} - e^{2\pi C(k-1)} \right] \tag{3-257}$$

（5） $\theta=f(s)$ 的关系式

由式（3-256）可解得 $\theta=f(s)$ 的关系式为

$$\theta=\frac{1}{C}\ln\left(1+\frac{C}{R_0}S\right)\qquad(3\text{-}258)$$

（6） $d=f(s)$ 的关系式

由图 3-91 的关系直接可得

$$d=d_0+gs\qquad(3\text{-}259)$$

式中　$g=2C=2\tan\dfrac{\beta}{2}/\cos\alpha$。

2. 负荷特性

（1）轴向变形

当载荷 F 沿螺旋弹簧轴线方向作用时，若只考虑钢丝截面中心线 t 的扭矩 T 的作用，那么弹簧的轴向变形可由如下两种方法求得：

① 取钢丝投影长度 S 作变量，即取式（3-249）和式（3-259）作为基本方程进行积分。

② 取极角 θ 作变量，即取式（3-250）和式（3-254）作为基本方程进行积分。

下面仅以 θ 作为变量的方法来求解变形表达式。

在扭矩 T 的作用下，螺旋弹簧的轴向变形为

$$f=\int R\mathrm{d}\varphi\qquad(3\text{-}260)$$

式中　$\mathrm{d}\varphi$——钢丝的扭转角，$\mathrm{d}\varphi=\dfrac{T\mathrm{d}s}{GJ_\mathrm{p}}$，其中 $T=PR$，$\mathrm{d}s=R\mathrm{d}\theta$，$J_\mathrm{p}=\dfrac{\pi d^4}{32}$。

代入式（3-260）后为

$$f=\frac{32F}{\pi G}\int_0^\theta\frac{R^3}{\mathrm{d}^4}\mathrm{d}\theta=\frac{32R_0^3F}{\pi CG}\int_0^\theta\frac{(\mathrm{e}^{c\theta})^3}{(a+b\mathrm{e}^{c\theta})^4}\mathrm{d}(c\theta)$$

当令 $y=\mathrm{e}^{C\theta}$ 时，$\mathrm{d}y=\mathrm{e}^{C\theta}\mathrm{d}(C\theta)$，即

$$\mathrm{d}(C\theta)=\mathrm{d}y/y$$

当令 $\theta=0$ 时，$y=1$；当 $\theta=\theta$ 时，$y=\mathrm{e}^{c\theta}$，于是有

$$f=\frac{32R_0^3}{\pi CG}\int_1^{\mathrm{e}^{c\theta}}\frac{y^2\mathrm{d}y}{(a+by)^4}=\frac{1}{24R_0^3}\left(\frac{-(3b^3y^2+3aby+a^2)}{(a+by)^3}\right)$$

代入积分限后可得

$$f_\theta=\frac{4F}{3\pi CG}\eta_\theta\qquad(3\text{-}261)$$

式中

$$\eta_\theta=\left[\frac{3b^2+3ab+a^2}{(a+b)^3}-\frac{3b^2(\mathrm{e}^{C\theta})^2+3ab\mathrm{e}^{C\theta}+a^2}{(a+b\mathrm{e}^{C\theta})^3}\right]$$

当将下限 $\theta=2\pi(k-1)$、上限 $\theta=2\pi k$ 代入式（3-261）后，便可得到第 k 圈的变形量为

$$f_k = \frac{4F}{3\pi CG}\eta_k \tag{3-262}$$

$$\eta_k = M - N$$

式中　　　　　$$M = \frac{3b^2 \mathrm{e}^{4\pi C(k-1)} + 3ab\mathrm{e}^{2\pi C(k-1)} + a^2}{d_{k-1}^3}$$

$$N = \frac{3b^2 \mathrm{e}^{4\pi Ck} + 3ab\mathrm{e}^{2\pi Ck} + a^2}{d_k^3}$$

（2）第 k 圈的压并载荷

要把握螺旋弹簧的负荷-变形特性，就必须知道第 k 圈的压并载荷。为此，必先求出第 k 圈的节距 t_k 和第 k 圈的最大变形量 f_{mk}。

第 k 圈的节距为

$$t_k = S_k \tan\alpha \tag{3-263}$$

第 k 圈压并时的变形量，就是该圈的最大变形量，它可表示为

$$f_{mk} = t_k - \frac{d_{k-1} + d_k}{2} \tag{3-264}$$

用 F_{mk} 和 f_{mk} 取代式（3-252）中的 F 和 f_k，便可解得第 k 圈的压并载荷为

$$F_{mk} = \frac{3\pi CG(2t_k - d_{k-1} - d_k)}{8\eta_k} \tag{3-265}$$

3. 相关参数

（1）钢丝投影总长度 S_n

螺旋弹簧有效钢丝投影总长度可通过令式（3-256）中的 $\theta = 2\pi n$ 得到，即

$$S_n = \frac{R_0}{C}(\mathrm{e}^{2\pi Cn} - 1) \tag{3-266}$$

式中　n——螺旋弹簧的有效总圈数。

（2）钢丝总长度 l_n

整个螺旋弹簧有效钢丝总长度为

$$l_n = S_n / \cos\alpha \tag{3-267}$$

（3）螺旋弹簧有效总高度 H

整个螺旋弹簧有效部分的总高度为

$$H = l_n \sin\alpha \tag{3-268}$$

（4）螺旋弹簧有效总质量 M

整个螺旋弹簧有效部分的总质量（kg）为

$$M = \frac{\pi l_n}{16000}(d_0 + d_n)^2 \rho \tag{3-269}$$

式中 ρ——材料密度（g/cm^3）。

4. 剪应力

螺旋弹簧第 k 圈终结点钢丝断面内侧的最大剪应力为

$$\tau_{mk} = \frac{0.16 k_k R_k}{\pi d_k^3}\left(1 + \frac{d_k}{4R_k}\right) P_{mk} \tag{3-270}$$

式中 k_k——第 k 圈终结半径点的曲度系数，$k_k = \dfrac{4C_k - 1}{4C_k - 4} + \dfrac{0.615}{C_k}$；

C_k——第 k 圈终结半径点的旋绕比，$C_k = R_k / d_k$。

5. 非整数圈的计算

如果螺旋弹簧圈数较少，此时计算点就较少，这就不能完整地描绘负荷-变形特性，因此还需要计算非整数圈的点，一般计算半圈的点。在此情况下，相关的计算公式如下所述。

① 钢丝直径为

$$d_k = d_0 + 2R_0(e^{2\pi Ck} - 1) \tag{3-271}$$

计算整数圈时，取 k 为整数；计算小数圈时取 $k = 0.5$、1.5、$2.5\cdots$

② 簧圈半径为

$$R_k = R_0 e^{2\pi Ck} \tag{3-272}$$

计算整数圈时，取 k 为整数；计算小数圈时，取 $k = 0.5$，1.5，$2.5\cdots$

③ 钢丝投影长度为

$$S_k = \frac{R_0}{C}(e^{2\pi Ck} - e^{2\pi C(k-\Delta)}) \tag{3-273}$$

计算整圈时，取 k 为整数，取 $\Delta = 1$；计算小数圈时，取 $k = 0.5$，1.5，$2.5\cdots$并取 $\Delta = 0.5$。

④ 簧圈距为

$$t_k = S_k \tan\alpha \tag{3-274}$$

⑤ 变形系数为

$$\eta_k = M - N \tag{3-275}$$

式中

$$M = \frac{3b^2 e^{4\pi C(k-\Delta)} + 3abe^{2\pi C(k-\Delta)} + a^2}{d_{k-\Delta}^3}$$

$$N = \frac{3b^2 e^{4\pi Ck} + 3abe^{2\pi Ck} + a^2}{d_k^3}$$

计算整数圈时，取 k 为整数，并取 $\Delta = 1$；计算小数圈时，取 $k = 0.5$，1.5，$2.5\cdots$并取 $\Delta = 0.5$。

⑥ 当 k 取整数时，对应载荷为

$$F_{mk} = \frac{3\pi CG(2t_k - d_{k-1} - d_k)}{8\eta_k} \tag{3-276}$$

当取 $k = 0.5$、1.5、2.5 时，对应载荷为

$$F_{mk} = \frac{3\pi CG(2t_{k+0.5} - d_{k-0.5} - d_{k+0.5})}{16\eta_k} \tag{3-277}$$

⑦ 第 k 圈的变形量为

$$f_k = \frac{4F}{3\pi CG}\eta_k \tag{3-278}$$

⑧ 直体部分的压并载荷为

$$F_m = \frac{Gd^4(2\pi R\tan\alpha - d)}{64R^3} \tag{3-279}$$

⑨ 直体部分的变形量为

$$f_k = \frac{64F_{mk}R^3}{Gd^4}n \tag{3-280}$$

6. 计算示例

（1）示例参数

示例螺旋弹簧为上锥下直组合压缩螺旋弹簧，有关结构参数如下所述。

① 上部锥体：$d_0 = 2\text{cm}$，$R_0 = 8\text{cm}$，$\beta = 0.5°$，$\alpha = 7°$，$n_v = 3$。

② 下部直体：$d = 3.38\text{cm}$，$R = 8.69\text{cm}$，$\alpha = 7°$，$n_s = 3$。

（2）计算结果

有关参数的计算结果，列于表 3-51 之中，其负荷-变形特性如图 3-93 所示，详细参数见附表 13。

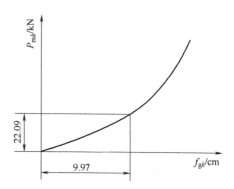

图 3-93　负荷-变形特性

表 3-51　相关参数的计算结果

k		F_{mk}/N	F_{gk}/cm	$R_{gk}/(\text{N/cm})$	τ_{mk}/MPa
锥体	1	22085	9.97	2215	1017
	2	40154	14.83	2708	1225
	3	65269	19.23	3393	1407
直体		81557	21.23	3842	1758

三、扭杆弹簧

扭杆弹簧的形式、优点及其导向机构等问题已在第一章和第二章中作过详细介绍，参见图 1-26～图 1-31。此处重点介绍如下问题：端部结构和相关参数如变形及刚度、杆径的确定，容量和容量比以及材料和应力的确定等。

（一）端部结构和相关参数

1. 端部结构

为便于安装扭杆，端部一般制成花键形、细齿形和多角形，如图 3-94 所示。

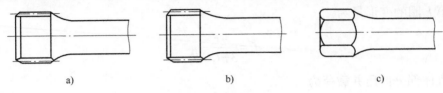

图 3-94　扭杆端部结构

a）花键形　b）细齿形　c）多角形

细齿形用得最多。若杆径为 d，那么细齿形端部外径 $d_0 = (1.15 \sim 1.25)d$，端部长度 $l_1 = (0.5 \sim 0.7)d$，如图 3-81 所示。

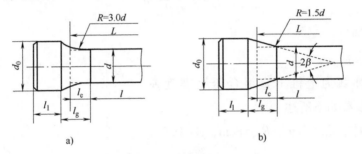

图 3-95　扭杆端部尺寸

a）圆弧过渡结构　b）圆锥过渡结构

细齿形端部尺寸见表 3-52。

表 3-52　细齿形端部几何尺寸参考值

齿形	模数 m	压力角	外径	内径	外径	长度
渐开线	0.7 1.0	45°	$(Z+1)m$	$(Z-1)m$	$1.25d$	$0.6d$

注：Z 为齿数；d 为杆径。

端部为六角形时，其外切圆直径 $d_0 = 1.2d$，长度 $l = d$。为避免过大应力集中，端部与杆体连接处的过渡圆半径 $R = (3 \sim 5)d$。如用圆锥形过渡时，一般取锥顶角 $2\beta \geqslant 30°$。

为防止疲劳破坏，花键齿间底部的圆角半径应足够大，并保证装配后在全长上啮合，以免花键扭转降低寿命。

如果安装扭杆的结构件刚性不足，就会在扭杆上引起弯曲载荷，这也是扭杆折损的主要原因之一。为避免这种情况，在两端或一端加装橡胶件。

2. 相关参数

扭杆的相关参数是指扭杆的有效工作长度和扭杆臂的长度。

（1）扭杆的有效工作长度 L

扭杆的有效工作长度 L 是扭杆的基本参数。杆体是扭转变形的基体，杆长与转角和变形量成正比，在设计时，可利用这一参数对刚度值进行微调。杆体两端的过渡部分也会发生扭转变形，因此，在计算时，应将两端的过渡部分换算为当量长度。对于圆形截面扭杆，当采取图 3-95 所示的过渡形状时，其过渡部分的当量长度 l_e 可以利用图 3-96 查取。

假设 l 为扭杆杆体长度，那么由图 3-95 的关系，可知其有效工作长度为

$$L=l+2l_e \tag{3-281}$$

（2）扭杆臂的长度 R_1

扭杆臂的长度 R_1，是作用扭矩的力臂，也是扭杆的重要参数。在变形角相同的情况下，它决定着悬架的行程。因此，确定扭杆臂的长度，既要考虑布置空间的情况，更要考虑悬架的容量。

确定扭杆臂的长度应根据设计要求与工作长度一起综合权衡，反复协调。

（二）变形及刚度

扭杆一端固定于车架上，另一端安装扭杆臂。扭杆臂承受来自悬架的载荷 F，如图 3-97 所示。

在图 3-97 中，L 为扭杆的有效工作长度，R_x 为扭杆的有效臂长，φ_0 为零载荷角，也就是扭杆载荷为零时，扭杆臂与垂直平面的夹角。

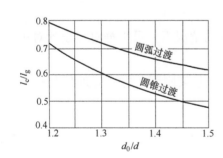

图 3-96 过渡部分的当量长度

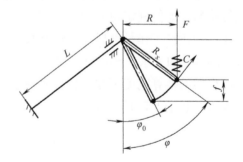

图 3-97 扭杆的变形及刚度

扭杆在扭矩 $T=FR$ 的作用下，产生角位移 $(\varphi-\varphi_0)$，同时臂端产生垂直位移 f。扭杆角位移为

$$(\varphi-\varphi_0)=\frac{TL}{GJ_p}=\frac{FR_x\sin\varphi \, L}{GJ_p} \tag{3-282}$$

式中　G——抗扭模量，$G=7.85\times10^7$ kPa，经喷丸和预扭处理，约降低 6%，即 $G=7.4\times10^7$ kPa；

　　　J_p——极惯性矩（cm^4），$J_p=\pi d^4/32$。

因此，扭杆臂端的受力为

$$F = \frac{GJ_p(\varphi - \varphi_0)}{R_x L \sin \varphi} \tag{3-283}$$

臂端的垂直位移为

$$f = R(\cos \varphi_0 - \cos \varphi) \tag{3-284}$$

扭杆臂端的垂直刚度为

$$C = \frac{dF}{df}$$

而

$$dF = \frac{GJ_p}{R_x L}\left[\frac{\sin \varphi - (\varphi - \varphi_0)\cos \varphi}{\sin^2 \varphi}\right]d\varphi$$

$$df = R_1 \sin \varphi d\varphi$$

于是刚度为

$$c = \frac{GJ_p}{R_x^2 L}\left[\frac{1 - (\varphi - \varphi_0)\cot \varphi}{\sin^2 \varphi}\right] \tag{3-285}$$

当 φ 和 φ_0 的单位都为（°）时，则有

$$c = \frac{GJ_p}{R_x^2 L}\left[\frac{1 - \frac{\pi}{180}(\varphi - \varphi_0)\cot\varphi}{\sin^2 \varphi}\right] \tag{3-286}$$

（三）扭杆直径的确定

由于扭杆的刚度与直径的 4 次方成正比，所以扭杆直径这个参数既是特别重要也是特别敏感的。如何确定扭杆的直径呢？

在已知扭杆工作长度以及扭杆臂长和满载位置的情况下，可根据总体设计对扭杆满载垂直刚度 c_f 的要求，导出杆径 d 的表达式。

由悬架的换算刚度可知，扭杆满载垂直刚度 c_f 与悬架刚度 k 的关系如下所述。

当扭杆装于上臂时，有

$$c_{fu} = k \frac{\sin^2 \varphi_{fu}}{1 - \frac{\varphi_{fu} - \varphi_{ou}}{57.3}\cot\varphi_{fu}} \tag{3-287}$$

当扭杆装于下臂时，有

$$c_{fd} = k \frac{\sin^2 \varphi_{fd}}{1 - \frac{\varphi_{fd} - \varphi_{od}}{57.3}\cot\varphi_{fd}} \tag{3-288}$$

式中　φ_{ou}、φ_{od}——上、下摆臂与水平面的夹角。

φ_{ou} 也是零载荷位置角，φ_{fu} 也是满载位置角。

由式（3-285），可将扭杆满载垂直刚度表达为

$$c_f = \frac{GJ_p}{R_x^2 L}\left[\frac{1 - (\varphi - \varphi_0)/\tan\varphi}{\sin^2 \varphi}\right] \tag{3-289}$$

当扭杆装于上臂时，$R_x = R_3$；当扭杆装于下臂时，$R_x = R_1$（其中 R_3、R_1 分别为上、下摆臂的长度）。

扭杆在满载扭矩 T_f 作用下的角位移为

$$\varphi_f = \varphi - \varphi_0 = \frac{T_f L}{G J_p} \tag{3-290}$$

将式（3-290）代入式（3-289）之后，可解得

$$d^4 = \frac{32L}{\pi G}(C_f R_x^2 \sin^2 \varphi_f + T_f \cot \varphi_f) \tag{3-291}$$

当扭杆装于上臂时，有

$$R_x = R_3$$

$$\varphi_f = 90° - \varphi_1$$

$$c_f = k \frac{\sin^2 \varphi_f}{1 - (\varphi_f - \varphi_0)\cot\varphi_f}$$

$$T_f = \frac{\cos \varphi_2 \cos(\xi + \varphi_1)}{\cos(\xi + \varphi_2)} R_3 P$$

$$\xi = \arctan\left(\frac{|y_{Au} - y_E|}{|z_{Au} - z_{Dd}| + |y_{Dd} - y_E|\tan \varphi_2}\right)$$

当扭杆装于下臂时，有

$$R_x = R_1$$

$$\varphi_f = 90° - \varphi_2$$

$$c_f = k \frac{\sin^2 \varphi_f}{1 - (\varphi_f - \varphi_0)\cot\varphi_f}$$

$$T_f = \frac{\cos \varphi_1 \cos(\xi - \varphi_2)}{\cos(\xi - \varphi_1)} R_1 P$$

$$\xi = \arctan\left(\frac{|y_{Au} - y_E|}{|z_{Du} - z_{Ad}| - |y_{Du} - y_E|\tan \varphi_1}\right)$$

式中　$G = 7.85 \times 10^6 \text{N/cm}$；

　　　k——悬架刚度（N/cm）；

　　　P——悬架载荷（N）。

（四）容量与容量比

扭杆从零载荷角 φ_0 到任意转角 φ 所做的功为

$$U = \int_{\varphi_0}^{\varphi} dU = \int_{\varphi_0}^{\varphi} F df$$

当代入 F 和 df 的表达式（图3-98）后得

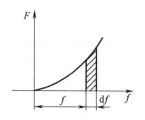

图3-98　力与变形的关系

$$U = \int_{\varphi_0}^{\varphi} \frac{GJ_p(\varphi - \varphi_0)}{L} d\varphi$$

积分此式可得

$$U = \frac{GJ_p}{2L}(\varphi - \varphi_0)^2 \tag{3-292}$$

由式（3-292）可知，静载荷角 φ_J 和动载转角 φ_d 所做的功分别为

$$U_J = \frac{GJ_p}{2L}(\varphi_J - \varphi_0)^2$$

$$U_d = \frac{GJ_p}{2L}(\varphi_d - \varphi_0)^2$$

设动容量 U_d 与静容量 U_J 之比为 λ，那么便有

$$\lambda = \frac{U_d}{U_J} = \left(\frac{\varphi_d - \varphi_0}{\varphi_J - \varphi_0}\right)^2 \tag{3-293}$$

设计悬架时，可取 $\lambda = 3$。

由式（3-293）可解得动载转角 φ_d 与静载转角 φ_J 的关系式为

$$\varphi_d = \varphi_0 + (\varphi_J - \varphi_0)\sqrt{\lambda} \tag{3-294}$$

（五）材料和应力

扭杆材料除应符合一般弹簧钢的要求外，淬透性也应良好，因此应对化学成分及力学性能进行严格控制。

扭杆所用弹簧钢有 40Cr、42CrMo、50CrV、60CrA、60SiMn 等，重要的扭杆可选用 45CrNiMoVA。

为提高疲劳强度，扭杆还需进行喷丸处理和预扭。预扭要连续进行 4~5 次，最后残余变形角不得大于 0.2°。

1. 剪应力

圆形断面的最大剪应力 τ_m 与最大扭矩 T_m 成正比，与抗扭截面模量 W_T 成反比，即

$$\tau_m = \frac{T_m}{W_T} = \frac{16T_m}{\pi d^3} \tag{3-295}$$

若用最大扭角 φ_m 表示，则有

$$\tau_m = \frac{Gd}{2L}(\varphi_m - \varphi_0) \tag{3-296}$$

其他断面扭杆的剪应力公式和有关公式见附表 14。

2. 比应力

单位扭角的剪应力叫作比应力（MPa/rad），即

$$\frac{\tau}{\varphi} = \frac{Gd}{2L} \tag{3-297}$$

四、空气弹簧

（一）空气弹簧的特点

空气弹簧是在柔性密闭容器中加入压力空气，利用空气的可压缩性实现弹性作用的一种非金属弹簧。它具有优良的弹性特性，用在车辆悬架装置中可以大大改善车辆的动力性能，从而显著提高其运行舒适度。所以，空气弹簧在汽车和铁路机车车辆上得到广泛的应用。空气弹簧如图 1-32~图 1-39 所示。

在汽车振动系统中，空气弹簧有以下优点：

① 通过高度控制阀，可使空气弹簧的工作高度在任何载荷下保持一定，也可使弹簧在同一载荷下具有不同的高度。因此，有利于适应多种结构上的要求。

② 空气弹簧具有非线性特性，可以根据需要将它的特性线设计成比较理想的曲线。

③ 空气弹簧的刚度随载荷而变，因而在任何载荷下自振频率不变，使弹簧装置具有几乎不变的性能。

④ 空气弹簧的刚度可根据需要，借助于改变附加空气室的容积进行选择，而且可选择得很低。

⑤ 同一空气弹簧，能同时承受轴向和径向载荷，也能传递扭矩，而通过内压力的调整，还可以得到不同的承载能力，因此能适应多种载荷的需要。

⑥ 吸收高频振动和隔声的性能好。

⑦ 在空气弹簧本体和附加空气室之间设一节流孔，能起到阻尼作用，如孔径选择适当，可不设减振器。

（二）空气弹簧的类型

空气弹簧大致可分为囊式和膜式两类。囊式空气弹簧可根据需要设计成单曲的、双曲的和三曲的；膜式空气弹簧则有约束膜式和自由膜式两种。图 3-99~图 3-101 所示为常用的几种空气弹簧结构。

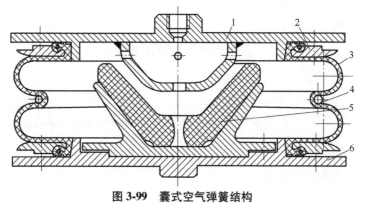

图 3-99 囊式空气弹簧结构

1—上盖板 2—压环 3—橡胶囊 4—腰环 5—橡胶垫 6—下盖板

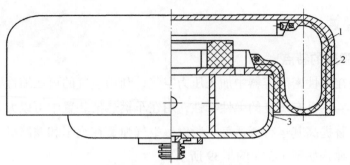

图 3-100 约束式空气弹簧结构

1—橡胶膜 2—外筒 3—内筒

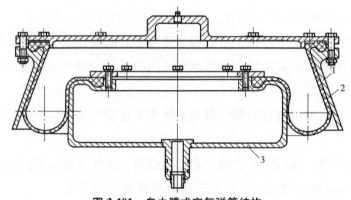

图 3-101 自由膜式空气弹簧结构

1—上盖板 2—橡胶垫 3—下座

囊式空气弹簧的优点是寿命长,缺点是刚度大,制造工艺比较复杂。约束膜式空气弹簧的优点是刚度小,并且特性线容易通过约束裙(内外筒)的形状来控制,缺点是由于橡胶膜的工作状况复杂而使耐久性差。自由膜式空气弹簧由于没有约束橡胶膜变形的内外筒,可减轻橡胶膜磨损,因而寿命高。

空气弹簧的密封一般有螺钉紧封式和压力自封式两种,后者结构简单,组装检修方便,应用渐广。

(三) 空气弹簧的刚度计算

在空气弹簧的设计计算中,主要参数是有效面积 A。如图 3-102 所示,空气弹簧上所受的载荷为

$$F = Ap = \pi R^2 p \qquad (3-298)$$

$$A = \pi R^2$$

式中 R——空气簧的有效半径;

p——空气弹簧的内压力。

1. 空气弹簧的垂直刚度

空气弹簧在工作位置时,垂直刚度 c 的计算公式为

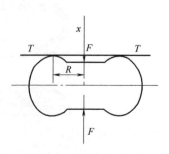

图 3-102 有效面积的定义

$$c = \chi(p + p_a)\frac{A^2}{V} + p\,\frac{dA}{dx} \tag{3-299}$$

式中　p——空气弹簧的内压力；

　　p_a——大气压力；

　　V——空气弹簧的有效体积；

　　χ——多变指数，在等温过程（如计算静刚度时）$\chi = 1$，在动态绝热过程 $\chi = 1.4$，在一般动态过程 $\chi = 1.33 \sim 1.38$。

从式（3-299）可以看出：

① 空气弹簧的体积越大，其垂直刚度越低，所以连接附加空气室可以减小空气弹簧的垂直刚度。

② 空气弹簧的垂直刚度和它在变形时有效面积的变化规律有关。如果 $dA/dx < 0$，即空气弹簧在压缩时其有效面积减小，则式（3-299）右边第二项为负值。也可用这个方法减小空气弹簧的垂直刚度。

计算空气弹簧垂直刚度的主要问题是确定与空气弹簧几何形状有关的 dA/dx。

设 $dA/dx = aA$，于是式（3-299）可改写为

$$c = \chi(p + p_a)\frac{A^2}{V} + apA \tag{3-300}$$

式中　a——垂直特性形状系数。

表 3-53 列出了各种形式空气弹簧的垂直特性形状系数计算公式。

图 3-103 和图 3-104 是根据表 3-53 中的有关公式做出的空气弹簧垂直特性形状系数 a 的计算图。由这些图可以很方便地根据需要选择适当的几何参数，使形状系数 a 取得很小，以达到降低垂直刚度的目的。

表 3-53　空气弹簧的垂直特性形状系数 a

形式	简　图	形状系数 a 的计算公式
囊式空气弹簧		$a = \dfrac{1}{nR}\dfrac{\cos\theta + \theta\sin\theta}{\sin\theta + \theta\cos\theta}$
自由膜式空气弹簧		$a = \dfrac{1}{R}\dfrac{\sin\theta\cos\theta + \theta\,(\sin^2\theta - \cos^2\varphi)}{\sin\theta(\sin\theta - \theta\cos\theta)}$

（续）

形式	简 图	形状系数 a 的计算公式
约束膜式空气弹簧	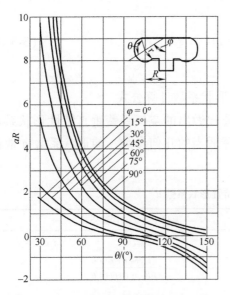	$$a = -\frac{1}{R}\ \frac{\sin(\alpha+\beta)+(\pi+\alpha+\beta)\sin\beta}{1+\cos(\alpha+\beta)+\frac{1}{2}(\pi+\alpha+\beta)\sin(\alpha+\beta)}$$

图 3-103　自由膜式空气弹簧的形状系数 a　　　图 3-104　约束膜式空气弹簧的形状系数 a

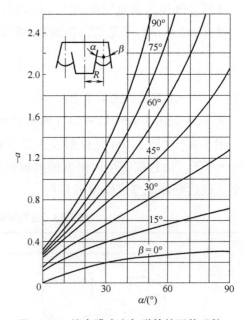

2. 空气弹簧的横向刚度

空气弹簧的横向刚度计算要比垂直刚度计算困难，因为它不仅与空气弹簧的几何形状有关，而且受材质的影响也较大。

（1）囊式空气弹簧

一般囊式空气弹簧在横向载荷作用下的变形，是受弯曲和剪切作用的合成变形。橡胶囊式空气弹簧在横向载荷作用下的变形如图 3-105 所示。

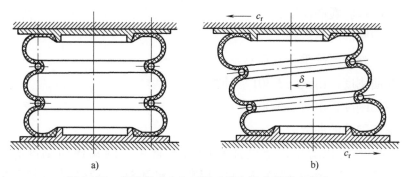

图 3-105 橡胶囊式空气弹簧在横向载荷作用下的变形

① 单曲囊式空气弹簧的弯曲刚度（图 3-106）计算公式为

$$M' = \frac{1}{2} a p \pi R^3 (R + r\cos \theta) \qquad (3\text{-}301)$$

式中 a——囊式空气弹簧的垂直特性形状系数，可由表 3-53 中的有关公式确定。

② 单曲囊式空气弹簧的剪切刚度（图 3-107）计算公式

$$c_{1r} = \frac{\pi}{8 r \theta} \rho i E_f (R + r\cos \theta) \sin^2 2\varphi \qquad (3\text{-}302)$$

式中 ρ——帘线的密度；

i——帘线的层数；

E_f——一根帘线的截面积与其纵向弹性模量的积；

φ——帘线相对纬线的角度。

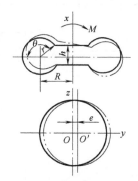

图 3-106 空气弹簧的弯曲变形

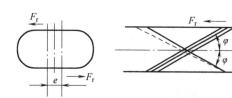

图 3-107 空气弹簧的剪切变形

对于多曲囊式空气弹簧，横断面受弯曲和剪切载荷而发生的变形，可以利用力和力矩的平衡，将各曲的变形叠加起来而得到。若横断面总的变形很小，则多曲囊式空气弹簧的横向刚度 c_r 可由下式计算求得

$$c_r = \left\{ \frac{n}{c_{1r}} + \frac{\left[(n-1)\left(h+h'+\dfrac{F}{c_{1r}} \right) \right]^2}{\left(2M' + \dfrac{1}{2}\dfrac{F^2}{c_{1r}} \right) - F(n-1)\left(h+h'+\dfrac{F}{c_{1r}} \right)} \right\}^{-1} \qquad (3\text{-}303)$$

式中 h——曲橡胶囊的高度；

h'——中间腰环的高度；

F——空气弹簧所受垂直载荷；

M'——弯曲刚度，由式（3-301）计算；

c_{1r}——剪切刚度，由式（3-302）计算；

n——空气弹簧的曲数。

由式（3-303）可以看出，空气弹簧的曲数越多，则其横向刚度越小。实际上四曲以上的空气弹簧，由于弹性不稳定现象，已不适于承受横向载荷的场合。此外，在利用空气弹簧横向弹性时，应使横向振幅最大不超过橡胶囊高度的20%，尽可能控制在10%以下。

（2）膜式空气弹簧

自由膜式和约束膜式空气弹簧的横向刚度 c_r，可用如下公式计算

$$c_r = bpA + c_0 \tag{3-304}$$

式中 p——空气弹簧的内压力；

A——空气弹簧的有效面积；

c_0——橡胶—帘线膜本身的横向刚度；

b——取决于空气弹簧几何参数的横向特性形状系数，其计算公式见表3-54。

图3-108和图3-109是根据表3-54中的有关公式做出的空气弹簧横向特性形状系数 b 的计算图。

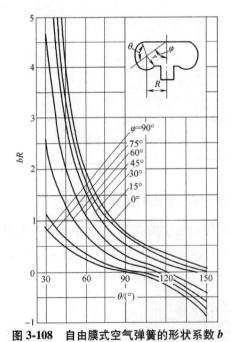

图3-108 自由膜式空气弹簧的形状系数 b

（注：b 为横向特性形状系数，R 为气囊半径）

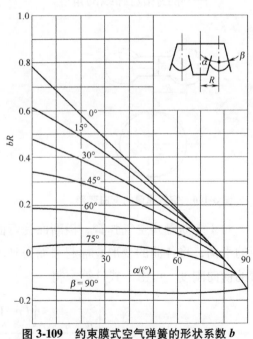

图3-109 约束膜式空气弹簧的形状系数 b

（注：b 为横向特性形状系数，R 为气囊半径）

表 3-54　空气弹簧的横向特性形状系数

形　式	简　图	形状系数 b 的计算公式
自由膜式空气弹簧		$b = \dfrac{1}{2R} \dfrac{\sin\theta\cos\theta + \theta(\sin^2\theta - \sin^2\varphi)}{\sin\theta(\sin\theta - \theta\cos\theta)}$
约束膜式空气弹簧		$b = \dfrac{1}{2R} \dfrac{-\sin(\alpha+\beta) + (\pi+\alpha+\beta)\cos\alpha\cos\beta}{1 + \cos(\alpha+\beta) + \dfrac{1}{2}(\pi+\alpha+\beta)\sin(\alpha+\beta)}$

五、油气弹簧

油气弹簧是空气弹簧的一种特例，它仍以气体（一般用惰性气体氮）作为弹性介质，而在气体与活塞之间引入油液作为中间介质。油气弹簧的工作缸由气室、油液和起减振作用的阻尼阀组成。油气不分隔式油气弹簧如图 3-110a 所示。图 3-110b 所示为油气分隔式油气弹簧，其特点是油气弹簧气体与油液用橡皮膜隔开，即使在高温和高压条件下气体也不溶化在油液内，保证了性能的稳定。图 3-110c 所示为带反压气室式油气弹簧，其工作原理及优缺点将在下面详细讨论。

油气弹簧与空气弹簧相比较，由于前者采用钢筒作为气室，气室压力可比空气弹簧高 10~20 倍，通常为 5~7MPa，有的高达 20MPa。因此油气弹簧的体积小，重量轻，用于重型自卸车上比钢板弹簧轻 50% 以上；油气弹簧中用油液为介质，同时能润滑滑动表面，在缸筒内设置节流孔，对油液流动产生阻尼作用，使油气弹簧同时起减振作用。油气弹簧配置一套车身高度调节阀后也能很容易地实现车身高度调节，油气弹簧也可得到较低的固有振动频率，这些都是它的优点，但油气悬架工作缸内为高压气体和油液，要求有较高的密封性。因此，工作表面加工的表面粗糙度要低，装配要精确，耐磨性要好。使用中气体会缓慢泄漏，需要定期充气，但又不能充气过多，需要有一套特殊的充气装备和操作规程，使用中还要保持工作缸内的清洁，否则容易引起表面拉伤，所以，油气弹簧的加工较复杂，维护较麻烦，这是它的缺点。目前主要用于重型自卸汽车上，国外也有用于轿车上的（如法国雪铁龙 DS-19 型汽车）。

油气弹簧有单气室的、双气室的（或称带反压气室的，如图 3-110c 所示）和两级压力式的几种。

单气室的油气弹簧特性与有效面积不变的空气弹簧一样，油液对弹簧特性没有影响。

在弹簧上载荷 P 与弹簧内气压 p 的关系是

$$P=(p-1)A$$

式中　A——活塞面积。

有的油气弹簧采用球形气室，如图 3-110b 所示，为计算方便起见，将其容积 V 折算成活塞面积和某一高度 H 的乘积，即 $V=AH$。此高度 H 称为折算高度。

此时油气弹簧的刚度公式和空气弹簧刚度公式是一样的，即

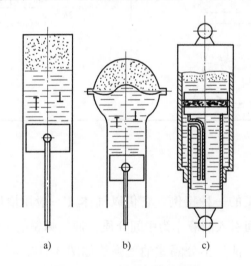

图 3-110　几种油气弹簧简图
a）油气不分隔式　b）油气分隔式　c）带反压气室式

$$c=\frac{\mathrm{d}P}{\mathrm{d}f}=\left(p_0\frac{V_0^k}{V^k}-1\right)\frac{\mathrm{d}A}{\mathrm{d}f}-Akp_0\frac{V_0^k}{V^{k+1}}\frac{\mathrm{d}V}{\mathrm{d}f}$$

因为油气弹簧的有效面积 A 没有变化，所以上式中 $\mathrm{d}A/\mathrm{d}f=0$，而 $\mathrm{d}V/\mathrm{d}f=-A$。

考虑到这些关系，可将上述刚度公式简化为

$$c=\frac{Akp}{H} \tag{3-305}$$

当测定油气弹簧刚度时，如缓慢地移动活塞，则内部气体状态变化接近于等温过

程，即 $k=1$，此时测得的刚度称为油气弹簧的静刚度 c_c 即

$$c_c = \frac{Ap}{H} \tag{3-306}$$

如悬架上下振动急剧时，活塞移动快，内部气体状态变化属于多变过程，此时 k 取 1.3（意大利有文献介绍 $k=1.25$），油气弹簧的动刚度 c_d 为

$$c_d = 1.3Ap/H$$

由式（3-305）可见，在使用中，刚度与气压（即载荷）成正比，而和气体折算高度成反比。

油气弹簧在平衡位置时的振动频率 n_0 也可以用空气弹簧的振动频率表示式来表达，只是此时的 $dA/df=0$，可得

$$n_0 = \frac{1}{2\pi}\sqrt{\frac{p_0}{p_0-1}\frac{kg}{H_0}} \tag{3-307}$$

式中　g——重力加速度；

　　p_0——静平衡位置时的簧上载荷；

　　k——系数，也叫多变指数；

　　H_0——静平衡位置时气体折算高度，$H_0 = V_0/A$。

当 p_0 较大时，式（3-307）中 $p_0/(p_0-1) \approx 1$，于是，振动频率 n_0 主要取决于气体折算高度 H_0 和多变指数 k。k 值越大，越接近于绝热过程（当悬架上下跳动急剧时），频率就越高。

当弹簧从静平衡位置加载时，弹簧受压缩，气压增大，容积变小，折算高度变小。由式（3-305）可知，弹簧刚度增大，振动频率将增高；反之，当载荷减少时，弹簧刚度和频率值都减少，这一特性与线性弹簧（如钢板弹簧）的特性是恰恰相反的。

当弹簧从静平衡位置伸张（反跃）时，缸内气压下降，气体折算高度增大，刚度下降，过小的刚度使弹簧上载荷稍有变化时，就会产生较大的弹簧变形，即在伸张行程时，过小的刚度会使弹簧动容量太小，结果容易形成活塞与缸体端部撞击，甚至有活塞从缸体中拉脱的可能。为了克服单气室油气弹簧这个缺点，可用增加伸张行程阻尼力的办法（如装一个伸张行程止回阀等）。为了达到上述同样目的，国外研究了一种双气室油气弹簧。这种弹簧具备两个气室——主气室和反压气室，其结构如图 3-111a 所示。车轮的跳动通过导向机构及连杆推动主气室内的活塞移动，而反压室内只有一个浮动活塞，把反压室分成两个腔，活塞上腔为高压气体形成反压，活塞下腔为油液经通道与主气室液缸相通。

当弹簧处于压缩行程时，主气室中活塞上移，使其气压增大，而活塞下的体积也增大。此时，反压室内油液在活塞上反压作用下经通道流入主气室下腔补充其容积，反压

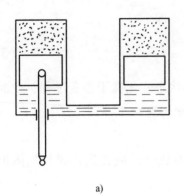

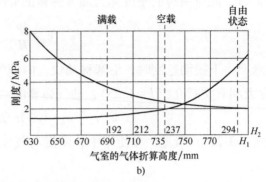

a) b)

图 3-111 双气室油气弹簧结构及其特性曲线

a）结构 b）特性曲线

室内气压下降；当弹簧处于伸张行程时，主气室中活塞下移，主气室内气压下降，活塞下腔的油液受挤压，经通道流入反压室，结果反压室内压力增大（图 3-111b）。其静平衡位置时的载荷与气压之间的关系可表示为

$$P_0 = (p_0-1)A_1 - (q_0-1)A_2$$

式中　P_0——静平衡位置时弹簧上的载荷；

　　p_0、q_0——主气室和反压室内气体起始点的压力；

　　A_1、A_2——多主气室和反压室的活塞面积。

此种弹簧的刚度 c 可表示为

$$c = \frac{kpA_1}{H_1} + \frac{kpA_2}{H_2} \tag{3-308}$$

其静挠度为

$$f = \frac{P_0}{c}$$

式中　H_1——主气室的气体折算高度；

　　H_2——反压室的气体折算高度。

由于反压的作用，使弹簧在伸张时的刚度比单气室弹簧的刚度要大得多。只要对两气室气压和折算高度参数选择恰当，就可以使弹簧刚度保持合适的变化规律，这种形式的空气弹簧在苏联贝拉斯540矿用自卸车上得到应用。在结构上反压气室和主气室是合装在一个缸筒内的，比较紧凑，如图3-110c所示，但零件多，加工精度要求高。

双压式油气弹簧是国外另一种新型的油气弹簧。它的特点是在活塞上端具有两个并列的气室，但其工作压力不同。其中之一为主气室，充有气压与正常单气室油气弹簧相接近的氮气，其气压为 p_1；另一气室称为补偿气室，其内充有高压氮气，其气压为 p_k。这两者的作用就像钢板弹簧中主簧和副簧的作用那样，其工作原理图和特性曲线如

图 3-112 所示。

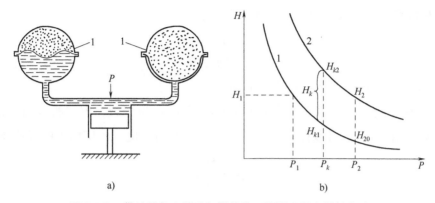

a)   b)

图 3-112 带补偿气室的油气弹簧的工作原理图和特性曲线

a) 工作原理 b) 特性曲线

因为弹簧中的补偿气室气压高于主气室的气压，所以当弹簧上载荷增加时，先是主气室参加工作，当载荷大到一定程度时，补偿气室才参加工作。补偿气室开始工作时的弹簧上载荷称为临界载荷，用符号 P_k 表示。当弹簧上载荷超过 P_k，补偿气室受压缩和主气室一起工作，就使工作容积加大，因而弹簧的气体折算高度值也就加大，弹簧的固有振动频率下降，改善了行驶平顺性。其折算高度的变化如图 3-98b 所示。图中表明，当弹簧上载荷为 P_1（$<P_k$）时，只有主气室工作，此时弹簧的折算高度按曲线 1 变化，当载荷增至 P_k 时，折算高度沿曲线 1 降至 H_{k1}。一旦载荷超过临界载荷 P_k，补偿气室参加工作，弹簧折算高度变化特性就不再由曲线 1 而是由曲线 2 来表示。当载荷从 P_k 增至满载值 P_2 时，气体折算高度从 H_{k2} 减至 H_2；如果无补偿气室只有单气室工作时，相应满载 P_2 的气体折算高度为 H_{20}（图 3-112b），由于 H_{20} 比 H_2 小，所以单气室油气弹簧在满载时的固有振动频率要比带补偿气室的油气弹簧在满载时的固有振动频率高，其行驶平顺性也差。

带补偿气室的油气弹簧的计算步骤如下所述。

① 按满载时的允许气压 $[p_2]$ 和簧载重量 $G_s(F_s)$，确定活塞直径 D 为

$$D \geqslant \sqrt{\frac{4G_s}{\pi([p_2])}}$$ (3-309)

（$[p_2]$ 取 5～7MPa）

② 计算空载时的气压 p_1，它是根据活塞直径 D 和空载时弹簧上重量 G_{s0} 来确定的，为

$$p_1 = \frac{G_{s0}}{-\frac{\pi}{4}D^2}$$

③ 根据选定的空载和满载时固有振动频率，确定空载和满载时的气体折算高度 H_1

和 H_2。为保证良好的行驶平顺性，空载振动频率 n_1 和满载时振动频率 n_2 应尽量接近。振动频率和折算高度的关系可由式（3-307）简化为

$$n \approx \frac{1}{2\pi}\sqrt{\frac{kg}{H}}$$

把 n_1 值和 n_2 值代入上式，即可求得 H_1 和 H_2。

④ 确定临界载荷。补偿气室开始工作时的 P_k 可定为半载，但对很少有半载工况的汽车（如矿山用车），P_k 可取得高些以减少弹簧高度的变化。P_k 作用下的气体压力为

$$p_k = \frac{4P_k}{\pi D^2}$$

⑤ 确定补偿气室容积 V_k。根据满载时的压力 p_2 和气体折算高度 H_2，可求出补偿气室刚开始工作后相应于 P_k 的气体折算高度 H_{k2}

$$H_{k2} = \frac{p_2 H_2}{p_k} \tag{3-310}$$

根据空载时的气体折算高度 H_1 和气压 p_1，可求出载荷为 P_k（气压为 p_k）时主气室的气体折算高度 H_{k1}（即补偿气室尚未参加工作时）为

$$H_{k1} = \frac{p_1 H_1}{p_k} \tag{3-311}$$

其差值即为补偿气室的折算高度 H_k，为

$$H_k = H_{k2} - H_{k1} = \frac{p_2 H_2 - p_1 H_1}{p_k} \tag{3-312}$$

补偿气室的容积为

$$V_k = H_k A = \frac{\pi D^2 (p_2 H_2 - p_1 H_1)}{4 p_k} \tag{3-313}$$

这种结构在意大利矿用车（佩尔利尼 S-30）上采用过。

第三节　汽车稳定装置

为提高汽车平顺性，就得降低悬架刚度。而降低悬架刚度，就势必使车身稳定性变坏。总之，平顺性与车身稳定性是一对矛盾。

汽车稳定装置（也叫稳定器）正是为协调整车平顺性与车身稳定性这一矛盾而安装的。在汽车正常行驶（车身上下振动）时，稳定装置不起作用，一旦车身倾斜，稳定装置便立刻提供一个反倾力矩，阻止车身倾斜。图 3-113 所示为稳定器的作用原理。稳定装置可使车身倾角减少 15%~50%。军用 421 型救护车在安装稳定装置后，在侧向加速

度 $j=0.4g$ 时，可使车身侧倾角 α 降低 42%，如图 3-114 所示。

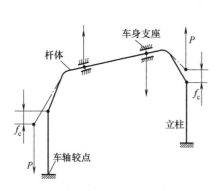

图 3-113　稳定装置的作用原理

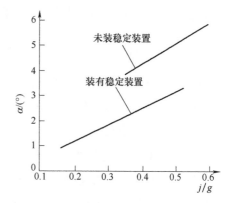

图 3-114　421 型救护车的侧倾角（实测）

正因如此，现代轿车和各种乘用车都普遍安装了稳定装置。

一、稳定装置的设计规范

设计稳定装置时，首先需要弄清如下两个问题：

1. 是否需要加装稳定装置（角刚度限值）

对于具体的汽车来说，是否需要加装稳定装置，主要是看整车角刚度值是否够大。整车角刚度是由悬架弹性元件的角刚度 $c_{\theta h}$ 和稳定装置的角刚度 $c_{\theta w}$ 两部分构成，即

$$c_\theta = c_{\theta h} + c_{\theta w} \tag{3-314}$$

因此，要不要加横向稳定装置，在假定 $c_{\theta w}=0$ 的情况下，用式（3-315）和式（3-316）来检验：

$$c_{\alpha h} \geqslant \left(1+\frac{j}{g\alpha}\right) G' e_r \tag{3-315}$$

式中　$c_{\alpha h}$——整车弹性元件横向角刚度（N·m/rad）；

　　　G'——整车悬挂负荷（N）；

　　　e_r——整车侧倾力矩臂（m）；

　　　α——车身侧倾角（rad）；

　　　j——侧向加速度（g）；

　　　g——重力加速度（m/s²）。

作为轿车和各种乘用车，当侧向加速度 $j=0.4g$ 时，若限定车身侧倾角不得大于 0.058rad（约 3.3°），那么应有

$$c_{\alpha h} \geqslant 8G' e_r \tag{3-316}$$

由式（3-316）可知，当弹性元件所提供的整车横向角刚度小于 $8G' e_r$ 时，就应考虑加装横向稳定装置。

汽车一般不加纵向稳定装置。但有些汽车，由于轴距过小，纵倾角过大，也可加装纵向稳定装置。到底是否需要加装，可由式（3-317）和式（3-318）来检验：

$$c_{\beta h} \geq \left[\left(1 + \frac{j}{g\beta} \right) e_p + (b_1 - a_1) \frac{j}{g} \right] G' \tag{3-317}$$

式中　$c_{\beta h}$——整车弹性元件纵向角刚度（N·m/rad）；

　　　　e_p——整车纵倾力矩臂（m）；

　　　　β——车身纵倾角（rad）；

　　　　a_1——中性面至前轴的距离（m）；

　　　　b_1——簧载质量质心面至前轴的距离（m）。

当 $j = 0.4g$ 时，若令 $a_1 = b_1$，并限定 β 不大于 0.026rad（约1.3°），那么应有

$$c_{\beta h} \geq 16 G' e_p \tag{3-318}$$

式（3-318）说明，当悬架弹性元件所提供的整车纵向角刚度小于 $16 G' e_p$ 时，则可考虑加装纵向稳定装置。

至于要加多大尺寸的稳定装置，仍应以式（3-316）和式（3-318）为依据。若 $c_{\alpha h}$ 或者 $c_{\beta h}$ 过小，就大一些；若小得不多，就小一些。结合考虑前后轴角刚度值的情况，直至满足车身倾角的限值。

表3-55列出了6个车型横向稳定装置的主要参数的具体数值，以供设计参考。

表3-55　6个车型横向稳定装置的主要参数　　　　　　　　（单位：mm）

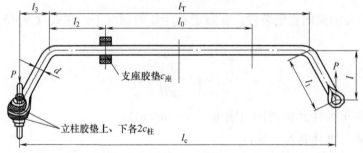

车　　型	l_c	l_0	l_T	l	d
421 救护车	955	820	925	185	20
ZQ6450 轻型客车	945	685	819	290	24
CAQ051 吉普车	1000	740	830	290	27
ZQ6600 轻型客车（前）	990	800	906	300	28
ZQ6600 轻型客车（后）	762	660	678	286	28
Liland 大客车	1060	740	1010	385	55

2. 在什么地方加稳定装置（角刚度比限值）

稳定装置可以装于纵向，也可装于横向。横向上，作为二轴汽车，可以装于前轴，

也可装于后轴，还可前、后轴同时加装。到底加装在哪里，需要具体分析。

纵向是否需要加装稳定装置，可由式（3-318）判断。然而，对于横向却并非那么简单，它应由整车操纵稳定性和车身受力状况两大因素综合考虑决定，主要是通过稳定装置的设计来控制前后轴角刚度 $c_{\alpha 1}$ 和 $c_{\alpha 2}$ 的分配，即控制角刚度比 $\lambda = c_{\alpha 1}/c_{\alpha 2}$ 的大小。现分别研究如下。

（1）保证合理的转向特性

车轴偏离角的大小，是与该车轴的角刚度成正比的。因此，通过稳定装置的设计来调整整车角刚度在前后轴的分配，就能改变前后轴偏离角的大小，从而改变整车的转向特性趋势。众所周知，角刚度比 $\lambda > 1$ 是不足转向趋势；$\lambda = 1$ 是中性转向趋势；$\lambda < 1$ 是过多转向趋势。单从这一点出发，有资料介绍 λ 值应在 $1 \sim 2$ 的范围内选取。然而，这是不全面的。事实上，转向特性是由轴荷分配、梯形机构、悬架参数以及轮胎特性和单胎或双胎等因素所决定的。若各因素的综合表现是不足转向过强，则 λ 值可以等于 1，甚至小于 1。在二轴汽车中，建议当侧向加速度 $j = 0.4g$ 时，λ 值按式（3-319）所给的前后轴偏离角差 Δ 来综合选取。

$$\Delta = \delta_1 - \delta_2 = 1° \sim 3° \tag{3-319}$$

式中 δ_1、δ_2——前、后轴偏离角。

（2）消除车身附加力矩

汽车在侧向加速度的作用下，由于各轴簧载质量的大小和质心高度不一样，悬架机构不一样，其各轴所承受的外力矩也就不一样。此时若要保持车身在各轴处的侧倾角相等，则整车横向角刚度在各轴上的分配就必须与之相应。否则，车身将承受一个附加力矩。

对于二轴汽车，保持车身等角侧倾的角刚度比，可按式（3-320）取值为

$$\lambda_e = \frac{e_1 b_2}{e_2 b_1} \tag{3-320}$$

式中 λ_e——等角侧倾角刚度比；

e_1、e_2——前、后轴处的侧倾力矩臂；

b_1、b_2——前、后轴至簧载质量质心面的距离。

如果前、后轴簧载质量质心高度相近，且侧倾轴线近于水平状态，则 λ 值可用式（3-321）计算为

$$\lambda_e \approx \frac{b_2}{b_1} \tag{3-321}$$

由上述情况可知，横向稳定装置到底是装于前轴，还是装于后轴，或者是前、后都装，以及装多大规格，这是一个需要综合考虑的问题。它不仅需要衡量车身侧倾角的大小，还要考虑操纵稳定性和车身受力状况等因素，表3-56列出了6个车型的角刚

度和角刚度比的数值。

表 3-56　6 个车型的横向角刚度和角刚度比

车　型	角刚度/（N·m/rad）							角刚度比	
	前轴弹簧 $c_{\alpha h1}$	后轴弹簧 $c_{\alpha h2}$	前稳定器 $c_{\alpha w1}$	后稳定器 $c_{\alpha w2}$	前悬架 $c_{\alpha 1}$	后悬架 $c_{\alpha 2}$	整车 c_{α}	前/后 λ	稳/簧 k
421 救护车	23645	27099	11932	无	35577	27099	62676	1.31	0.24
CAQ051 吉普车	17006	33387	13414	无	30419	33387	63806	0.91	0.27
ZQ6450 轻型客车	15040	39410	25660	无	40700	39410	80110	1.03	0.47
3NC—111 轿车	19110	18130	11760	7252	30870	25382	56252	1.22	0.51
ZQ6600 轻型客车	21522	42574	47580	34681	64096	77255	141351	0.83	0.58
林肯轿车	13132	17442	21168	无	34300	17444	51744	1.97	0.69

二、稳定装置的设计计算

稳定装置的设计计算包括三个任务，现分别予以介绍。

1. 计算杆体和橡胶件的变形

稳定装置杆体和橡胶件的变形，是指杆体端部在垂直载荷 P 的作用下，杆体和橡胶件转换到立柱处的垂直方向上的合成位移（图 3-113）。

杆体和橡胶件的合成变形量按式（3-322）计算为

$$f_c = f_c' + f_R \qquad (3-322)$$

式中　f_c——杆体和橡胶件的合成变形量（mm）；

　　　f_c'——杆体换算到立柱处的变形量（mm）；

　　　f_R——橡胶件换算到立柱处的变形量（mm）。

杆体变形 f_c' 的具体计算公式及其代号意义汇集于表 3-57 之中。普通型杆体变形公式的推导参见本节四的内容。

表 3-57 列出了 6 种不同结构形式稳定装置的计算公式。这些形式的出现，皆因总体布置的客观需要。例如，CAQ051 型越野车，为了躲过摇车把孔，采用了下凹式（B 类）。又如 YJ2020 型越野车，为防止减振器干涉，采用了内收式（F 类）等。橡胶件的变形量 f_R 为

$$f_R = \left[\left(\frac{l_c}{l_0} \right)^2 \frac{1}{c_s} + \frac{2}{c_p} \right] P \qquad (3-323)$$

式中　f_R——橡胶件换算到立柱处的变形量（mm）；

　　　c_s——支座胶垫线刚度（N/mm）；

　　　c_p——立柱上下胶垫线刚度（N/mm）；

　　　P——作用于立柱处的垂直载荷（N）；

　　　l_c——立柱中心距（mm）；

　　　l_0——支座中心距（mm）。

表 3-57　杆体换算到立柱处的垂直位移

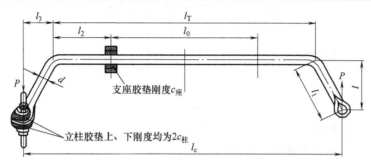

支座胶垫刚度 $c_{座}$

立柱胶垫上、下刚度均为 $2c_{柱}$

$$E = 2.059 \times 10^7 (\text{kPa}) \quad G = 7.983 \times 10^6 (\text{kPa}) \quad J = \pi d^4/64 (\text{cm}^4) \quad J_p = \pi d^4/32 (\text{cm}^4)$$

类码	结构形式	计算公式
A		$$f_c' = \frac{l^2 l_T}{2} \frac{P}{GJ_p} + \left[\frac{l_1^3}{3} + \frac{(l_2+l_3)^2 l_0}{6} + \frac{3(l_2+l_3)l_2 l_3 + l_2^3}{3} \right] \frac{P}{EJ} = A_0$$
B		$$f_c' = A_0 + \frac{h l^2 P}{2EJ} + \frac{h(l_2+l_3)(l_2+l_3+l_4)(3l_0-6l_4-2l_5)}{6l_0} \frac{P}{EJ}$$
C		
D		$$f_c' = A_0 + F_5 + F_6 + F_7$$ 式中 $$F_5 = \frac{\left[(l_2+l_3)(l_0-2l_4)\sqrt{h^2-l_5^2}+l l_0 l_5 \right]\left[(l_2+l_3+l_4)\sqrt{h^2-l_5^2}+l l_5 \right]}{2l_0 h} \frac{P}{GJ_p}$$ $$F_6 = \frac{(l_2+l_3)(l_0+2l_3+2l_2)(2h^2-3l_4 l_5)h}{6l_0 l_4} \frac{P}{EJ}$$ $$F_7 = \frac{-(l_2+l_3)\left[2h^2-(l_2+l_3+l_4)l_5+l\sqrt{h^2-l_5^2} \right]\left[h^2+(l_2+l_3+l_4)l_5-l\sqrt{h^2-l_5^2} \right]^2}{6l_4 h^3} \frac{P}{EJ}$$
E		$$f'l_c = A_0 + F_5' + F_6' + F_7'$$ 式中 $$F_5' = \frac{\left[(l_2+l_3)(l_0-2l_4)\sqrt{h^2-l_5^2}-l l_0 l_5 \right]\left[(l_2+l_3+l_4)\sqrt{h^2-l_5^2}-l l_5 \right]}{2l_0 h} \frac{P}{GJ_p}$$ $$F_6' = F_6$$ $$F_7' = \frac{-(l_2+l_3)\left\{ h^4+3h^2\left[l_5(l_2+l_3+l_4)+l\sqrt{h^2-l_5^2} \right]+3\left[l_5(l_2+l_3+l_4)+l\sqrt{h^2-l_5^2} \right]^2 \right\}}{3l_4 h} \frac{P}{EJ}$$
F		$$f_c' = \frac{l_T l^2 P}{2GJ_p} + \frac{P}{6EJ}\left[2(l_1^3+l_2^3)+6(l_3-l_2)l_3 l_2+(l_3-l_2)^2 l_0 \right]$$

2. 杆体和橡胶件的换算线刚度和角刚度

稳定装置的线刚度，是指换算到立柱处的垂直线刚度，即

$$c_{w} = P/f_{c} \tag{3-324}$$

稳定装置的角刚度为

$$c_{\alpha w} = \frac{1}{2} c_{w} l_{c}^{2} \tag{3-325}$$

式中　$c_{\alpha w}$——稳定器的角刚度（N·m/rad）；

　　　c_{w}——稳定器的线刚度（N/m）；

　　　l_{c}——立柱中心距（m）。

3. 杆体的强度校核

为校核稳定器装置杆体的强度，必须确定作用于杆体端部的垂直载荷 P。要确定 P 就得给出车身的极限侧倾角 α_{1}。α_{1} 为

$$\alpha_{1} = \frac{j/g}{\dfrac{c_{\alpha}}{G' e_{r}} - 1} \tag{3-326}$$

式中　α_{1}——车身的极限侧倾角（rad）；

　　　c_{α}——整车横向角刚度（N·m/rad）；

　　　G'——簧载负荷（N）；

　　　e_{r}——侧倾力矩臂（m）；

　　　j——侧向加速度，此处令 $j = 0.8g$。

杆体端部的垂直载荷为

$$P = \frac{1}{2} c_{w} l_{c} \alpha_{1} \tag{3-327}$$

式中　P——杆体端部垂直载荷（N）；

　　　c_{w}——稳定装置线刚度（N/mm）；

　　　l_{c}——立柱中心距（mm）；

　　　α_{1}——极限侧倾角（rad）。

杆体弯臂根部弯曲应力为

$$\sigma = \frac{32 P l_{1}}{\pi d^{3}} \tag{3-328}$$

式中　σ——弯臂根部弯曲应力（MPa）；

　　　P——杆端垂直载荷（N）；

　　　l_{1}——弯臂长度（mm）；

　　　d——杆体直径（mm）。

杆体扭转应力为

$$\tau = \frac{16Pl}{\pi d^3}$$ （3-329）

式中　τ——杆体扭转应力（MPa）；

　　　l——弯臂端部至杆体的距离（mm）。

弯臂根部的合成应力为

$$\sigma_n = \sqrt{\sigma^2 + (2\tau)^2}$$ （3-330）

三、结构及布置

1. 杆体

杆体结构形式应根据布置需要确定。材料一般选取 $60Si_2Mn$ 等弹簧钢。

为了得到所需的角刚度值，必须选取一个合适的杆体直径。为了充分发挥材料的作用，表 3-57 说明图中的参数 l_c 要尽量放大。在 l_c 已定的情况下，l_o 和 l_T 的尺寸也应尽量放大。

此外，在不产生过大的应力集中和加工允许的条件下，杆体弯臂拐弯处的半径应尽量减小，这是因为尺寸 l_2 一般很小。半径大了，支座胶垫就可能与圆弧部分接触，产生一个有害的轴向力，导致杆体或胶垫窜移，或者挤坏胶垫。

2. 支座胶垫及支座卡子

一般汽车稳定装置的支座都装有支座胶垫，其垂直线刚度一般为 $300 \sim 500N/mm$。为防止杆体挤坏和磨损胶垫，胶垫内孔部分，须整体硫化一层帆布带或尼龙织物层。

为避免松动，支座卡子的内口尺寸应稍小于支座胶垫的外口尺寸。安装时，支座卡子的固定螺栓必须拧紧，否则稳定装置的效能将大为降低。

为防止支座胶垫从支座卡子中松脱，胶垫两端可带一凸缘，如图 3-115 所示。

3. 立柱及立柱胶垫

为防止弯曲，两立柱的直径不可过小，且长度应尽量缩短。小轿车和轻型车的稳定装置，一般在立柱的上、下部分分别装有两个立柱胶垫。胶垫的垂直线刚度一般为 $100 \sim 150N/mm$。

4. 布置安装

稳定装置两立柱的下铰点决定着杆体的位置。横向稳定装置的两个立柱下铰点，在横向上须与车身中心线对称。在纵向上最好装在车轴正上方，以免车轴承受一个附加力矩。

在满载静状态下，杆体弯臂与立柱间的夹角以近于 90° 为宜。为避免运动干涉，尚需进行轨迹校核等。

四、普通型杆体变形公式的推导

为使概念清晰，推导不采用能量法，而是按基本的弯曲扭转变形作隔离刚化处理来推导。杆体变形公式的推导如下所述。

变形量均为换算到立柱处的垂直位移，此处只推导普通型的变形公式，参见图 3-116（图中所示为全长，故用字母 L 表示；公式中用半长计算，均用字母 l 表示，其具有对应关系）。

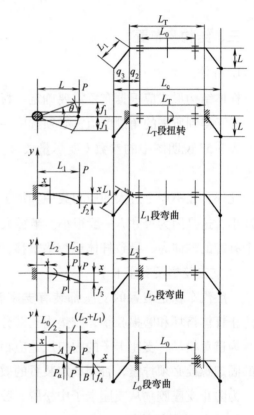

图 3-116 一般结构变形

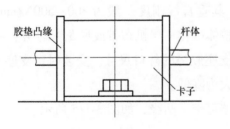

图 3-115 支座的固定

（1）l_T 段之扭转变形 f_1

扭转角：
$$\varphi = \frac{M_{扭}l_T}{GJ_P} \text{（弧度）}$$

$$f_1 = \frac{\varphi}{2}l = \frac{pll_Tl}{2GJ_P} = \frac{Pl_Tl^2}{2GJ_P}$$

（2）l_1 段之弯曲变形 f_2

因为
$$\frac{1}{\rho(x)} = \frac{\mathrm{d}^2y}{\mathrm{d}x^2} = \frac{M(x)}{EJ}$$

$$M(x) = P(l_1 - x)$$

$$\theta = \frac{P}{EJ}\left(l_1 x - \frac{x^2}{2} + C\right) \qquad (x = 0, \theta = 0, C = 0)$$

$$y = \frac{P}{EJ}\left(\frac{l_1}{2}x^2 - \frac{x^3}{6} + Cx + D\right) \qquad (x = 0, y = 0, D = 0)$$

令 $x = l_1$，则有

$$f_2 = y = \frac{Pl_1^3}{3EJ}$$

（3）l_2 段之弯曲变形 f_3

$$M(x) = Pl_3 + P(l_2 - x)$$

$$\theta = \frac{P}{EJ}\left[(l_2 + l_3)x - \frac{x^2}{2} + C\right] \qquad (x = 0, \theta = 0, C = 0)$$

$$y = \frac{P}{EJ}\left[\frac{1}{2}(l_2 + l_3)x^2 - \frac{x^3}{6} + Cx + D\right] \qquad (x = 0, y = 0, D = 0)$$

令 $x = l_2$，则有

$$\theta = \frac{P}{EJ}\left[(l_2 + l_3)l_2 - \frac{l_2^2}{2}\right]$$

$$y = \frac{P}{EJ}\left[\frac{1}{2}(l_2 + l_3)l_2^2 - \frac{l_2^3}{6}\right]$$

$$f_3 = y + \theta l_3 = \frac{P}{EJ}\left[(l_2 + l_3)l_2 l_3 + \frac{l_2^3}{3}\right]$$

（4）l_0 段之弯曲变形 f_4

将力 P 由点 B 平移至点 A，则点 A 受有一力 P 和一附加力偶矩 $P(l_2 + l_3)$，点 A 处还有一力 P_a，为

$$P_a = \frac{2(l_2 + l_3) + l_0}{l_0}P$$

A 点处合力是

$$P_a - P = \frac{2(l_2 + l_3)}{l_0}P$$

$$M(x) = P(l_2 + l_3) - P\frac{2(l_2 + l_3)}{l_0}\left(\frac{l_0}{2} - x\right) = -\frac{2(l_2 + l_3)}{l_0}Px$$

$$\theta = \frac{P}{EJ}\left(\frac{l_2 + l_3}{l_0}x^2 + C\right)$$

$$y = \frac{P}{EJ}\left(\frac{l_2 + l_3}{3l_0}x^3 + Cx + D\right)$$

由 $x=0$，$y=0$，可得

$$D=0$$

由 $x=\dfrac{l_0}{2}$，$y=0$，可得

$$C=-\dfrac{(l_2+l_3)l_0}{12}$$

令 $x=\dfrac{l_0}{2}$，则有

$$\theta=\dfrac{P}{EJ}\left[\dfrac{(l_2+l_3)}{l_0}x^2-\dfrac{(l_2+l_3)l_0}{12}\right]=\dfrac{P}{EJ}\left[\dfrac{(l_2+l_3)}{4}l_0-\dfrac{(l_2+l_3)}{12}l_0\right]=\dfrac{P}{6EJ}(l_2+l_3)l_0$$

$$y=\dfrac{P}{EJ}\left[\dfrac{(l_2+l_3)}{3l_0}x^3-\dfrac{(l_2+l_3)l_0}{12}x\right]=\dfrac{P}{EJ}\left[\dfrac{(l_2+l_3)l_0^2}{24}-\dfrac{(l_2+l_3)l_0^2}{24}\right]=0$$

$$f_4=\theta(l_2+l_3)+y=\dfrac{P}{6EJ}(l_2+l_3)^2l_0$$

于是有

$$f_c{}'=f_1+f_2+f_3+f_4=A_0$$

第四节　汽车梯形机构

梯形机构在汽车悬架中具有特殊的地位。不同的梯形机构，在一定的内轮转角下，将有着不同的外轮转角，从而造成不同的转向特性；不同的梯形机构，在同样的车身侧倾角下，将以不同的转角牵动车轮转向，从而带来不同的转向性质和转向程度等。本书着重研究梯形机构对上述问题的影响。

梯形机构有普通梯形机构和三段式梯形机构之分，下面分别研究。

一、普通梯形机构

普通梯形机构也叫整体式梯形机构，它由两个梯形臂和一根横拉杆组成。梯形机构有前梯形和后梯形之分，参见图 3-117。图中 M 为主销中心距，m 为梯形臂，θ 为梯形角。

（一）内外轮转角关系

当给定一个内轮转角 α 值后，由梯形机构的运动学关系可以得到相应的外轮转角 β 值，即

$$\beta=\pm(\theta-\delta-\omega) \tag{3-331}$$

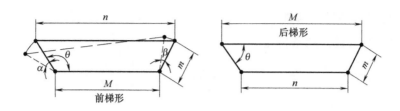

图 3-117 整体式梯形机构

式中 $\delta = \arccos\left(\dfrac{s^2+m^2-n^2}{2sm}\right)$；

$\omega = \arccos\left(\dfrac{s^2+M^2-m^2}{2sM}\right)$；

$s = \sqrt{m^2+M^2-2mM\cos(\theta\pm\alpha)}$；

α——内轮转角（°）；

β——外轮转角（°）；

θ——梯形角（梯形臂 m 与 M 线的夹角）（°）；

M——主销中心距；

m——梯形臂的长度；

n——两梯形臂球头中心距。

对于式中的"±"号，前梯形取正，后梯形取负。

有了梯形机构的内外轮转角关系式，就可以解决如下两个问题：

① 计算对应于内轮转角的汽车转弯半径。

② 判定梯形机构的转向特性。

下面分别进行研究。

（二）转弯半径的计算

汽车的转弯半径，完全决定于梯形机构。严格说来，它与轴距无关。给定了内轮转角，就有了外轮转角，有了内、外轮转角就确定了运动瞬心，即确定了转弯半径（瞬心至外轮中心）。这对于检验转弯半径是否符合设计要求是很有必要的。

由图 3-118 的几何关系可知，瞬心 O 至外轮中心的转弯半径（忽略主销中心至车轮中心的距离）为

$$R = \frac{\tan\alpha\sqrt{1+\tan^2\beta}}{\tan\alpha-\tan\beta}M \qquad (3\text{-}332)$$

式中 α——内轮转角；

β——外轮转角；

M——主销中心距。

(三）梯形机构的转向特性

刚性车轮无滑移转向的条件是

$$L_t = \frac{M}{\dfrac{1}{\tan\beta} - \dfrac{1}{\tan\alpha}} \qquad (3\text{-}333)$$

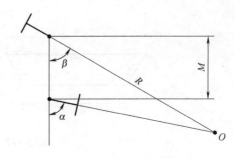

图 3-118 转弯半径的确定

式中 L_t——无滑移轴距（mm）；

M——主销中心距（mm）；

α、β——内外轮转角（°）。

式（3-333）中所给的条件，便是所谓的中性转向趋势。在轴距和梯形机构已定的情况下，要想始终保持这种转向，那是既无必要也无可能。不过有一个通常的参考，那就是 $\cot\theta = 0.75M/L$，$m = 0.11 \sim 0.15M$。

对于一定的梯形机构而言，当给定了一个内轮转角 α 之后，相应的外轮转角 β 就被完全确定。

一定的内、外轮转角，完全确定了车辆的运动瞬心和转弯半径。若将此时的内、外轮转角代入式（3-333），由此算得的无滑移转向的理论轴距 L_t，与实际的轴距 L_p 就不见得一致了。L_p 可能大于 L_t，也有可能小于 L_t。它们的关系为

$$\lambda = \frac{L_t}{L_p} \qquad (3\text{-}334)$$

式中 λ——轴距系数；

L_p——实际轴距（mm）；

L_t——无滑移转向轴距（mm）。

轴距系数不仅反映了实际轴距与梯形机构所决定的无滑移转向轴距之间的关系，而且反映了不同的转向特性趋势：

① $\lambda > 1$，为不足转向趋势。

② $\lambda = 1$，为中性转向趋势。

③ $\lambda < 1$，为过多转向趋势。

值得注意的是，随着内轮转角 α 的不断变化，轴距系数 $\lambda = f(\alpha)$ 在不断地变化。也就是说转向程度在不断地变化，转向性质也在变化。在全部转向过程中，只有一个 α 点，能使 $\lambda = 1$（中性转向）。

$\lambda = 1$ 的 α 点落在那里，这对于不同的梯形机构是完全不一样的。设计者的任务就在于合理地选定 $\lambda = 1$ 的位置，做到与已定轴距的合理匹配。

对于具体的汽车，在轴距 L_p 和梯形机构已定的情况下，可按下列步骤计算判定它的转向特性。

（1）计算无滑移转向的外轮转角

给定一系列的内轮转角 α 值（前梯形不得大于 $180°-\theta$，后梯形不得大于 θ），可知相应的无滑移转向（中性转向）的外轮转角值为

$$\beta_{\mathrm{t}} = \arctan\left(\frac{1}{M/L_{\mathrm{p}} + 1/\tan\alpha}\right) \tag{3-335}$$

（2）计算梯形机构的外轮转角

以步骤（1）给定的内轮转角 α 值，用以梯形机构运动学关系得出的式（3-331），计算相应的梯形机构的外轮转角值。

（3）确定车轴偏离角

车轴偏离角，是指在给定内轮转角下，实际梯形机构造成的转向角 δ_{p} 与无滑移运动的转向角 δ_{t} 的差。δ_{p} 与 δ_{t} 为

$$\delta_{\mathrm{p}} = \frac{1}{2}(\alpha+\beta_{\mathrm{p}}) \tag{3-336}$$

$$\delta_{\mathrm{t}} = \frac{1}{2}(\alpha+\beta_{\mathrm{t}}) \tag{3-337}$$

所以车轴偏离角为

$$\delta = \frac{1}{2}(\beta_{\mathrm{p}}-\beta_{\mathrm{t}}) \tag{3-338}$$

由于后轴没有发生偏离，所以式（3-338）的 δ 值就是前、后轴偏离角差 Δ，故可直接用于检验具体梯形机构在不同内轮转角下的转向趋势。

为了更好地观察具体梯形机构的转向性质和转向的变化过程，需利用已得的 δ 值绘制 α-δ 曲线，如图 3-119 所示。

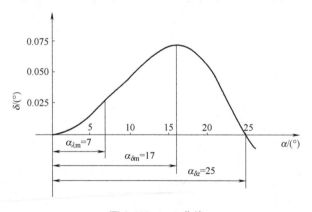

图 3-119　α-δ 曲线

（4）计算无滑移转向轴距和轴距系数

计算无滑移转向轴距和轴距系数是为了考察在转向过程中，具体梯形机构在保证车

轮纯滚动下的轴距变化情况。它们能较为直观地显示其转向趋势和转向程度。

无滑移转向轴距为

$$L_t = \frac{M}{1/\tan \beta_p - 1/\tan \alpha} \tag{3-339}$$

式中　L_t——无滑移转向轴距（mm）；

　　　β_p——具体梯形机构的外轮转角（°）。

轴距系数 λ 可用式（3-334）计算。

为了观察 L_t 和 λ 值的变化过程，还应做出 α-λ 曲线，如图 3-120 所示。

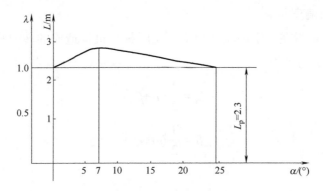

图 3-120　α-λ、α-L 曲线

（5）示例计算与分析

为掌握梯形机构转向特性的规律，特选择了 8 种梯形机构来进行分析计算。它们的有关参数及其计算结果见表 3-58。

表 3-58　不同梯形机构的转向特性

梯形类别	梯形编号	轴距 L/mm	梯形参数				λ_m点			δ_m点	δ_z点
			M/mm	n/mm	m/mm	θ/(°)	$\alpha_{\lambda m}$/(°)	L_{tm}/mm	λ_m/mm	$\alpha_{\delta m}$/(°)	$\alpha_{\delta z}$/(°)
前梯形	A	2300	1246.8	1416.8	170	120	2	2457	1.07	12	18
	B	2300	1246.8	1390.5	170	115	6	2916	1.27	25	37
	C	2300	1246.8	1363.1	170	110	2	3739	1.63	35	52
	D	2300	1246.8	1323.3	170	103	3	5724	2.49	48	71
	E	2300	1246.8	1282.3	170	96	3	12164	5.29	61	>84
	F	2300	1246.8	1246.8	170	90	—	∞	∞	—	—
	G	2750	1370.0	1509.9	193	111.25	1	3900	1.42	44	44
后梯形	B′	2300	1390.5	1246.8	170	65	7	2649	1.15	25	25

在 8 种梯形机构中，有 7 种是前梯形。在 7 种前梯形中，编号为 A~F 的 6 种，均与 2300mm 的轴距匹配，且主销中心距均为 1246.8mm，梯形臂皆等于 170mm，不同之处只是让梯形角 θ 从 120°逐步变到 90°，同时对拉杆 n 的数值作了相应的调整。编号为

G 的前梯形是为了进行轴距变化的对比。编号为 B′ 的后梯形则是为了与编号为 B 的前梯形对比。

为了更好地理解表 3-58 的计算结果，特将 B′ 号后梯形的部分内轮转角的计算结果列于表 3-59 之中。

表 3-59　B′号后梯形机构的匹配特性

内轮转角 α/(°)	外轮转角/(°)		轴偏角 δ/(°)	无滑移轴距 L_t/mm	轴距系数 λ
	β_p	β_t			
5	4.778	4.750	0.014	2605	1.13
*7	6.580	6.521	0.030	2649	1.15
10	9.151	9.053	0.048	2592	1.13
15	13.136	12.985	0.075	2515	1.09
*17	14.620	14.469	0.076	2471	1.07
20	16.742	16.611	0.065	2411	1.05
*25	19.965	19.989	-0.012	~2300	~1.00
30	22.793	23.169	-0.188	2147	0.93
35	25.210	26.195	-0.493	1998	0.87
40	27.196	29.104	-0.954	1843	0.80
45	28.728	31.932	-1.602	1687	0.73
50	29.786	34.710	-2.462	1531	0.67
55	30.354	37.467	-3.557	1380	0.60
60	30.418	40.234	-4.908	1235	0.54
65	29.975	43.040	-6.532	1097	0.48

注：*表示该点为转折点。

从表 3-59 的数据可知，随着内轮转角 α 的增加，轴偏角 δ 是从小到大，直至大约 $\alpha=17°$ 时达到最大值 δ_m，然后又开始减小。当 $\alpha \approx 25°$ 时，减至最小值 $\delta_z=0$，之后变为负值，且越负系数值越大。也就是说，B′ 号后梯形与 2300mm 轴距匹配所得的转向特性是：α 在 0°~25°的区间内属于不足转向趋势；而 17°~25°的区间则是不足转向程度的下降区段；当 $\alpha \approx 25°$ 时，为中性转向趋势；25°之后则变为过多转向趋势。

作为无滑移转向轴距 L_t 则是从实际轴距 $L_p=2300$mm 开始逐步增大，当 $\alpha \approx 7°$ 时达到最大值 $L_{tm}=2649$mm，此时的轴距系数 λ 获得最大值 $\lambda_m=1.15$。之后，L_t 值逐步回落。当 $\alpha \approx 25°$ 时，$L_t=L_p=2300$mm，继而逐步减小。

图 3-119 所示的 α-δ 曲线以及图 3-120 所示的 α-λ 曲线清楚地显示了该梯形机构的转向特性。

从表 3-58 的数据可知，B′ 号后梯形所具有的转向特性具有普遍意义，所有梯形机构都是在内轮转角 α 的变化过程中，具有三个关键点：

① 纯滚动轴距和轴距系数获得最大值 L_{tm} 和 λ_m 的点 $\alpha_{\lambda m}$，一般出现在初始转角上。

② 轴偏角获得最大值 δ_m 的点 $\alpha_{\delta m}$，这是不足转向趋势由增到减的转折点。

③ 轴偏角降为零值 δ_z 的点 $\alpha_{\delta z}$，这是不足转向与过多转向的转换点，也就是中性转向点。此时的轴距系数 $\lambda = 1$，纯滚动轴距等于实际轴距，即 $L_t = L_p$。

不同的梯形机构和不同的匹配，所不同的是：

① 轴距系数的最大值 λ_m 是随梯形角 θ 的变化而变化的。θ 值越大，λ_m 值越小。一般说来，λ_m 值在 $1 \sim \infty$ 之间变化。D 号前梯形是一个实际采用的方案，而 $\lambda_m = 2.49$。也就是说，轴距变化约为 2.5 倍，不足转向程度高，跨越的区间也大。

② 轴偏角的最大值 δ_m 和零值 δ_z 也是随 θ 值的变化而变化的。θ 值越大，δ_m 和 δ_z 出现得早。值得注意的是，δ_m 和 δ_z 所对对应的内轮转角 $\alpha_{\delta m}$ 和 $\alpha_{\delta z}$ 的分布还具有一定的规律性。二者的比值范围为

$$\xi = \frac{\alpha_{\delta m}}{\alpha_{\delta z}} = 0.67 \sim 0.68 \qquad (3\text{-}340)$$

式（3-340）描述了梯形机构转向特性从量变到质变的内轮转角的变化规律。

③ 从表 3-58 的 B 号前梯形与 B′ 号后梯形的计算对比中可知，前、后梯形的转向特性规律没有多大不同，只是后梯形的不足转向下降点和中性转向点出现得更早。

基于上述认识，设计者在选择梯形机构时就有了主动权，变化梯形参数，就可获得不同的最大轴距系数，从而获得所需的不足转向下降点和中性转向点。

汽车实际的内轮转角使用值，一般不超过 30°，故中性转向点应大于此点。

（四）转向机构附加牵动轮转向

转向机构附加牵动轮转向，包含两个方面的内容：一是转向系统与悬架机构运动干涉造成的车轮转向；二是垂臂球头中心绕侧倾中心转动带来的车轮转向。这些都和梯形机构相关，下面分别进行研究。

（1）转向系统与悬架运动干涉的轮转向

转向系与悬架运动的不协调性，在可逆转向系统中，当车速较低时，往往造成方向盘的摆振；而在不可逆的转向系统中，当车速较高时，必将引起转向车轮的干涉转向。

现以图 3-121 所示的悬架和转向系统为例来研究这个问题。

图 3-121 所示为摆耳在后的纵置对称板簧悬架。转向机构为方向机在车轴之后的直拉杆式。图中点 O 为垂臂球头中心，点 M 为节臂球头中心。当车身上下跳动或者侧倾时，点 M 既以 O 点为圆心、以直拉杆长度为半径划弧运动，也以点 M 的轨迹中心 P 为圆心、以点 M 的轨迹半径 R 为半径划弧运动。两者的矛盾随悬架变化量的大小而变，或者随车身侧倾角的大小而变。

假设悬架的变形量为 f，且点 O 与点 M 近似地在同一纵向平面内，那么两者运动的矛盾量就是 S。在同一悬架变形量的情况下，由于摆耳位置以及点 O 和点 M 的布置位置

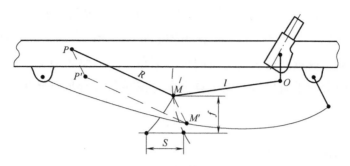

图 3-121 悬架与转向系的运动干涉

不同，矛盾量的大小也将不同，而且压缩和反弹行程也不相同。我们研究和关心的是矛盾量较大的那个行程。

如何统一这个矛盾呢？假设不考虑球头胶件的变形和克服各种间隙，矛盾量 S 必将转化为转向节臂和车轮的角位移，如图 3-122 所示。

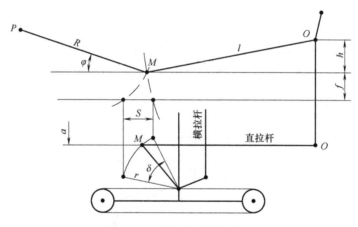

图 3-122 水平位移与角位移

根据图 3-122 所示的几何关系，水平方向上的矛盾量 S 为

$$S = \left[R\cos\varphi - \sqrt{R^2 - (R\sin\varphi + f)^2} \right] \pm \left[\sqrt{l^2 - h^2} - \sqrt{l^2 - (h+f)^2} \right] \tag{3-341}$$

式中　R——节臂球头中心 M 的轨迹半径（mm）；

　　　φ——悬架推杆角（°）；

　　　l——直拉杆的长度（mm）；

　　　h——l 在垂直方向上的长度（mm）；

　　　f——给定悬架的垂直位移（mm）。

f 一般以车身在 $0.4g$ 侧向加速度 j 的作用下的侧倾角 θ 来计算

$$f = a\theta \tag{3-342}$$

式中　θ——车身侧倾角（rad）；

　　　a——节臂球头中心至车身中心线的距离（mm）。

式（3-341）中的正负号，是由垂臂球头中心 O 的位置与节臂球头中心 M 的轨迹中心 P 的位置来决定的。如果 O、P 二点在车轴的异侧（图3-122），则应取正号；同侧则取负号。由此可知，板簧固定吊耳与转向机同侧布置，可使运动干涉大为降低。

求出水平方向上的矛盾量后，便可算出车轮偏转角（梯形臂转角）为

$$\delta = \frac{S}{r} \tag{3-343}$$

式中　δ——车轮偏转角（rad）；

　　　　r——节臂长度（mm）。

轴偏角到底反映了什么转向性质呢？假设方向盘内转，车身外倾，则图3-122中的点 O 上提，这相当于点 M 下移，此时的矛盾量 S 需要节臂内转来统一，故此转向属于过多转向；反之，若转向盘外转，节臂依然外转，仍属过多转向。假若不转转向盘，只是车身上下跳动，此时必将造成车轮来回摆振，将导致不同转向趋势的交替出现。

（2）垂臂球头中心侧倾轮转向

汽车转向机构的形式大多数是以纵向上的直拉杆带动转向节臂转动。然而，部分汽车的转向机构却是以横向上的横拉杆带动节臂转动，进而带动梯形臂转动。BJ212越野汽车就属于这种形式，如图3-123所示。

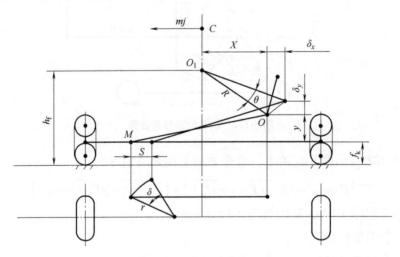

图3-123　转向机构轮转向

由式（3-343）所求出的车轮偏转角仅是内轮偏转角，由于此偏转角较小，故可近似认为此轮偏转角就是轴偏角。

计算示例3

示例车型为燕京 YJ620 型轻型客车。

该车前板簧倾角 $\xi=3°$，固定吊耳在前，簧长 $L=1200\text{mm}$，采用"柏林式"卷耳，满载弧高 $F=7\text{mm}$，夹紧长度 $d=92\text{mm}$，方向机与固定吊耳同侧。

直拉杆长度 $l=740\text{mm}$，垂直方向投影长 $h=139\text{mm}$，节臂球头中心至车身重心的距离 $a=525\text{mm}$，节臂长度 $r=135\text{mm}$。

计算推杆长度和推杆角为

$$R=3(1200-92)/8=415.5\text{mm}$$

$$\varphi=\arcsin(7/415.5)+3.3°=3.97°$$

假设车身在 $0.4g$ 侧向加速度的作用下的侧倾角 $\theta=3.5°$，那么由式（3-342）便可算出悬架变形量（节臂球头中心相对车身的垂直位移）为

$$f=525\times3.5/57.3\text{mm}=32\text{mm}$$

水平方向上的矛盾量 S 为

$$S=[412.5\cos3.97°-\sqrt{415.5^2-415.5\sin3.97°+32}]-$$

$$[\sqrt{740^2-139^2}-\sqrt{740^2-(139+32)^2}]=-3.4\text{mm}$$

用式（3-343）计算车轮偏转角（梯形臂转角）为

$$\delta=3.4/145=0.0025\text{rad}=1.44°$$

$1.44°$ 这个较小的轮偏角，说明该车型的布置方案是较合理的。反之，在同样条件下，如果 P、O 两点异侧布置，那么水平矛盾量将超过 10mm，轮偏角可达 $4°$。

由式（3-343）所计算的轮偏角，仅是转向机构一侧的车轮偏转角，为简化分析，此处就把它当作车轴偏离角。

车身在侧向加速度 j 的作用下，置于车身上的垂臂球头中心点 O 便绕侧倾力矩中心 O_1 转过一个 θ 角。同时通过横拉杆带动节臂球头点 M 横向移动了一个距离 S。这个横向位移必然是通过节臂和车轮的偏转来实现的：

$$S=\sqrt{l^2-y^2}+\delta_x-\sqrt{l^2-(y+\delta_y)^2} \tag{3-344}$$

$$\delta_x=R[\sin(\theta_o+\theta)-\sin\theta_o]$$

$$\delta_y=R[\cos\theta_o-\cos(\theta_o+\theta)]$$

式中　l——横拉杆在横向平面上的长度（mm）；

x、y——垂臂球头中心点 O 的坐标（mm）；

$$R=(h_f-y-r_k)^2+x^2$$

h_f——侧倾中心 O_1 距地面的高度（mm）；

r_k——车轮滚动半径（mm）；

θ_o——点 O 及点 O_1 的连线与纵向平面的夹角（°），$\theta_o=\arcsin(x/R)$；

θ——车身侧倾角（°）。

计算示例4

示例车型有关参数：$l = 900\text{mm}$，$x = 150\text{mm}$，$y = 40\text{mm}$，$h_f = 550\text{mm}$，$r_k = 365\text{mm}$，节臂长 $r = 145\text{mm}$。

取侧向加速度 $j = 0.4g$ 时，侧倾角 $\theta = 3.5°$。由式（3-344）可以计算下述参数：

$$R = \sqrt{(550-40-365)^2+150^2}\,\text{mm} = 208.6\text{mm}$$

$$\theta_o = \arcsin(150/208.6) = 46°$$

$$\delta_y = 208.6 \times [\cos 46° - \cos(46°+3.5°)]\,\text{mm} = 9.43\text{mm}$$

$$\delta_x = 208.6 \times [\sin(46°+3.5°) - \sin 46°]\,\text{mm} = 8.57\text{mm}$$

$$S = \sqrt{900^2-40^2}+8.57 - \sqrt{900^2-(400+9.43)^2} = 9.04\text{mm}$$

利用式（3-343）计算车轮偏转角为

$$\delta = 9.04/145 = 0.0623\text{rad} = 3.57°$$

由图 3-123 的情况可知，所增 δ 角是与转弯方向一致的，故属过多转向趋势。

假如在其他条件相同的情况下，使侧倾中心 O_1 降低，便可减少车轮偏转角。若使点 O_1 低于垂臂球头中心 O，那将使过多转向趋势变为不足转向趋势。

二、断开式梯形机构

（一）机构的设计

断开式梯形机构就是把普通梯形机构的横拉杆由整体式改为三段式的梯形机构，它是为适应独立悬架运动学需要而设计的。它有摇臂式和齿条式等各种各样的结构形式，如图 3-124 所示。

在图 3-124 上列出了独立悬架轿车采用断开式梯形的前置或后置方案。它由中间部分 2 和两个侧向摆动臂 3 所组成（图 3-124a、b、c）。有时横拉杆由两个摆动部分 2（图 3-124d）所组成。

断开式梯形中横拉杆断开点的位置，与独立悬架的结构形式有关。下面以双横臂独立悬架为例，说明断开点的位置应如何选择。

如图 3-125 所示，独立悬架两个横臂——上横臂和下横臂及横拉杆都是水平布置的。若转向轮在垂直方向相对汽车车身移动距离 h，则上横臂端部 b 点、下横臂端部 d 点和横拉杆端部 f 点在水平方向移动的距离分别近似为

$$\begin{cases} l_b \approx \dfrac{h^2}{2A} \\[2mm] l_d \approx \dfrac{h^2}{2B} \\[2mm] l_f \approx \dfrac{h^2}{2R} \end{cases} \quad\quad (3\text{-}345)$$

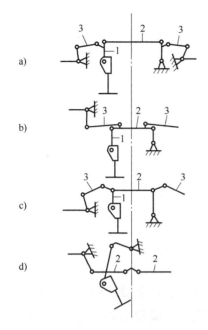

图 3-124　独立悬架的转向梯形方案简图

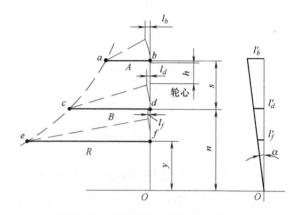

图 3-125　双横臂独立悬架杆系的布置

另一方面，为避免轮胎产生横向滑移，要求轮胎与地面接触点，即接地点不动，则当车轮与车身在垂直方向相对移动 h 以后，要求位于接地点以上的各点的横移与其所在位置的高度呈正比关系，如图 3-125 所示。b、d、f 三点的横移分别是

$$l'_b = (s+n)\tan\alpha$$

$$l'_d = n\tan\alpha$$

$$l'_f = y\tan\alpha \tag{3-346}$$

因为

$$l_b = l'_b, \quad l_d = l'_d, \quad l_f = l'_f$$

所以

$$Ry = Bn = A(s+n) = \frac{h^2}{2\tan\alpha} \tag{3-347}$$

由式（3-347）可见，在双横臂独立悬架结构中，其上、下横臂的支点和横拉杆的断开点，应布置在以接地点 O 为原点的满足式（3-358）的双曲线 a、c、e 点上。

有关断开点的位置确定方法，还有上下止点法。所谓上下止点法，是根据转向系和悬架系运动协调的几何关系，在一定的转向摇臂位置和车轮相对汽车簧载质量一定高度位置，假定松开转向节臂球头销 C_a 时，转向节臂球头销 C_z 和横拉杆上的球头销 C_r 两点应满足下列三项要求：

① 球头销两点应重合。

② 球头销两点轨迹的切线应重合。

③ 球头销两点轨迹的曲率中心应重合。

下面通过图 3-126 所示双横臂独立悬架，介绍确定转向系横拉杆球头销瞬时摆动中心的方法。

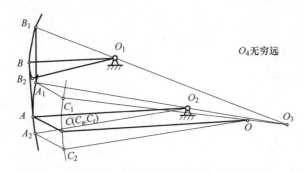

图 3-126 转向系横拉杆球头销瞬时摆动中心

在悬架导向机构几何参数已给定的情况下，为了确定能满足上面三项要求的横拉杆球头销的瞬时摆动中心位置，必须首先确定转向节点在两个相隔较远的位置上，如跳至上止点和下止点位置时的瞬时摆动中心。

如图 3-126 所示，当悬架的导向机构和节臂作为一个刚体上跳至上止点时，图上 A、B、C 三点分别位于 A_1、B_1、C_1 位置，跳至下止点时则分别位于 A_2、B_2、C_2 三点。在上止点时，点 B_1 与点 O_1 连线的延长线与点 A_1 与点 O_2 连线的延长线相交于点 O_3，此点即悬架的瞬时摆动中心。为保证运动协调，悬架和横拉杆球头销点 C_1 的摆动中心应落在点 C_1 与点 O_3 的连线 C_1O_3 上。同理，当悬架下落至下止点位置时，点 A_2 与点 O_2 连线的延长线与点 B_2 与点 O_1 连线的延长线交于点 O_4，点 C_2 的摆动中心应该位于直线 C_2O_4 或其延长线上。那么如果把断开点取在线段 C_1O_3 与 C_2O_4 的延长线的交点 O，则至少保证在上止点和下止点两个相隔较远的位置上，转向系和悬架系运动协调一致，故经常把点 O 选为转向系横拉杆球头销的中心。

（二）内外轮转角关系

从普通梯形机构一节可知，根据内、外轮转角的关系，不仅可以求出整车转弯半径，而且也能掌握梯形机构的转向特性。

如何求出断开式梯形机构的内外轮转角关系呢？研究这个问题可分两步走。

第一步：假设内轮梯形臂绕主销转过一个 α 角，并通过保持长度不变的过渡拉杆，带动横拉杆水平位移一个距离 S（或摆臂转过一个 δ 角），从而得到一个关系式

$$S = f(\alpha)$$

或

$$\delta = f(\alpha)$$

第二步：把横拉杆的水平位移 S 作为输入（或把 δ 作为输入），外轮梯形臂的转

角 β 作为输出建立 $\beta = F(s)$ 或 $\beta = F(\delta)$ 的关系式。这就相当于得到了 $\beta = f(\alpha)$ 的关系式。

具体推导过程从略，此处直接列出摆臂式和齿条式两种梯形机构的内、外轮转角关系式。

（1）摆臂三段式内、外轮转角关系（图 3-127）

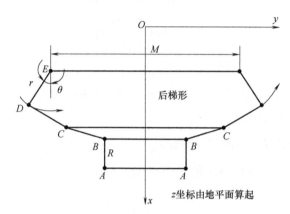

图 3-127　摆臂三段式内、外轮转角关系

$$\beta = f(\alpha)$$

第一式：$\delta = f(\alpha)$

$$\delta = \arcsin\left[\frac{B\left[SC + \sqrt{C^2 + (1 - S^2)B^2}\right]}{C^2 + B^2}\right] \tag{3-348}$$

式中

$$S = \frac{B^2 + C^2 + R^2 - A}{2BR}$$

$$A = (x_{C0} - x_{D0})^2 + (y_{C0} - y_{D0})^2$$

$$r = \sqrt{(x_{D0} - x_{E0})^2 + (y_{D0} - y_{E0})^2}$$

$$B = x_{C0} - x_{E0} + R - r\cos(\theta - \alpha)$$

$$R = x_{A0} - x_{B0}$$

$$C = y_{C0} - y_{E0} - r\sin(\theta - \alpha)$$

$$\theta = \arctan\left(\frac{y_{D0} - y_{E0}}{x_{D0} - x_{E0}}\right)$$

第二式：$\beta = f(\delta)$

$$\beta = \arcsin\left\{\frac{B\left[SC + \sqrt{C^2 + (1 - S^2)B^2}\right]}{C^2 + B^2}\right\} - \theta \tag{3-349}$$

式中

$$S = \frac{B^2 + C^2 + r^2 - A}{2Br}$$

$$A=(x_{C0}-x_{D0})^2+(y_{C0}-y_{D0})^2$$

$$r=\sqrt{(x_{D0}-x_{E0})^2+(y_{D0}-y_{E0})^2}$$

$$B=x_{C0}-x_{E0}+R(1-\cos\delta)$$

$$R=x_{A0}-x_{B0}$$

$$C=y_{C0}-y_{E0}+R\sin\delta$$

$$\theta=\arctan\left(\frac{y_{D0}-y_{E0}}{x_{D0}-x_{E0}}\right)$$

注意：

① 假定梯形臂反时针转动时，D、C 两点的 z 坐标不变。

② D、C 两点间的空间杆长恒定。

③ 假定 "C-C-B-B" 刚体保持平动。

（2）齿条三段式内、外轮转角的关系（图3-128）

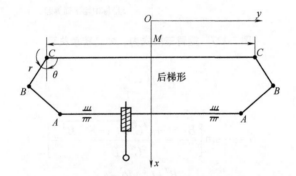

图3-128 齿条三段式内、外轮转角的关系

$$\beta=f(\alpha)$$

第一式：$S=f(\alpha)$

$$S=\frac{P}{2}\pm\sqrt{\left(\frac{P}{2}\right)^2-Q} \tag{3-350}$$

式中

$$P=2[y_{A0}-y_{C0}-r\sin(\theta-\alpha)]$$

$$Q=R_1-R_2$$

$$R_1=(x_{A0}-x_{C0})^2+(y_{A0}-y_{C0})^2+(x_{B0}-x_{C0})^2+$$

$$(y_{B0}-y_{C0})^2-(x_{A0}-x_{B0})^2-(y_{A0}-y_{B0})^2$$

$$R_2=2r[(x_{A0}-x_{C0})\cos(\theta-\alpha)+(y_{A0}-y_{C0})\sin(\theta-\alpha)]$$

$$r=\sqrt{(x_{B0}-x_{C0})^2+(y_{B0}-y_{C0})^2}$$

第二式：$\beta=f(S)$

$$\beta=\arcsin\left[\frac{-b\pm\sqrt{b^2-4ac}}{2a}\right]-\theta \tag{3-351}$$

式中

$$a = 4r^2 \left[(y_{A0} - y_{C0} + s)^2 + (x_{A0} - x_{C0})^2 \right]$$

$$b = 4rT(y_{A0} - y_{C0} + s)$$

$$c = T^2 - 4r^2(x_{A0} - x_{C0})^2$$

$$T = (x_{A0} - x_{B0})^2 + (y_{A0} - y_{B0})^2 - (x_{A0} - x_{B0})^2 - (y_{A0} - y_{C0} + s)^2 - r^2$$

$$r = \sqrt{(x_{B0} - x_{C0})^2 + (y_{B0} - y_{C0})^2}$$

$$\theta = \arctan\left(\frac{y_{B0} - y_{C0}}{x_{B0} - x_{C0}} \right)$$

x、y、z 分别为 A、B、C 三点满载时的原始坐标，r 为梯形臂的顶视投影长度，θ 为 r 与 x 轴的夹角。

（三）侧倾牵动车轮偏转角

稳态转向特性是汽车操纵稳定性的主要方面，而影响稳态转向特性的因素也很多，转向系统的侧倾牵动、转向系统与悬架的运动干涉、弹性车轮的侧倾偏离（包括负荷分配和角刚度比等）、悬架导向杆系的侧倾牵动及地面切向反力的影响等。

实践证明，上述因素对转向特性的影响并非是等量齐观，而是有轻有重的。例如，悬架导向杆系的牵动只有理论上的意义，在 $0.4g$ 侧向加速度的作用下，带来的轴偏角不会超过 $0.5°$。然而，有的因素却是不可忽视的，例如，转向机构在 $0.4g$ 侧向加速度的作用下，不少车辆的轴偏角可能达到 $5°$ 以上。特别值得指出的是，当改动侧倾中心的高度之后，不仅可以改变侧偏角的大小，而且可以改变转向特性的性质。这是改善操纵稳定性最为有效的措施，是应首先考虑的结构因素。因此，本书着重研究了三段式梯形机构在高、低侧倾中心两种情况下是如何影响汽车操纵稳定性的。

（1）机理及基本假设

1）机理。

三段式梯形机构如图 3-129 所示，其中点 A 为转向机与转向摇臂的连接点，AB 为转向摇臂，DE 为梯形臂，点 E 为与主销连接点。

注意：A、B、C 三点置于车身之上，D、E 两点位于车轮之上。

三段式梯形机构是如何影响汽车的转向特性的呢？汽车车身（悬挂质量）因汽车转弯而受到一个侧向加速度的作用，因此便绕着侧倾轴线转过一个 α 角。置于车身之上的点 C 便绕着点 C 所在平面的侧倾中心 O' 点转过一个 α 角，如图 3-130 所示，进而通过 CD 杆牵动转向梯形臂 DE 绕着主销中心点 E 转过一个 $\Delta\theta$ 角，如图 3-131 所示。转向节臂转过 $\Delta\theta$ 角，即转向车轮产生了一个附加偏转角 $\Delta\theta$。左、右车轮附加偏转角的均值便是轴偏角。

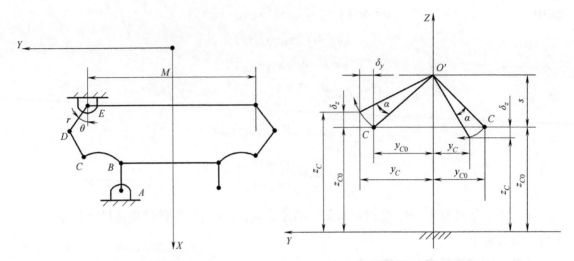

图 3-129 三段式梯形机构　　　　图 3-130 点 C 绕点 O' 转动

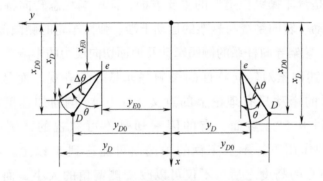

图 3-131 转向节臂的转角（轮偏角）

这个轴偏角的方向，如果与汽车的转弯方向一致，便是过多转向趋势；如果与汽车的转弯方向相反，便是不足转向趋势。

2）基本假设。

① 设 C、D、E 三点的原始坐标为

点 C：x_{C0}，y_{C0}，z_{C0}；

点 D：x_{D0}，y_{D0}，z_{D0}；

点 E：x_{E0}，y_{E0}，z_{E0}；

② 设 C、D、E 三点位移后的新坐标为

点 C：x_C，y_C，z_C；

点 D：x_D，y_D，z_D；

点 E：x_E，y_E，z_E；

③ 设转向节臂绕点 E 转动时，Z 轴坐标保持不变。

④ 设 r 为转向节臂在 xy 平面上的投影，其值为

$$r = \sqrt{(x_{D0}-x_{E0})^2+(y_{D0}-y_{E0})^2} \tag{3-352}$$

⑤ 设 θ 为转向节臂与 x 轴的夹角，其值为

$$\theta = \arctan\left(\frac{|y_{D0}-y_{E0}|}{|x_{D0}-x_{E0}|}\right) \tag{3-353}$$

⑥ 设 S 为侧倾中心 O' 的 Z 坐标与 C 点 Z 坐标的差，而 O' 为过点 C 的 yz 平面与侧倾轴线的交点，因此有

$$S = z_{O'}-z_{C0} \tag{3-354}$$

下面将对高侧倾中心（点 O' 高于点 C）和低侧倾中心（点 O' 低于点 C）两种情况下的左、右轮偏转角 $\Delta\theta$ 与车身侧倾角 α 的函数关系分别建立计算模型。

（2）计算模型的建立

1）高侧倾中心情况。

① 左轮偏转角。由于梯形机构上的点 C 是悬置于车身之上，因此，当汽车左转弯时，车身在侧向加速度 j 的作用下，便向右倾斜，而处在左侧的点 C 便绕侧倾中心 O' 向左上方转移，如图 3-130 所示。点 C 与转向节臂端点 D 是由一长度恒定的杆与之相连的，因此，点 D 便以点 E 为圆心、r 为半径顺时针转过一个 $\Delta\theta$ 角，如图 3-131 所示。$\Delta\theta$ 角就是左轮偏转角。$\Delta\theta$ 角的方向与汽车转弯方向相反，故此种情况为不足转向趋势。

下面具体推求 $\Delta\theta=f(\alpha)$ 的关系式。

● C、D 两点间的杆长 l：C、D 两点间的杆长保持恒定，其长度为

$$l^2 = (x_{C0}-x_{D0})^2+(y_{C0}-y_{D0})^2+(z_{C0}-z_{D0})^2 \tag{3-355}$$

● 点 C 位移后的新坐标：由图 3-130 可知点 C 的新坐标为

$$\begin{cases} x_C = x_{C0} \\ y_C = y_{C0}+\alpha s \\ z_C = z_{C0}+\alpha y_{C0} \end{cases} \tag{3-356}$$

式中　α——车身侧倾角（rad）。

● 点 D 位移后的新坐标：由图 3-131 可知，点 D 的新坐标为

$$\begin{cases} x_D = x_{E0}+r\cos(\theta+\Delta\theta) \\ y_D = y_{E0}+r\sin(\theta+\Delta\theta) \\ z_D = z_{D0} \end{cases} \tag{3-357}$$

式中　$\Delta\theta$——左轮偏转角；

　　　　θ——转向节臂的初相角（°）。

● $\Delta\theta=f(\alpha)$ 的关系式：C、D 两点间的杆长恒定为 l，故有

$$l^2 = (x_C-x_D)^2+(y_C-y_D)^2+(z_C-z_D)^2 \tag{3-358}$$

将式（3-355）、式（3-356）和式（3-357）代入式（3-358）后，可得

$$A-\left[B-r\cos(\theta+\Delta\theta)\right]^2-\left[C-r\sin(\theta+\Delta\theta)\right]^2=0 \tag{3-359}$$

式中

$$A=M-N$$

$$M=(x_{C0}-x_{D0})^2+(y_{C0}-y_{D0})^2+(z_{C0}-z_{D0})^2$$

$$N=(z_{C0}-z_{D0}+y_{C0}\alpha)^2$$

$$B=x_{C0}-x_{E0}$$

$$C=y_{C0}-y_{E0}+s\alpha$$

② 右轮偏转角。当汽车左转弯时，右侧的点 C 便绕侧倾中心 O' 向左下方转移，从而通过 CD 杆牵动转向节臂顺时针转过一个 $\Delta\theta$ 角（图 3-130 和图 3-131）。$\Delta\theta$ 角的方向与汽车转弯方向相反，故此种情况为不足转向趋势。下面具体推导 $\Delta\theta=f(\alpha)$ 的关系式。

● 点 C 位移后的新坐标：由图 3-130 关系可知，点 C 的新坐标为

$$\begin{cases} x_C=x_{C0} \\ y_C=y_{C0}-\alpha s \\ z_C=z_{C0}-\alpha y_{C0} \end{cases} \tag{3-360}$$

● 点 D 位移后的新坐标：由图 3-131 关系可知，点 D 的新坐标为

$$\begin{cases} x_D=x_{E0}+r\cos(\theta-\Delta\theta) \\ y_D=y_{E0}+r\sin(\theta-\Delta\theta) \\ z_D=z_{D0} \end{cases} \tag{3-361}$$

● $\Delta\theta=f(\alpha)$ 的关系式：杆长 l 恒定，故式（3-358）依然成立。将式（3-355）、式（3-360）和式（3-361）代入式（3-358）后，可得

$$A-\left[B-r\cos(\theta-\Delta\theta)\right]^2-\left[C-r\sin(\theta-\Delta\theta)\right]^2=0 \tag{3-362}$$

式中

$$A=M-N$$

$$M=(x_{C0}-x_{D0})^2+(y_{C0}-y_{D0})^2+(z_{C0}-z_{D0})^2$$

$$N=(z_{C0}-z_{D0}+y_{C0}\alpha)^2$$

$$B=x_{C0}-x_{E0}$$

$$C=y_{C0}-y_{E0}-s\alpha$$

③ 左、右轮综合计算式。将式（3-359）和式（3-362）合并，便可得到高侧倾中心（不足转向）左、右轮侧偏角的综合计算式为

$$A-\left[B-r\cos(\theta\pm\Delta\theta)\right]^2-\left[C-r\sin(\theta\pm\Delta\theta)\right]^2=0 \tag{3-363}$$

式中

$$A=M-N$$

$$M=(x_{C0}-x_{D0})^2+(y_{C0}-y_{D0})^2+(z_{C0}-z_{D0})^2$$

$$N=(z_{C0}-z_{D0}\pm y_{C0}\alpha)^2$$

$$B=x_{C0}-x_{E0}$$

$$C=y_{C0}-y_{E0}\pm s\alpha$$

注意：式中正负号，左轮取"+"号，右轮取"–"号。z 轴坐标为距地面高度，x、y 轴坐标一律取正值。

对式（3-363）进一步求解后可得高侧倾中心情况下的左右轮偏转角的显式计算式为

$$\pm\Delta\theta=\arcsin\left\{\frac{B\left(RC+\sqrt{C^2+B^2\left(1-R^2\right)}\right)}{B^2+C^2}\right\}-\theta \tag{3-364}$$

式中
$$R=\frac{B^2+C^2+r^2-A^2}{2Br}$$

$$A=M-N$$

$$M=\left(x_{C0}-x_{D0}\right)^2+\left(y_{C0}-y_{D0}\right)^2+\left(z_{C0}-z_{D0}\right)^2$$

$$N=\left(z_{C0}-z_{D0}\pm y_{C0}\alpha\right)^2$$

$$B=x_{C0}-x_{E0}$$

$$C=y_{C0}-y_{E0}\pm s\alpha$$

$$s=z_{O'}-z_{C0}$$

$$r=\sqrt{\left(x_{E0}-x_{D0}\right)^2+\left(y_{E0}-y_{D0}\right)^2}$$

$$\theta=\arctan\left(\frac{\left|y_{D0}-y_{E0}\right|}{\left|x_{D0}-x_{E0}\right|}\right)$$

说明：

I. z 轴坐标为距地面的高度，x、y 轴坐标一律取正值。

II. 式中的正负号，左轮取"+"号，右轮取"–"号。

III. $z_{O'}$ 为侧倾中心 O' 的 z 轴坐标，O' 为过点 C 的 yz 平面与侧倾轴线的交点。α 为车身侧倾角（rad）。

2）低侧倾中心情况。

① 左轮偏转角。由于梯形机构上的点 C 悬置于车身之上，因此当汽车左转弯时，车身在侧向加速度 j 的作用下，便向右侧倾斜。此时处在左侧的点 C 便绕侧倾中心 O' 向右上方转移；而处在右侧的点 C 便绕 O' 向右下方转移，如图 3-132 所示。点 C 与转向节臂端点 D 是由一长度恒定的杆与之相连的，因此，点 D 便以点 E 为圆心、r 为半径反时针转过一个 $\Delta\theta$ 角，如图 3-133 所示。$\Delta\theta$ 角的方向与汽车转弯方向一致，故此种情况为过多转向趋势。

下面具体推求 $\Delta\theta=f(\alpha)$ 的关系式。

● C、D 两点间的杆长 l：C、D 两点间的杆长保持恒定，其长度可由式（3-355）计算。

● 点 C 位移后的新坐标：由图 3-132 的关系可知

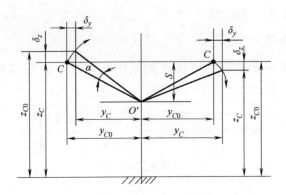

图 3-132　点 C 绕点 O' 转动

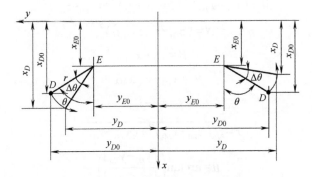

图 3-133　转向节臂绕主销的转角

$$\begin{cases} x_C = x_{C0} \\ y_C = y_{C0} - \alpha s \\ z_C = z_{C0} + \alpha y_{C0} \end{cases} \tag{3-365}$$

式中　α——车身侧倾角（rad）。

● 点 D 位移后的新坐标：由图 3-133 可知：

$$\begin{cases} x_D = x_{E0} + r\cos(\theta - \Delta\theta) \\ y_D = y_{E0} + r\sin(\theta - \Delta\theta) \\ z_D = z_{D0} \end{cases} \tag{3-366}$$

式中　$\Delta\theta$——左轮偏转角（°）；

　　　　θ——转向节臂的初相角（°）。

● $\Delta\theta = f(\alpha)$ 的关系式：由于 C、D 两点间的杆长恒定为 l，有

$$l^2 = (x_C - x_D)^2 + (y_C - y_D)^2 + (z_C - z_D)^2 \tag{3-367}$$

将式（3-355）、式（3-365）和式（3-366）代入式（3-367）后，可得

$$A - [B - r\cos(\theta - \Delta\theta)]^2 - [C - r\sin(\theta - \Delta\theta)]^2 = 0 \tag{3-368}$$

式中

$$A = M - N$$

$$M=(x_{C0}-x_{D0})^2+(y_{C0}-y_{D0})^2+(z_{C0}-z_{D0})^2$$

$$N=(z_{C0}-z_{D0}+y_{C0}\alpha)^2$$

$$B=x_{C0}-x_{E0}$$

$$C=y_{C0}-y_{E0}-s\alpha$$

② 右轮偏转角。当汽车左转弯时,右侧的点 C 便绕侧倾中心 O' 向右下方转移,参见图 3-132,从而通过杆 CD 牵动转向节臂反时针转过一个 $\Delta\theta$,如图 3-133 所示。因为 $\Delta\theta$ 角的方向与汽车转弯方向一致,故此种情况为过多转向趋势。下面具体推导 $\Delta\theta = f(\alpha)$ 的关系式。

● 点 C 位移后的新坐标:由图 3-132 关系可知:

$$\begin{cases} x_C=x_{C0} \\ y_C=y_{C0}+\alpha \\ z_C=z_{C0}-\alpha y_{C0} \end{cases} \tag{3-369}$$

● 点 D 位移后的新坐标:由图 3-133 关系可知:

$$\begin{cases} x_D=x_{E0}+r\cos(\theta+\Delta\theta) \\ y_D=y_{E0}+r\sin(\theta+\Delta\theta) \\ z_D=z_{D0} \end{cases} \tag{3-370}$$

● $\Delta\theta=f(\alpha)$ 关系式:将式（3-355）、式（3-369）和式（3-370）代入式（3-367）后,可得

$$A-[B-r\cos(\theta+\Delta\theta)]^2-[C-r\sin(\theta+\Delta\theta)]^2=0 \tag{3-371}$$

同时有
$$A=M-N$$

式中 $M=(x_{C0}-x_{D0})^2+(y_{C0}-y_{D0})^2+(z_{C0}-z_{D0})^2$

$N=(z_{C0}-z_{D0}-y_{C0}\alpha)^2$

$B=x_{C0}-x_{E0}$

$C=y_{C0}-y_{E0}+s\alpha$

③ 左、右轮综合计算式。将式（3-368）和式（3-371）合并,便可得低侧倾中心（过多转向）左、右轮偏转角的综合计算式为

$$A-[B-r\cos(\theta\mp\Delta\theta)]^2-[C-r\sin(\theta\mp\Delta\theta)]^2=0 \tag{3-372}$$

同时有
$$A=M-N$$

式中 $M=(x_{C0}-x_{D0})^2+(y_{C0}-y_{D0})^2+(z_{C0}-z_{D0})^2$

$N=(z_{C0}-z_{D0}\pm y_{C0}\alpha)^2$

$B=x_{C0}-x_{E0}$

$C=y_{C0}-y_{E0}\mp s\alpha$

注意:式中正负号,左轮取负部,右轮取正部。

利用式（3-372）还可导出左、右轮偏转角的显式计算式为

$$\mp \Delta\theta = \arcsin\left\{\frac{B\left[RC+\sqrt{C^2+B^2(1-R^2)}\right]}{B^2+C^2}\right\}-\theta \tag{3-373}$$

同时有

$$R = \frac{B^2+C^2+r^2-A^2}{2Br}$$

$$A = M-N$$

式中

$$M = (x_{C0}-x_{D0})^2+(y_{C0}-y_{D0})^2+(z_{C0}-z_{D0})^2$$

$$N = (z_{C0}-z_{D0}\mp y_{C0}\alpha)^2$$

$$B = x_{C0}-x_{E0}$$

$$C = y_{C0}-y_{E0}\mp s\alpha$$

$$s = z_{O'}-z_{CO'}$$

$$r = \sqrt{(x_{E0}-x_{D0})^2+(y_{E0}-y_{D0})^2}$$

$$\theta = \arctan\left(\frac{|y_{D0}-y_{E0}|}{|x_{D0}-x_{E0}|}\right)$$

说明：

Ⅰ. z 坐标为距地面的高度，x、y 坐标一律取正值。

Ⅱ. 式中的正负号，左轮取负号，右轮取正号。

Ⅲ. $z_{O'}$ 为侧倾中心 O' 的 z 坐标，O' 为过点 C 的 yz 平面与侧倾轴线的交点；α 为车身侧倾角（rad）。

（3）计算示例

示例包括计算高、低侧倾中心两种情况以及 8 种车身倾角状态下的左、右轮偏转角。

1）给定参数。

① 示例梯形机构各相关点的坐标见表 3-60。

表 3-60　示例梯形机构各相关点的坐标　　　　　　　　　（单位：mm）

坐　标	A	B	C	D	E
x	406	305	227	135	2
y	-239	-239	-452	-805	-770
z	508	476	487	433	436

注：z 坐标为距地面高度。

② 车身侧倾角 α 的 8 种数值见表 3-61。

③ 侧倾中心 O' 距地面的高度。

高侧倾中心情况：$z_{O'}=624.4$mm。

表 3-61　侧倾角 α 计算点的数值　　　　　　　　　　　　[单位：(°)]

K	1	2	3	4	5	6	7	8
α	0.5	1.0	1.5	2.0	2.5	3.0	3.5	4.0

低侧倾中心情况：$z_{O'} = 349.6\text{mm}$。

2）具体计算。

① 用式（3-352）计算 r：

$$r = \sqrt{(x_{D0}-x_{E0})^2+(y_{D0}-y_{E0})^2} = \sqrt{(135-2)^2+(805-770)^2} = 137.53\text{mm}$$

② 用式（3-353）计算 θ：

$$\theta = \arctan\left(\frac{|805-770|}{|135-2|}\right) = 14.74°$$

③ 用式（3-354）计算 $s(\text{mm})$：

$$s = z_{O'} - z_{C0}$$

高侧倾中心情况：$s = 624.4-487 = 137.4\text{mm}$。

低侧倾中心情况：$s = 487-349.6 = 137.4\text{mm}$。

④ 用式（3-364）或式（3-373）计算 A。

$$A = M-N$$

$$M = (x_{C0}-x_{D0})^2+(y_{C0}-y_{D0})^2+(z_{C0}-z_{D0})^2$$

$$N = (z_{C0}-z_{D0}\pm y_{C0}\alpha)^2$$

左轮：$A = 135989-(54+452\alpha)^2$。

右轮：$A = 135989-(54-452\alpha)^2$。

⑤ 用式（3-364）或式（3-373）计算 B。

$$B = x_{C0}-x_{E0} = 227-2 = 225\text{mm}$$

⑥ 用式（3-364）或式（3-373）计算 C。

高左、低右：

$$C = y_{C0}-y_{E0}+s\alpha = 452-770+\alpha137.4 = \alpha137.4-318$$

高右、低左：

$$C = y_{C0}-y_{E0}-s\alpha = 452-770-\alpha137.4 = -(\alpha137.4+318)$$

⑦ 用式（3-364）或式（3-373）计算 R。

$$R = \frac{B^2+C^2+r^2-A^2}{2Br} = \frac{69539.5+C^2-A^2}{61888.5}$$

⑧ 用式（3-364）或式（3-373）计算 $\Delta\theta$。

上述计算结果，分别见表 3-62 和表 3-63。

从表 3-62 和表 3-63 中的计算结果可知，轮偏角和轴偏角都是随车身侧倾角的增大而增大的。本示例梯形机构在高、低侧倾中心两种情况下的轴偏角皆为正值，说明高侧

倾中心的情况为不足转向趋势，低侧倾中心的情况为过多转向趋势。此外，轴偏角的数值都是较大的，特别是低侧倾中心的情况，例如，当 $\alpha = 4°$ 时，轴偏角已超过 $5.8°$，说明其过多转向的程度十分严重。

表 3-62　低侧倾中心的车轮偏转角和轴偏角

车身倾角 $\alpha/(°)$ [rad]		0.5 [0.00873]	1.0 [0.01745]	1.5 [0.02618]	2.0 [0.03491]	2.5 [0.04363]	3.0 [0.05236]	3.5 [0.06109]	4.0 [0.06981]
左轮	A/mm	132631	132159	131655	131120	130554	129957	129329	128669
	C/mm	−319.2	−320.4	−321.6	−322.8	−324.0	−325.2	−326.4	−327.6
	R	0.6269	0.6469	0.6675	0.6887	0.7013	0.7325	0.7552	0.7786
	$\Delta\theta_1/(°)$	0.73	1.49	2.26	3.06	3.86	4.69	5.54	6.41
右轮	A/mm	133483	133863	134211	134528	134814	135069	135293	135485
	C/mm	−316.8	−315.6	−314.4	−313.2	−312.0	−310.8	−309.6	−308.4
	R	0.5885	0.5701	0.5522	0.5349	0.5183	0.5021	0.4864	0.4714
	$\Delta\theta_r/(°)$	0.72	1.42	2.10	2.78	3.41	4.04	4.65	5.24
轴偏角 $\Delta\theta/(°)$		0.725	1.455	2.182	2.918	3.635	4.364	5.096	5.826

表 3-63　高侧倾中心的车轮偏转角和轴偏角

车身倾角 $\alpha/(°)$ [rad]		0.5 [0.00873]	1.0 [0.01745]	1.5 [0.02618]	2.0 [0.03491]	2.5 [0.04363]	3.0 [0.05236]	3.5 [0.06109]
左轮	A/mm	132631	132159	131655	131120	130554	129957	129329
	B/mm	225	225	225	225	225	225	225
	C/mm	−316.80	−315.60	−314.40	−313.20	−312.01	−310.81	−309.61
	$\Delta\theta_1/(°)$	0.235	0.448	0.642	0.818	0.972	1.111	1.230
右轮	A/mm	133483	133863	134211	134528	134814	135069	135293
	B/mm	225	225	225	225	225	225	225
	C/mm	−319.20	−320.40	−321.60	−322.80	−324.19	−325.19	−326.39
	$\Delta\theta_r/(°)$	0.246	0.514	0.800	1.104	1.426	1.762	2.119
轴偏角 $\Delta\theta/(°)$		0.241	0.481	0.721	0.961	1.199	1.437	1.675

（4）结论

三段式转向梯形机构是影响汽车操纵稳定性的重要系统，它与侧倾中心一起决定着转向特性的性质和程度。高侧倾中心产生不足转向趋势，低侧倾中心产生过多转向趋势。设计汽车悬架时，不仅要适当调整梯形机构的结构参数，而且特别要相对提高侧倾中心的高度。

第五节 汽车阻尼元件

一、概述

在汽车悬架中，如果只有弹性元件而没有摩擦或阻尼元件，那么车身的振动将会永无休止地延续下去，使汽车的行驶平顺性和操纵稳定性变坏。因此，悬架设计必须考虑带有衰减振动的阻尼力。钢板弹簧叶片间的干摩擦虽是一种阻尼力，但其数值不稳定，难以控制，所以汽车悬架都装有专用的减振装置。

汽车悬架中广泛采用的阻尼元件就是内部充有液体的液力式减振器。汽车车身和车轮振动时，减振器内的液体在流经阻尼孔时的摩擦和液体的黏性摩擦就会形成振动阻力，将振动能量转变为热能，并散发到空气中去，实现衰减振动的目的。

二、汽车阻尼元件的选用设计

本书所谈的减振器的设计，主要是针对具体的悬架选定减振器的阻尼特性、主要参数及其合理的布置位置等。主要参数是指阻尼比、阻尼系数、最大卸荷力以及工作缸径等。

（一）阻尼特性

减振器的阻尼特性是指阻力-位移特性和阻力-速度特性，如图 3-134 所示。

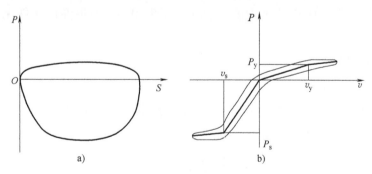

图 3-134 减振器的特性

a）阻力-位移特性 b）阻力-速度特性

阻力-位移特性图也叫示功图，它所显示的是阻尼力 P 在一个周期内所做的功。减振器的阻尼力 P 与减振器的振动速度之间的关系为：

$$P = Kv^n \tag{3-374}$$

式中 K——阻尼系数；

n——速度指数。

在减振器卸荷阀打开之前，$P\text{-}v$ 特性保持线性关系，即 $n=1$。$P\text{-}v$ 特性曲线由 4 段近似直线的线段组成，其中压缩行程和伸张行程各占两段。特性曲线的斜率便是减振器的阻尼参数，即 $K=P/v$，所以减振器有 4 个阻尼系数。在没有特别指明时，阻尼系数是指卸荷阀开启前的阻尼系数。通常压缩行程的阻尼系数 $K_y=P_y/v_y$ 与伸张行程的阻尼系数 $K_s=P_s/v_s$ 是不相等的。为防止悬架过大地传递地面的冲击，其压拉比 ξ 一般可取值为

$$\xi=K_y/K_s\approx\frac{1}{4}\sim\frac{1}{2} \tag{3-375}$$

对于 ξ 值，小轿车取低一些，越野车可取高一些。为减少汽车制动时的车身纵向位移，降低角减速度，前悬架减振器的压拉比应大于后悬架减振器的压拉比。

悬架阻尼系数 K 应是压缩行程阻系数 K_y 和复原行程阻尼系数 K_s 的均值，即

$$K=(K_y+K_s)/2 \tag{3-376}$$

（二）阻尼比

阻尼比也叫相对阻尼系数，它是评价悬架性能好坏的重要参数之一，是悬架"软"或"硬"的标志，是振动衰减快慢的标志，其表达式为

$$\psi=K/(2\sqrt{cm}) \tag{3-377}$$

由式（3-377）可知，所谓相对阻尼系数，就是相对于悬挂质体质量 m 的大小和悬架系统刚度 c 的大小的一个系数。它是悬架设计所提的技术指标，有了这个指标，就可据此选定阻尼系数 K 了。如果所论悬架的 c 值和 m 值较大，就应把悬架搞"硬"一点，把阻尼系数 K 值取大一点，反之则取小一点。

在压拉行程，阻尼比 ψ 的平均值一般取为 0.2~0.4，如果弹性元件无内摩擦，则可取为 0.25~0.35。

（三）阻尼系数

1. 阻尼系数表达式

减振器的阻尼系数是阻力-速度特性曲线的斜率，即 $K=\mathrm{d}P/\mathrm{d}v$。在悬架刚度 c 和悬挂质量 m 以及阻尼比 ψ 均已给定的情况下，阻尼系数 K 为

$$K=\frac{2\sqrt{cm}}{\cos\delta}(\psi-\psi_{\text{簧}}) \tag{3-378}$$

式中　$\psi_{\text{簧}}$——弹性元件的当量相对阻尼系数。

　　　　δ——减振器轴线 J_dJ_u 与 CJ_d 线的垂线之间的夹角，点 C 是减振器下支点 J_d 的运动瞬心（悬架中心），如图 3-135 所示。

当量相对阻尼系数可计算为

$$\psi_{\text{簧}}=\frac{1}{\sqrt{1+(2\pi/\ln\tau)^2}} \tag{3-379}$$

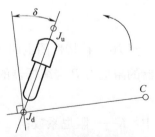

图 3-135　减振器的布置角度

式中　τ——相邻周期振幅比，即 $\tau = A_i / A_{i+1}$，它可由去掉减振器的试验曲线测出。在设
　　　　计新车之前，可根据板簧的片数和长度酌情取值。

利用式（3-378），在设计时便可确定减振器的阻尼系数了。然而，当减振器制作出
来之后，又如何按示功图来确定和检验它的阻尼系数呢？

2. 按示功图确定阻尼系数

利用示功图确定减振器阻尼系数的方法有很多，同一个示功图，采用不同的方法处
理，得出的阻尼系数值却相差很大，因此有必要来研究一下这个问题。

下面介绍常用的三种方法：特定值法、P-v 图法和平均值法。

在分析研究之前，先简单介绍一下汽车减振器试验台和示功图的有关情况。

减振器性能试验台的工作原理如图 3-136 所示。试验台的规范：转速 $n = 100\text{r/min}$，
滑块 A 的行程 S_0 取为 100mm。S_0 是曲柄长度 R 的 2 倍，且是减振器活塞的实际行程。
减振器缸筒下端 B 和扭杆弹簧 O_2B 相连，故活塞与缸筒的相对行程 S 小于 S_0。记录板随
滑块上、下平移，画针 O_2a 由弹簧杆牵动。

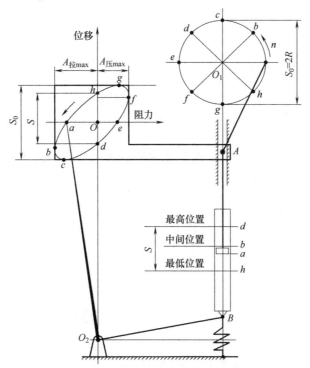

图 3-136　减振器性能试验台的工作原理

"双百规范"试验台的活塞速度 $v = 0.52\text{m/s}$，这个速度需要提高。目前我国个别公
司的减振器 v 值已近 1m/s，国外已有大于 2.5m/s 不畸变的减振器。

当曲柄机构运动时，画针端点 a 在记录板上留下的迹线便是示功图。它的横坐标代
表阻力，纵坐标代表位移，面积代表功。每个试验台都有各自的校正系数 $\alpha_{校}$。而且压

缩行程的校正系数 $\alpha_{压校}$ 和复原行程的校正系数 $\alpha_{拉校}$ 在数值上还不一定相等。$\alpha_{校}$ 和横坐标数值 A 之积才是减振器的阻力 P。最大压缩阻尼力为

$$P_{压\max}=\alpha_{压校}A_{压\max}$$

最大复原阻尼力为

$$P_{拉\max}=\alpha_{拉校}A_{拉\max}$$

$\alpha_{校}$ 和示功图的面积 F 之积是减振器所做的功 W。压缩行程的面积（S_{defghd}）$F_{压}$ 与 $\alpha_{压校}$ 之积代表压缩行程所做的功 $W_{压}$，即 $W_{压}=\alpha_{压校}F_{压}$。复原行程的面积（S_{habcdh}）$F_{拉}$ 与 $\alpha_{拉校}$ 之积代表复原行程所做的功 $W_{拉}$，即

$$W_{拉}=\alpha_{拉校}F_{拉}$$

大家知道，在工作范围内，一般认为阻尼力为

$$P=Kv$$

式中　v——活塞的相对速度。

阻尼系数 K 又分为压阻系数 $K_{压}$ 和拉阻系数 $K_{拉}$，而总的周期阻尼系数为

$$K=\frac{K_{压}+K_{拉}}{2}$$

为减少传递到车身上的冲击，保证车轮与地面的良好附着，压阻系数和拉阻系数的比值 $\xi=\dfrac{K_{压}}{K_{拉}}$ 一般取 $\dfrac{1}{4}\sim\dfrac{1}{2}$。为减少制动时车身的角加速度，前桥的压拉阻尼系数比应大于后桥，即 $\xi_1>\xi_2$。

下面首先介绍三种按示功图确定阻尼系数的方法，然后分析比较每种方法的优劣。

（1）三种方法的公式推导

1）特定值法。

在曲柄连杆机构式的减振器试验台上，活塞的运动速度是和曲柄端点在垂直方向上的运动速度 v_θ 相关的，参见图 3-136 和图 3-137。

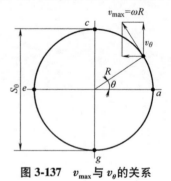

图 3-137　$v_{\max}$ 与 v_θ 的关系

$$v_\theta=\frac{2\pi Rn}{60}\cos\theta=\frac{\pi S_0 n}{60}\cos\theta \qquad (3-380)$$

当曲柄端点在 a、e 位置时，v_θ 达到最大值 $v_{\max}=\dfrac{\pi S_0 n}{60}$，

而此时在示功图上，横坐标也相应出现最大值 $A_{\max}$，即阻力也出现最大值 $P_{\max}=\alpha_{校}A_{\max}$。所谓特定值法，就是抓住这种特定点，来推求阻尼系数 $K_{特}$，即

$$K_{特}=\frac{P_{\max}}{V_{\max}}=\frac{\alpha_{校}A_{\max}}{\dfrac{\pi S_0 n}{60}}=\frac{60\alpha_{校}}{\pi S_0 n}A_{\max} \qquad (3-381)$$

当前，不少人就是按此方法利用示功图来确定阻尼系数的。然而，在试验台中，减振器的下支点是被连接到一个扭杆弹簧的臂上，因此，活塞的实际行程 S_0 就要大于活塞相对于缸筒的行程 S，故活塞相对于缸筒的运动速度可近似表示为

$$v_\theta = \frac{\pi S n}{60}\cos\theta$$

由此，阻尼系数应取值为

$$K_特 = \frac{60\alpha_校}{\pi S n}A_{max} \tag{3-382}$$

活塞相对速度的这种近似计算方法是否可靠呢？严格的方法，应该是从理论上找出活塞相对速度与减振器及试验台相关参数的关系，然后再推求阻尼系数为

$$K_特 = \frac{P_{max}}{v_{max}} = \frac{P_{max}}{\left[\dfrac{dz}{dt}\right]_{max}} = P_{max}/(dz/dt)_{max} \tag{3-383}$$

先利用图 3-138 的关系导出 $v_\theta = f(\theta)$ 的关系式。在图 3-138 中，曲柄长度 $R = S_0/2$，连杆长度为 l，θ 是曲柄的任意转角，C 是连杆端点 A、P 的运动瞬心，ω 是曲柄的角速度。

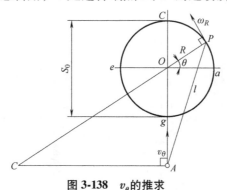

图 3-138　v_θ 的推求

曲柄端点的线速度 ωR 与连杆下端点 A 在垂直方向上的运动速度 v_θ 的关系为

$$v_\theta = \frac{|CA|}{|CP|}\omega R = \frac{|OA|\cot\theta}{\dfrac{|OA|}{\sin\theta}+R} = \frac{|OA|\cos\theta}{|OA|+R\sin\theta}\omega R$$

$$= \left(1 - \frac{R\sin\theta}{\sqrt{l^2-R^2\cos^2\theta}}\right)\cos\theta\omega R$$

因为

$$|OA| = \sqrt{l^2-R^2\cos^2\theta}-R\sin\theta$$

所以有

$$v_\theta = \left[1 - \frac{\sin\theta}{\sqrt{(l/R)^2-\cos^2\theta}}\right]\cos\theta\omega R \tag{3-384}$$

再来推求活塞与缸筒的相对位移 Z 与曲柄转角 θ 的关系。如图 3-139 所示，Z 是滑块位移 Z_1 与缸筒（下支点）位移 Z_2 的差，即

$$Z = Z_1 - Z_2$$

而

$$Z_1 = R\sin \omega t$$

$$dZ = dZ_1 - dZ_2$$

$$dZ_1 = R\cos \omega t d(\omega t)$$

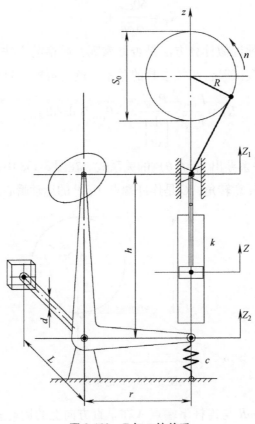

图 3-139　Z 与 θ 的关系

对于 dZ_2 这一项，必须先找出 $Z_2 = f(\omega t)$ 这个函数关系式，才能求得。

若假设阻尼力是速度的线性函数，且不计加速阻力，那么由缸筒的力平衡关系，可得方程为

$$K\frac{dZ}{dt} - cZ_2 = 0$$

式中　c——扭杆的换算线刚度。

再将 $dZ = R\cos \omega t d(\omega t) - dZ_2$ 代入上式，便得到

$$\frac{dZ_2}{dt} + \frac{c}{K}Z_2 - R\omega\cos \omega t = 0 \tag{3-385}$$

根据 $\dot{Z}_2 + p(t)Z_2 = Q(t)$ 和 $Z_2 = \dfrac{\displaystyle\int Q(t)\,\mathrm{e}^{\int P(t)\,\mathrm{d}t}\,\mathrm{d}t}{\mathrm{e}^{\int P(t)\,\mathrm{d}t}}$，可求得

$$Z_2 = R\omega\,\frac{\omega\sin\omega t + \dfrac{c}{K}\cos\omega t}{\left(\dfrac{c}{K}\right)^2 + \omega^2}$$

$$= R\omega\,\frac{K^2\omega\sin\omega t + Kc\cos\omega t}{c^2 + K^2\omega^2}$$

$$= \frac{R\omega K}{c^2 + K^2\omega^2}\sqrt{c^2 + K^2\omega^2}\left(\frac{K\omega}{\sqrt{c^2 + K^2\omega^2}}\sin\omega t + \frac{c}{\sqrt{c^2 + K^2\omega^2}}\cos\omega t\right)$$

若令

$$\frac{K\omega}{\sqrt{c^2 + K^2\omega^2}} = \cos\varphi, \quad \frac{c}{\sqrt{c^2 + K^2\omega^2}} = \sin\varphi$$

则

$$Z_2 = \frac{R\omega K}{c^2 + K^2\omega^2}(\cos\varphi\sin\omega t + \sin\varphi\cos\omega t) = \frac{R\omega K}{c^2 + K^2\omega^2}\sin(\omega t + \varphi) \tag{3-386}$$

由于

$$\tan\varphi = \frac{c}{K\omega}$$

$$\omega = \frac{\pi n}{30}$$

于是有

$$\mathrm{d}Z_2 = \frac{K\omega R}{\sqrt{c^2 + K^2\omega^2}}\cos\omega t\,\mathrm{d}(\omega t) = R\cos\varphi\cos(\omega t + \varphi)\,\mathrm{d}(\omega t)$$

$$\mathrm{d}Z = R\omega\cos\omega t\,\mathrm{d}t - R\omega\cos\varphi\cos(\omega t + \varphi)\,\mathrm{d}t \tag{3-387}$$

$$\frac{\mathrm{d}Z}{\mathrm{d}t} = R\omega\cos\omega t - R\omega\cos\varphi\cos(\omega t + \varphi) \tag{3-388}$$

令 $v = \dfrac{\mathrm{d}Z}{\mathrm{d}t} = 0$，可解得

$$\tan\omega t = -\frac{c}{K\omega}$$

即

$$(\omega t)_{v=0} = -\varphi$$

再令 $\dfrac{\mathrm{d}v}{\mathrm{d}\omega t} = 0$，又求得

$$\cot \omega t = \tan \varphi$$

$$\frac{\mathrm{d}^2 v}{(\mathrm{d}\omega t)^2} = R\omega \ \{\cos \varphi \cos (\omega t + \varphi) - \cos \omega t\} < 0$$

所以 $v' = 0$ 时的相位值是 v 获得极大值的点，即 $(\omega t)_{v=v_{\max}} = \left(\dfrac{\pi}{2} - \varphi\right)$ 时，活塞相对于缸筒的速度达到极大值，为

$$v_{\max} = R\omega \cos\left(\frac{\pi}{2} - \varphi\right) = R\omega \sin \varphi = \frac{R\omega c}{\sqrt{c^2 + K^2\omega^2}} \tag{3-389}$$

活塞相对速度由 0 变到最大值的相位角为

$$\left[\left(\frac{\pi}{2} - \varphi\right) - (-\varphi)\right] = \frac{\pi}{2}$$

　　这是符合规律的。由于阻尼等因素的影响，活塞相对速度与曲柄机构的运动关系滞后了一个角度 $\left(\dfrac{\pi}{2} - \varphi\right)$，如图 3-140 所示。显然，$\varphi$ 值越大，滞后角就越小，而 $\tan \varphi = \dfrac{c}{K\omega}$，故滞后角和扭杆刚度 c 成反比，与试验台的角速度 ω 及阻尼系数 K 成正比。

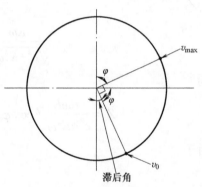

图 3-140　相位角与滞后角

　　既已找到了活塞相对于缸筒的最大速度，那就可回过头来从理论上推求特定值法的阻尼系数了。

　　因为

$$v_{\max} = \frac{R\omega c}{\sqrt{c^2 + K^2\omega^2}} = \frac{P_{\max}}{K}$$

解此方程便可得

$$
\begin{aligned}
K_{特} &= \frac{c}{\omega}\sqrt{\frac{1}{R^2 c^2 - P_{\max}^2}}\, P_{\max} \\
&= \frac{c}{\omega}\sqrt{\frac{1}{\left(\dfrac{Rc}{P_{\max}}\right)^2 - 1}} \\
&= \frac{c}{\omega}\sqrt{\frac{1}{(Rc/P_{\max})^2 - 1}}
\end{aligned}
\tag{3-390}
$$

　　由式（3-390）可见，这种试验台所能测的最大力，不能超过曲柄半径和换算线刚度之积，即

$$Rc \geqslant P_{\max}$$

下面根据图 3-141 来推求扭杆的换算线刚度 c。设 K_φ 为扭杆的扭转刚度。从材料力学可知

$$K_\varphi = \frac{\pi G d^4}{32L}$$

式中　d——扭杆的直径；

　　　L——扭杆的有效长度，如图 3-138 所示（图示为扭杆半长 l）。

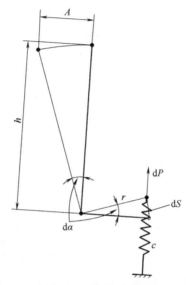

图 3-141　扭杆的换算刚度

按照扭转刚度的定义，有

$$K_\varphi = \frac{\mathrm{d}M}{\mathrm{d}\alpha} = \frac{r\mathrm{d}P}{\mathrm{d}\alpha} = \frac{rc\mathrm{d}S}{\mathrm{d}\alpha} = \frac{rcr\mathrm{d}\alpha}{\mathrm{d}\alpha} = cr^2$$

故

$$c = \frac{K_\varphi}{r^2} = \frac{\pi G d^4}{32 r^2 L} \tag{3-391}$$

式中　r——扭杆弹簧臂的长度。

附带推求一下校正系数 $\alpha_{校}$ 与换算线刚度的关系。按定义，校正系数是作用在扭杆弹簧臂端点上的造成画针端点横向单位位移的纵向力。因此有

$$\alpha_{校} = \frac{\mathrm{d}P}{A} = \frac{c\mathrm{d}S}{A} = \frac{cr\mathrm{d}\alpha}{h\mathrm{d}\alpha} = c\,\frac{r}{h}$$

所以有

$$\alpha_{校} = c\,\frac{r}{h} \tag{3-392}$$

2）P-v 图法。

所谓 P-v 图法，就是阻力-速度特性曲线法，如图 3-142 所示。

由特定值法可知，根据示功图可确定最大阻力，以及活塞的相对行程 S，再根据试验台的转速，又可算出相应的最大速度，一张示功图便可在坐标系上定出两个点来。每一张示功图不仅和给定转速相对应，而且和曲柄的长度 $R = S_0/2$ 的大小有关系，在同一试验台上，若逐次改变曲柄的长度便可画出一族示功图来，如图 3-143 所示，从而便可找到若干个阻力随速度变化的点了。把这些点连接起来的曲线便是阻力-速度特性曲线。这条曲线的斜率就是减振器的阻尼系数，即

$$K_{P-v} = \tan \alpha_特 \tag{3-393}$$

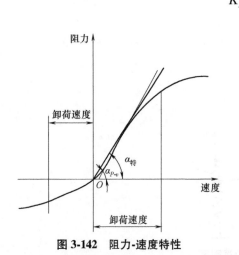

图 3-142　阻力-速度特性

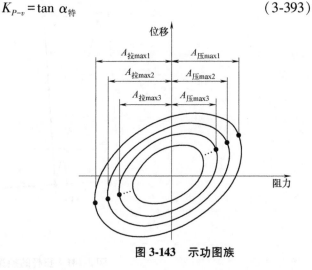

图 3-143　示功图族

3）平均值法。

所谓平均值法，就是利用示功图的面积 F，找出平均阻力 $P_平$，再根据试验台的工作原理，推算出活塞的平均速度 $v_平$。这两者的比值，即 $K_平 = P_平/v_平$ 就是按平均值法所确定的阻尼系数。

平均速度可以利用显示在示功图上的活塞的相对位移 S 来计算，也可以从理论上推算。因此平均值法也有几种情况。

① 第一种情况。

$$v_平 = \frac{2Sn}{60} = \frac{Sn}{30}$$

$$P_平 = \frac{W}{S} = \frac{\alpha_校 f}{S}$$

平均阻尼系数为

$$K_平 = \frac{\alpha_校 f}{S} \bigg/ \frac{Sn}{30} = \frac{30\alpha_校 f}{S^2 n} \tag{3-394}$$

② 第二种情况。

活塞相对速度的平均值理论上为

$$v_{\Psi} = \int_{-\varphi}^{(\frac{\pi}{2}-\varphi)} v_{\alpha} \mathrm{d}\alpha \Big/ \frac{\pi}{2} = \int_{-\varphi}^{(\frac{\pi}{2}-\varphi)} R\omega \big[\cos\alpha - \cos\varphi\cos(\alpha+\varphi) \big] \mathrm{d}\alpha \Big/ \frac{\pi}{2}$$

$$= \frac{2}{\pi} R\omega \sin\varphi = \frac{2}{\pi} v_{\max} = \frac{2}{\pi} \frac{R\omega c}{\sqrt{c^2 + K^2\omega^2}}$$

所以平均阻尼系数为

$$K_{\Psi} = \frac{P_{\Psi}}{V_{\Psi}} = \frac{\alpha_{\hbox{校}} f}{S} \frac{\pi}{2} \frac{\sqrt{c^2 + K^2\omega^2}}{R\omega c}$$

故

$$\left(\frac{2R\omega c S K_{\Psi}}{\pi F \alpha_{\hbox{校}}} \right)^2 = c^2 + K_{\Psi}^2 \omega^2$$

$$K_{\Psi} = \frac{c}{\omega} \sqrt{\left(\frac{2RcS}{\pi F \alpha_{\hbox{校}}} \right) - 1} \tag{3-395}$$

③ 第三种情况。

若令理论平均速度 $\frac{2R\omega}{\pi}\sin\varphi = \frac{Rn}{15}\sin\varphi$ 与按活塞相对位移 S（显示于示功图上的）推算的平均速度 $\frac{Sn}{30}$ 相等（令最大速度相等也一样），即

$$\frac{Rn}{15}\sin\varphi = \frac{Sn}{30}$$

那么便有

$$\sin\varphi = \frac{S}{2R} = \frac{S}{S_0}$$

进而得

$$\varphi = \arcsin\left(\frac{S}{S_0} \right)$$

此式可用来推算出滞后角。

再由于

$$\sin\varphi = c / \sqrt{c^2 + K^2\omega^2} = S / S_0$$

解此方程便可得

$$K_{\Psi} = \pm \frac{30c}{\pi n S} \sqrt{S_0^2 - S^2} \tag{3-396}$$

（2）三种方法的计算示例

我们曾用英国 Armstrong red max4 型阻力可调式减振器，在原北汽设计科试验台上画过一个示功图（图 3-144）。该试验台的有关参数为：转速 $n = 100\mathrm{r/min}$，滑块实际行

程 S_0 = 10. 2cm，活塞相对行程 S = 8. 3cm；扭杆参数：直径 d = 2. 15cm，有效长度 L = 37cm，扭臂长度 r = 30cm，画针长度 h = 72. 5cm。

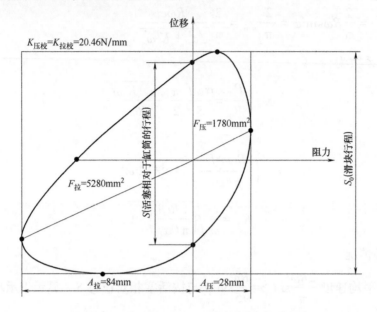

图 3-144　Armstrong red max4 减振器的示功图

由于该试验台扭杆的扭转刚度正反向一致（实测结果），故换算刚度和校正系数均可直接算出。

换算刚度为

$$c = \frac{\pi G d^4}{32rL} = \frac{3.\ 14 \times 8 \times 10^5 \times 2.\ 15^4 g}{32 \times 30^2 \times 37} = 494.\ 2 \text{N/cm}$$

校正系数为

$$\alpha_{校} = c\ \frac{r}{h} = 494.\ 2 \times \frac{30}{72.\ 5} = 204.\ 5 \text{N/cm}$$

实测数据为 202. 9N/cm，可见误差极微小。

下面分别计算阻尼系数。

1）按特定值法。

根据式（3-381），有

$$\begin{cases} K_{特压} = \dfrac{60\alpha_{校}}{\pi S_0 n} A_{压\max} = 1072.\ 5 \text{N} \cdot \text{s/m} \\[2mm] K_{特拉} = \dfrac{60\alpha_{校}}{\pi S_0 n} A_{拉\max} = 3217.\ 5 \text{N} \cdot \text{s/m} \\[2mm] K_{特} = 2145 \text{N} \cdot \text{s/m} \end{cases}$$

根据式（3-382），有

$$\begin{cases} K_{特压} = \dfrac{60\alpha_{校}}{\pi Sn}A_{压\max} = 1318\mathrm{N\cdot s/m} \\[3mm] K_{特拉} = \dfrac{60\alpha_{校}}{\pi Sn}A_{拉\max} = 3954\mathrm{N\cdot s/m} \\[3mm] K_{特} = 2636\mathrm{N\cdot s/m} \end{cases}$$

根据式（3-390），有

$$\begin{cases} K_{特压} = \dfrac{c}{\omega}\sqrt{\dfrac{1}{R^2c^2-P_{压\max}^2}}P_{压\max} = 1098.3\mathrm{N\cdot s/m} \\[4mm] K_{特拉} = \dfrac{c}{\omega}\sqrt{\dfrac{1}{R^2c^2-P_{拉\max}^2}}P_{拉\max} = 4393.4\mathrm{N\cdot s/m} \\[4mm] K_{特} = 2745.8\mathrm{N\cdot s/m} \end{cases}$$

2）按平均值法。

根据式（3-394），有

$$K_{平压} = \frac{30\alpha_{压校}f_{压}}{S^2n} = 1588.7\mathrm{N\cdot s/m}$$

$$K_{平拉} = \frac{30\alpha_{拉校}f_{拉}}{S^2n} = 4707.2\mathrm{N\cdot s/m}$$

$$K_{平} = 3147.9\mathrm{N\cdot s/m}$$

根据式（3-395），有

$$K_{平压} = \frac{c}{\omega}\sqrt{\left(\frac{2RcS}{\pi F_{压}\alpha_{压校}}\right)^2-1} = 1343.5\mathrm{N\cdot s/m}$$

$$K_{平拉} = \frac{c}{\omega}\sqrt{\left(\frac{2RcS}{\pi F_{压}\alpha_{拉校}}\right)^2-1} = 6541\mathrm{N\cdot s/m}$$

$$K_{平} = 3942.3\mathrm{N\cdot s/m}$$

根据式（3-396），有

$$K_{平} = \frac{30c}{\pi nS}\sqrt{S_0^2-S^2} = 3373.5\mathrm{N\cdot s/m}$$

各种方法的计算结果见表 3-64。

表 3-64　各种方法的计算结果　　　　　　　（单位：N·s/m）

阻尼系数	特 定 值 法			平 均 值 法		
	式（3-381）	式（3-382）	式（3-390）	式（3-394）	式（3-395）	式（3-396）
$K_{压}$	1073	1318	1098	1589	1344	
$K_{拉}$	3218	3954	4393	4707	6541	
K	2145	2636	2746	3148	3942	3374
$K_{压}/K_{拉}$	0.33	0.33	0.25	0.34	0.21	

（3）三种方法的分析评价

以上三种方法均有一定的道理，那么，到底哪种方法更接近于实际、更适合于实用呢？通过特定值法和平均值法的计算，从表中所列数据可以明显看出：对于同一示功图，由于计算处理的方法不一样，因此阻尼系数的数值差别也很大。但若把这些数据和 P-v 图的趋态相对照，也不难得到如下结论，如图 3-145 所示。

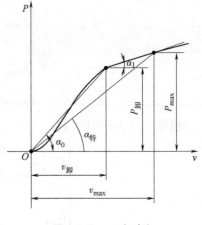

图 3-145　三法对比

按特定值法所确定的阻尼系数 $K_特 = \dfrac{P_特}{v_特}$，当 $v_特$ 不超过卸荷速度 $v_卸$ 时，是和按 P-v 图法所确定的阻尼系数基本一致的。作为"双百"规范的试验台和一般汽车减振器，$v_特$（即 v_{max}）大于 $v_卸$。因为

$$v_{max} = R\omega\sin\varphi = \frac{S\omega}{2} = \frac{0.083 \times \pi \times 100}{60} = 0.435\text{m/s}$$

而 $v_卸$ 超不过 0.35m/s。所以，当 $v_特$ 大于 $v_卸$ 时，$K_特 = \dfrac{P_{max}}{v_{max}}$，小于按 P-v 图法确定的卸荷之前的阻尼系数，而又大于卸荷之后的阻尼系数。

P-v 图法较为形象地表达了阻力与速度的相互关系，表达了阻尼系数的变化趋势。从理论上讲，阻尼系数 $K = \mathrm{d}P/\mathrm{d}v$ 是合理的。然而，曲线在每一点都有一个斜率，若近似地当作直线处理，那在实质上就和特定值法没有区别了，只不过是趋近的点多而已。况且画一组示功图较为麻烦，作为检验设计是不太方便的。

特定值法只是孤立地考虑一个点，而忽视了示功图的全面的实际情况。平均值法则不同：在第一、第二两种情况中，既联系了示功图的整个面积，又考虑了速度的平均值，故用此方法确定的阻尼系数不同于前述的两种方法所确定的值。它比 P-v 图法卸荷前的要小，比卸荷后的要大，再由于 v_{max} 超过 $v_卸$，所以它也必然要大于按特定值法所确定的数值。表 3-64 中的数值正好说明了这一情况。

减振器是装于汽车上使用的，在不少路面上的最大线速度都将超过卸荷速度。那么，设计者选择阻尼系数时到底应该选卸荷之前的，还是之后的呢？这两种情况都不能充分结合实际，所以平均值法所确定的数值描绘了全周期的情况，比较适合于实际情况。

在平均值法的第一种情况中，阻尼系数是通过令理论平均速度和按示功图上的活塞的相对位移值 S 所推得的平均速度两者相等来推解出来的。它完全不同于前述各种方法。前述各种方法皆未脱离 $P = Kv$ 这种线性假设，尽管各种方法都不同程度地联系了示

功图的实际，但又被线性假设所影响，然而，平均值法第三种情况理论成分较大，虽然联系了活塞相对位移这个实际，缺油、阀门情况等因素却未能考虑，特别是在扭杆刚度正反向一致的情况下，压、拉行程的阻尼系数就无法区分。虽然如此，该方法用来计算周期阻尼系数的平均值还是很值得参考的。

综合来看，平均值法第一种情况是比较合适的，不仅周期阻尼系数较为接近实际，而且压、拉阻尼系数也比较可信。压、拉阻尼系数比 ξ 作为特定值法的两种情况，也是最大力之比，即

$$\xi = \frac{\alpha_{压校} A_{压max}}{\alpha_{拉校} A_{拉max}} = \frac{P_{压max}}{P_{拉max}}$$

作为平均值法，它是总功之比，即

$$\xi = \frac{\alpha_{压校} f_压}{\alpha_{拉校} f_拉} = \frac{W_压}{W_拉}$$

至于其他方法所得出的阻尼系数比，还需进一步研究。

（四）最大卸荷力

由图 3-137 可知，减振器的最大阻尼力 P_m 发生在 a、e 两点，其中以伸张行程为更大。最大力 $P_m = \alpha_校 A_m = K v_m = K \pi s n / 60$。

减振器的最大卸荷力 P_0 发生在阀门打开的卸荷点，其表达式为

$$P_0 = K_s v_x \tag{3-397}$$

式中　K_s——伸张行程的阻尼系数；

v_x——卸荷速度，一般 $v_x = 0.15 \sim 0.30 \mathrm{m/s}$。

最大卸荷力 $P_卸$ 要小于最大力 P_m，其比值 $P_卸/P_m \approx 0.8$（图 3-145）。

（五）工作缸直径的确定

筒式减振器的工作缸径根据伸张行程的最大卸荷力 P_0 的公式为

$$D = \sqrt{\frac{4P_0}{\pi [P](1 - \lambda^2)}} \tag{3-398}$$

式中　$[P]$——工作缸最大允许压力，取 $3 \sim 4 \mathrm{MPa}$；

λ——连杆直径与缸筒之比，双筒式减振器取 $\lambda = 0.4 \sim 0.5$，单筒式减振器取 $\lambda = 0.30 \sim 0.35$。

减振器的工作缸直径 D 有 20、30、40、（45）、50、65 等几种（单位为 mm），选取时应按标准选用。

储液缸直径 $D_c = (1.35 \sim 1.50) D$，壁厚取为 2mm，材料可选 20 钢。

（六）合理的布置位置

减振器除能改善平顺性外，还能提高车身稳定性，具体作用有三点：

① 衰减振动，吸收振动能量。

② 阻碍车身侧倾，降低车身横向加速度。

③ 阻碍车身纵倾，降低车身纵向加速度。

到底如何布置减振器，才能有效地改善平顺性及有力地抵抗车身角位移和降低角加速度呢？简单说来，就是要在散热允许的情况下，使减振器产生最大的阻尼力，充分发挥其阻尼效能。

（1）作为衰减振动

在此种情况下，减振器下支点 J_d 装在车桥上，上支点 J_u 装在车身上，J_d 点的运动瞬心就是悬架中心 C，如图 3-146 所示。如果 v 为 J_d 点的瞬时速度，α 为减振器与 CJ_d 线的夹角，那么减振器活塞的相对运动速度为 $v_x = V\sin\alpha$。如果减振器的上支点由点 J_u 改为点 J_u'，α 取为 90°，那么 $v_x = v$，显然此时阻尼效果最佳。

（2）作为阻碍车身侧倾

在此种情况下，虽然减振器的上支点仍在车身上，下支点仍在车桥上，但装于车身上的上支点的运动瞬心却是侧倾中心 O，如图 3-147 所示。此时，下支点放在点 J_d' 就要优于放在点 J_d。如果侧倾中心 O 的位置较高，那么减振器的合理位置就须由内倾改为外倾了。

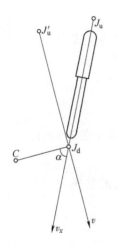

图 3-146　衰减振动布置

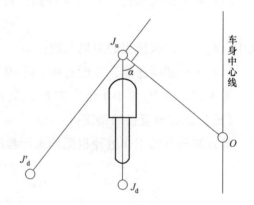

图 3-147　抵抗侧倾布置

（3）作为阻碍车身纵倾

情况和阻碍侧倾类似，不同之处仅是侧倾中心变成了纵倾中心。

归纳上述三种情况，减振器的合理位置应是"瞬心-支点"连线的垂线方向，或者说减振器的方向应与支点瞬时速度的方向一致。

由上述三种情况就可知减振器有三种不同的"合理"位置了。因此，具体布置时，特别需要权衡利弊，酌情而定。

第四章

汽车悬架系统

汽车悬架系统是汽车悬架设计的重要内容。它和汽车底盘总布置紧密相关，其核心内容是悬架匹配，涉及的问题相当广泛。悬架系统似与本书内容不符，但为了设计实践的需要，这里重点介绍整车的负荷分配、悬架特性和轮胎气压等问题。

第一节　多轴汽车的负荷分配

负荷分配是汽车总布置设计和悬架设计的基础工作。对于二轴汽车来说，它只是个十分简单的杠杆比的问题；然而对于车轴数 $n \geq 3$ 的多轴汽车而言，它却是一个较为复杂的超静定的问题。

为解决多轴汽车的负荷分配计算，汽车科技人员下了不少功夫，曾分别对 3~5 轴的汽车建立了计算模型。但模型存在如下问题：表达式是较为复杂的隐函数，只能用计算机计算；不具通用性，只能对某一车轴数的汽车进行计算；车轴数 n 较大时，建立模型就十分困难；只能对现有车辆进行检验计算，不能进行设计计算。

本书利用车体绕摆振瞬时中心（轴线）振动的假设，建立了 n 轴汽车负荷分配的计算模型，得到了相应的便于操作的显式函数，具有通用的广义性。

本书不仅建立了 n 轴汽车负荷分配的检验计算方法，而且建立了新车设计负荷分配的设计计算方法，包括等刚度负荷分配法、等频率负荷分配法以及均布轴荷分配法等。

一、负荷分配检验计算

（一）公式的建立

在已知整车负荷（悬挂质体负荷）P、整车质心（悬挂质体质心）至第 1 轴的距离 l、各轴至第 1 轴的距离 l_i 以及各轴悬架刚度 c_i 的情况下，利用图 4-1 所示的力学模型，来建立各轴轴荷（悬架负荷）P_i 的检验计算公式。检验计算其实也是设计计算的一种手

段，是为设计计算服务的。

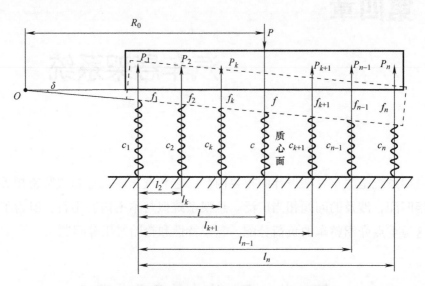

图 4-1　质体绕摆振瞬时中心（轴线）倾斜振动

图 4-1 是一个与多轴汽车对应的多簧质量系统的力学模型，它由刚度为 c_i（双边弹簧刚度 c_s 与双边轮胎刚度 c_t 的串联组合刚度）的几个弹簧并联组成。各簧（轴）至第 1 弹簧（轴）的距离为 l_i。系统为一刚性质体，其质心面至第 1 弹簧（轴）的距离为 l。

假定在系统的质心面处作用一个垂直载荷 P，质体将绕摆振瞬时中心（轴线）O 转过一个 δ 角，且各簧将产生一个垂直变形 f_i，质心面处的垂直位移为 f。

设各轴的负荷（弹簧的变形力）为 P_i，而 $P_i = c_i f_i$，因 c_i 为已知参数，故只要求出了 f_i，负荷分配问题就解决了。

由图 4-1 的力矩平衡关系可得

$$\sum_{i=1}^{n} c_i f_i (l - l_i) = 0 \tag{4-1}$$

由图 4-1 的几何关系还可得

$$\frac{f_i}{R_0 - (l - l_i)} = \frac{f}{R_0} \tag{4-2}$$

将式（4-2）变为

$$f_i = \left(1 - \frac{l - l_i}{R_0} \right) f \tag{4-3}$$

式中　R_0——摆振瞬时中心（轴线）到质心面的距离。

将式（4-3）代入式（4-1）后，便可求得摆振瞬时中心距 R_0 为

$$R_0 = \frac{\sum_{i=1}^{n} c_i (l - l_i)^2}{\sum_{i=1}^{n} c_i (l - l_i)} \tag{4-4}$$

如果式（4-4）中的分母为零，则 $R_0 \to \infty$ ，瞬心在无穷远处，这意味着质心面与中性面重合，质体产生平上平下的运动。

式（4-3）中的 f 还是一个未知数，由于 $f = P/C$ ， P 是已知参数，而 c 是质心面处的换算刚度，它可由下述方法求得：

在图4-1中，由力平衡关系可得

$$cf - \sum_{i=1}^{n} c_i f_i = 0 \tag{4-5}$$

将式（4-3）代入式（4-5）后，可得

$$c = \sum_{i=1}^{n} c_i \left(1 - \frac{l - l_i}{R_0} \right) \tag{4-6}$$

再将式（4-4）代入式（4-6）还可解得

$$c = \sum_{i=1}^{n} c_i - \frac{\sum_{i=1}^{n} (l - l_i) c_i}{R_0} \tag{4-7}$$

由式（4-7）可知，质心面处的换算刚度（系统组合线刚度），一般小于各簧刚度之和。

有了摆振瞬时中心（轴线）距 R_0 和质心面处的换算刚度 c ，就可得到各轴的负荷 P_i

$$P_i = \left(1 - \frac{l - l_i}{R_0} \right) \frac{c_i}{c} P \tag{4-8}$$

> **注意**：若视 P 为整车负荷， l 为整车质心位置，则 P_i 为各轴的轴荷；若视 P 为悬挂质体载荷， l 为悬挂质体质心位置，则 P_i 为各轴悬架负荷。

式（4-8）适用于 n 轴汽车，故也适用于二轴汽车。

由式（4-8）可知，各轴负荷 P_i 除与总负荷成正比外，还与相对刚度 c_i/c 和相对轴距 $(l - l_i)/R_0$ 有关。

为考察负荷分配的合理性，需要用负荷分配比 λ_P 和频率分配比 λ_N 来检验：

$$\lambda_P = P_{max}/P_{min} \tag{4-9}$$

式中　P_{max} 、 P_{min} ——各轴负荷的最大值和最小值。

$$\lambda_N = N_{max}/N_{min} = \sqrt{f_{max}/f_{min}} \tag{4-10}$$

式中　N_{max} 、 N_{min} ——各轴频率的最大值和最小值。

　　　　f_{max} 、 f_{min} ——各轴弹簧变形量的最大值和最小值。

λ_P 和 λ_N 的数值不可过大，其理想值为1。

（二）计算示例

【例1】　某2轴汽车（$n=2$），整车总负荷$P=25988$N，整车质心距$l=156.6$cm，各轴至第1轴的距离：$l_1=0$，$l_2=270$cm，各轴悬架刚度：$c_1=2\times269.2$N/cm，$c_2=2\times426.5$N/cm，求各轴轴荷P_i。

具体计算：

（1）用摆振瞬时中心（轴线）法

① 用式（4-4）计算摆振瞬时中心（轴线）距R_0

$$R_0=\frac{538.4\times156.6^2+853\times(156.6-270)^2}{538.4\times156.6+853\times(156.6-270)}=-1946.8\text{cm}$$

负值说明摆振瞬时中心（轴线）在右侧。

② 用式（4-7）计算质心面处的换算刚度c为

$$c=2\times(269.2+426.5)-\frac{\left[538.4\times156.6+853\times(156.6-270)\right]^2}{538.4\times156.6^2+853\times(156.6-270)^2}=1385.02\text{N/cm}$$

③ 用式（4-8）计算各轴轴荷P_i

$$P_1=\left(1-\frac{156.6-0}{-1946.8}\right)\times\frac{538.4\times25988}{1385.02}=10915\text{N}$$

$$P_2=\left(1-\frac{156.6-270}{-1946.8}\right)\times\frac{853\times25988}{1385.02}=15073\text{N}$$

（2）用一般的杠杆比法

$$P_1=\left(1-\frac{l}{l_2}\right)P=10915(\text{N})\,,\,P_2=\frac{l}{l_2}P=15073\text{N}$$

由计算结果可知，摆振瞬时中心法也是适合二轴汽车的。

【例2】　某3轴汽车（$n=3$），悬挂质体负荷$P=73500$N，悬挂质体质心面至第1轴的距离$l=200$cm；各轴至第1轴的距离：$l_1=0$，$l_2=240$cm，$l_3=450$cm；各轴悬架刚度为：$c_1=2550$N/cm，$c_2=2750$N/cm，$c_3=2650$N/cm。求各轴悬架负荷P_i。

具体计算：

① 用式（4-4）计算摆振瞬时中心（轴线）距R_0，计算结果：$R_0=-1036.3$cm。负值说明外心在右侧。

② 用式（4-7）计算质心面处的换算刚度c，计算结果：$c=7696.7$N/cm。

③ 用式（4-8）计算各轴的悬架负荷P_i，计算结果：$P_1=29051$N，$P_2=25248$N，$P_3=19201$N，$\sum P_i=73500$N。

【例3】　某8轴汽车（$n=8$），整车负荷$P=1196000$N，质心面至第1轴的距离$l=740$cm，各轴至第1轴的距离：$l_1=0$，$l_2=205$cm，$l_3=430$cm，$l_4=635$cm，$l_5=840$cm，$l_6=1065$cm，$l_7=1270$cm，$l_8=1475$cm。各轴悬架刚度为：$C_1=14992$N/cm，$C_2=$

14531.5N/cm，C_3 = 14058.7N/cm，C_4 = 13653N/cm，C_5 = 13271.2N/cm，C_6 = 12875.7N/cm，C_7 = 12534.6N/cm，C_8 = 12211.1N/cm。求各轴悬架负荷 P_i。

具体计算：

① 用式（4-4）计算振动中心（轴线）距 R_0，计算结果 $R_0 = -7218.4$cm。

② 用式（4-7）计算质心面处的换算刚度 C，计算结果 $C = 107638.8$N/cm。

③ 用式（4-8）计算各轴的悬架负荷 P_i，计算结果：

P_1 = 149503N，P_2 = 149496N，P_3 = 149501N，P_4 = 149495N，P_5 = 149502N，P_6 = 149506N，P_7 = 149501N，P_8 = 149496N，$\sum P_i = 1196000N = P$。

二、负荷分配设计计算

当前，多轴汽车在设计时，其负荷分配还基本处于一种随意状态，即随意给定悬架的刚度值，或者是参考部分样车给定悬架刚度，待汽车造出来后再测定负荷，进而调整修改。显然，这是一种被动设计。本书将从主动设计的角度出发，提出三种负荷分配法：等刚度负荷分配法、等频率负荷分配法和均布轴负荷分配法。

（一）等刚度负荷分配法

所谓等刚度负荷，就是各轴悬架刚度相等时各轴悬架的载荷或各轴的轴负荷。虽为同一组刚度，但由悬挂质体载荷决定的为各轴悬架载荷，而由整车总负荷决定的则为各轴的轴载荷。

各轴悬架刚度相等，其优点是各轴悬架结构可以通用，简化设计制造，降低成本，方便维修。下面建立计算公式并举例计算。

1. 计算公式的建立

等刚度的数值，从理论上说有无穷多组，但到底取什么样的数值才算合理呢？这和设计要求有关。假设要求悬挂质体（整车）质心面处的频率为 N，那么便可导出各轴悬架的刚度值 c_e 了。

根据所要求的频率 N，便可求出悬挂质体（整车）质心面处的变形量为

$$f = \left(\frac{300}{N}\right)^2 \tag{4-11}$$

式中　N——设计要求的悬挂质体（整车）质心面处的频率（次/min）。

由式（4-11），可得质心面处的刚度（单位为 N/cm）为

$$C = P/f \tag{4-12}$$

根据式（4-7）的关系，可以导出所要求的各轴的等刚度 c_e（单位为 N/cm）的计算公式：

$$c_e = \cfrac{c}{n - \cfrac{\left[\sum\limits_{i=1}^{n}(l - l_i)\right]^2}{\sum\limits_{i=1}^{n}(l - l_i)^2}} \tag{4-13}$$

式中　n——多轴汽车的轴数；

　　　l——质心到第 1 轴的距离（cm）；

　　　l_i——各轴到第 1 轴的距离（cm）。

由式（4-8）可知，等刚度载荷 P_i 为

$$P_i = a + Kl_i \tag{4-14}$$

式中，$K = c_e P / R_0 c$，$a = (R_0 - l) K$。

为考察负荷分配的均匀性，还需要用式（4-9）和式（4-10）检验负荷分配比 λ_P 和频率分配比 λ_N。

2. 计算示例

某 6 轴汽车（$n = 6$），悬挂质体负荷 $P = 600600$N，悬挂质体质心面至第 1 轴的距离 $l = 700$cm，各轴至第 1 轴的距离：$l_1 = 0$cm，$l_2 = 220$cm，$l_3 = 680$cm，$l_4 = 900$cm，$l_5 = 1120$cm，$l_6 = 1340$cm。设计要求：质心面处的频率 $N = 95$ 次/min。求各轴悬架的等刚度（均布刚度）c_e 和各悬架负荷 P_i。

具体计算：

① 用式（4-11）计算质心面处的变形量：

$$f = \left(\frac{300}{N}\right)^2 = \left(\frac{300}{95}\right)^2 = 9.972 \text{cm}$$

② 用式（4-12）计算质心面处的刚度：

$$c = P/f = 600600/9.972 = 60228.6 \text{N/cm}$$

③ 用式（4-13）计算各轴悬架的等刚度：

式（4-13）中的 $\left[\sum(l - l_i)\right]^2 = (6l - \sum l_i)^2 = (6 \times 700 - 4260)^2 = 3600 \text{cm}^2$

式（4-13）中的 $\sum(l - l_i)^2 = 700^2 + 480^2 + 20^2 + 200^2 + 420^2 + 640^2 = 1346800 \text{cm}^2$

$$c_e = \frac{60228.6}{6 - \dfrac{3600}{1346800}} = 10042.6 \text{N/cm}$$

④ 用式（4-4）计算摆振瞬时中心（轴线）距：

$$R_0 = \frac{\sum(l - l_i)^2}{\sum(l - l_i)} = \frac{1346800}{nl - \sum l_i} = \frac{1346800}{6 \times 700 - 4260} = -22446.7 \text{cm}$$

负值说明摆振瞬时中心（轴线）距在右侧。

⑤ 用式（4-14）计算各轴等刚度负荷。

式（4-14）中的 $K = \dfrac{c_e P}{R_0 c} = \dfrac{10042.6 \times 600600}{-22446.7 \times 60228.6} = -4.461452$

式（4-14）中的 $a = (R_0 - l) K = (-22446.7 - 700) \times (-4.461452) = 103267.9$

$P_1 = 103263.4$N，$P_2 = 102286.4$N，$P_3 = 100234.1$N，$P_4 = 99252.6$N

$P_5 = 98271.1\text{N}$，$P_6 = 97289.6\text{N}$，$\sum P_i = 600600\text{N}$

⑥ 用式 $N_i = 300/\sqrt{f_i} = 300\sqrt{\dfrac{c_e}{P_i}}$ 计算各轴悬架的频率，计算结果：

$N_1 = 93.6$ 次/min，$N_2 = 94$ 次/min，$N_3 = 95$ 次/min，$N_4 = 95.4$ 次/min，$N_5 = 95.9$ 次/min，$N_6 = 96.4$ 次/min

⑦ 用式（4-9）计算负荷分配比：$\lambda_P = P_1/P_6 = 103263.4/97289.6 = 1.06$。此值说明各轴悬架负荷分配较为均匀。

⑧ 用式（4-10）计算频率分配比：$\lambda_N = N_6/N_1 = 96.4/93.6 = 1.03$。此值说明各悬架频率分配相当好！

（二）等频率负荷分配法

所谓等频率负荷，就是保证各车轴悬架频率相等时的悬架载荷，它是悬挂质体载荷在各轴悬架上的分配。当各轴悬架频率相等时，可提高乘坐舒适性和货物及运载设备（如导弹等）的安全性（没有角位移），故提出了等频负荷这一设想。

1. 计算公式的建立

求取等频负荷，就是要在已知悬挂质体载荷 P、质心在第 1 轴的距离 l 和各轴位置 l_i 以及所希望的各轴频率 N 的情况下，确定各轴悬架的刚度 c_i。

根据设计要求的频率 N，可得各悬架弹簧的变形量：

$$f_i = f = \left(\frac{300}{N}\right)^2 \tag{4-15}$$

式中　f_i——各悬架的变形（cm）；

　　　N——各悬架的频率（次/min）。

由于各悬架的变形和频率都相等，外心距 $R_0 \to \infty$，质心面与中性面重合，故质心面处的刚度 c 等于中性面处的刚度 c_0，假设汽车的总轴数为 n，则有

$$c = c_0 = \sum_{i=1}^{n} c_i \tag{4-16}$$

由式（4-15）和式（4-16）可得

$$c_0 = P/f = P\left/\left(\frac{300}{N}\right)^2\right. \tag{4-17}$$

由转矩平衡$\left(\sum_{i=1}^{n} M = 0\right)$的关系，加之变形 f_i 为常数，可得

$$\sum_{i=1}^{n} c_i(l - l_i) = 0 \tag{4-18}$$

如何把式（4-16）的刚度分配于各个悬架呢？这只需要做到下述两点：

① 满足式（4-15）～式（4-18）的条件。

② 使分配所得的刚度分配比 λ_c 为最小。

刚度分配比 λ_c 就是刚度分配所得的最大值 c_{max} 与最小值 c_{min} 之比，即

$$\lambda_c = c_{max}/c_{min} \tag{4-19}$$

使 λ_c 值最小的目的，是使各轴的等频负荷 P_i 分布较为均匀。

假设质心面左侧各轴悬架刚度均为 c_f，右侧各轴悬架的刚度均为 c_r。并设质心面在第 K 轴和第 $K+1$ 轴之间（若质心面正好落在某一轴线上，则把此轴叫做第 K 轴），那么右侧各轴悬架的刚度为

$$c_r = (c_o - kc_f)/(n-k) \tag{4-20}$$

利用式（4-18）的关系可得

$$c_f \sum_{i=1}^{k} (l - l_i) + c_r \sum_{i=k+1}^{n} (l - l_i) = 0 \tag{4-21}$$

将式（4-20）代入式（4-21），可解得左侧各轴悬架的刚度。

$$c_f = \frac{c_o \sum\limits_{i=k+1}^{n} (l - l_i)}{k \sum\limits_{i=1}^{n} (l - l_i) - n \sum\limits_{i=1}^{k} (l - l_i)} \tag{4-22}$$

能够满足等频分配的刚度 c_i 和载荷 P_i，从理论上说有无穷组，但唯有由式（4-20）和式（4-22）所决定的等频刚度而推出的等频载荷才能保证载荷分布最为均匀。

值得注意的是，负荷分配比 λ_P 是随轴数 n 的增大而减小的。当 $n \to \infty$ 时，$\lambda_P = 1$。

2. 计算示例

某 4 轴汽车，即 $n = 4$，悬挂质体负荷 $P = 351800N$，质心面至第 1 轴的距离 $l = 380cm$（$k = 2$），各轴至第 1 轴的距离：$l_1 = 0$，$l_2 = 220cm$，$l_3 = 550cm$，$l_4 = 770cm$。设计要求各轴悬架频率 $N = 100$ 次/min，求取各轴理想载荷 P_i。

具体计算：

① 用式（4-15）计算各轴静挠度 f_i：$f_i = f = \left(\dfrac{300}{N}\right)^2 = \left(\dfrac{300}{100}\right)^2 = 9cm$

② 用式（4-16）计算质心面处的组合线刚度 c_0：

$$c_0 = \sum c_i = P/f = 351800/9 = 39088.9N/cm$$

③ 用式（4-22）计算左侧各悬架刚度 c_f：

$$
\begin{aligned}
c_f &= \frac{c_o \sum\limits_{i=k+1}^{n} (l - l_i)}{k \sum\limits_{i=1}^{n} (l - l_i) - n \sum\limits_{i=1}^{k} (l - l_i)} \\
&= \frac{39088.9[(380-550)+(380-770)]}{2\times[380+(380-220)+(380-550)+(380-770)]-4[380+(380-220)]} \\
&= \frac{-21889784}{-2200} = 9949.9N/cm
\end{aligned}
$$

④ 用式（4-20）计算右侧各悬架的刚度 c_r：

$$c_r = (c_o - kc_f)/(n-k) = (39088.9 - 2×9949.9)/(4-2) = 9594.6 \text{N/cm}$$

⑤ 用式 $P_i = c×f_i$ 计算各轴悬架的等频负荷：

$$P_1 = P_2 = c_f f = 9949.9×9 = 89549 \text{N}$$

$$P_3 = P_4 = c_r f = 9594.6×9 = 86351 \text{N}$$

⑥ 用式 $\sum P_i$ 验算各轴负荷和：

$$\sum P_i = 2×(89549+86351) = 351800 (\text{N}) = P (计算精确)$$

⑦ 用式（4-9）计算负荷分配比：

$$\lambda_P = P_{max}/P_{min} = P_1/P_4 = 89549/86351 = 1.037 (分配均匀)$$

⑧ 用式（4-19）计算刚度分配比：

$$\lambda_c = c_{max}/c_{min} = c_f/c_r = 9949.9/9594.6 = 1.037 (分配均匀)$$

⑨ 用式（4-10）检验频率分配比：

$$\lambda_N = N_{max}/N_{min} = \sqrt{\frac{P_1 c_r}{P_4 c_f}} = \sqrt{\frac{89549×9594.6}{86351×9949.9}} = 1 (分配准确)$$

（三）均布轴负荷分配法

所谓均布轴负荷，就是汽车整车总负荷 P 均匀分布于各车轴 n 的载荷 P/n。载荷均布有着如下优点：

① 能提高通过性。在汽车总载荷已定的情况下，载荷均布的实质就是避免某一车轴负荷过高，从而减小在软地面上的下陷和提高越障能力等。

② 能保护路面和提高桥梁等设施的安全。

③ 能相对降低相关零部件的载荷，提高可靠性。

④ 能使各车轴轮胎的气压和变形相等，保持车身状态避免驱动车轴的功率循环等。

1. 计算公式的建立

如何才能实现均布轴负荷呢？这与各轴轴距 l_i 和各轴刚度 c_i 等因素有关。下面分别叙述。

（1）选定各轴轴距 l_i

在整车负荷 P、质心位置 l 和车轴数 n 已定的情况下，根据图 4-1 的关系，各轴轴距 l_i 必须保证力矩平衡，即应使 $\sum\limits_{i=1}^{n} P_i(l - l_i) = 0$。因为各轴负荷 $P_i = P/n$，所以必须使：

$$nl - \sum_{i=1}^{n} l_i = 0 \qquad\qquad (4-23)$$

若不能满足式（4-23）的条件，就不可能实现均布轴荷。式（4-23）对于 $n \geqslant 3$ 的汽车，既有理论意义，也有实际意义。然而，对于 $n = 2$ 的汽车，特别是二轴货车，因为重心偏后，总轴距又不能随意改动，故虽有理论意义，但事实上却是难以实现的。

（2）选定各轴的刚度 c_i

此处各轴的刚度 c_i 应是弹簧刚度 c_s 和轮胎刚度 c_t 的串联组合刚度，即

$$c_i = \frac{c_s c_t}{c_s + c_t} \tag{4-24}$$

各轴的刚度 c_i 应是由式（4-24）所决定的刚度，它取决于各轴的变形 f_i，即

$$c_i = \frac{P}{n f_i} \tag{4-25}$$

式（4-25）中的 f_i 可以根据整车质心面处的变形 f 和第 1 轴处的变形 f_1 的设计要求来决定。假定要求质心面处的频率为 N（注意：此频率略低于悬架频率，因增加了非悬挂质量），并要求第 1 轴处的频率为 N_1，那么，质心和第 1 轴处的变形分别为

$$f = \left(\frac{300}{N}\right)^2 \tag{4-26}$$

$$f_1 = \left(\frac{300}{N_1}\right)^2 \tag{4-27}$$

> **注意：** 若 $N_1 > N_2$，则 $f_1 < f$，此时外心在左侧，反之则在右侧。

在上述假设下，车体的满载角位移为

$$\tan \delta = (f - f_1)/l \tag{4-28}$$

各轴的变形为

$$f_i = f_1 + l_i \tan \delta = f_1 + \frac{(f - f_1) l_i}{l} \tag{4-29}$$

将式（4-29）代入式（4-25），便可得到各轴的刚度：

$$c_i = \frac{Pl}{n[f_1 l + (f - f_1) l_i]} \tag{4-30}$$

若 $N = N_1$，$f = f_1$，$\delta = 0$，即外心距在无穷远处，此时，$c_i = P \left/ \left[n \left(\frac{300}{N}\right)^2 \right] \right.$。

有了式（4-30），就能计算均布轴荷了：

$$P_i = \left[f_1 + \frac{(f - f_1) l_i}{l} \right] c_i = \frac{P}{n} \tag{4-31}$$

2. 计算示例

某 8 轴汽车，即 $n = 8$，整车总负荷 $P = 1196000\text{N}$，质心面至第 1 轴的距离 $l = 740\text{cm}$，各轴至第 1 轴的距离：$l_1 = 0$，$l_2 = 205\text{cm}$，$l_3 = 430\text{cm}$，$l_4 = 635\text{cm}$，$l_5 = 840\text{cm}$，$l_6 = 1065\text{cm}$，$l_7 = 1270\text{cm}$，$l_8 = 1475\text{cm}$。设计要求质心面处的频率 $N = 90$ 次/min，第1轴处的频率 $N_1 = 95$ 次/min（注意：此频率比悬架频率略低，因增加了非悬挂质体载荷）。求各轴悬架的刚度 c_i。

具体计算：

① 用式（4-23）检验力矩是否平衡：

$$nl - \sum_{i=1}^{n} l_i = 8 \times 740 - (0 + 205 + 430 + 635 + 840 + 1065 + 1270 + 1475) = 0$$

由此可知，力矩已达平衡，轴距不需调整就可实现均布轴荷。

② 用式（4-26）计算质心面处的静挠度：$f = \left(\dfrac{300}{N}\right)^2 = \left(\dfrac{300}{90}\right)^2 = 11.111\text{cm}$

③ 用式（4-27）计算第 1 轴处的静挠度：$f_1 = \left(\dfrac{300}{N_1}\right)^2 = \left(\dfrac{300}{95}\right)^2 = 9.972\text{cm}$

④ 用式（4-28）计算车体角位移：

$$\tan \delta = (f - f_1)/l = (11.111 - 9.972)/740 = 1.539189 \times 10^{-3}$$

⑤ 用式（4-29）计算各轴处的静挠度，计算结果如下：

$$f_1 = 9.972\text{cm}, \ f_2 = 10.288\text{cm}, \ f_3 = 10.634\text{cm}, \ f_4 = 10.95\text{cm}$$

$$f_5 = 11.265\text{cm}, \ f_6 = 11.611\text{cm}, \ f_7 = 11.927\text{cm}, \ f_8 = 12.243\text{cm}$$

⑥ 用式（4-25）计算各轴处的刚度，计算结果如下：

$$c_1 = 14992\text{N/cm}, \quad c_2 = 14531.5\text{N/cm}, \quad c_3 = 14058.7\text{N/cm}, \quad c_4 = 13653\text{N/cm}$$

$$c_5 = 13271.2\text{N/cm}, \ c_6 = 12875.7\text{N/cm}, \quad c_7 = 12534.6\text{N/cm}, \quad c_8 = 12211.1\text{N/cm}$$

⑦ 用式（4-31）计算各轴的负荷，计算结果如下：

$$P_1 = 149500.2\text{N}, \ P_2 = 149493.3\text{N}, \ P_3 = 149498.9\text{N}, \ P_4 = 149493.1\text{N}$$

$$P_5 = 149500.5\text{N}, \ P_6 = 149504.7\text{N}, \ P_7 = 149499.5\text{N}, \ P_8 = 149494.4\text{N}$$

由计算结果可知，P_i 值与 $P/n = 149500\text{N}$ 值误差极微。

⑧ 用式（4-19）计算刚度分配比：$\lambda_c = c_{max}/c_{min} = 14992/12211 = 1.23$

⑨ 用式（4-14）计算频率分配比：

$$\lambda_N = (f_{max}/f_{min})^{0.5} = (12.24/9.97)^{0.5} = 1.11$$

上述三种负荷分配法各有其优点，也各有其用途，到底如何选取，须根据车辆的用途、使用环境以及公司的生产条件等来决定。常驶于一般路面的汽车，可以考虑降低成本，采用等刚度设计；常驶于坏路面的汽车，则应考虑运输安全性和机动性，采用等频率和均布轴荷分配法。然而，这也并非是绝对的，重要的是要综合权衡，心中有数。例如，本书等刚度负荷分配法一节所举的例子（$n = 6$），不仅各轴弹簧刚度相等，便于设计生产、降低成本，而且负荷分配比只有 1.06（当然，这个负荷不包括非悬挂质量），频率分配比只有 1.03，像这样的分配方案就是可取的。

　　注意：均布载荷法所举的例子，其刚度分配比 λ_c 和频率分配比 λ_N 均较高，但这可通过降低 N_1 值来调小。若使 $N_1 = N$，还可实现等负荷、等刚度和等频率的统一。

第二节　悬架特性

悬架特性是汽车悬架系统设计的核心内容，除选择合适的导向机构、稳定装置和阻尼

特性之外，要点是选好悬架的刚度特性，力争动容量最大，特别是行程和容量须合理分配。行程和容量的分配就是把总行程（总容量）合理地分配于静行程（静容量）和动行程（动容量）以及限位行程（限位容量）。此外还需要确定压缩行程和复原行程的关系。

　　研究悬架特性的基础，是必须给定满载点的载荷、频率以及频率的过程变化等。

　　悬架的匹配设计和悬架特性的确定，一般可按如下步骤进行：

　　① 确定满载点的悬架负荷。

　　② 选定导向机构和相关参数。

　　③ 选定弹性元件。

　　④ 给定阻尼特性。

　　⑤ 匹配稳定装置。

　　⑥ 给定弹性特性。

　　⑦ 进行行程和容量分配。

导向机构、弹性元件、阻尼元件和稳定装置等悬架构件的设计计算已在第二章中进行了详细的介绍，而满载点的轴负荷分配和悬架负荷分配也在本章第一节进行了详细介绍。下面具体介绍悬架刚度特性的选取和如何获取最大的动容量以及进行悬架的行程（容量）分配。

一、悬架的弹性特性

　　悬架的弹性特性，也就是频率和刚度特性。下面分别介绍满载点的频率和常用的频率特性。

（一）合理的满载频率

　　悬架满载点的自然振动频率关系到汽车行驶平顺性（平稳性）的好坏，既不能过高，也不能过低。

　　悬架静挠度太小，振动频率过高，振动加速度就必然过高（一般要求乘用车不大于 $4\mathrm{m/s^2}$，货车不大于 $7\mathrm{m/s^2}$），这不仅令乘员难以接受，且破坏了运载货物和装备的安全性。

　　良好的行驶平顺性的重要条件之一就是低的自然振动频率 n 和大的静挠度 f_c，因为当 f_c 的单位取为厘米时，$n=300/\sqrt{f_c}$。然而，n 值不可过低，f_c 值不可过大，这是因为：

　　① 当频率 n 低于 55 次/min 时，乘员将有明显的晕车感觉。

　　② 静挠度 f_c 值是受到车体结构限制的，而且过大的静挠度 f_c 还必然匹配出过大的动挠度 f_d，这就有可能在坏路面上行驶时使行程限制器受到刚性冲击（悬架击穿）。这种悬架容量与结构参数的矛盾，必然迫使汽车行驶速度降低，从而影响汽车动力性能的发挥。

　　③ 平顺性往往是和车身稳定性及整车操纵稳定性相矛盾的。

鉴于上述理由，建议满载点的振动频率参考下列范围取值：

乘用车：$n=0.9\sim1.5\mathrm{Hz}$。

货车：$n=1.4\sim2.2\mathrm{Hz}$。

越野车：$n=1.3\sim2.0\mathrm{Hz}$。

（二）合适的频率特性

悬架满载点的频率虽然是评价汽车平顺性的重要参数之一，但它还不能说明悬架运动的过程变化。在悬架运动的过程中，随着载荷的变化，频率还将发生改变。除空载和满载的变化外，汽车行经不平路面的动载荷等，也可能使频率发生很大的改变，这完全取决于悬架的刚度特性。什么样的刚度特性才能实现一个理想的频率特性呢？那就是下面介绍的"等频特性"。

1. 等频特性

所谓"等频特性"，也就是"等变形特性"，具体来说，就是无论载荷 P 怎样变化，频率始终保持不变的刚度特性。这种特性显然是非线性的，那么此时的载荷 P 与变形 f 的关系又是什么样的呢？假设图 4-2 就是这样的理想特性，在认定各悬架的频率仅取决于静挠度 f 的大小的前提下，在任何一个相应于负荷 P 的 M 点上，必须满足下列等式：

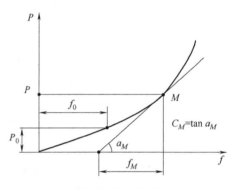

图 4-2　等频特性

$$\frac{P}{c_M}=f_M=f_0=\text{常数} \tag{4-32}$$

式中　f_M——任意点的静挠度；

　　　c_M——任意点的刚度。

由式（4-32）可得

$$\frac{\mathrm{d}P}{P}=\frac{\mathrm{d}f}{f_0}$$

对上式积分可得

$$\ln P=\frac{f}{f_0}+C$$

根据边界条件，当 $f=f_0$ 时，$P=P_0$，可求得积分常数为

$$C=\ln P_0-1$$

将 C 代入上式，最终可得等频特性的刚度特性式：

$$P=P_0\mathrm{e}^{(f/f_0-1)} \tag{4-33}$$

2. 常用刚度特性

由式（4-33）所决定的刚度特性虽然可以获得小幅振动下的等频特性，然而这仅是理论上的东西。在实际上，除气体弹簧外，具体的悬架结构是难以实现这样的悬架特性的。

可行的办法，是根据不同的车型选取合适的弹性元件。必要时，选取近于理想特性的变刚度特性。

优良的悬架，不光是追求大的行程，更重要的是具有足够的容量，以吸收振动能量。在空间受到限制时，动行程往往受到限制，而变刚度特性就能实现在等挠度下的大容量。图4-3是几种常用的刚度特性。

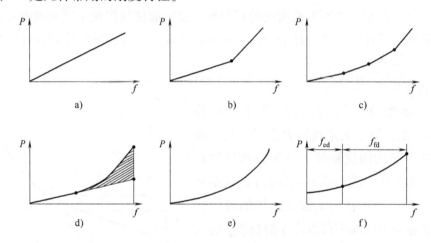

图4-3　几种常用的刚度特性

a）等刚度特性　b）二刚度特性　c）多变刚度特性　d）后程渐变刚度特性

e）全程渐变刚度特性　f）等频刚度特性

图4-3a 的等刚度特性，一般用于负荷变化不大的汽车。它由普通钢板弹簧或由普通的等参数圆柱螺簧制成，工艺较为简单。

图4-3b 的突变刚度特性，也叫二刚度特性，一般用于货车和大客车悬架。它由主簧加副簧或由两组变节距螺簧制成，工艺也较简单。

图4-3c 的多变刚度特性，一般用于要求较高的乘坐车和越野车。它由变参数螺簧制成，工艺较为复杂。

图4-3d 的后程渐变刚度特性，一般用于小轿车和越野车等，它由渐变刚度钢板弹簧等制成。此种特性的悬架，虽载荷变化平稳，但制作工艺较为复杂。

图4-3e 的全程渐变刚度特性，一般也用于小客车和越野车。它由扭杆弹簧等制成，工艺也较为复杂。

图4-3f 的等频刚度特性，一般用于大客车和越野车等。它由橡胶和可压缩气体等制成，如空气悬架和油气悬架等，图中的 f_{cd} 是空载动挠度，f_{fd} 是满载动挠度，装载质量的静挠度 $f_c = 0$。

变丝径螺簧更易发挥材料的潜能，在同等质量下，可以获得较高的压并载荷以及较

快增长的斜率，进而获取等挠度下的较大容量。

在图 4-3d 示出了等刚度和变刚度特性在变形相等情况下的容量对比，其阴影部分就是变刚度特性容量大出的部分。

3. 匹配要点

悬架匹配，不仅仅是选择何种刚度特性，还需要根据具体车型情况选取总行程和总容量，且须保证满载点的频率要求等，其匹配要点如下：

① 必须保证所选刚度特性具有合适的行程和容量，既不能过大，也不能过小。首先，要防止动行程结束时的载荷 P_d 达到和超过材料的允许极限，必须要给限位行程留出余量；其次，要防止行程、容量过大和提升质心高度，造成资源浪费。合适的行程和容量，基本上是由满载负荷和满载点的频率要求所决定的。

② 选定刚度特性，必须保证满载负荷 P_c 点的频率 n 的要求，即使下式成立：

$$P_c \left/ \frac{\mathrm{d}P}{\mathrm{d}f} \right. = f_c = \left(\frac{300}{n} \right)^2 \qquad (4\text{-}34)$$

式中 f_c——静挠度（cm）；

n——要求的悬架频率（次/min）。

③ 在非线性悬架中，须选取适当的初始刚度和初始行程，因为它们关系着总行程和总容量的变化。在渐变刚度钢板弹簧的悬架中，初始刚度就是主副簧初始接触点的"临界刚度"，也就是主簧的刚度。在变刚度螺簧中，这个刚度则是首圈（组）螺簧压并时的刚度。调整弹性元件的结构参数，就可改变这个刚度和相应的行程。

④ 在非线性悬架中，其特性曲线的斜率变化，既不可过缓，也不可过陡。过缓则无异于线性特性，不能在相同行程中获得更大的容量；过陡虽能发挥材料的潜能，获得更大的容量，但可能造成弹簧的压并载荷过高，应力超标。原则上，斜率变化应以靠近等频特性为好。

二、获得最大动容量的条件

假若静容量 U_c 和动容量 U_d 之和等于常数，在此条件下还可得到无数特性不同的悬架，其中较好的是动容量为最大的悬架。

那么，什么条件才能使 U_d 获得最大值呢？下面就以线性悬架为例来研究这个问题，如图 4-4 所示。

在图 4-4 中，假设悬架刚度为 c，那么容量为

$$U = \frac{cf^2}{2} = \frac{Pf}{2} = 常数$$

在 P 和 f 的坐标系中，上式为一双曲线。利用曲线上的点，可以做出无数个面积等于 U 的三角形。

为了求得具有最大差 $f-f_c=f_d$ 的三角形，先写出下列方程式：

$$P_c=cf_c, \quad P=cf; \quad Pf=2U, \quad f_d=f-f_c$$

解这些方程式，可得

$$f_d=\sqrt{2U/c}-\frac{P_c}{c}$$

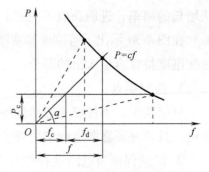

图 4-4　容量不变的悬架特性

为研究 f_d 的最大或最小值，先写出 f_d 对 c 的一阶导数为

$$\frac{\mathrm{d}f_d}{\mathrm{d}c}=-\frac{1}{2}(2U)^{\frac{1}{2}}c^{-\frac{2}{3}}+P_cc^{-2}$$

令此式等于零可得

$$c=\frac{2P_c^2}{U} \tag{4-35}$$

由于二阶导数小于零，故此值给予 f_d 以最大值。由于刚度 $c=P_c/f_c$，以此式代入式（4-35），便可得

$$U=2P_cf_c \tag{4-36}$$

同时，$U=\frac{1}{2}cf^2=\frac{P_cf^2}{2f_c}$，将此式代入上式，便可解得

$$f_c=\frac{1}{2}f=f_d \tag{4-37}$$

由式（4-37）可知，在线性悬架中，如果静挠度 f_c 等于总挠度 $f(=f_c+f_d)$ 的一半，即静挠度 f_c 等于动挠度 f_d，则可获得最大的动容量，其悬架的质量为最好。

在非等刚度特性悬架中，选取静挠度 f_c 等于动挠度 f_d 就不合适了。此时，则可参照等刚度特性的情况，选取动容量 U_d 与静容量 U_c 之比 $\lambda=\dfrac{U_d}{U_c}=3$ 作为理想匹配。

三、行程和容量的分配

悬架的总行程 f_g 应由静行程 $f_c(f_J)$、动行程 f_d 和限位行程 f_s 三部分组成。

悬架的总容量 U_g，应由静容量 U_c、动容量 U_d 和限位容量 U_s 三部分组成。

所谓行程分配，就是合理地将 f_g 分配于 f_c、f_d 和 f_s 之中。

所谓容量分配，就是合理地将 U_g 分配于 U_c、U_d 和 U_s 之中。

在进行行程和容量分配之前，必须先用本章第一节的方法，计算各悬架的满载负荷 P_c，且应根据车辆的设计要求，按合理的满载频率部分的建议，确定各悬架满载点的频率 n。

下面具体示例部分悬架特性的行程和容量的分配：

（一）线性特性的情况

线性悬架行程和容量的分配，可参照图 4-5 进行。

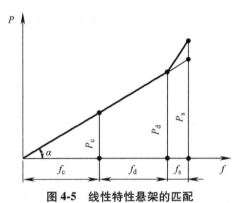

图 4-5　线性特性悬架的匹配

f_c—静挠度（cm）　f_d—动挠度（cm）　f_s—限位行程（cm）　P_c—满载负荷（N）

P_d—动行程最大时的负荷（N）　P_s—限位块"铁碰铁"时的负荷（N）

1. 给定静挠度 f_c

当悬架频率 n 的单位取为次/min 时，静挠度可表示为

$$f_c = (300/n)^2$$

注意：假若悬架的刚度为 $c = \tan\alpha(\mathrm{N/cm})$，那么 f_c 值必须满足等式 $P_c = cf_c$。若 f_c 不能满足此式，则必须调整所给刚度特性。

2. 计算静容量 U_c

静容量表示为

$$U_c = \frac{1}{2}P_c f_c$$

3. 计算动挠度 f_d

按以上的结论，为获得最大动容量，应取 $f_d = f_c$。当受到车辆结构限制时，f_d 值也可以适当下调，但最小不能小于 $0.8f_c$。

4. 计算复原行程 f_r

动挠度 f_d 是压缩行程，f_r 是其复原（反弹）行程，根据能量吸收情况，由于半周期振幅比 $\tau_{半} = -\mathrm{e}^{(\pi\psi/\sqrt{1-\psi^2})}$，$f_r$ 应由下式计算：

$$f_r = -[f_d/\mathrm{e}^{(\pi\psi/\sqrt{1-\psi^2})} + \Delta] \tag{4-38}$$

式中　ψ——阻尼比，一般 $\psi = 0.25 \sim 0.35$；

Δ——富余量，一般取 $\Delta = 15\mathrm{mm}$。

5. 计算动容量 U_d

由于取 $f_d = f_c$，由图 4-5 的几何关系，有

$$U_d = 3U_c \tag{4-39}$$

如果取 $f_d = 0.8 f_c$，那么 $U_d = 2.4 U_c$。

6. 计算动行程终点的载荷 P_d

动行程终点的载荷 P_d，也是悬架将要碰触而又未碰触缓冲块时的载荷，按图4-5的几何关系，有

$$P_d = 2P_c$$

注意：$P_d = 2P_c$ 在相应变形下还不一定落在所选刚度特性曲线上。如偏离太远，还需调整所给刚度特性或调整 U_d 值。

此外，还可用下式来进行检验：

$$P_d \approx 0.8 P_s \tag{4-40}$$

式中　P_s——限位载荷，也是弹性元件材料的允许极限负荷。

如果 P_d 远不能满足式（4-40），则同样需要调整刚度特性或 U_d 值。

7. 计算限位载荷 P_s

限位载荷 P_s 是悬架与限位块"铁碰铁"时的载荷，它接近悬架弹性元件材料的允许极限负荷。对于螺旋弹簧来说，也近似等于"压并载荷"。在此载荷下，汽车油底壳等脆弱部件还不致受到触碰。建议限位载荷按下式取值：

$$P_s = 1.25 P_d \tag{4-41}$$

注意：限位载荷不能大于弹性元件材料的允许极限载荷。

8. 确定限位行程 f_s

假设限位块的刚度为 c_s，那么，当悬架限位块接触后，悬架的刚度就变成了 $0.25 P_d / f_s = c + c_s$，于是有

$$f_s = \frac{P_d}{4(c + c_s)} \tag{4-42}$$

为降低成本，若无十分必要，限位块的刚度不宜制成非线性的。

9. 确定限位容量 U_s

由图4-5的几何关系可得：

$$U_s = P_d f_s + 0.25 P_d f_s / 2$$

解之可得

$$U_s = 1.125 P_d f_s = \frac{9 P_d^2}{32(c + c_s)} \tag{4-43}$$

（二）二刚度特性的情况

二刚度特性悬架行程和容量的分配，可参照图4-6所示进行。

1. 计算静挠度 f_J

由于满载负荷 P_c 一般要落在第二直线段上，因此静挠度就不是 $f_c = P_c / c$，而应是 f_J，

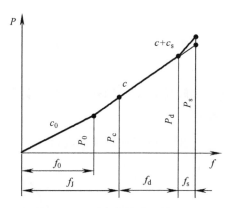

图 4-6　二刚度特性悬架的匹配

c_0—第一直线段的刚度（N/cm）　c—第二直线段的刚度（N/cm）　c_s—限位块的刚度（N/cm）

f_0—第一直线段的最大挠度（cm）　f_J—静挠度（cm）　f_d—动挠度（cm）　f_s—限位行程（cm）

P_0—第一直线段的最大负荷（N）　P_c—满载负荷（N）　P_d—最大动载荷（N）　P_s—最大限位载荷（N）

它可用下式计算：

$$f_J = f_0 + (P_c - P_0)/c \tag{4-44}$$

2. 计算静容量 U_J

由图 4-6 的关系可得

$$U_J = \frac{1}{2}\left[P_0 f_J + P_c(f_J - f_0)\right] \tag{4-45}$$

3. 计算动容量 U_d

根据前文所述，动容量可按下式计算：

$$U_d = 3U_J \tag{4-46}$$

4. 计算动挠度 f_d

根据图 4-6 的关系，可得

$$(2P_c + cf_d)f_d = 6U_J$$

解此式可得动挠度

$$f_d = \frac{-P_c + \sqrt{P_c^2 + 6cU_J}}{c} \tag{4-47}$$

5. 计算复原行程 f_r

利用式（4-38）计算复原行程 f_r。

6. 计算最大动载荷 P_d

根据图 4-6 的关系，可得

$$P_d = P_c + cf_d \tag{4-48}$$

7. 计算限位载荷 P_s

限位载荷 P_s 仍按式（4-41）取值。

8. 确定限位行程f_s

假设限位块的刚度为c_s，则限位行程可用式（4-42）计算。

9. 确定限位容量U_s

假设限位块的刚度为c_s，则限位容量可用式（4-43）计算。

（三）渐变刚度特性的情况

非线性悬架行程和容量的分配，可参照图 4-7 进行。

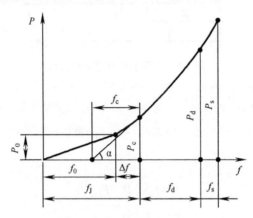

图 4-7　非线性悬架的匹配

f_0—线性段的最大挠度（cm）　f_J—满载静挠度（cm），$f_J = f_0 + \Delta f$　f_d—动挠度（cm）

f_s—限位行程（cm）　P_0—线性段的最大负荷（N）　P_c—满载负荷（N）

P_d—动行程的最大负荷（N）　P_s—限位块"铁碰铁"时的负荷（N）

1. 计算静挠度f_J

由图 4-7 可知，在非线性悬架中，静挠度已不是f_c而是f_J，它是由线性段的变形f_0和部分非线性段的变形Δf两部分组成的。f_0是已知的，而Δf却是需要推求的。在已知特性曲线$P(f)$的情况下，可以近似得到如下等式：

$$\int_{f_0}^{f_0 + \Delta f} P(f)\,\mathrm{d}f = \frac{1}{2}(P_0 + P_c)\Delta f$$

变更此等式，可得

$$\frac{2}{P_0 + P_c}\int_{f_0}^{f_0 + \Delta f} P(f)\,\mathrm{d}f - \Delta f = 0 \tag{4-49}$$

对式（4-49）采用迭代的方法，便可求得Δf。实际计算时，可在计算机上按比例绘制特性曲线，然后量取Δf，便可得到静挠度：

$$f_J = f_0 + \Delta f \tag{4-50}$$

2. 计算静容量U_J

静容量相当于图 4-7 中直线段和部分曲线段的面积，即

$$U_J = \frac{1}{2}P_0 f_0 + \int_{f_0}^{f_J} P(f)\,\mathrm{d}f \tag{4-51}$$

作为工程应用，U_J 也可用如下近似式计算：

$$U_J = \frac{1}{2}\left[P_0 f_J + P_c(f_J - f_0)\right] \tag{4-52}$$

3. 计算动容量 U_d

参照式（4-39），动容量可用下式计算：

$$U_d = 3U_J \tag{4-53}$$

4. 计算动挠度 f_d

由图 4-7 可知在动行程 f_d 范围内的动容量应为

$U_d = \displaystyle\int_{f_J}^{f_J + f_d} P(f)\,\mathrm{d}f$，令此式等于 $3U_J$，则有

$$\int_{f_J}^{f_J + f_d} P(f)\,\mathrm{d}f - 3U_J = 0 \tag{4-54}$$

对式（4-54）进行迭代处理，便可得到动挠度 f_d。

5. 计算复原行程 f_r

复原行程 f_r 仍根据动挠度 f_d 的大小，利用式（4-38）计算。

6. 计算动行程终点的载荷 P_d

由于已知 f_d 和 U_d，根据图 4-6 的近似关系有

$$U_d = \frac{f_d}{2}(P_c + P_d)$$

解此式可得

$$P_d = \frac{2U_d}{f_d} - P_c = \frac{6U_J}{f_d} - P_c \tag{4-55}$$

假若已知限位载荷 P_s 或已知悬架弹性元件材料的允许极限载荷，还可借用式（4-40）进行检验。

7. 计算限位载荷 P_s

限位载荷 P_s 可按式（4-41）取值。

8. 确定限位行程 f_s

限位行程 f_s 仍可用式（4-42）计算，不过式中的刚度 c 应用载荷 P_d 点的刚度 $\mathrm{d}P_d/\mathrm{d}f$ 代替。

9. 确定限位容量 U_s

限位容量 U_s 可用式（4-43）计算，但式中的刚度 c 应用载荷 P_d 点的刚度 $\mathrm{d}P_d/\mathrm{d}f$ 代替。

第三节　轮胎气压的地位和选定

汽车轮胎在汽车总成部件中占有极其重要的地位，它是汽车与地面发生关系的唯一

部件，汽车轮胎的充气压力在汽车悬架设计中也有其不可忽视的地位。

汽车轮胎的气压，影响着轮胎的接地压力、附着状况、滚动阻力、动力指标、径向刚度、侧向刚度、能量吸收、振动频率、燃油消耗、车身状态和功率循环等。总之，它和汽车的机动性、舒适性、操纵稳定性、动力性、制动性、经济性、可靠性和安全性等汽车的各大性能有着密切的关系。因此，选择一个合适的轮胎，特别是选定一个合适的充气压力是十分重要的。

然而，当前轮胎使用气压的选取却存在很大的随意性。例如，在同种汽车、同种轮胎、同样使用条件和负荷相近的情况下，选取的轮胎气压却相差甚远；二轴汽车的前后轴，一般负荷相差较大，而使用气压却取为一致；在全驱动的二轴汽车中，虽然在前后轴轮胎气压已有所区别，但却没有保证前后轴轮胎的变形相等，从而造成了不必要的功率循环；三轴以上的多轴汽车，在轴负荷相差甚大的情况下，各轴气压依然取为一致等。

为解决上述问题，本书在具体说明轮胎气压重要性的基础上，提出了一套选取轮胎气压的实用方法。

一、轮胎气压的重要地位

本书选列了轮胎变形 f、接地压力 P_m、锥度指数 VCI 和侧偏刚度 k_s 4 个重要参数的计算公式，以此具体说明轮胎充气压力的重要地位。

（一）轮胎变形公式

下面是本书给出的一个轮胎径向变形 f_t（单位为 cm）的表达式：

$$f_t = \left[1 - \sqrt{1 - (\alpha\beta)^2} \right] R_0 \tag{4-56}$$

式中　α——参数因子，$\alpha = \dfrac{Q}{SR_0 p_w}$；

β——刚性因子，$\beta = ae^{b\alpha}$；

Q——轮胎负荷（N）；

S——轮胎断面宽度（cm）；

R_0——车轮半径（cm）；

p_w——轮胎气压（kPa）；

a、b——系数，客、货车及越野车中，$a = 22.54$，$b = -21.54$。

由式（4-56）可知，参数因子就含有轮胎气压 p_w。须知，轮胎气压和变形与诸多性能有关。

① 轮胎气压和变形影响悬架频率。轮胎气压 p_w 影响轮胎的变形 f_t，而轮胎变形 f_t 影响轮胎刚度 c_t。假如 Q_s 为悬架载荷，则有 $c_t = Q/f_t$。轮胎的刚度 c_t 又影响悬架刚度 c，假如 c_s 为悬架弹簧刚度，则有 $c = c_s c_t / (c_s + c_t)$。悬架刚度进而决定着悬架变形 f，即 $f = Q_s/c$。悬架变形 f 最终决定悬架的频率 N。如果 f 的单位取为 cm，而频率 N 的单位取为次/min，

则有 $N=300/\sqrt{f}$。这就是说，轮胎气压影响乘员的舒适性以及货物的完整性和安全性。

② 轮胎的气压和变形影响动力性。轮胎的气压越低，变形就越大，行驶阻力就越大，行驶速度就会降低。特别在泥、沙地带，胎压低，变形大，下陷量就大，推动车辆前进的功率就需要很大。

③ 轮胎的气压和变形影响经济性。轮胎气压低，变形大，行驶阻力就增加，单位行驶里程的油耗就增加。

④ 轮胎气压和变形影响转向性能。气压低，变形大，转向就沉重；反之，气压高、变形小，转向就漂浮，轮胎打滑，抓地性差，甚至失去附着。

⑤ 轮胎的气压和变形决定轮胎的磨损和使用寿命。

⑥ 轮胎的气压和变形影响功率循环。在全轮驱动的汽车上，气压的选择不当，会造成不同车轴轮胎的变形不一致，致使车轮的线速度不一致，这就造成了功率循环，造成了功率损失，以及加速轮胎和相关零部件的磨损。

（二）轮胎接地压力公式

轮胎最大接地压力 p_m 是汽车通过性和机动性的重要参数，它是轮胎气压 p_w 和变形 f_t 的函数。所以轮胎气压和变形影响着汽车的机动性能，越野汽车和多轴汽车更是紧密相关。下面是本书给出的一种公路接地压力 p_m（单位为 kPa）的表达式：

$$p_m = \frac{KQ}{S\sqrt{2R_0 f_t - f_t^2}} \tag{4-57}$$

式中 K——接地系数，$K=12.5\sim16.7$，轻、中型车取值应偏小，重型和超重型车取值应偏大。

（三）单次通过圆锥指数公式

下面是 D. Rowland 提出，并曾由英军所采用的车辆单次通过圆锥指数 VCI_1 的计算公式：

$$VCI_1 = 25.2 + 0.477 p_m \tag{4-58}$$

VCI_1 是车辆一次通过某种土壤时所需的最小土壤强度，它是评价车辆机动性的重要指标。由式（4-58）可知，它和轮胎最大接地压力 p_m 呈直线关系，而 p_m 又是和轮胎气压 p_w 相关的，所以轮胎气压就和车辆的机动性紧密相关。

（四）轮胎的侧偏刚度公式

轮胎的侧偏刚度 K_s 表示为

$$K_s = \xi S^2 p_w [f_t/R_0 - \lambda (f_t/R_0)^2] \tag{4-59}$$

当 $f_t/R_0 \le 0.176$ 时，

$$K_s = \xi S^2 p_w [f_t/R_0 - 0.375 (f_t/R_0)^2]$$

当 $f_t/R_0 > 0.176$ 时，

$$K_s = \xi S^2 p_w [\, 1/9 - 0.287(f_t/R_0)\,]$$

式中 ξ——胎种系数，斜交胎 $\xi = 0.09$，正交胎 $\xi = 0.07$。

汽车轮胎的侧偏角 δ 是影响汽车稳态转向特性的重要因素，而在已知侧向力 F_y 的情况下，侧偏角 δ 可由下式求得，即 $\delta = F_y/K_s$。由式（4-59）可知，侧偏刚度 K_s 是轮胎气压 p_w 的函数，所以 p_w 影响着汽车的操纵稳定性能。

二、轮胎气压的选取

选取轮胎气压是一个十分复杂的工作，至今尚未有严谨的可循之规。本书提出的以下选取方法和步骤，仅供设计人员和用户参考。

（一）依照主参数统计式选取

使用气压的选取，虽然当前缺乏规范，存在一定的随意性，但绝大多数车型选定使用气压的实践，依然是值得尊重的。所以，本书的所谓依照主参数统计式选取，就是把同类车辆、同类轮胎和同样使用条件下的现有车型的公路使用气压 p_w 作为因变量，把相应的主参数系数 M_e 作为自变量，在大量车型数据统计的基础上，归纳成一个统计方程，然后利用这个方程选定新车型公路使用气压。

主参数系数 M_e 的计算公式为

$$M_e = Q/SR_0 \tag{4-60}$$

式中 Q——单轮负荷（N）；

S——轮胎断面宽度（cm）；

R_0——轮胎半径（cm）。

车辆类别可分轿车、客车、货车和越野车等，本书仅对我国的轻、中、重和超重型四个等级的数十个越野车型进行了统计，归纳成的方程见式（4-61），其统计曲线如图4-8所示。

$$p_w = \sum_{i=0}^{3} a_i M_e^i \tag{4-61}$$

式中 a_i——方程系数，$a_0 = 83$；$a_1 = 29.7$；$a_2 = -0.139$；$a_3 = 0.0084$。

由式（4-61）计算的气压值也可根据运行实践作适当的调整，但最大调整值如无特殊情况不得超过 10%。

（二）防止功率循环

对于全轮驱动汽车，往往由于轮胎气压选择不当，致使各车轴轮胎变形不等，车轮滚动半径和行驶路径不等，这就造成了功率循环和功率损失，加速轮胎和相关零部件的磨损。为避免或减轻这一现象，应按如下措施选取轮胎气压。

1. 对于二轴全轮驱动汽车

二轴汽车，无论是货车、乘用车，还是特种车，前、后轴的负荷往往差别很大。同

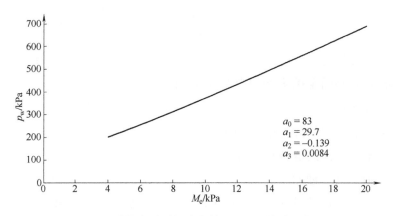

图 4-8 我国部分越野汽车的 p_w 和 M_e 的关系曲线

一种轮胎，负荷不同，需要选取不同的气压来保证轮胎的变形基本一致。

对于 4×2 的汽车来说，前后轮胎的变形是允许有一定差值的，然而对于 4×4 的全轮驱动汽车来说则是绝对不允许的，必须按下述方法选定轮胎气压。

首先可用式（4-61）选定二轴中任一轴的气压，然后利用式（4-56）计算该轮胎的变形 f_t，最后利用下式计算另一车轴的轮胎气压 p_w（单位为 kPa）：

$$\ln(A/p_w) - (B/p_w) = 0 \tag{4-62}$$

式中 $A = \dfrac{aQ}{SR_0\sqrt{1-(1-f_t/R_0)^2}}$;

$B = -\dfrac{bQ}{SR_0}$;

Q——另一车轴的单轮负荷（N）；

S——轮胎断面宽（cm）；

R_0——轮胎半径（cm）；

f_t——已定胎压车轴轮胎的变形（cm）；

a、b——系数，$a = 22.54$，$b = -21.54$。

式（4-62）是一个隐函数，在算出 A、B 数值后，可进行迭代处理。由该式确定的轮胎气压 p_w，再代入式（4-56）计算的轮胎变形，即为 f_t。

2. 对于三轴以上的全轮驱动汽车

二轴全轮驱动汽车，可通过调整前、后轴轮胎的气压来避免功率循环，然而，对于三轴以上的多轴汽车则是十分麻烦的。例如，一辆 8 轴汽车就有 8 种气压，那是不可想象的！

对此，在进行汽车设计时，可通过各轴等轴负荷分配来解决这个问题。因为同样的轮胎，同样的负荷，加上同样的气压，就可获得同样的轮胎变形。

多轴汽车各轴等负荷分配，是可以通过车体绕簧外瞬心振动的假设建模来实现的。

要实现各轴等轴负荷分配，各轴悬架的刚度 c_i 必须按下式取值：

$$c_i = \frac{Gl}{n[f_1 l + (f-f_1) l_i]} \tag{4-63}$$

式中　G——车辆总负荷（N）；

　　l——整车质心面至第 1 轴的距离（cm）；

　　n——车轴数；

　　f_1——第 1 轴悬架的静挠度（cm）；

　　f——整车质心面的静挠度（cm）；

　　l_i——各轴至第 1 轴的距离（cm）。

f_1 和 f（单位为 cm）是设计时，对第 1 轴和质心面处的频率 N_1 和 N 的要求来决定的。

$$f = (300/N)^2 \tag{4-64}$$

$$f_1 = (300/N_1)^2 \tag{4-65}$$

注意： 若 $N_1 > N$，则 $f_1 < f$。此时外心在左侧，反之在右侧。

各轴轴距 l_i 的确定必须满足式（4-66）的要求，否则不能实现各轴等负荷分配。

$$nl - \sum_{i=1}^{n} l_i = 0 \tag{4-66}$$

有了式（4-63）的刚度值，就可以利用式（4-67）计算均布轴荷 G_i（单位为 N），为

$$G_i = \left[f_1 - \frac{(f-f_1) l_i}{l} \right] c_i \tag{4-67}$$

这个轴荷能满足 $G_i = G/n$。若设 n_g 为轮胎总数，那么，车轮负荷 $Q_i = G/n_g$。有了 Q_i，再选定了轮胎，主参数系数 M_e 就确定了。至此，就可用统计方程式（4-61）计算选定公路行驶气压 p_w 了。

（三）服从额定气压限制

在轮胎已经选定的情况下，轮胎的额定气压 p_{we} 就已确定。此时，选定公路使用气压 p_w，必须参考 p_{we} 值。假设 $p_w = \lambda p_{we}$，若把 λ 值叫作额定气压系数，则有

$$\lambda = p_w / p_{we} \tag{4-68}$$

λ 一般为 $0.55 \sim 0.95$，不允许超出 $0.5 \sim 1.0$ 的范围。若 λ 值过大，则不安全，影响使用寿命；若 λ 值过小，则不经济，浪费资源，不能充分发挥材料的潜能。

（四）远离公路临界气压

公路临界气压 p_{wc}，是选取使用气压 p_w 时应当避开的气压。如果 p_w 接近或低于 p_{wc} 值，轮胎的寿命就会降低，行驶阻力和油耗就会增加。

公路临界气压 p_{wc} 是式（4-56）在（$\alpha\beta$）获得极大值时的轮胎气压，其计算公式如下：

对于小轿车：

$$p_{wc} = 14.8 / (SR_0 / Q - 1/40) \tag{4-69}$$

对于客货车和越野车：

$$p_{wc} = -bQ/SR_0 \tag{4-70}$$

式中　b——系数，$b = -21.54$。

我国现有轻、中型越野车的公路使用气压，平均约为公路临界气压的 1.75 倍。轻型车偏高甚至可达 2 倍以上，中型车偏低，也可能低于 1.5 倍。

我国现有重型超重型越野车的公路使用气压，平均约为公路临界气压的 1.43 倍。

（五）满足接地压力要求

所谓满足接地压力的要求，就是所选各轴轮胎的使用气压 p_{wi}，必须满足平均最大接地压力 p_m 的战术要求。即利用式（4-71）计算的各轴轮胎最大接地压力值 p_{mi} 的均值 p_m，必须小于或等于要求值 p_{mr}（单位为 kPa），即

$$p_{mr} \geqslant p_m = \frac{1}{n} \sum_{i=1}^{n} \left(\frac{KQ_i}{S\sqrt{2R_0 f_i - f_i^2}} \right) \tag{4-71}$$

式中　n——车轴数；

$\quad$ Q_i——各轴单个轮胎负荷，N；

$\quad$ f_i——各轴轮胎的变形（cm）；

$\quad$ K——接地系数，$K = 12.5 \sim 16.7$，轻型车取值应偏小，重型车取值应偏大。

（六）按使用条件调压

为适应不同地面行驶，越野汽车轮胎的行驶气压需要进行调整和控制。装有轮胎中央充放气系统（CTI/DS）的车辆，可对胎压进行全程调控。未装该系统的车辆，则需要按照设计要求进行人为调控。

调控一般是在公路行驶气压 p_w 的基础上，按越野、松软和泥沙等路面选择不同的气压值：

越野行驶：$p_{越} = 70\% p_w$；

松软地面：$p_{松} = 50\% p_w$；

泥沙地面：$p_{泥} = 30\% p_w$。

同时，还建议泥沙地面的气压值，一般不要低于 100kPa。

（七）参考公路经济气压

轮胎公路经济气压 p_{wg}（单位为 kPa），也称为载荷优化时的气压，它可由下式计算：

$$p_{wg} = 31.64K \left(\frac{Q}{h^{1.602} d^{0.7515}} \right)^{1.71} \tag{4-72}$$

式中　Q——轮胎负荷（N）；

$\quad$ h——轮胎断面高度（cm）；

$\quad$ d——轮辋直径（cm）；

$\quad$ K——速度和车种系数，对于轻型二轴汽车，随着车速由高至低，前轴的 K 值可从 1.10 升至 1.40，后轴的 K 值，可从 1.0 降至 0.6。三轴以上的重型多轴汽车，由于机

动性的需要，故 K 值仅可在 $0.5\sim0.6$ 之间选取，极端情况还可降到 0.5 以下。

三、计算示例

计算示例 1

选定某 4×4 轻型越野汽车的公路使用气压。有关参数如下。

前轴单轮负荷：$Q_1=5198\mathrm{N}$，后轴单轮负荷：$Q_2=7796\mathrm{N}$。轮胎规格：$265/75R16$，断面宽：$S=26.5\mathrm{cm}$，车轮半径：$R_0=40.2\mathrm{cm}$，轮辋直径：$d=40.64\mathrm{cm}$，断面高：$h=19.9\mathrm{cm}$。速度 S 级，允达车速 $160\mathrm{km/h}$，载荷指数 $L_i=112$，额定气压 $p_{we}=350\mathrm{kPa}$；战术技术要求：汽车最高车速 $V_m\geqslant110\mathrm{km/h}$，平均最大接地压力 $p_m\leqslant300\mathrm{kPa}$。

具体计算：

1. 计算公路行驶气压 p_w

① 利用式（4-60）计算主参数系数 M_e。

前轮：$M_{e1}=\dfrac{Q_1}{SR_0}=\dfrac{5198}{26.5\times40.2}=4.88\mathrm{kPa}$

后轮：$M_{e2}=\dfrac{Q_2}{SR_0}=\dfrac{7796}{26.5\times40.2}=7.32\mathrm{kPa}$

② 利用式（4-61）计算公路行驶气压 p_w。

前轮：$p_{w1}=83+29.7\times4.88-0.139\times4.88^2+0.0084\times4.88^3=225.6\mathrm{kPa}$

后轮：$p_{w2}=83+29.7\times7.32-0.139\times7.32^2+0.0084\times7.32^3=296.3\mathrm{kPa}$

2. 计算无功率循环的后轮气压 p_{w2}

① 假定选定前轮气压 $p_{w1}=226\mathrm{kPa}$。

② 利用式（4-56）计算前轮变形 f_{t1}。

参数因子：$\alpha=\dfrac{Q_1}{SR_0P_{w1}}=\dfrac{5198}{26.5\times40.2\times226}=0.0216$

刚性因子：$\beta=ae^{b\alpha}=22.54/e^{21.54\times0.0216}=14.1544$

轮胎变形：$f_{t1}=[1-\sqrt{1-(0.0216\times14.1544)^2}]\times40.2=1.93\mathrm{cm}$

③ 利用式（4-62）计算后轮气压 p_{w2}。

系数 A：

$$A=\dfrac{aQ_2}{SR_0\sqrt{1-(1-f_{t1}/R_0)^2}}=\dfrac{22.54\times7796}{26.5\times40.2\sqrt{1-(1-1.93/40.2)^2}}=538.83$$

系数 B：$B=-\dfrac{bQ_2}{SR_0}=\dfrac{21.54\times7796}{26.5\times40.2}=157.63$

对式 $\ln(A/p_{w2})-(B/p_{w2})=0$ 进行迭代处理，可得

$p_{w2} = 337.5 \text{kPa}$，故可取 $p_{w2} = 338 \text{kPa}$。

④ 计算后轮变形 f_{t2}。

将后轮选定气压 $P_{w2} = 338 \text{kPa}$ 代入式（4-56）计算后轮变形 f_{t2}：

参数因子：$\alpha = \dfrac{Q_2}{SR_0 p_{w2}} = \dfrac{7796}{26.5 \times 40.2 \times 338} = 0.02165$

刚性因子：$\beta = ae^{b\alpha} = 22.54 / e^{21.54 \times 0.02165} = 14.1392$

后轮变形：$f_{t2} = \left[1 - \sqrt{1 - (0.02165 \times 14.1392)^2} \right] \times 40.2 = 1.93$

注意： $f_{t1} = f_{t2}$。

3. 计算额定气压系数

用式（4-68）计算额定气压系数 λ

前轮为：$\lambda_1 = \dfrac{p_{w1}}{p_{we}} = \dfrac{226}{350} = 0.65$

后轮为：$\lambda_2 = \dfrac{p_{w2}}{p_{we}} = \dfrac{338}{350} = 0.97$

两系数均在允许的范围之内。

4. 计算临界气压 p_{wc}

用式（4-70）计算前后轮临界气压 p_{wc}

前轮公路临界气压：$p_{wc1} = -\dfrac{bQ_1}{SR_0} = \dfrac{21.54 \times 5198}{26.5 \times 40.2} = 105 \text{kPa}$

后轮公路临界气压：$p_{wc2} = -\dfrac{bQ_2}{SR_0} = \dfrac{21.54 \times 7796}{26.5 \times 40.2} = 158 \text{kPa}$

使用气压与临界气压之比约为 2.15，这对于轻型越野车来说，已经远离了。

5. 计算平均接地压力 p_m

用式（4-71）计算平均接地压力 p_m

前轮接地压力：

$$p_{m1} = \frac{KQ_1}{S\sqrt{2R_0 f_{t1} - f_{t1}^2}} = \frac{14 \times 5198}{26.5\sqrt{2 \times 40.2 \times 1.93 - 1.93^2}} = 223 \text{kPa}$$

后轮接地压力：

$$p_{m2} = \frac{KQ_2}{S\sqrt{2R_0 f_{t2} - f_{t2}^2}} = \frac{14 \times 7796}{26.5\sqrt{2 \times 40.2 \times 1.93 - 1.93^2}} = 334.7 \text{kPa}$$

平均接地压力：

$$p_m = \frac{p_{m1} + p_{m2}}{2} = \frac{223 + 334.7}{2} = 278.9 \text{kPa}$$

$$p_m < 300\text{kPa}$$

6. 计算公路经济气压 p_{wg}

用式（4-72）计算经济气压 p_{wg}，取 $K_1 = 1.3$，$K_2 = 1.0$。

前轮：$p_{wg} = 31.64 \times 1.3 \left(\dfrac{5198}{19.9^{1.602} \times 40.64^{0.7515}} \right)^{1.71} = 220\text{kPa}$

后轮：$p_{wg} = 31.64 \times 1.0 \times \left(\dfrac{7796}{19.9^{1.602} \times 40.64^{0.7515}} \right)^{1.71} = 338\text{kPa}$

计算结果，与选取气压 $p_{w1} = 220\text{kPa}$，$p_{w2} = 338\text{kPa}$ 还是相当接近的。

计算示例 2

某 8 轴全驱汽车（$n = 8$，16×16），整车总负荷 $G = 1196000\text{N}$，轮胎规格为 1600×600-685，各轴至第 I 轴的距离分别为：$l_1 = 0\text{cm}$，$l_2 = 205\text{cm}$，$l_3 = 430\text{cm}$，$l_4 = 635\text{cm}$，$l_5 = 840\text{cm}$，$l_6 = 1065\text{cm}$，$l_7 = 1270\text{cm}$，$l_8 = 1475\text{cm}$。设计要求：质心面处的频率 $N = 90$ 次/min，第 I 轴的频率 $N = 95$ 次/min，求各轴等负荷时的悬架刚度 c_i、负荷 G_i，并选取轮胎的公路行驶气压 p_{wi}。

具体计算：

1. 用式（4-66）检验力矩是否平衡

$$nl - \sum l_i = 8 \times 740 - (0 + 205 + 430 + 635 + 840 + 1065 + 1270 + 1475) = 0$$

力矩已达平衡，轴距不需调整就可实现均布轴荷。

2. 用式（4-64）计算质心面处的静挠度：

$$f = (300/N)^2 = (300/90)^2 = 11.111\text{cm}$$

3. 用式（4-65）计算第 1 轴处的静挠度：

$$f_1 = (300/N_1)^2 = (300/95)^2 = 9.972\text{cm}$$

4. 用式（4-63）计算各轴悬架的刚度 c_i

$$c_i = \frac{Gl}{n[f_1 l + (f - f_1) l_i]} = \frac{885040000}{59034.24 + 9.112 l_i}$$，计算结果如下：

$c_1 = 14989.7\text{N/cm}$，$c_2 = 14532.2\text{N/cm}$，$c_3 = 14058.9\text{N/cm}$，$c_4 = 13653.7\text{N/cm}$，$c_5 = 13271.3\text{N/cm}$，$c_6 = 12875.5\text{N/cm}$，$c_7 = 12534.8\text{N/cm}$，$c_8 = 12211.8\text{N/cm}$

5. 用式（4-67）计算各轴轴荷 G_i

$$G_i = \left[f_1 - \frac{(f - f_1) l_i}{l} \right] C_i = \left(9.972 + \frac{1.139}{740} l_i \right) C_i$$，计算结果如下：

$G_1 = 149500\text{N}$，$G_2 = 149500.5\text{N}$，$G_3 = 149500.3\text{N}$，$G_4 = 149499.6\text{N}$

$G_5 = 149500.1\text{N}$，$G_6 = 149500.5\text{N}$，$G_7 = 149500.7\text{N}$，$G_8 = 149500.6\text{N}$

计算结果和 $G/n = 1196000/8 = 149500\text{N}$ 基本一致。这就是说，按照选取的刚度 c_i 设

计，已经实现了各轴等负荷分配。

6. 用式（4-60）计算主参数系数 M_{ei}

$$M_{ei} = \frac{Q_i}{SR_0} = \frac{74750}{60 \times 80} = 15.573$$

7. 用式（4-61）计算公路行驶气压 p_{wi}

$$p_{wi} = 83 + 29.7 \times 15.573 - 0.139 \times 15.573^2 + 0.0084 \times 15.573^3 = 543.5\text{kPa}$$

8. 用式（4-56）计算各轴轮胎变形 f_{ti}

参数因子：$\alpha = \dfrac{Q}{SR_0 P_{w1}} = \dfrac{74750}{60 \times 80 \times 543.5} = 0.02865$

刚性因子：$\beta = ae^{b\alpha} = 22.54/e^{21.54 \times 0.02865} = 12.1602$

各轮胎的变形：

$$f_t = \left[1 - \sqrt{1 - (\alpha\beta)^2}\right]R_0 = \left[1 - \sqrt{1 - (0.02865 \times 12.1602)^2}\right] \times 80 = 5.01\text{cm}$$

其余计算从略。

附 表

附表 1 变丝径等圈径等螺旋角压缩螺旋弹簧（十－－－）

$\alpha=6°$, $d_0=2$cm, $D=18.2$cm, $\beta=0.2°$, $n=7$, $S_n=402.44$cm, $H=42.07$cm, $M=18.00$kg

k	η_k	$F_{mk}/$N	$f_g/$cm							$f_{gk}/$cm	$c_{gk}/$(N/cm)	$N_{gk}/$(次/min)
			1	2	3	4	5	6	7			
1	0.0311733	12336	3.909	2.710	1.938	1.422	1.067	0.816	0.635	12.497	987	84.9
2	0.0216125	16879		3.708	2.652	1.946	1.460	1.117	0.869	15.661	1078	75.8
3	0.0154532	22330			3.508	2.574	1.932	1.478	1.150	18.259	1223	70.2
4	0.0113406	28686				3.307	2.482	1.899	1.477	20.290	1414	66.6
5	0.0085100	35908					3.106	2.376	1.849	21.763	1650	64.3
6	0.0065102	43906						2.906	2.261	22.705	1934	63.0
7	0.0050649	52538							2.705	23.149	2270	62.4

(1) $d_k = d_0 + \dfrac{2\pi D\tan\dfrac{\beta}{2}}{\cos\alpha}k$

(2) $\eta_k = \dfrac{1}{\left[d_0 + \dfrac{2\pi D\tan(\beta/2)}{\cos\alpha}(k-1) \right]^3} - \dfrac{1}{\left[d_0 + \dfrac{2\pi D\tan(\beta/2)}{\cos\alpha}k \right]^3} = \dfrac{1}{d_{k-1}^3} - \dfrac{1}{d_k^3}$

(3) $F_{mk} = \dfrac{3\pi^2 G\tan\dfrac{\beta}{2}}{4D\cos\alpha\,\eta_k}\left[\tan\alpha - \dfrac{d_0}{\pi D}\dfrac{\tan\dfrac{\beta}{2}}{\cos\alpha}(2k-1) \right]$

(4) $f_k = \dfrac{4D^2\cos\alpha\,\eta_k}{3\pi G\tan\dfrac{\beta}{2}}F_{mk}$

(5) $f_{gk} = \displaystyle\sum_{k=1}^{n} f_k$

(6) $c_{gk} = F_{mk}/f_{gk}$

(7) $N_{gk} = \dfrac{300}{\sqrt{f_{gk}}}$

(8) $H = \pi Dn\tan\alpha$

(9) $S = H/\sin\alpha$

(10) $M = \dfrac{\pi S}{16000}(d_0+d_n)^2\rho = \dfrac{\pi S}{4000}\left(d_0+S\tan\dfrac{\beta}{2}\right)^2\rho$

(11) $C_\theta = \dfrac{D}{d_\theta}$

(12) $k_\theta = \dfrac{4C_\theta-1}{4C_\theta-4} + \dfrac{0.615}{C_\theta}$

(13) $\sigma_{m\theta} = 1.25\tau_{m\theta}$

(14) $\tau_{m\theta} = \dfrac{0.08k_\theta F_{mk}}{\pi d_\theta^3}\left(1+\dfrac{d_\theta}{2D}\right)D$

附表 2 等丝径变节距等圈径圆压缩螺旋弹簧 （一 一 十 十）

$d=2.7\text{cm}$, $t_{1-2}=5\text{cm}$, $t_{3-5}=6\text{cm}$, $t_{6-7}=7\text{cm}$, $D=18.2\text{cm}$, $n=7$, $H=42\text{cm}$, $S_n=402.5\text{cm}$, $M=17.98\text{kg}$, $C=6.74074$, $k=1.2218816$

k	t_k/cm	F_{mk}/N	f_g/cm							f_{gk}/cm	N_{gk}/(次/min)	c_{gk}/(N/cm)
			1	2	3	4	5	6	7			
1	5	20048	2.300	2.300	2.296	2.296	2.296	2.292	2.292	16.1	74.8	1245.2
2	5	20048		2.300	2.296	2.296	2.296	2.292	2.292	16.1	74.8	1245.2
3	6	28812			3.300	3.300	3.300	3.294	3.294	21.1	65.3	1365.5
4	6	28812				3.300	3.300	3.294	3.294	21.1	65.3	1365.5
5	6	28812					3.300	3.294	3.294	21.1	65.3	1365.5
6	7	37616						4.300	4.300	23.1	62.4	1628.4
7	7	37616							4.300	23.1	62.4	1628.4

(1) $F_{mk}=\dfrac{(t_k-d)Gd^4\sqrt{t_k^2+(\pi D)^2}}{8\pi D^4}$

(2) $f_k=\dfrac{8\pi D^4 F_{mk}}{Gd^4\sqrt{t_k^2+(\pi D)^2}}$

(3) $f_{gk}=\displaystyle\sum_{k=1}^{n}f_k$

(4) $c_{gk}=F_{mk}/f_{gk}$

(5) $N_{gk}=\dfrac{300}{\sqrt{f_{gk}}}$

(6) $H=\displaystyle\sum_{k=1}^{n}t_k$

(7) $S_n=\displaystyle\sum_{k=1}^{n}\sqrt{t_k^2+(\pi D)^2}$

(8) $M=\dfrac{\pi d^2 S_n \rho}{4000}$

(9) $C=\dfrac{D}{d}$

(10) $k'=\dfrac{4C-1}{4C-4}+\dfrac{0.615}{C}$

(11) $\tau_{mk}=\dfrac{0.08k'D}{\pi d^3}\left(1+\dfrac{d}{2D}\right)F_{mk}$

(12) $\sigma_{mk}=1.25\tau_{mk}$

附表 3　等丝径等节距圆锥压缩螺旋弹簧（一　一/2　一/2）

$d=2.7\text{cm}$，$R_0=8\text{cm}$，$t=6$，$\psi=6°$，$n=7$，$S_n=402.5\text{cm}$，$H=42\text{cm}$，$M=17.98\text{kg}$

k	R_k/cm	η_k	F_{mk}/N	f_g/cm							f_{gk}/cm	c_{gk}/(N/cm)	N_{gk}/(次/min)
				1	2	3	4	5	6	7			
1	8.314	2171.762	39771	3.3							23.100	1722	62.4
2	8.629	2436.581	35448	2.941	3.3						22.741	1559	62.9
3	8.943	2710.887	31861	2.644	2.966	3.3					22.110	1441	63.8
4	9.258	3020.478	28596	2.373	2.662	2.962	3.3				21.197	1349	65.2
5	9.572	3334.946	25899	2.149	2.411	2.683	2.988	3.3			20.131	1287	66.9
6	9.887	3690.925	23401	1.942	2.179	2.424	2.701	2.982	3.3		18.828	1243	69.1
7	10.201	4048.497	21334	1.770	1.986	2.210	2.462	2.718	3.009	3.3	17.455	1222	71.8

(1) $R_k = R_0 + kt\tan\dfrac{\psi}{2}$

(2) $\eta_k = \dfrac{R_k^4 - R_{k-1}^4}{R_k - R_{k-1}}$

(3) $F_{mk} = \dfrac{(t-d)Gd^4}{64\eta_k}$

(4) $f_k = \dfrac{32F_{mk}}{Gd^4}\eta_k$

(5) $f_{gk} = \displaystyle\sum_{k=1}^{n} f_k$

(6) $c_{gk} = F_{mk}/f_{gk}$

(7) $N_{gk} = \dfrac{300}{\sqrt{f_{gk}}}$

(8) $H = nt$

(9) $x_n = 2\pi n\left(R_0 + \dfrac{1}{2}nt\tan\dfrac{\psi}{2}\right)$

(10) $\dfrac{x_n}{2} = \pi n\left(R_0 + \dfrac{1}{4}nt\tan\dfrac{\psi}{2}\right)$

(11) $S_n = \sqrt{x_{\frac{n}{2}}^2 + \left(\dfrac{H}{2}\right)^2} + \sqrt{\left(x_n - x_{\frac{n}{2}}\right)^2 + \left(\dfrac{H}{2}\right)^2}$

(12) $M = \dfrac{\pi S_n d^2 \rho}{4000}$

(13) $C_\theta = \dfrac{2R_\theta}{d}$

(14) $k_\theta = \dfrac{4C_\theta - 1}{4C_\theta - 4} + \dfrac{0.615}{C_\theta}$

(15) $\tau_{m\theta} = k_\theta\dfrac{0.16F_{mk}R_\theta}{\pi d_\theta^3}\left(1 + \dfrac{d_\theta}{4R_\theta}\right)$

(16) $\sigma_{m\theta} = 1.25\tau_{m\theta}$

附表4 等丝径等螺旋角圆锥角压缩螺旋弹簧 （一 + + 一）

$d=2.7\text{cm}$, $R_0=8\text{cm}$, $\psi=6°$, $n=7$, $S_n=400.322\text{cm}$, $H=41.85\text{cm}$, $M=17.88\text{kg}$

k	R_k/cm	t_k/cm	η_k	F_{mk}/N	f_g/cm							f_{gk}/cm	$c_{gk}/(\text{N/cm})$	$N_{gk}/(\text{次/min})$
					1	2	3	4	5	6	7			
1	8.282	5.381	539.5519	32514	2.681							22.945	1417	62.6
2	8.573	5.553	598.5443	31189	2.572	2.853						22.836	1366	62.8
3	8.875	5.763	663.9677	30186	2.489	2.761	3.063					22.661	1332	63.0
4	9.188	5.972	736.6813	29063	2.396	2.659	2.949	3.272				22.352	1300	63.5
5	9.511	6.163	822.5252	27549	2.272	2.520	2.796	3.102	3.463			21.766	1266	64.3
6	9.846	6.392	906.6176	26646	2.197	2.437	2.704	3.000	3.350	3.692		21.301	1251	65.0
7	10.193	6.621	1005.8614	25507	2.103	2.333	2.588	2.872	3.206	3.534	3.921	20.557	1241	66.2

(1) $R_k = R_0 e^{2\pi\tan\alpha\tan\frac{\psi}{2}k}$

(2) $t_k = (R_k - R_{k-1})/\tan\frac{\psi}{2}$

(3) $\eta_k = \dfrac{R_k^3 - R_{k-1}^3}{\ln R_k^3 - \ln R_{k-1}^3}$

(4) $F_{mk} = \dfrac{(t_k - d)Gd^4}{64\eta_k}$

(5) $f_k = \dfrac{32F_{mk}}{Gd^4}\eta_k$

(6) $f_{gk} = \sum_{k=1}^{n} f_k$

(7) $c_{gk} = F_{mk}/f_{gk}$

(8) $N_{gk} = \dfrac{300}{\sqrt{f_{gk}}}$

(9) $x = \dfrac{R_n - R_0}{\tan\alpha\tan\frac{\psi}{2}}$

(10) $H = x\tan\alpha = \sum t_k$

(11) $S_n = \dfrac{R_n - R_0}{\sin\alpha\tan\frac{\psi}{2}}$

(12) $M = \dfrac{\pi S_n d^2 \rho}{4000}$

(13) $C_\theta = \dfrac{2R_\theta}{d}$

(14) $k_\theta = \dfrac{4C_\theta - 1}{4C_\theta - 4} + \dfrac{0.615}{C_\theta}$

(15) $\tau_{m\theta} = k_\theta \dfrac{0.16F_{mk}R_\theta}{\pi d_\theta^3}\left(1 + \dfrac{d_\theta}{4R_\theta}\right)$

(16) $\sigma_{m\theta} = 1.25\tau_{m\theta}$

(17) $t_{\frac{k}{2}} = \dfrac{R_k - R_{(k-0.5)}}{\tan\frac{\psi}{2}}$

(18) $\eta_k = \dfrac{R_k^3 - R_{k-0.5}^3}{\ln R_k^3 - \ln R_{k-0.5}^3}$

331

附表5　变丝径等簧径变节距变螺角压缩螺旋弹簧（十 — 十 — 十）

$d_0=2cm$，$\beta=0.2°$，$t_{1,2}=5cm$，$t_{3,4,5}=6$、4、$5=6cm$，$t_{6,7}=7cm$，$D=18.2cm$，$n=7$

k	d_k/cm	t_k/cm	η_k	F_{mk}/N	f_g/cm 1	2	3	4	5	6	7	f_{gk}/cm	$c_{gk}/(N/cm)$	$N_{gk}/(次/min)$	C_k	k_k	τ_{m0}/MPa
1	2.2004	5	0.03114	9145	2.90	2.01	1.44	1.05	0.79	0.61	0.47	9.27	987	98.5	8.2712	1.1775	497
2	2.4007	5	0.02159	12279		2.70	1.94	1.42	1.06	0.82	0.63	11.47	1071	88.6	7.5811	1.1951	524
3	2.6020	6	0.01551	22187			3.50	2.56	1.92	1.48	1.14	16.20	1370	74.5	6.9946	1.2130	759
4	2.8027	6	0.01134	28605				3.30	2.48	1.91	1.47	18.26	1567	70.2	6.4937	1.2312	799
5	3.0034	6	0.00851	35798					3.10	2.39	1.84	19.73	1814	67.5	6.0598	1.2497	829
6	3.2065	7	0.00658	58329						3.89	3.00	22.39	2605	63.4	5.6760	1.2685	1132
7	3.4075	7	0.00506	71934							3.69	23.08	3117	62.5	5.3412	1.2879	1187

（1）$d_k = d_0 + 2\pi D\sqrt{1+(t_k/\pi D)^2}\tan\dfrac{\beta}{2}k$

（2）$\cos\alpha_k = 1/\sqrt{1+(t_k/\pi D)^2}$

（3）$\eta_k = \dfrac{1}{d_{k-1}^3} - \dfrac{1}{d_k^3}$

（4）$F_{mk} = \dfrac{3\pi^2 G\tan\dfrac{\beta}{2}\sqrt{1+(t_k/\pi D)^2}}{4D\eta_k}\left[\dfrac{t_k}{\pi D} - \dfrac{d_0}{\pi D}\tan\dfrac{\beta}{2}(2k-1)\right]\sqrt{1+(t_k/\pi D)^2}$

（5）$f_k = \dfrac{4D^2\eta_k F_{mk}}{3\pi G\tan\dfrac{\beta}{2}\sqrt{1+(t_k/\pi D)^2}}$

（6）$f_{gk} = \sum_{k=1}^{n} f_k$

（7）$c_{gk} = F_{mk}/f_{gk}$

（8）$N_{gk} = \dfrac{300}{\sqrt{f_{gk}}}$

（9）$C_k = \dfrac{D}{d_k}$

（10）$k_k = \dfrac{4C_k-1}{4C_k-4} + \dfrac{0.615}{C_k}$

（11）$\tau_{mk} = k_k\dfrac{0.08F_{mk}}{\pi d_k^3}\left(1+\dfrac{d_k}{2D}\right)D$

（12）$l = \sum_{k=1}^{n}\sqrt{t_k^2+(\pi D)^2}$

（13）$M = \dfrac{\pi(d_0+d_n)^2}{1600}lp$

（14）$H = \sum_{k=1}^{n} t_k$

附表 6 变丝径等节距变圈压缩螺旋弹簧 (变螺角)

$t=6\text{cm}$ (变螺角), $R_0=8\text{cm}$, $\psi=6°$, $d_0=2\text{cm}$, $\beta=0.2°$, $n=7$

k	$R_k/$ cm	$S_k/$ cm	$d_k/$ cm	$m_k/$ cm	η_k	$F_{mk}/$ N	f_k/cm 1	2	3	4	5	6	7	$f_{gk}/$ cm	$R_{gk}/$ (N/cm)	$N_{gk}/$ (次/min)	C_k	k_k	$\tau_{mk}/$ MPa
1	8.315	51.253	2.180	0.003515	172.899	17495	3.91	2.99	2.29	1.75	1.35	1.04	0.80	14.13	1238	79.8	7.628	1.194	910
2	8.629	53.229	2.374	0.003513	132.360	21760		3.72	2.85	2.18	1.67	1.29	1.00	16.62	1309	73.6	7.270	1.204	920
3	8.943	55.205	2.582	0.003511	101.361	26881			3.52	2.69	2.07	1.60	1.23	18.74	1434	69.3	6.929	1.215	927
4	9.258	57.180	2.803	0.003510	77.341	33084				3.31	2.54	1.96	1.52	20.48	1615	66.3	6.606	1.227	935
5	9.572	59.156	3.038	0.003509	59.476	40056					3.08	2.38	1.84	21.76	1841	64.3	6.302	1.239	931
6	9.887	61.132	3.287	0.003507	45.898	47827						2.48	2.19	22.21	2153	63.7	6.017	1.252	920
7	10.201	63.108	3.549	0.003506	35.435	56370							2.58	22.60	2494	63.1	5.749	1.265	901

(1) $R_k = R_0 + t\tan\dfrac{\psi}{2}k$

(2) $S_k = 2\pi R_{k-1} + \pi t\tan\dfrac{\psi}{2}$

(3) $d_k = d_0 + 2k\tan\dfrac{\beta}{2}\sqrt{t^2+S_k^2}$

(4) $m_k = 2\tan\dfrac{\beta}{2}\sqrt{1+(t/S_k)^2}$

(5) $\eta_k = \dfrac{1}{6m_k^2}\left(\dfrac{2R_0^2 m_k - 2hd_0 + 3hd_{k-1}}{d_{k-1}^3} - \dfrac{2R_0^2 m_k - 2hd_0 + 3hd_k}{d_k^3}\right)$

(6) $F_{mk} = \dfrac{\pi G}{64\eta_k}(2t - d_k - d_{k-1})$

(7) $f_k = \dfrac{32F_{mk}}{\pi G}\eta_k$

(8) $f_{gk} = \sum_{k=1}^n f_k$

(9) $R_{gk} = \dfrac{F_{mk}}{f_{gk}}$

(10) $l_n = \sum_{k=1}^n (t^2 + S_k^2)^{\frac{1}{2}}$

(11) $M = \dfrac{\pi l_n}{16000}(d_0+d_n)^2\rho$

(12) $C_k = \dfrac{2R_k}{d_k}$

(13) $k_k = \dfrac{4C_k-1}{4C_k-4} + \dfrac{0.615}{C_k}$

(14) $\tau_{mk} = \dfrac{0.16k_kR_k}{\pi d_k^3}\left(1+\dfrac{d_k}{4R_k}\right)F_{mk}$

(15) $f_k = \dfrac{32F}{\pi G}\displaystyle\int_{s'_{k-1}}^{s'_k}\dfrac{R_0^2+hS}{(d_0+m_kS)^4}\mathrm{d}S$

(16) $S'_k = 2\pi R_0 k + \pi t\tan\dfrac{\psi}{2}k^2$

(17) $h = \pi t\tan\dfrac{\psi}{2}$

附表 7　变丝径等螺角圆锥压缩螺旋弹簧（一。十。十。一）

$d_0=3.6\text{cm}$, $\beta=0.22°$, $R_0=8\text{cm}$, $\psi=6°$, $\alpha=6°$, $n=7$, $C_0=5.6073833$, $C_1=9.2073833$

k	R_k/cm	d_k/cm	t_k/cm	η_k	F_{mk}/N	f_g/cm							f_{gk}/cm	C_{gk}/(N/cm)	N_{gk}/(次/min)	C_k	k_k	τ_{mk}/MPa
						1	2	3	4	5	6	7						
1	8.282	3.403	5.375	0.000244	64024	1.87							21.8	2935	64.2	4.868	1.320	998
2	8.573	3.198	5.566	0.000343	55024	1.61	2.27						21.6	2552	64.6	5.362	1.287	1033
3	8.875	2.987	5.761	0.000494	44992	1.32	1.85	2.67					20.9	2158	65.7	5.944	1.255	1039
4	9.188	2.767	5.963	0.000732	35097	1.03	1.45	2.08	3.09				19.6	1793	67.8	6.640	1.226	1021
5	9.511	2.541	6.173	0.001123	26102	0.76	1.08	1.55	2.30	3.52			17.6	1483	71.5	7.488	1.198	985
6	9.846	2.306	6.390	0.001795	18395	054	0.76	1.09	1.61	2.48	3.97		14.9	1236	77.8	8.540	1.172	933
7	10.193	2.063	6.617	0.003026	12191	0.36	0.50	0.72	1.07	1.64	2.63	4.43	11.4	1073	89.0	9.883	1.147	869

(1) $R_k = R_0 e^{2\pi\tan\alpha\tan\frac{\psi}{2}k}$

(2) $d_k = d_0 \dfrac{2\tan(\beta/2)}{\sin\alpha\tan(\psi/2)}(R_k-R_0)$

(3) $t_k = (R_k-R_{k-1})/\tan\dfrac{\psi}{2}$

(4) $C_0 = \dfrac{2R_0\tan(\beta/2)}{\sin\alpha\tan(\psi/2)}$

(5) $C_1 = d_0 + C_0$

(6) $\eta_k = \dfrac{1}{3c_0^3}\left(\dfrac{3d_k^2-3C_1 d_k+C_1^2}{d_k^3} - \dfrac{3d_{k-1}^2-3C_1 d_{k-1}+C_1^2}{d_{k-1}^3}\right)$

(7) $F_{mk} = \dfrac{\pi G\tan\alpha\tan\frac{\psi}{2}}{64R_0^3\eta_k}(2t_k-d_{k-1}-d_k)$

(8) $f_{gk} = \dfrac{32R_0^3 F_{mk}\eta_k}{\pi G\tan\alpha\tan\frac{\psi}{2}}$

(9) $C_k = \dfrac{2R_k}{d_k}$

(10) $k_k = \dfrac{4C_k-1}{4C_k-4} + \dfrac{0.615}{C_k}$

(11) $\tau_{mk} = k_k\dfrac{0.16F_{mk}R_k}{\pi d_k^3}\left(1+\dfrac{d_k}{4R_k}\right)$

(12) $l_n = (R_n-R_0)/\left(\sin\alpha\tan\dfrac{\psi}{2}\right)$

(13) $H = l_n\sin\alpha$

(14) $M = \dfrac{\pi l_n}{16000}(d_0+d_n)^2\rho$

附表 8　变丝径等螺旋角圆锥压缩螺旋弹簧（十 十 十 一）

$d_0=2cm$, $R_0=8cm$, $\alpha=6°$, $\beta=6°$, $\psi=0.2°$, $n=7$, $S_n=400.33cm$, $H=41.85cm$, $M=17.88kg$

k	R_k/cm	d_k/cm	t_k/cm	η_k	F_{mk}/N	f_g/cm							f_{gk}/cm	$c_{gk}/(N/cm)$	$N_{gk}/(次/min)$
						1	2	3	4	5	6	7			
1	8.2817	2.1795	5.3752	0.00192015	14241	3.286	2.606	2.098	1.175	1.417	1.184	0.999	13.305	1070	82.2
2	8.5734	2.3654	5.5660	0.001523	17999		3.294	2.651	2.167	1.791	1.497	1.263	15.949	1129	75.1
3	8.8753	2.5577	5.7606	0.001226	22396			3.299	2.696	2.228	1.862	1.572	18.237	1228	70.3
4	9.1878	2.7569	5.9629	0.001002	27457				3.306	2.732	2.283	1.927	20.127	1364	66.9
5	9.5114	2.9631	6.1747	0.000828	33319					3.315	2.770	2.338	21.608	1542	64.5
6	9.8463	3.1765	6.3903	0.000692	39937						3.321	2.802	22.623	1765	63.1
7	10.1931	3.3975	6.6173	0.000584	47462							3.330	23.151	2050	

（1）$R_k = R_0 e^{2\pi\tan\alpha\tan\frac{\psi}{2}k}$

（2）$d_k = d_0 + \dfrac{2R_0\tan(\beta/2)}{\sin\alpha\tan(\psi/2)}(R_k - R_0) = d_0 + \dfrac{2R_0\tan(\beta/2)}{\sin\alpha\tan(\psi/2)}\left(e^{2\pi\tan\alpha\tan\frac{\psi}{2}k} - 1\right)$

（3）$t_k = (R_k - R_{k-1})/\tan\dfrac{\psi}{2}$

（4）$\eta_k = \dfrac{1}{3C_1^3}\left(\dfrac{3d_{k-1}^2 - 3C_0 d_{k-1} + C_0^2}{d_{k-1}^3} - \dfrac{3d_k^2 - 3C_0 d_k + C_0^2}{d_k^3}\right)$ （式中，$C_0 = d_0 - C_1$, $C_1 = \dfrac{2R_0\tan(\beta/2)}{\sin\alpha\tan(\psi/2)}$）

（5）$F_{mk} = \dfrac{\pi G\tan\alpha\tan\dfrac{\psi}{2}(2t_k - d_{k-1} - d_k)}{64R_0^3\eta_k}$

（6）$f_k = \dfrac{32R_0^3}{\pi G\tan\alpha\tan\dfrac{\psi}{2}}F_{mk}\eta_k$

（7）$f_{gk} = \sum_{k=1}^{n} f_k$

（8）$c_{gk} = F_{mk}/f_{gk}$

（9）$N_{gk} = \dfrac{300}{\sqrt{f_{gk}}}$

（10）$S_n = (R_n - R_0)/\sin\alpha\tan\dfrac{\psi}{2}$

（11）$H = S_n\sin\alpha$

（12）$M = \dfrac{\pi S_n}{16000}(d_0 + d_n)^2\rho$

（13）$\tau_{m\theta} = k_\theta\dfrac{0.16F_{mk}R_\theta}{\pi d_\theta^3}\left(1 + \dfrac{d_\theta}{4R_\theta}\right)$ （式中，$k_\theta = \dfrac{4C_\theta - 1}{4C_\theta - 4} + \dfrac{0.615}{C_\theta}$, $C_\theta = \dfrac{2R_\theta}{d_\theta}$）

（14）$\sigma_{m\theta} = 1.25\tau_{m\theta}$

附表9　变丝径变节距变螺角圆锥角压缩螺旋弹簧（┬┴　┬┴　┬┴）

$l=7\times2,\ 6\times3,\ 5\times2;\ R_0=8\text{cm},\ \psi=6°,\ d_0=3.6\text{cm},\ \beta=0.2°,\ n=7,\ l_n=419.6\text{cm},\ M=21.194\text{kg},\ H=42\text{cm}$

k	Σt_k/cm	R_k/cm	S_k/cm	ΣS_k/cm	d_k/cm	h_k	b_k	η_k	F_{mk}/N	f_g/cm 1	2	3	4	5	6	7	f_{gk}/cm	c_{gk}/(N/cm)	N_{gk}/(次/min)	C_k	k_k	τ_{mk}/MPa
1	7	8.367	53.72	53.72	3.413	0.117	0.003520	0.001752	112778	3.49							21.72	5193	64.4	4.904	1.318	1776
2	14	8.734	56.03	109.75	3.217	0.117	0.003518	0.002499	83423	2.58	3.69						20.81	4009	65.8	54.30	1.283	1561
3	20	9.048	57.84	167.59	3.015	0.100	0.003509	0.003570	45689	1.41	2.02	2.88					17.97	2542	70.8	6.002	1.252	1042
4	26	9.363	59.82	227.41	2.806	0.100	0.003508	0.005203	33584	1.04	1.48	2.12	3.09				16.30	2060	74.3	6.673	1.224	954
5	32	9.677	61.79	289.20	2.591	0.100	0.003507	0.007790	23972	0.74	1.06	1.51	2.21	3.30			14.09	1702	79.9	7.471	1.198	869
6	37	9.939	63.27	352.47	2.370	0.0834	0.003502	0.011869	12008	0.37	0.53	0.76	1.11	1.65	2.52		9.68	1240	96.4	8.389	1.175	569
7	42	10.201	64.92	417.39	2.143	0.0834	0.003501	0.018783	8262	0.26	0.37	0.52	0.76	1.14	1.73	2.74	7.52	1099	109.4	9.520	1.153	529

(1) $R_k = R_0 + \tan\dfrac{\psi}{2}\sum_{i=1}^{k} t_i$

(2) $S_k = 2\pi R_{k-1} + \pi t_k \tan\dfrac{\psi}{2}$

(3) $d_k = d_0 - b_k \sum_{i=1}^{k} S_i$

(4) $h_k = \tan\dfrac{\psi}{2} \cdot t_k/\pi$

(5) $b_k = 2\tan\dfrac{\beta}{2}\sqrt{1+(t_k/S_k)^2}$

(6) $\eta_k = \dfrac{3b_k R_{k-1}^2 - h_k d_{k-1} + 3b_k h_k S_k}{d_k^3}\cdot\dfrac{2b_k R_{k-1}^2 - h_k d_{k-1}}{d_{k-1}^3}$

(7) $F_{mk} = \dfrac{3\pi G b_k^2}{32\eta_k}(2t_k - d_{k-1} - d_k)$

(8) $f_{mk} = \dfrac{16 F_{mk}\eta_k}{3\pi G b_k^2}$

(9) $l_n = \sum_{k=1}^{n}(t_k^2 - S_k^2)^{\frac{1}{2}}$

(10) $M = \dfrac{\pi l_n}{16000}(d_0 + d_n)^2 \rho$

(11) $H = \sum_{k=1}^{n} t_k$

(12) $C_k = \dfrac{2R_k}{d_k}$

(13) $k_k = \dfrac{4C_k - 1}{4C_k - 4} + \dfrac{0.615}{C_k}$

(14) $\tau_{mk} = k_k\dfrac{0.16 F_{mk} R_k}{\pi d_k^3}\left(1 + \dfrac{d_k}{4R_k}\right)$

注：由于原式与改式误差较小，故表中数据暂时未改。表中数据 $b_k = C = 0.003491$，$R_{rc}=15.8$，$R_{rf}=64.0$。

附表 10　变丝径等螺角中凹双圆锥压簧，变丝径变节距中凸变圈径压缩螺旋弹簧 (凸，凹)

$d_0=2\,\mathrm{cm}$, $\beta=0.2°$, $\alpha=6°$, $R_0=8\,\mathrm{cm}$, $n=2\times4=8$, $H=45.1\,\mathrm{cm}$, $S_n=431.4\,\mathrm{cm}$, $S_{n/2}=215.7\,\mathrm{cm}$, $M=14.95\,\mathrm{kg}$

k	R_k/cm	d_k/cm	t_k/cm	S_k/cm	η_k	F_{mk}/N	f_g/cm				f_{gk}/cm	$c_{gk}/(\mathrm{N/cm})$	$N_{gk}/(次/\mathrm{min})$
							1, 1	2, 2	3, 3	4, 4			
1, 1	8.2817	2.1795	5.3752		0.00192015	14241	3.286	2.606	2.098	1.715	19.41	734	68.1
2, 2	8.5734	2.3654	5.5660		0.001523	17999		3.294	2.651	2.167	22.80	790	62.8
3, 3	8.8753	2.5577	5.7606		0.001226	22396			3.299	2.696	25.15	891	59.8
4, 4	9.1817	2.7569	5.9629		0.001002	27457				3.306	26.37	1041	58.4

(1) $R_k = R_0 \mathrm{e}^{2\pi\tan\alpha\tan\frac{\psi}{2}k}$

(2) $d_k = d_0 + \dfrac{2\tan\left(\beta/2\right)}{\sin\alpha\tan\left(\psi/2\right)}(R_k-R_0)$

(3) $t_k = (R_k - R_{k-1})/\tan\dfrac{\psi}{2}$

(4) $\eta_k = \dfrac{S_{k-1}-S_k}{3C_1^3}$ 　式中，$S_{k-1}=\dfrac{3d_{k-1}^2-3C_0 d_{k-1}+C_0^2}{d_{k-1}^3}$, $S_k=\dfrac{3d_k^2-3C_0 d_k+C_0^2}{d_k^3}$, $C_0=d_0-C_1$, $C_1=\dfrac{2R_0\tan(\beta/2)}{\sin\alpha\tan(\psi/2)}$

(5) $F_{mk}=\dfrac{\pi G\tan\alpha\tan\dfrac{\psi}{2}(2t_k-d_{k-1}-d_k)}{64R_0^3\eta_k}$

(6) $f_k=\dfrac{32R_0^3 F_{mk}\eta_k}{\pi G\tan\alpha\tan\dfrac{\psi}{2}}$

(7) $f_{gk}=\displaystyle\sum_{k=1}^{n}f_k$

(8) $c_{gk}=F_{mk}/f_{gk}$

(9) $N_{gk}=\dfrac{300}{\sqrt{f_{gk}}}$

(10) $S\dfrac{n}{2}=\left(R\dfrac{n}{2}-R_0\right)\Big/\left(\sin\alpha\tan\dfrac{\psi}{2}\right)$

(11) $H=S_n\sin\alpha$

(12) $M=\dfrac{\pi S\dfrac{n}{2}}{8000}\left(d_0+d\dfrac{n}{2}\right)^2\rho$

(13) $\tau_{m\theta}=k_\theta\dfrac{0.16F_{mk}R_\theta}{\pi d_\theta^3}\left(1+\dfrac{d_\theta}{4R_\theta}\right)$ 　（式中，$k_\theta=\dfrac{4C_\theta-1}{4C_\theta-4}+\dfrac{0.615}{C_\theta}$, $C_\theta=\dfrac{2R_\theta}{d_\theta}$）

(14) $\sigma_{m\theta}=1.25\tau_{m\theta}$

注：中凹双锥与中凸双锥的计算结果是完全一样的。不同的是 R_0 的位置：中凸双锥 R_0 在两端，中凹双锥 R_0 在中部。
这是一个 $n=8$ 的中凸对称变圈径簧；1，1 表示第 1 圈和第 8 圈；2，2 表示第 2 圈和第 7 圈，以此类推。

附表11　无簧圈圆叠压变丝径等螺角圆锥角压缩螺旋弹簧

$d_0=1.2\text{cm}$, $\beta=0.2°$, $\alpha=4°$, $R_0=5\text{cm}$, $\psi=48°$, $n=7$, $C_1=0.5696614$, $C_2=-0.6383386$

k	R_k/cm	d_k/cm	t_k/cm	η_k	F_{mk}/N	f_g/cm 1	2	3	4	5	6	7	f_{gk}/cm	c_{gk}/(N/cm)	N_{gk}/(次/min)	C_k	k_k	τ_{mk}/MPa	σ_{mk}/MPa
1	6.0803	1.3214	2.426	0.9801533	477	2.426	2.258	2.057	1.843	1.622	1.408	1.208	12.82	37	83.8	9.203	1.0246	69.2	86.5
2	7.3940	1.4691	2.951	0.9121426	623		2.949	2.687	2.407	2.119	1.840	1.578	16.01	39	75.0	10.066	1.0216	79.3	99.2
3	8.9916	1.6486	3.588	0.8310971	832			3.589	3.214	2.829	2.457	2.108	19.57	43	67.8	10.9082	1.0193	90.7	113.3
4	10.9343	1.8670	4.363	0.7443417	1129				4.361	3.839	3.333	2.860	23.36	48.3	62.1	11.713	1.0175	102.5	128.1
5	13.2968	2.1325	5.306	0.6552189	1560					5.305	4.606	3.952	27.19	57.4	57.5	12.471	1.0161	115.1	143.9
6	16.1697	2.4554	6.453	0.5689340	2182						6.443	5.527	30.60	71.3	54.2	13.171	1.0149	127.9	159.8
7	19.6634	2.8481	7.847	0.4880763	3098							7.847	32.92	94	52.3	13.808	1.0140	141.1	176.4

(1) $R_k=R_0 e^{2\pi\tan\alpha\tan\frac{\psi}{2}k}$

(2) $d_k=d_0+\dfrac{2\tan(\beta/2)}{\sin\alpha\tan(\psi/2)}(R_k-R_0)$

(3) $t_k=(R_k-R_{k-1})/\tan\dfrac{\psi}{2}$

(4) $C_1=\dfrac{2R_0\tan(\beta/2)}{\sin\alpha\tan(\psi/2)}$

(5) $C_0=d_0-C_1$

(6) $A_k=\dfrac{3d_{k-1}^2-3C_0 d_{k-1}+C_0^2}{d_{k-1}^3}$

(7) $B_k=\dfrac{3d_k^2-3C_0 d_k+C_0^2}{d_k^3}$

(8) $\eta_k=\dfrac{A_k-B_k}{3C_1^3}$

(9) $F_{mk}=\dfrac{\pi G\tan\alpha\tan\dfrac{\psi}{2}t_k}{32R_0^3\eta_k}$

(10) $f_k=\dfrac{32R_0^3 F_{mk}\eta_k}{\pi G\tan\alpha\tan\dfrac{\psi}{2}}$

(11) $f_{gk}=\sum_{k=1}^n f_k$

(12) $c_{gk}=F_{mk}/f_{gk}$

(13) $N_{gk}=\dfrac{300}{\sqrt{f_{gk}}}$

(14) $C_k=\dfrac{2R_k}{d_k}$

(15) $k_k=\dfrac{4C_k-1}{4C_k-4}+\dfrac{0.615}{C_k}$

(16) $\tau_{mk}=k_k\dfrac{0.16F_{mk}R_k}{\pi d_k^3}\left(1+\dfrac{d_k}{4R_k}\right)$

(17) $\sigma_{mk}=1.25\tau_{mk}$

(18) $S_n=(R_n-R_0)\left(\sin\alpha\tan\dfrac{\psi}{2}\right)$

(19) $H=S_n\sin\alpha$

(20) $M=\dfrac{\pi S_n}{16000}(d_0+d_n)^2\rho$

附表 12　变丝径等螺角上直下锥压缩螺旋弹簧（续）

$d_0 = 2\text{cm}$，$\beta = 0.2°$，$\alpha = 6°$，$R_0 = 8\text{cm}$，$\psi = 6°$，$n = 2×4 = 8$

k	R_k/cm	d_k/cm	t_k/cm	S_k/cm	η_k	F_{mk}/N	f_g/cm: 1	2	3	4	5(1)	6(2)	7(3)	8(4)	f_{gk}/cm	c_{gk}/(N/cm)	N_{gk}/(次/min)	C_θ	k_θ	$\tau_{m\theta}$/MPa	$\sigma_{m\theta}$/MPa
1	8	2.176	5.283		0.027997	14525	3.195	2.309	1.708	1.292	1.044	0.900	0.780	0.681	11.91	1220	86.9	7.352	1.197	733.8	917.3
2	8	2.353	5.283		0.020233	18988		3.018	2.233	1.688	1.365	1.176	1.019	0.890	14.58	1302	78.6	6.800	1.220	777.7	972.1
3	8	2.529	5.283		0.014968	24167			2.842	2.149	1.737	1.497	1.297	1.133	16.87	1433	73.0	6.326	1.238	812.9	1016.1
4	8	2.706	5.283	2.3778	0.011317	29980				2.666	2.155	1.857	1.605	1.405	18.75	1599	69.3	5.913	1.257	840.5	1050.6
5(1)	8.282	2.885	5.375	2.1400	0.0005984	35884					2.580	2.222	1.926	1.682	20.13	1783	66.9	5.741	1.265	866.8	1083.5
6(2)	8.573	3.071	5.566	1.9352	0.0005154	41787						2.588	2.242	1.958	21.09	1982	65.3	5.583	1.274	874.2	1092.8
7(3)	8.875	3.263	5.761	1.7577	0.0004466	48327							2.593	2.265	21.75	2222	64.3	5.439	1.282	879.9	1099.9
8(4)	9.188	3.463	5.963	1.6027	0.0003900	55478								2.600	22.08	2512	63.8	5.307	1.290	882.7	1103.3
						282%										106%				20%	

直体部分（等径部分）：

(1) $d_k = d_0 + \dfrac{2\pi D\tan(\beta/2)}{\cos\alpha}$

(2) $\eta_k = \dfrac{1}{d_{k-1}^3} - \dfrac{1}{d_k^3}$

(3) $t_k = \pi D\tan\alpha$

(4) $F_{mk} = \dfrac{3\pi^2 G\tan(\beta/2)}{4D\cos\alpha\eta_k}$

(5) $f_k = \dfrac{4D^2\cos\alpha}{3\pi G\tan(\beta/2)}F_{mk}\eta_k$

(6) $S_{n1} = \dfrac{\pi D n_1}{\cos\beta}$

锥体部分（变径部分）：

(1) $R_k = R_0 e^{2\pi\tan\alpha\tan\frac{\psi}{2}}$

(2) $d_k = d_0 + \dfrac{2\tan(\beta/2)}{\sin\alpha\tan(\psi/2)}(R_k - R_0)$ （注意：$d_0 = d_{n1}$）

(3) $t_k = (R_k - R_{k-1})/\tan\dfrac{\psi}{2}$

(4) $S_{k-1} = \dfrac{3d_{k-1}^2 - 3C_0 d_{k-1} + C_0^2}{d_{k-1}^3}$，$S_k = \dfrac{3d_k^2 - 3C_0 d_k + C_0^2}{d_k^3}$ （式中，$C_0 = d_0 - C_1$，$C_1 = \dfrac{2R_0\tan(\beta/2)}{\sin\alpha\tan(\psi/2)}$）

(5) $\eta_k = \dfrac{S_{k-1} - S_k}{3C_1^3}$

(6) $F_{mk} = \dfrac{\pi G\tan\alpha\tan\frac{\psi}{2}(2l_k - d_{k-1} - d_k)}{64R_0^3\eta_k}$

(7) $f_k = \dfrac{32R_0^3 F_{mk}\eta_k}{\pi G\tan\alpha\tan\frac{\psi}{2}}$

(8) $S_{n2} = (R_{n2} - R_0)/\left(\sin\alpha\tan\dfrac{\psi}{2}\right)$

共同部分（整体部分）：

(1) $f_{gk} = \sum_{k=1}^{n} f_k$

(2) $c_{gk} = F_{mk}/f_{gk}$

(3) $N_{gk} = \dfrac{300}{\sqrt{f_{gk}}}$

(4) $S_n = S_{n1} + S_{n2}$

(5) $M = \dfrac{\pi S_n\rho}{16000}(d_0 + d_n)^2$

(6) $\tau_{m\theta} = k_\theta\dfrac{0.16 F_{mk}R_\theta}{\pi d_\theta^3}\left(1 + \dfrac{d_\theta}{4R_\theta}\right)$ （式中，$k_\theta = \dfrac{4C_\theta - 1}{4C_\theta - 4} + \dfrac{0.615}{C_\theta}$，$C_\theta = \dfrac{2R_\theta}{d_\theta}$）

(7) $\sigma_{m\theta} = 1.25\tau_{m\theta}$

附表13　变丝径等内径组合式压缩螺旋弹簧

示例参数：上体部分 $d_0=2\mathrm{cm}$，$R_0=8\mathrm{cm}$，$\beta=0.5°$，$\alpha=7°$，$n_v=3$；下体部分 $d=3.3823\mathrm{cm}$，$R=8.6911\mathrm{cm}$，$\alpha=7°$，$n_s=3$

k	d_k/cm	R_k/cm	S_k/cm	t_k/cm	η_k	F_{mk}/N	f_k/cm 锥体 1	锥体 2	锥体 3	直体	f_{gk}/cm	R_{gk}/(N/cm)	N_{gk}/(次/min)	C_k	k_k	τ_{mk}/MPa
1	2.4481	8.2241	50.9661	6.2579	14.9078	22085	4.034	2.065	1.173	0.900×3=2.699	9.97	2215	95	3.3594	1.5009	1017
2	2.9087	8.4544	52.3935	6.4331	7.6320	40154		3.755	2.133	1.636×3=4.908	14.83	2708	78	2.9066	1.6050	1225
3	3.3823	8.6911	53.8608	6.6133	4.3365	65269			3.468	2.659×3=7.977	19.23	3393	68	2.5696	1.7172	1407
	3.3823	8.6911	54.6078	6.7050	1	81557				3.323×3=9.968	21.23	3842	65	2.5696	1.7172	1758

锥体、直体共用公式：

(1) $a=d_0-2R_0$

(2) $b=2R_0$

(3) $C=\tan\dfrac{\beta}{2}/\cos\alpha$

(4) $d_k=d_0+2R_0(e^{2\pi Ck}-1)$

(5) $R_k=R_0e^{2\pi Ck}$

(6) $S_k=\dfrac{R_0}{C}(e^{2\pi Ck}-e^{2\pi C(k-1)})$

(7) $t_k=S_k\tan\alpha$

(8) $\eta_k=\eta_{1k}-\eta_{2k}$

(9) $\eta_{1k}=\dfrac{3b^2e^{4\pi C(k-1)}+3abe^{2\pi C(k-1)}+a^2}{d_{k-1}^3}$

(10) $\eta_{2k}=\dfrac{3b^2e^{4\pi Ck}+3abe^{2\pi Ck}+a^2}{d_k^3}$

(11) $F_{mk}=\dfrac{3\pi CG(2t_k-d_{k-1}-d_k)}{8\eta_k}$

(12) $f_k=\dfrac{4F_{mk}}{3\pi CG\eta_k}$

(13) $\tau_{mk}=\dfrac{0.16k_kR_k}{\pi d_k^3}\left(1+\dfrac{d_k}{4R_k}\right)F_{mk}$

(14) $k_k=\dfrac{4C_k-1}{4C_k-4}+\dfrac{0.615}{C_k}$

(15) $C_k=\dfrac{R_k}{d_k}$

直体部分专用公式：

(16) $S_k=2\pi R$

(17) $\eta_k=1$

(18) $F_{mk}=\dfrac{Gd^4(2\pi R\tan\alpha-d)}{64R^3}$

(19) $f_k=\dfrac{64F_{mk}R^3}{Gd^4}\eta_k$

附表 14　各种截面形状的扭杆弹簧的设计计算公式

杆的截面形状	极惯性矩 J_p/mm⁴	扭转断面系数 Z_t/mm³	扭转变形角 φ/rad	扭转切应力 τ/MPa	扭角刚度 T''/(N·mm/rad)	载荷作用点刚度 c/(N/mm)	变形能 U/(N·mm)
实心圆（p）	$J_p = \dfrac{\pi d^4}{32}$	$Z_t = \dfrac{\pi d^3}{16}$	$\varphi = \dfrac{32TL}{\pi d^4 G} = \dfrac{2\tau L}{dG}$	$\tau = \dfrac{16T}{\pi d^3} = \dfrac{\varphi d G}{2L}$	$T'' = \dfrac{\pi d^4 G}{32L}$	$c = \dfrac{\pi d^4 G}{32LR^2}$	$U = \dfrac{\tau^2 V}{4G}$
空心圆（p）	$J_p = \dfrac{\pi(d^4-d_1^4)}{32}$	$Z_t = \dfrac{\pi(d^4-d_1^4)}{16d}$	$\varphi = \dfrac{32TL}{\pi(d^4-d_1^4)G} = \dfrac{2\tau L}{dG}$	$\tau = \dfrac{16Td}{\pi(d^4-d_1^4)} = \dfrac{\varphi d G}{2L}$	$T'' = \dfrac{\pi(d^4-d_1^4)G}{32L}$	$c = \dfrac{\pi(d^4-d_1^4)G}{32LR^2}$	$U = \dfrac{\tau^2(d^2+d_1^2)V}{4d^2 G}$
椭圆（p，d）	$J_p = \dfrac{\pi d^3 d_1^3}{16(d^2+d_1^2)}$	$Z_t = \dfrac{\pi d d_1^2}{16}$	$\varphi = \dfrac{16TL(d^2+d_1^2)}{\pi d^3 d_1^3 G} = \dfrac{\tau L(d^2+d_1^2)}{d^2 d_1 G}$	$\tau = \dfrac{16T}{\pi d d_1^2} = \dfrac{\varphi d^2 d_1 G}{L(d^2+d_1^2)}$	$T'' = \dfrac{\pi d^3 d_1^3 G}{16L(d^2+d_1^2)}$	$c = \dfrac{\pi d^3 d_1^3 G}{16LR^2(d^2+d_1^2)}$	$U = \dfrac{\tau^2(d^2+d_1^2)V}{8d^2 G}$
矩形（q，a）	$J_p = k_1 a^3 b$	$Z_t = k_2 a^2 b$	$\varphi = \dfrac{TL}{k_1 a^3 bG} = \dfrac{k_2 L}{k_1 aG}$	$\tau = \dfrac{T}{k_2 a^2 b} = \dfrac{k_1 \varphi aG}{k_2 L}$	$T'' = \dfrac{k_1 a^3 bG}{L}$	$c = \dfrac{k_1 a^3 bG}{LR^2}$	$U = \dfrac{k_2^2}{k_1}\dfrac{\tau^2 V}{2G}$
正方形（a）	$J_p = 0.141a^4$	$Z_t = 0.208a^3$	$\varphi = \dfrac{TL}{0.141a^4 G} = \dfrac{1.482\tau L}{aG}$	$\tau = \dfrac{T}{0.208a^3} = \dfrac{0.675\varphi aG}{L}$	$T'' = \dfrac{0.141a^4 G}{L}$	$c = \dfrac{0.141a^4 G}{LR^2}$	$U = \dfrac{\tau^2 V}{6.48G}$
三角形（a）	$J_p = 0.0216a^4$	$Z_t = 0.05a^3$	$\varphi = \dfrac{TL}{0.216a^4 G} = \dfrac{2.31\tau L}{aG}$	$\tau = \dfrac{20T}{a^3} = \dfrac{0.43\varphi aG}{L}$	$T'' = \dfrac{a^4 G}{46.2L}$	$c = \dfrac{a^4 G}{46.2LR^2}$	$U = \dfrac{\tau^2 V}{7.5G}$

注：$\varphi = TL/GJ_p$，$\tau = 4T/Z_t$，$T'' = T/\varphi$，$c = dF/df$，$U = T\varphi/2$。

参 考 文 献

[1] 彭莫，周良生，岳惊涛，等. 多轴汽车 [M]. 北京：机械工业出版社，2014.

[2] 喻凡，林逸. 汽车系统动力学 [M]. 北京：机械工业出版社，2005.

[3] 刘惟信. 汽车设计 [M]. 北京：清华大学出版社，2001.

[4] 吉林工业大学汽车教研室. 汽车设计 [M]. 北京：机械工业出版社，1981.

[5] 王望予. 汽车设计 [M]. 北京：机械工业出版社，2000.

[6] 毛志坚，高国猷，邵常贵. 现代汽车大全 [M]. 武汉：湖北科学技术出版社，1985.

[7] THOMAS D G. 车辆动力学基础 [M]. 赵六奇，金达锋，译. 北京：清华大学出版社，2006.

[8] 乌斯潘斯基，缅里尼科夫. 汽车悬架设计 [M]. 朱德照，译. 北京：人民交通出版社，1980.

[9] 赖姆贝尔. 悬架元件及底盘力学 [M]. 王瑄，译. 长春：吉林科学技术出版社，1991.

[10] 帕尔希洛夫斯基. 汽车的钢板弹簧 [M]. 斋开平，译. 北京：人民交通出版社，1959.

[11] 张英会，刘辉航，王德成. 弹簧手册 [M]. 北京：机械工业出版社，1997.

[12] 彭莫. 关于车身稳定性的问题 [J]. 天津汽车，1985，12 (2)：1.

[13] 徐继，顾严平，彭莫. 多轴汽车的特性参数 [J]. 汽车工程，1996，2 (1)：20.

[14] 彭莫. 角刚度与角刚度比 [J]. 天津汽车，1981，7 (1)：15.

[15] 彭莫. 减振器布置位置的探讨 [J]. 天津汽车，1978，12 (1-2)：26.

[16] 彭莫. 非对称板簧的有关问题 [J]. 天津汽车，1993，3 (1)：16.

[17] 彭莫. 钢板弹簧的曲率半径及预应力 [J]. 天津汽车，1985，6 (1)：17.

[18] 彭莫，高军. 变断面钢板弹簧的设计计算 [J]. 汽车工程，1992，8 (3)：156.

[19] 彭莫. 渐变刚度钢板弹簧的计算方法 [J]. 汽车工程，1993，12 (6)：350.

[20] 李新耀，张印，周良生，等. 双横臂扭杆悬架的特性分析及设计方法 [J]. 汽车工程，2003，2 (1)：15.

[21] 岳惊涛，王太勇，彭莫. 车辆三段式梯形机构的侧倾转向特性 [J]. 农业机械学报，2006，1 (1)：32.

[22] 张强，周良生，彭莫. 等螺旋角圆锥压缩螺旋弹簧的计算方法 [J]. 农业机械学报，2005，1 (1) 123.